U0544070

孙 康 宜 作 品 系 列

长亭与短亭

词学研究及其他

孙康宜 著

Collected Works of Kang-i Sun Chang

·桂林·

长亭与短亭：词学研究及其他

CHANGTING YU DUANTING: CIXUE YANJIU JI QITA

著作权合同登记号桂图登字：20-2022-020 号

图书在版编目（CIP）数据

长亭与短亭 ：词学研究及其他 / （美）孙康宜著. --桂林 ：广西师范大学出版社，2022.7
（孙康宜作品系列）
ISBN 978-7-5598-4760-7

Ⅰ. ①长… Ⅱ. ①孙… Ⅲ. ①汉学一文集 Ⅳ. ①K207.8-53

中国版本图书馆 CIP 数据核字（2022）第 045365 号

广西师范大学出版社出版发行
广西桂林市五里店路 9 号　邮政编码：541004
网址：http://www.bbtpress.com
出版人：黄轩庄
全国新华书店经销
湛江南华印务有限公司印刷
广东省湛江市霞山区绿塘路 61 号　邮政编码：524002
开本：880 mm × 1 230 mm　1/32
印张：20.25　　字数：430 千
2022 年 7 月第 1 版　　2022 年 7 月第 1 次印刷
印数：0 001~5 000 册　　定价：98.00 元

孙康宜文集

简体增订版致谢词

孙康宜

拙著在繁体版《孙康宜文集》基础上，增订为《孙康宜作品系列》五卷本能在中国出版，首先要感谢《南方周末》的朱又可先生，因为是他把拙著介绍给多马先生的。听朱又可先生说，多马一直想出版我的作品，对我来说当然很高兴。

能认识多马先生乃是我个人的一大荣幸。最奇妙的是，虽然彼此没见过面，但发现双方的观点一拍即合，仿佛遇到了知心人。尤其当初在偶然间见到他和我的好友顾彬（Wolfgang Kubin）的合照，感到多马的面孔甚为熟悉，颇为震撼！后来发现多马办事敏捷，富判断力，凡事充满创意，令我十分钦佩。所以此次拙著《孙康宜作品系列》能顺利由广西师范大学出版社出版，完全靠多马先生的持续努力，在此我要特别向他献上感谢。

同时，我也要感谢好友徐文博士，为了这套简体版，她特别为新加的数篇文章重新打字，并为我完成作品系列的繁简转换。今年她在美国加州大学圣塔芭芭拉分校（University of California, Santa Barbara）当访问学者，在极其忙碌之中，还不断抽出时间协助我，让我无限感激。此外，我的耶鲁学生凌超博士［目前执教于缅因州的贝茨学院（Bates College）］多年来一直不断给我各方面的帮助，这次又为这套作品系列题签，令我终生难忘。住在费城附近的李保阳博士，帮我校阅全部作品系列五卷，原稿总字数近 170 万字，合计 1914 页，校改条目共 1329 处，并为简体版作品系列撰写“校读后记”，我对他的感激之情是言语所无法形容的。

对于台湾秀威资讯的发行人宋政坤先生的授权，以及郑伊庭、杜国维等人的帮忙，我要表达衷心的谢意。同时，我也要感谢从前繁体版文集的主编韩晗教授，他为整套书的初步构想做出了贡献。

这套作品系列五卷本将在我的出生地——北京编辑出版，令我感到特别兴奋。尤其在目前全球遭受巨大冲击、合力抵抗疫情的艰难期间，能得到出书的些微安慰和喜悦，也算是一种幸福了。

2020 年 5 月 12 日

写于美国康州木桥乡

初版作者致谢词

孙康宜

感谢蔡登山、宋政坤二位先生以及主编韩晗的热心和鼓励，是他们共同的构想促成了我这套《孙康宜文集》(以下简称《文集》) 在台湾的出版。同时我也要向《文集》的统筹编辑郑伊庭和编辑卢羿珊女士及杜国维先生致谢。

感谢徐文花费很多时间和精力为我整理集内的大量篇章，乃至重新打字和反复校对。她的无私帮助令我衷心感激。

感谢诸位译者与合作者的大力协助。他们的姓名分别为：李奭学、钟振振、康正果、叶舒宪、张辉、张健、严志雄、黄红宇、谢树宽、马耀民、皮述平、王瑷玲、钱南秀、陈磊、金溪、凌超、卞东波。是他们的襄助充实和丰富了这部《文集》的内容。

感谢曾经为我出书的诸位主编——廖志峰、胡金伦、陈素芳、隐地、初安民、邵正宏、陈先法、杨柏伟、张凤珠、黄韬、申作宏、张吉人、曹凌志、冯金红等。是他们严谨的工作态度给了我继续出版的信心。

感谢耶鲁大学图书馆中文部主任孟振华先生，长期以来他在图书方面给我很大的帮助。

感谢王德威、黄进兴、陈淑平、石静远、苏源熙、吕立亭、范铭如等人的帮助。是他们的鼓励直接促成了我的写作灵感。

感谢丈夫张钦次（C. C. Chang），是他多年来对我的辛勤照顾以及所做的一切工作，最终促成这套《文集》的顺利完成。

2016 年 10 月

写于耶鲁大学

徜徉于古典与现代之间

——《孙康宜文集》导读

韩晗

今年 73 岁的孙康宜先生是国际汉学界具有代表性的学者，她在中国古典文学研究界深耕多年，著作等身。曾任普林斯顿大学葛思德东方图书馆[①]（The Gest Oriental Library at Princeton University）馆长，后又两度出任耶鲁大学东亚系（The Council on East Asian Studies at Yale University）主任，2015 年当选为美国人文与科学院院士，2016 年又当选为台湾“中研院”院士，在国际中国古典文学研究界声誉卓著。而且，孙康宜还是一位驰名国际的华语散文家，其代表作《我看美国精神》《走出白色恐怖》不但在华语散文界影响颇大，而且还被翻译为韩文、捷克文，在其他国家和地区出版，形成了世界性的影响。

5 年间，《孙康宜文集》在大陆、台湾两地先后问世，受到了

① 葛思德东方图书馆旧译作“The Gest Oriental Library”，见屈万里《普林斯顿大学葛思德东方图书馆中文善本书志》成书时在任图书馆馆长威廉·狄克斯（William S. Dix）的英文序言。20 世纪 80 年代初期，孙康宜任该馆馆长之时，该馆的通用名称仍是 The Gest Oriental Library。目前已改为 The East Asian Library of the Princeton University Library。

许多同行学者的关注与好评，大家不约而同地认为，《孙康宜文集》的出版不但是国际汉学研究的大事，更是中国古典文学研究界众望所归的喜事，当然这也说明了孙康宜先生作为学术泰斗，其卓异成就得到了海峡两岸、海内外学界的高度认可。作为《孙康宜文集》的主编，我愿不揣浅陋，撰此导读，向孙康宜先生的学术思想与创作成就致敬。

一

总体来看，孙康宜先生的学术研究分为如下两个阶段。

与其他同时代许多海外华裔学者相似，孙康宜出生于中国大陆，20 世纪 40 年代末去台湾，在台湾完成了初等、高等教育，尔后赴美继续攻读硕士、博士学位，最后在美国执教。但与大多数人不同之处在于，孙康宜的人生轨迹乃是不断跌宕起伏的结果，并非一帆风顺。因此，孙康宜的学术研究分期，也与其人生经历、阅历有着密不可分的联系。

1944 年，孙康宜出生于北京，两岁那年，因为战乱而举家迁往台湾。其父孙裕光曾毕业于日本早稻田大学，并曾短期执教北京大学，而其母陈玉真则是台湾人。孙康宜举家迁台之后，旋即爆发二二八事件，孙康宜的舅舅陈本江因涉“台共党人”的“鹿窟基地案”而受到通缉，其父亦无辜受到牵连而入狱 10 年。[①]

可以这样说，幼年至少年时期的孙康宜，一直处于颠沛流离

① 孙康宜《走出白色恐怖》（增订版），北京：生活·读书·新知三联书店，2012 年版，第 222 页。

之中。在其父蒙冤入狱的岁月里，她与母亲在高雄林园乡下相依为命。这样独特且艰苦的生存环境，锻炼了孙康宜坚强、自主且从不依赖他人的独立性格，也为其精于钻研、刻苦求真的治学精神起到了奠基作用。

1962 年，18 岁的孙康宜被保送进入台湾东海大学外文系，这是一所与美国教育界有着广泛合作并受到基督教会支持的私立大学，首任校董事长为台湾前教育事务主管部门负责人杭立武先生，这是孙康宜学术生涯的起点。据孙康宜本人回忆，她之所以选择外文系，乃与其父当年蒙冤入狱有关。英文的学习可以让她产生一种逃避感，使其可以不必再因为接触中国文史而触景生情。

在这样的语境下，孙康宜自然对英语有着较大的好感，这也为她今后从事英语学术写作、比较文学研究打下了基础。她的学士学位论文“The Importance of Herman Melville to Chinese Students with a Comparison between the Ideas of Melville and Prominent Chinese Thinkers”（《赫尔曼·麦尔维尔对中国学生的重要性——兼论麦尔维尔与中国著名思想家的思想比较》）以美国小说家赫尔曼·麦尔维尔（Herman Melville，1819—1891）的小说《白鲸》（*Moby Dick*）为研究对象。用孙康宜本人的话讲：“他一生中命运的坎坷，以及他在海洋上长期奋斗的生涯，都使我联想到自己在白色恐怖期间所经历的种种困难。”[①]

从东海大学毕业后，孙康宜继续在台湾大学外文研究所攻读美国文学研究生。多年英语的学习，使得孙康宜有足够的能力赴

---

① 燕舞采写《孙康宜：借着书写和回忆，我已经超越了过去的苦难》，《经济观察报》，2012 年 9 月 3 日第 585 期，第 40 版。

美留学、生活。值得一提的是，此时孙裕光已经出狱，但属于“有前科”的政治犯，当时台湾处于“戒严”状态下，有“政治犯”背景的孙康宜一家是被“打入另册”的，她几乎不可能在当时台湾的体制内获得任何上升空间（除了在受教育问题上还未受到歧视之外），甚至离台赴美留学，都几乎未能成行。[①] 在这样的处境下，定居海外几乎成为孙康宜唯一的出路。

在台大外文所读书期间，成绩优异的孙康宜就被得克萨斯州的 A & M 大学（Texas A & M University）英文系录取并获奖学金。但后来由于个人情况的考虑，她决定进新泽西州立罗格斯大学（Rutgers, the State University of New Jersey）图书馆学系的硕士班。历史地看，这是一个与孙康宜先前治学（英美文学）与其之后学术生涯（中国古典文学）并无任何直接联系的学科；但客观地说，这却是孙康宜在美国留学的一个重要的过渡，因为她想先学会如何在美国查考各种各样的学术资料，并对书籍的分类有更深入的掌握。1971 年，孙康宜获得该校图书馆学系的硕士学位之后，旋即进入南达科他州立大学（The South Dakota State University）英文硕士班学习，这是孙康宜获得的第二个硕士学位——她又重新进入了英美文学研究领域。

嗣后，孙康宜进入普林斯顿大学东亚研究系（The East Asian Studies Department at Princeton University）博士班，开始主修中

① 孙康宜在《走出白色恐怖》中回忆，她和两个弟弟孙康成、孙观圻离台赴美留学时，数次被台湾当局拒绝，最终时任保密局长的谷正文亲自出面，才使得孙康宜姐弟三人得以赴美。1978 年，其父孙裕光拟赴美治病、定居，但仍遭到当局阻挠，孙康宜无奈向蒋经国写信求助。后来又得到美国新泽西州的参议员克利福德·凯斯（Senator Clifford Case）的帮忙，其父母才得以成行。

国古典文学，副修英美文学与比较文学，师从于牟复礼（Frederick W. Mote，1922—2005）、高友工（Yu-kung Kao，1929—2016）等知名学者。此时孙康宜真正开启了她未来几十年的学术研究之门——比较文学视野下的中国古典文学研究。

1978 年，34 岁的孙康宜获得普林斯顿大学博士学位，并发表了她的第一篇英文论文，即关于加州大学伯克利分校东亚研究所（The Institute of East Asian Studies at University of California, Berkeley）教授西里尔·白之（Cyril Birch, 1925— ）的《中国文学文体研究》（Studies in Chinese Literary Genres）的书评，刊发于《亚洲研究》（*Journal of Asian Studies*）杂志上。这篇文章是她用英文进行学术写作的起点，也是她进入美国学界的里程碑。

1979 年，是孙康宜学术生涯的重要转折点。她的第一份教职就是在人文研究颇有声誉的塔夫茨大学（Tufts University）担任助理教授，这为初出茅庐的孙康宜提供了一个较高的起点。同年，孙康宜回到中国大陆，并在南京大学进行了学术讲演，其间与唐圭璋、沈从文、赵瑞蕻等前辈学者和作家有过会面。作为新时期最早回到中国大陆的旅美学者之一，孙康宜显然比同时代的其他同行更有经历上的优势。

次年，在普林斯顿大学东亚研究系创系主任牟复礼教授的推荐下，孙康宜受聘普林斯顿大学葛思德东方图书馆担任馆长，这是一份相当有荣誉感的职位，比孙康宜年长 53 岁的中国学者兼诗人胡适曾担任过这一职务。当然，这与孙康宜先前曾获得过图书馆学专业的硕士学位密不可分。在任职期间她在普林斯顿大学出版社（Princeton University Press）出版了自己第一本英文专著

The Evolution of Chinese Tz'u Poetry: From Late T'ang to Northern Sung（《晚唐迄北宋词体演进与词人风格》）。这本书被认为是北美学界第一部完整地研究晚唐至北宋诗词的系统性著述，它奠定了孙康宜在北美学术界的地位。1982 年，孙康宜开始执教耶鲁大学东亚系，并在两年后担任东亚语文研究所主任，1986 年，她获得终身教职。

在《晚唐迄北宋词体演进与词人风格》一书中，孙康宜以温庭筠与韦庄两人为重要对象，以文体学为研究方法论，探索了花间词独特的结构原理。20 世纪 60 至 80 年代，是文体学研究在北美突飞猛进的年代，孙康宜撰写这本书的时候，正是文体学研究在美国学界声势正隆的 20 世纪 70 年代末，甚至可以说，文体学代表了当时美国文学理论界最为前沿的研究方法。当时美国著名文艺理论家韦勒克（René Wellek，1903—1995）曾认为："文体学研究一切能够获得某种特别表达力的语言手段，因此，比文学甚至修辞学的研究范围更广大。"[①]从孙康宜第一本学术专著便可看出其对于欧美前沿文论的关注并努力将其借鉴于中国文学研究。

值得一提的是，"花间词"得名于五代后蜀诗人赵崇祚编辑的《花间集》，该词集中收了 18 位词家的 500 首词，共同主题便是描述女性以及异性之间的相思。在孙康宜的第一本学术专著里，她就选择用欧美文论界前沿的文体学理论来解读花间词，可以这样说，这本书在总体上奠定了孙康宜今后的学术风格。

如果将孙康宜的学术生涯形容为一张唱片的话，从东海大学

---

① 韦勒克、沃伦《文学理论》，刘象愚等译，北京：生活·读书·新知三联书店，1984 年版，第 191 页。

到普林斯顿大学这段经历，视为这张唱片的 A 面，而其后数十年的“耶鲁时光”是这张唱片的 B 面。因此，《晚唐迄北宋词体演进与词人风格》既是 A 面的终曲，也是 B 面的序曲。此后孙康宜开始将目光聚集在中国古典文学之上，并完成了自己的第二本英文专著 *Six Dynasties Poetry*（《六朝诗研究》）[①]。

从严谨的学科设置来看，唐宋文学与六朝文学显然是两个不同的方向。但孙康宜并不是传统意义上的历史考据研究学者，她更注重于从现代性的视野下凝视中国古典文学的传统性变革，即作家如何在不同的时代下对政治、历史乃至自身的内心进行书写的流变过程。这与以“朴学”为传统的中国大陆主流古典文学研究不尽相同，而是更接近西方学界主流研究范式——将话语分析、心理分析、性别研究与文体研究理论引入古典文学研究范畴。

这就不难理解孙康宜的第三本英文专著 *The Late-Ming Poet Ch'en Tzu-lung: Crises of Love and Loyalism*（《情与忠：陈子龙、柳如是诗词因缘》，下文简称《情与忠》）缘何会成为该领域的代表作之缘由。陈子龙是一位被后世誉为“明诗殿军”的卓越诗人，而且他官至“兵科给事中”，属于位高权重之人。明亡后，他被清军所俘并坚决不肯剃发，最终投水自尽。孙康宜将这样一个诗人作为研究对象，细致地考察了他的文学活动、政治活动与个人日常生活之间的关系，认为其“忠”（家国大爱）与“情”（儿女私情）存在着情感相通的一面。

不言自明，《情与忠》的研究方式明显与先前两本专著不同，

---

① 英文原著由普林斯顿大学出版社于 1986 年出版，扉页题名为“六朝诗研究”，中译本名为《抒情与描写：六朝诗歌概论》。

前两者属于概论研究，而后者则属于个案研究。但这三者之间却有着内在的逻辑联系：以比较文学为核心，用一系列现代研究范式来解读中国古典文学。这是有别于传统学术的经典诠释研究。从这个角度上来讲，孙康宜别出心裁地将中国古典文学研究推向了一个新的高度。

在孙康宜的一系列著述与单篇论文中，“现代”与“古典”合奏而鸣的交响旋律可谓比比皆是。如《〈乐府补题〉中的象征与托喻》着重研究了“咏物词”中的象征与托喻；而《隐情与“面具”——吴梅村诗试说》独辟蹊径，将“面具（Mask）说”与“抒情主体”（lyric self）理论引入对吴梅村（即吴伟业）的诗歌研究当中，论述吴梅村如何以诗歌为工具，来阐释个人内心所想与家国寄托；《明清诗媛与女子才德观》则是从性别研究的角度论述女性诗人的创作动机与群体心态。凡此种种，不胜枚举。

二

从东海大学到普林斯顿大学，完整的学术训练，让孙康宜具备了“现代”的研究视野与研究方式，使其可以在北美汉学界独树一帜，成为中国古典文学研究在当代最重要的学者之一。

但公正地说，用“现代”的欧美文学理论来研究中国古典文学，绝非孙康宜一人之专利，在海外汉学领域内，可谓比比皆是。如艾朗诺（Ronald Egan, 1948— ）对北宋士大夫精神世界的探索，浦安迪（Andrew H. Plaks, 1945— ）的《红楼梦》研究，宇文所安（Stephen Owen, 1946— ）对唐诗文本的精妙解读，余国藩（Anthony C. Yu, 1938—2015）的《西游记》再解读以及卜松山（Karl-Heinz Pohl, 1945— ）在儒家美学理论中的新发现，等等，无一不是将新方法、新理论、新观点乃至新视角与传统的“老文本”相结合。甚至还有观点认为，海外中国古典文学研究其实就是不同新方法的博弈，因为研究对象是相对稳定、明确的。

无疑，这是与中国现代文学研究截然不同的路数。发现一个“被忽略”的现当代作家（特别是在世的作家）不难，但要以考古学的研究范式，在中国古典文学史中找到一个从未研究过的个案，之于海外学者而言可谓是难于上青天。

谈到这个问题，势必要谈到孙康宜学术思想的特殊之处。“传统”与“现代”的相结合当然是大多数海外中国古典文学研究者的“共性”，但孙康宜的“传统”与“现代”之间却有着自身的特色，我认为，其特殊之处有二。

首先是从性别研究出发的视角。这是许多海外中国古典文学学者并不具备的。在海外中国古典文学研究领域，如孙康宜这样的女性学者本身不多见，孙康宜凭借着女性特有的敏感性与个人经验对中国古典文学进行独特的研究与诠释，这是其特性而非共性。因此，“女性”这个角色（或身份）构成了孙康宜学术研究中一个重要的关键词。譬如她在研究陈子龙时，会考虑到对柳如是进行平行考察，而对于明代“才女”们的审理，则构成了孙康宜极具个性化的研究特色。

当然，很多人会同时想到另外两位华裔女性学者：田晓菲（Xiaofei Tian，1971—）与叶嘉莹（Chia-ying Yeh, 1924—）。前者出生于1971年，曾为《剑桥中国文学史》（*The Cambridge His-*

tory of Chinese Literature，该书的主编为孙康宜和宇文所安）撰写从东晋至初唐的内容，并在六朝文学研究中颇有建树，而出生于1924年的叶嘉莹则是一位在中国古典文学研究领域成果丰硕的女性学者，尤其在唐宋词研究领域，成就不凡。

虽都是女性学者，但她们两者与孙康宜的研究仍有着不可忽视的差异性。从年龄上讲，田晓菲应是孙康宜的下一代人，而叶嘉莹则是孙康宜的上一代人。孙康宜恰好在两代学人之间。因此，相对于叶嘉莹而言，孙康宜有着完整的西学教育，其研究更有“现代”的一面，即对于问题的认识与把握乃至个案研究，都更具备新理论与新方法。但之于田晓菲，孙康宜则显得更有文学批评性。毕竟田晓菲是从中国现代史转型而来，其研究风格仍带有历史研究的特征，而孙康宜则是相对更为纯粹的文学研究，其“现代”意识下从性别研究出发的视角，更有承上启下、革故鼎新的学术史价值。

广义地说，孙康宜将性别研究与中国古典文学糅合到了一起，打开了中国古典文学研究的一扇大门，提升了女性作家在中国古典文学史中的地位，为解读中国古典文学史中的女性文学提供了重要的理论工具。更重要的在于，长期以来中国古典文学史的研究与写作，基本上都是男权中心主义的主导，哪怕在面对女性作家的时候，仍然摆脱不了男权中心主义这一既成的意识形态。

譬如《情与忠》就很容易让人想到陈寅恪的《柳如是别传》，该著对于陈（子龙）柳之传奇故事也颇多叙述，但仍然难以超越男权中心主义的立场，即将柳如是作为“附属”的女性进行阐释。但是在《情与忠》中，柳如是却一度构成了陈子龙文学活动与个人立场变化的中心。从这个角度来看，孙康宜不但提供了解读中国古典文学史中女性作家的理论工具，而且还为中国古典文学研究提供一个相当珍贵的新视野。史景迁（Jonathan Spence，1936— ）[①]曾评价该著的创见："以生动的史料，深入考察了在17世纪这个中国历史上的重要时期，人们有关爱情和政治的观念，并给予了深刻的阐述。"[②]

其次是将现代欧美文论引入研究方法。之于传统意义上的中国古典文学研究而言，引入欧美文论是有一定争议的，与之相比，乾嘉以来中国传统学术（即"朴学"）中对古籍进行整理、校勘、注疏、辑佚，加上适度的点校、译释等研究方式相对更受认可，也在古典文学研究体系中占据着主流地位。

随着"世界文学"的逐步形成，作为重要组成的中国古典文学，对其研究已经不能局限于其自身内部的循环阐释，而是应将其纳入世界文学研究的体系、范畴与框架下。之于海外中国文学研究，尤其应承担这一历史责任。同样，从历史的角度来看，中国古典文学的形成绝非是在"一国一族"之内形成的，而是经历了一个漫长的民族融合、文化交流的过程。因此，中国古典文学的体制、内容与形态是在"变动"的过程中逐渐形成的。

在这样的前提下，研究中国古典文学，就必须要将当代欧美文论所涉及的新方法论纳入研究体系当中。在孙康宜的研究中，欧美文论已然被活学活用。譬如她对明清女性诗人的研究如《明

---

① 史景迁于2021年12月26日去世。——编者注

② 张宏生《经典的发现与重建——孙康宜教授访谈录》，任继愈主编《国际汉学·第7辑》，郑州：大象出版社，2002年，第30页。

清文人的经典论与女性观》《寡妇诗人的文学“声音”》等篇什，所着眼的即是比较研究，即不同时代、政权、语境下不同的女性诗人如何进行写作这一问题；而对于中国古典文学经典文本、作家的传播与影响，也是孙康宜所关注的对象，譬如她对“典范作家”王士禛的研究，她敏锐地发掘了宋朝诗人苏轼对王士禛的影响，并提出“焦虑说”，这实际上是非常典型的比较文学研究了。此外，孙康宜还对陶潜（陶渊明）经典化的流变、影响过程进行了文学史的审理，并再度以“面具理论”（她曾用此来解读过吴梅村）进行研究。这些都反映出欧美文论研究法已构成了孙康宜进行中国古典文学研究中一个重要的内核。

孙康宜通过自己的学术实践有力地证明了：人类所创造出的人文理论具有跨民族、跨国家的共同性，欧美文论同样可以解读中国古典文学作品。譬如前文提到的《晚唐迄北宋词体演进与词人风格》一书（北大版将该书名改为《词与文类研究》），则明显受到克劳迪欧·吉伦（Claudio Guillen，1924—2007）的《作为系统的文学：文学理论史札记》（*Literature as System: Essays toward the Theory of Literary History*）、程抱一（François Cheng, 1929—）的《中国诗歌写作》（*Chinese Poetic Writing*）与埃里希·奥尔巴赫（Erich Auerbach，1892—1957）的《摹仿论：西方文学中现实的再现》（*Mimesis: The Representation of Reality in Western Literature*）等西方知名著述的影响，除了文体学研究方法之外，还将话语分析与心理分析引入对柳永、韦庄等词人的作品研究，通读全书，宛然中西合璧。

性别研究的视角与欧美文论的研究方法，共同构成了孙康宜学术思想中的“新”，这也是她对丰富现代中国古典文学研究体系的重要贡献。但我们也必须看到，孙康宜的“新”，是她处于一个变革的时代所决定的，在孙康宜求学、治学的半个多世纪里，台湾从封闭走向民主，而大陆也从贫穷走向了复兴，整个亚洲特别是东亚地区作为世界目光所聚集的焦点而被再度写入人类历史中最重要的一页。在大时代下，中国文化也重新受到全世界的关注。孙康宜虽然面对的是古代经典，但从广义上来讲，她书写的却是一个现代化的时代。

三

哈佛大学东亚系教授、《剑桥中国文学史》的合作主编宇文所安曾如是评价：“在她（孙康宜）所研究的每个领域，从六朝文学到词到明清诗歌和妇女文学，都糅合了她对于最优秀的中国学术的了解与她对西方理论问题的严肃思考，并取得了卓越的成绩。”而对孙康宜学术观点的研究，在中国大陆也渐成热潮，如陈颖《美籍学者孙康宜的中国古典诗词研究》、朱巧云《论孙康宜中国古代女性文学研究的多重意义》与涂慧的《挪用与质疑，同一与差异：孙康宜汉学实践的嬗变》等论稿，对于孙康宜学术思想中的“古典”与“现代”都做了自成一家的论述与诠释。

不难看出，孙康宜学术思想中的“古典”与“现代”已经被学界所公认。我认为，孙康宜不但在学术思想上追求“古典”与“现代”的统一性，而且在待人接物与个人生活中，也将古典与现代融合到了一起，形成了“丰姿优雅，诚恳谦和”[①]的风范。其中，颇具代表性的就是其与学术写作相呼应的散文创作。

散文，既是中国传统文人最热衷的写作形式，也是英美现代知识分子最擅长的创作体裁。学者散文是中国新文学史上的重要组成部分，从胡适、梁实秋、郭沫若、翦伯赞到陈之藩、余秋雨、刘再复，他们既是每个时代最杰出的学者，也是这个时代里最优秀的散文家。同样，作为一位学者型散文家，孙康宜将“古典”与“现代”进行了有机的结合，形成了自成一家的散文风格，在世界华人文学界拥有稳定的读者群与较高的声誉。与孙康宜的学术思想一样，其散文创作，亦是徜徉于古典与现代之间的生花妙笔。

从内容上看，孙康宜的散文创作一直以“非虚构”为题材，着重对于人文历史的审视与自身经验的阐释与表达，这是中国古代散文写作的一个重要传统。她所出版的《我看美国精神》《亲历耶鲁》与《走出白色恐怖》等散文作品，无一不是如此。

若是细读，我们可以发现，孙康宜的散文基本上分为两个主题：一个是青少年的台湾时期，对“白色恐怖”的回忆与叙述；另一个则是留学及其后定居美国的时期，对于美国民风民情以及海外华人学者的生存状态所做的记录与阐释。在孙康宜的散文作品中，我们可以明显地读到作为“作者”的孙康宜构成了其散文作品的中心。正是因为这样一个特殊的中心，使得其散文的整体风格也由“现代”与“古典”所构成。

---

① 王德威《从吞恨到感恩——见证白色恐怖》，详见孙康宜《走出白色恐怖》（增订版），北京：生活·读书·新知三联书店，2012年版，第1页。

现代，是孙康宜的散文作品所反映的总体精神风貌。我认为，在孙康宜的散文中，对于“现代”的追求有两个层面。第一个层面是对民主自由的呼唤，特别是对台湾“白色恐怖”的揭露。1949年之后，撤退到台湾的蒋介石政权为了维护自身的统治，曾使台湾地区一度处于“白色恐怖”的专制高压之下，一批“台共党人”甚至国民党党内同情“台共党人”的人士都受到屠杀与迫害，孙康宜的父亲也牵连其中。孙康宜在《走出白色恐怖》中揭露了这一段几乎被当下遗忘的历史，尽管孙康宜以“吞恨感恩”的情怀来纾解自己家族在历史所遭遇的恩怨，但正是这种胸怀，恰反映了孙康宜用大爱来呼唤民主自由。

第二个层面则是孙康宜的世界性眼光。孙康宜出生于北京，在台湾长大，又去美国求学，在治学的生涯中，孙康宜先后到访过世界几十个国家，而这正是人类借助互联网技术，瓦解了人类不同政治阵营的冷战，积极推动全球化进程加剧的历史关键时期。在《我看美国精神》《亲历耶鲁》等散文集中，孙康宜敏锐地发现了全球化时代下，人类“环球同此凉热”的命运共同，譬如在《21世纪的“全球大学”》中就全球化语境下高等教育变革的探讨，在《疗伤》中结合自己先生张钦次的际遇来评述自己对于“九一一事件”的看法，以及在《人文教育还有希望吗？》中表现出对于当下人文教育的关切，等等，这些因世界性眼光而文学化的篇什，无一不是她在散文中重点关注的另一个现代性向度。

总而言之，上述孙康宜散文中所呈现出的两个现代性层面的特征，其实都是特定大时代的缩影，构成了孙康宜文学创作中独一无二的书写风格。海外华裔学者型散文家甚众，如张错、陈之藩、郑培凯、童元方与刘绍铭等等，但如孙康宜这般经历曲折的，仅她一人而已。或者换言之，孙康宜以自身独特的经历与细腻的感情，为当代学者型散文的“现代”特质注入了特定的内涵。

在《走出白色恐怖》中，孙康宜以“从吞恨到感恩”的气度，将家族史与时局、时代的变迁融合一体，以史家、散文家与学者的多重笔触，绘制了一幅从家族灾难到个人成功的个人史诗，成为当代学者散文中最具显著特色的一面。与另一位学者余秋雨的“记忆文学”《借我一生》相比，《走出白色恐怖》中富有女性特有的宽厚的孙康宜所拥有的大爱明显更为特殊，因此也更具备积极的现代性意识；若再与台湾前辈学者齐邦媛的“回忆史诗”《巨流河》对读，《走出白色恐怖》则更加释然——虽然同样遭遇悲剧时代的家庭灾难，但后者凭借着宗教精神的巨大力量，孙康宜走出了一条只属于自己的精神苦旅。因此，这本书在台湾出版后，迅速被引入中国大陆再版，而且韩文版、捷克文版等外文译本也陆续出版。

与此同时，我们也应注意到孙康宜散文中“古典”的一面。她虽然是外文系出身，又旅居海外多年，并且长期用英文进行写作。但其散文无论是修辞用典、写景状物还是记事怀人，若是初读，很难让人觉得这些散文出自一个旅居海外近半个世纪的华裔女作家之笔，其措辞之典雅温婉，透露出标准的古典美。

我认为，当代海外华裔文学受制于接受者与作者自身所处的语境，使得文本中存在着一种语言的“无归属感”，要么如汤婷婷（Maxine Hong Kingston，1940—）、谭恩美（Amy Tan，1952—）等以写作为生的华裔小说家，为了更好地融入美国干脆直接用英文写作，要么如一些业余专栏作家或随笔作家（当中包括学者、企业家），用一种介于中国风格（Chineseness）与西式风格（甚至包括英文文法、修辞方式）之间的话语进行文学书写，这种混合的中文表达形态，已经开始受到文学界尤其是海外华文研究界的关注。

读孙康宜的散文，很容易感受到她敬畏古典、坚守传统的一面，以及对于自己母语——中文的自信，这是她潜心苦研中国古典文学多年的结果，深切地反映了“古典”风格对孙康宜的影响，其散文明白晓畅、措辞优雅，文如其人，在海峡两岸暨香港，她拥有稳定、长期且优质的读者群。《走出白色恐怖》与《从北山楼到潜学斋》等散文、随笔与通信集等文学著述，都是海峡两岸暨香港地区知名读书报刊或畅销书排行榜所推荐的优质读物。文学研究界与出版界公认：孙康宜的散文在中文读者中的影响力与受欢迎程度远远大于其他许多海外学者的散文。

孙康宜曾认为：“在耶鲁学习和任教，你往往会有很深的思旧情怀。”[①]从学术写作到文学创作，徜徉于古典与现代之间的孙康宜构成了当代中国知识分子的一种典范。孙康宜在以古典而闻名的耶鲁大学治学已有30余年，中西方的古典精神已经浸润到了她日常生活与个人思想的各个方面。我相信，随着中国文学研究的国际化程度日益加深，海内外学界会在纵深的层面来解读孙康宜学术观念、研究风格与创作思想中“现代”与“古典”的二重性，这或将是今后一个广受关注的课题，而目前对于孙康宜的研究，还

---

① 孙康宜《耶鲁：性别与文化》，上海：上海文艺出版社，2000年版，第2页。

只是一个开始。

2017 年 12 月

于深圳大学

这篇导读的完成，得益于 2014 年秋天在美国康州木桥乡（Woodbridge, Connecticut）孙康宜教授寓所中有幸与她长达 6 个小时的对话以及近年来上百封邮件的相互交流，这构成了本文的重要基础。此外，上海戏剧学院教授余秋雨先生对本文的修订提出了非常重要、中肯的意见，笔者铭感至深，特此致谢。本文原载 2018 年繁体版《孙康宜文集》卷首。

目录

辑一　学术专著《词与文类研究》

孙康宜　著

李奭学　译

北大版自序

本书能在北京大学出版社顺利出版，首先要感谢台北联经出版事业公司林载爵先生的帮忙和北大陈平原教授的推荐。同时，译者李奭学博士自从多年前与我合作以来，一直继续支持我在古典文学方面的研究，其热情始终不渝，令人感动。现在趁着这次出增订版的机会，我愿意再一次向他表示由衷的谢意。此外，近年来我开始研究女性词人的各种抒情的声音和风格，所以我一向感兴趣的文类（genre）问题也自然就和性别（gender）的层面结合起来了。因此，我特别就在本书的“附录”里加上一篇与这个主题有关的近作：《柳是和徐灿的比较：阴性风格或女性意识？》（原作是一篇英文论文，由台湾的谢树宽女士译成中文）[①]。在此我要特别感谢《中外文学》的主编授权予以转载这篇译文。

应当说明的是，本书的英文版早已于1980年就在美国出版了。过了这么多年，还有人愿意出版它的中译本，完全不嫌它过时，

① 该文已收入本书辑二，题目改为《阴性风格或女性意识》。

我自然深受感动。但另一方面，我也感到有些顾虑。以目前的词学观点观之，这本书里的有些思想无疑是不够成熟的。例如，有关《花间集》的一些讨论，今日看来，似乎还有商榷的余地。尤其是20世纪90年代以来，台湾大学的著名训诂学家张以仁教授出版了不少有关《花间集》和该序的研究，并指出了许多过去词学者的错误，其论点尤见功力。可惜，20世纪70年代，当我开始在美国从事词体研究时，还没有这些参考资料，无法受益于这些宝贵的研究成果。当时，有关这一方面的阅读材料实在有限，令我时时有一种捉襟见肘的感觉。虽然如此，我还是希望能保留旧作的原貌——那毕竟代表了那个时代美国汉学研究和"文体研究"（genre study）的新方向。

最后，我要感谢上海的施蛰存先生，他是本书原著的第一位大陆读者。还记得20多年前，本书刚从普林斯顿大学出版社发行后不久，我就收到了从钱歌川先生处转来的施先生的一封来信，信中说他多年来一直努力于词学研究，所以希望我能送给他一本那刚出版的英文书。我一向是施老的忠实读者，他的来信因而令我喜出望外。从此，我与施老就成了中美两地的忘年之交，而我也开始从他那儿得到了许多有关词学方面的宝贵材料和灵感。

在本书北大版发行的前夕，我忽然很想念上海的施蛰存先生……还有许多近的、远的、更远的、远在天边的读者朋友们。

孙康宜

2002年3月11日写于美国耶鲁大学

联经中文版原序

本书英文版于1980年由普林斯顿大学出版社（Princeton University Press）刊行。斯时以降，美国汉学界多方谬奖，关注与讨论者不乏其人。只可惜，因语言隔阂，台湾罕见正视，我引以为憾。因此，各地好友同行屡次建议刊行中文版。然而，近年来我一再忙于各种不同的英文著作，遂把译事再三延宕，不知不觉已过了11个年头。去岁在缅因（Maine）州参加北美词学会议，又有朋友旧事重提，昔日心愿于焉重燃。

此次多承芝加哥大学余国藩教授介绍，我认识了李奭学先生。李先生不但是一位优秀的学者，也是一位卓越的译者。他慨然承担本书的中译工作，我感念无已。他矻矻专注，热心及智慧兼备，拙作终于脱胎换骨，以中文与读者见面。我十分珍重此次的翻译机缘，也借此修正原著，补充必要之处。我另得向余英时教授特致谢忱。1990年，他趁赴台开会之便，亲自将本书推荐给联经出版公司。对于该公司总编辑林载爵先生，我也要表示由衷的谢意。没有他鼎力支持与帮助，拙作中译本可能还要拖上一段时间才能献给读者。

最近10多年来，北美词学界频频翻新研究方法，新的批评理念之丰富乃我始料未及。这种理论纷繁、百花齐放的现象，其实是词学发展的康庄大道。例如有学者认为词家“本意”捉摸不定，何不采用那“只见读者，不见作者”的解构批评（deconstructive criticism）？又有许多研究者坚持“以意逆志”，极力阐扬作者“本意”，更不愿放弃传统“中国诠释”的理想。时迄于今，两派词学方法论者各拥山头，颇有分庭抗礼之势。

我当年撰写英文版，自难预料到如此“热闹”的批评现象，也难以在架构观念上周详考虑新问题。虽然如此，我相信任何著作都有其客观的历史价值，而拙作代表的正是20世纪70年代以后北美文学研究所采用的新诠释方法之一，亦即由“文体研究”（genre study）入手，注重词体发展与词人风格的密切关系。畏友布鲁姆（Harold Bloom）教授尝发说论，以为“强势诗人”（strong poet）的风格（style）经常发展为诗体（genre）成规，进而转化为其特性。反之，弱小的诗人只能萧规曹随，跟着时代的成规随波逐流。拙作的中心主旨，无乃在印证布氏的宏言卓识。所以10多年来文学批评界虽走过了“后结构主义”“解构主义”“后现代主义”，乃至今日的“新历史主义”，但种种的“创新历程”似乎仍难废弃某些原质性的诠释工具。我们更可断言：“今日之我”实“过去之我的延伸”。

为了保留英文版的原面目及精神，本书新增文字大部分仅限于考证方面的补充，例如近10年来有关敦煌学的新资料与“伪诗”之考证等等。此外，初版的若干疏漏也都一一修正。

在李奭学先生的襄助之下，我把中文版献给恩师朱立民教授。25 年前，朱教授曾在台大启我闭塞，春风化雨。这些年来，我的学术生涯屡经变化，而朱教授总是适时给我鼓励，关注之情不曾或减。两年前朱炎教授主编《朱立民教授七十寿庆论文集》[1]，曾约稿于我。可惜我当时身体不适，论文半途而废，有负殷许，内心颇感遗憾。如今终于有机会对恩师表示敬意，一偿心愿，其乐何如！

孙康宜

1991 年 2 月 21 日写于耶鲁大学

---

① 此书已经出版，见朱炎主编《美国文学比较文学莎士比亚——朱立民教授七十寿庆论文集》，台北：书林出版公司，1990 年版。

英文版谢词

撰写本书之时，我叨承师友襄助，铭感五中。首先应当致谢的是高友工教授。他学富五车，蕴蓄无穷，是本书灵感的直接泉源。我也要向蒲安迪（Andrew H. Plaks）教授敬申谢悃：本书初稿承他赐阅指正，又蒙鼓励，告以通俗曲词的可能影响。我还要向牟复礼（Frederick W. Mote）教授特致谢意：我对诗词的发展所见甚浅，好在牟教授殷勤引导，才得以弥补孤陋寡闻之处。海陶玮（James R. Hightower）、林顺夫与孟而康（Earl Miner）诸教授都曾提供建议，我寸心铭佩。其他多位师友也曾在各方面协助过我，例如在中国语言学上我便承唐海涛与陈大端两教授的指导，拉尔夫·弗里德曼（Ralph Freedman）教授为我打下文学理论的基础，中田正一教授在日文资料上为我解蔽不少，而刘子健教授曾和我讨论宋史的一些问题。普林斯顿大学葛思德东方图书馆的工作人员隆情高谊，我更是感铭斯切，尤其要感谢童世纲和蔡武雄两位前馆长的鼓励。我同样得感谢圣路易华盛顿大学东亚图书馆的蔡汝展先生：由于他慨伸援手，我才能利用该馆所庋藏的典籍。此外，我另得铭谢下面诸教授：杜希德（Denis Twitchett）教授指引我查阅了有关唐史的一些重要书籍；张琨教授曾斧正本书一节，而叶嘉莹、时钟雯、梅祖麟与里默尔（J. Thomas Rimer）等教授也都曾在我刚开始从事研究时鼓励过我。美东中国诗词学会（Chinese Poetry Group of the East Coast）的好几位成员，对拙作甚表支持，兴趣不衰，感纫盛情。他们是：傅汉思（Hans H. Frankel）、席文（Nathan Sivin）、魏玛莎（Marsha J. Wagner）、宇文所安（Stephen Owen）、李又安（Adele Rickett）、夏志清与齐皎瀚（Jonathan Chaves）诸教授。罗吉眉先生与刘先女士慨然将他们所藏的敦煌千佛洞照片供我重印，光我篇幅，至祷至感。其他至纫高谊的朋友也都曾用各种方式帮助过我，谨志如下：董美然（Maureen Bartholomew）、墨斯基（Jeannette Mirsky）、安芳湄（Frances LaFleur）、李德瑞（Dore Levy）、高天香、姜一涵，以及何慕文（Maxwell K. Hearn）诸先生女士。斯坦福大学刘若愚教授的大著《北宋词大家》（*Majar Lyricists of the Northern Sung*，1974）所英译的柳永与苏轼的词对我帮助甚大，我要特致谢意，虽然我常常也为了上下文与论证上的需要而不得不另行英译。其他专书的作者实在太多了，无法在此一一列名致谢，但是各章边注与参考书目里已都将大名列出。我感谢怀亭基金会（Whiting Foundation）赠送我的人文学科研究奖助金；没有这项补助，本书可能还在未定之天。我还要感谢美隆基金会（Paul Mellon Foundation）——由于他们斥资补助，本书的英文版才能顺利推出。普林斯顿大学出版社所聘的审查人员建议我做某一部分的增删，谨此致谢。我尤其要感谢该社副社长布罗高（R. Miriam Brokaw）与本书执行编辑雅茱基维茨（Joanna Aj-dukiewicz）。布女士不断鼓励我，给我建议，雅女士的专业能力，则是英文版得以顺利推出必不可少的援手。

孙康宜

1979 年 11 月

常引书目简称

《全汉》 丁福保编《全汉三国晋南北朝诗》，3 册，台北：世界书局，1969 年

《全宋词》 唐圭璋编《全宋词》，5 册，北京：中华书局，1965 年

《全唐诗》 彭定求（1645—1719）等编《全唐诗》，1907 年首版，12 册，北京：中华书局，1960 年重印

《汇编》 林大椿编《全唐五代词汇编》，2 册，台北：世界书局，1967 年。此书首版原题《唐五代词》，北京：文学古籍刊行社，1956 年印行

《丛刊》 近藤元粹编《诗话丛刊》（原题《萤雪轩丛书》），2 册，1892 年，台北：弘道文化事业有限公司，1971 年重印

《东坡》《苏东坡全集》，2 册，台北：世界书局，1974 年

《校录》 任二北编《敦煌曲校录》，上海：上海文艺联合出版社，1955 年

《丛编》 唐圭璋编《词话丛编》，1935 年；台北：广文书局，1967 年重印

前言

本书的观念架构系以诗体的发展为主。文学史上的各个阶段都有其形式和风格，可充分反映出时代的特殊品位。因此，对于文学史各期主要诗体的研究，便是我们认识该时代文学走势不可或缺的一环。诗体不是静态的存在物，而是会生发、会扩展、会四处衍用，也会随着品位的变动而复归静寂的；其基本特质取决于诗人、批评家与读者长期所遵循的传统。细绎某一诗体的形成与转变，探索其形式与主题上的衍生体，我们发现若乏上述的发展，则诗体与文学史的互动就无从侦悉了。职是之故，本书所标举的文体研究（genre study）系建立在两个基设之上：其一，诗体的演进乃时代新美学与文化观的反映；其二，诗体的根本意义植基于其恒动的演化史上。

“词”为中国诗体之一，出现在盛唐之际（约 713—755），大昌于有宋一代（960—1279）。此外，“词”也是一种歌体，是中国音乐经历剧变后的产物。不过，就其诗体意义而言，词的发展有一定的踪迹可见，上承下启前后的主要体裁。词的传统里另又派生了两种次体（即“小令”与稍后的“慢词”），其发展甚缓，但是风格多变，最后又约制了词的本质。本书重点在处理词史早期大约250年的时间范畴，希望能借此彰显词独特的结构原则。

凡是有文学传承的文明，对文学体裁都有一份共同的关怀。不过，我们也不可轻忽一个要点：任何文化都有其体知文体研究价值的独特方法。中国文化固然如此，西洋文化何尝不又另有一套？像西方人一样，中国人借为诗体之辨的要素主要也是形式和目的。虽然如此，中国文学批评却有一点和西方大相径庭，那就是在区分“风格”（styles）时，中国人贯注的心思颇巨。就体、格之间的互依互恃而言，中国人也十分在意。以刘勰（约465—约532）为例，他就把诗的风格分为8种。钟嵘（著称于502—519）又以《楚辞》和《国风》为准，将历代诗人区分为两大派。词话家另有一套评词的二分法：“婉约”和“豪放”。

中国人这种词风观念，乃根植于传统思想的一个特殊层面。对中国批评家而言，文风乃人格的呈现，因此也是衡量诗人词家成就的指针。风格的区分故此就不仅是成就高低的问题，而是诗人词客修身养性的表现。风格评定也不是武断盲从的，而是源出某种根深蒂固的信念，盖判别作家质优质劣，有其根本的价值。这个信念在中国文学传统里不仅不易拔除，抑且早在东汉（25—220）就已昭然若揭。

分门别类如此之细的风格问题，对传统批评家攸关紧要。他们时而混淆“体”与“格”，甚至用“体”字混称两者，错把冯京当马凉。例如严羽（著称于1200年前后）《沧浪诗话》里的110种诗体，就包含了“古诗”“近体诗”等“诗体”，以及“东坡体”

与“王荆公体”等“风格”。古人体、格不分，可能令今日的文学研究者备感困惑。然而，也正是因此，我们对中国文学批评的本质才有一块认识上的叩门砖，对风格之辨在传统批评上所据的重要地位也才有一只解铃的手。事实昭昭显示：不在诗体间架里寻找独特的风格，我们永远也无法对中国文体发展的意义做出公允的判决。

我们今天所面对的困难之一，在中国传统批评家的方法全然以印象的笼括为主，而不是分析式的。他们的评语都属隐喻，有时似嫌含糊却武断。他们确曾提醒读者注意体式之异与风格之别，不过很少指出差异所在。因此，与其说他们在“究明”问题症结，还不如说他们在为读者“提示”答案。像写诗填词的作家一样，他们也非常重视凝神的刹那、玄妙的表白，此所以他们的评语都短小精悍，好像在传达一时的感悟。易言之，他们所写的“文学批评”实则和他们评比的抒情情境或功效都没有什么差别。

传统批评家的方法受制于传统文化甚深。然而，这点非但不会妨碍我们认识中国文字，反而大有助益。今天，我们可以一面从传统批评汲取灵感，也可以一面在各种分析概念里取精用宏，进而发展出自己的一套批评方法。本书专论“词”，大抵有两个研究上的凭据：一为透过语言分析来探索作品的意义，二是从诗体发展的大要着手评价的问题。前者关涉到作品的诠释，后者触及诠释的功能。传统词话家之作对于我们的分析果有助益，则应落实于第二步骤的诠释范畴里。词话确实可以帮助我们澄清某些美学价值，了解传统词人与批评家视为珍宝者为何，所以语意不清的印象述评，其实也可以凝练为湛然清楚的分析语言。

当然，用现代批评术语诠释古典诗词亦无妨。术语本身并无绝对的价值；其价值乃系于诠释的对象上。举例言之，读者会发觉我常常强调“修辞”（rhetoric）的观念，视之为方法上的一大课题。其实，我所称的“修辞”不过是指词人的表达方式，指他们透过这种表达方式和想象中的读者所建立起来的关系。有时候，作者自己甚至就是读者，是听众本身。词人表达心境的方法，我们确实可以用“修辞”一语含括，方便又简易。不过，请注意：这个术语并非暗示技巧就是诗词本身。伟大的诗词都是个人天才与技巧的有机组合，其创意每每不是用“分析”就“分析”得了的。

本书的骨干绕着词的两个层面撑起。首先，就词的整体性而言，我们必须从其独特的形式（如平仄与分片的原则），从其结构（亦即构词方式），或从其功能（如主、客体的关系）来分析。其次，我们也要追踪分析文类发展的历时性面向（diachronic dimension），也就是说，我们也要从“史”的观点追索历代大诗人、大词家之间的联系。讨论个别词家时，风格分析是基础：我会从形式与非形式两个观点分别立论。从词的语言与结构双管齐下，我们随后就可以把焦点转移到词人的情感所凝聚的灵视上。后面这一论点呼应了稍前我们谈过的基本论词方式：形式上的论列应该包括作品意义的阐发，而对个别词家的胸怀所下的非属形式上的功夫，更需要诠释行为来配合。

词史上有一重要现象，我要特别提醒读者：“词”乃通俗文学直接瀹启下的产物，在发展成“体”之前，乃为通俗曲词或娱众佳音。而词人不断把通俗曲词化为文人词的努力，在词体的发展史上亦辙迹分明。本书第一章主要论点在此。

接下来所研究的5位大词家，都是词史早期的代表性人物。他们是温庭筠（约812—约870）、韦庄（约836—910）、李煜（937—978）、柳永（约987—约1053）与苏轼（1037—1101）。词的发展和中国多数的诗体文体无二，都是由简入繁的过程。与起于晚唐、殷盛于五代的“小令”，是第二及第三章的主题。至于温庭筠和韦庄，则代表两种重要的词风，下开后世的两大词派。李煜汇集两者于一身，锤炼新技的结果，使他变成令词的分水岭。

我在第四章谈柳永，涉及他力加革新的长制“慢词”。他所触发的抒情观和研制的序列结构（sequential structure），无一不是宋词发展上的大关目。在这一章里，读者亦可看到创造力强的词人所具有的影响力：盖柳七郎无畏正统，从通俗文学中撫拾灵感，终于扭转了词体的走向。

在苏轼手下，词终于打入宋人诗论的内缘，而这便是本书第五章的主题。苏轼豪气干云，胸怀天下，是他受封为词坛祭酒的直接原因。第五章也为本书掀起高潮，因为在中国人的传统观念中，唯有某一新“体”已然成“体”之后，才可以说功德圆满，达到化境。这种新体，必须能让诗人词客尽情发挥、宣泄思绪。读者也可以借本章看出某种诗体由主体到次体的转变：不世出的天才为旧干换新枝，把媒介体的可塑性锤炼到顶点之际，也就是上述“转变”生发的刹那。

第一章　词源新谭

抒情颂（lyric odes）为西方诗体之一，其传统绵延已久，更可以入调和着七弦琴歌唱，不过今日读者泰半已忘此本来。无独有偶：喜欢“词”的中国读者，现在恐怕也已忘记“词”在早期与音乐密不可分的关系。“词”之为“体”（genre）也，昔称“曲子词”，表示此乃“歌词”或曲中可以合调唱出的文字部分。“词”之能成为通俗的文学名词，得俟诸赵宋之际。

中国古传民谣曲词称“乐府诗”，在隋（581—618）、唐（618—907）两朝逐渐式微，后因西域新音传入，终成绝响。起而代之的新声，正是日趋普遍的“词”。[①] 由于词有其音乐功能，有人视之为新款乐府，宋代词话家即因此常将“词”归入“乐府”项下。[②] 乐府和

---

① 王灼《碧鸡漫志》，见唐圭璋编《词话丛编》册 1，1935 年；台北：广文书局，1967 年重印，第 20 页。另请参见 James J. Y. Liu, *Major Lyricists of the Northern Sung* (Princeton: Princeton Univ. Press, 1974), pp.3-4。

② 举例言之，沈义父的词评著作即题为《乐府指迷》，而贺铸的词选亦题为《东山乐府》。

词的曲调早已失落难考，[1] 但这两种诗歌与丝竹管弦有关，倒值得我们特别注意。

尽管如此，强调词乃乐府苗裔亦不通之论，因为词一在历史上现身，随即形成独特的填制传统，殆非乐府题词之漫无曲式可比。[2] 唐及五代所制之词，题材往往契合词牌意义，彼此相得益彰。[3] 但入宋以后，词、牌分家，主题联系逐步被冲淡，制词乃成独门功夫，方家称之“填词”。北宋词牌种类驳杂，不胜枚举，据词韵大全《词律》及其附编所考，共达825种之多。若包括词牌之各种变体，则还可演变成1670种的体式，[4] 真是洋洋大观。词所以能在滥觞伊始即形成独立体式，全赖上述词牌的使用与新调加入使然。先于词出现的其他韵体，自是和词两橛殊途，本应纳入“诗”的大范畴之中。

词的形式特色，另包含词句长短不一。传统词家有鉴于此，乃为之别称“长短句”。不过，细细思索，词句长短绝非词的主要结构原则。长短句的用法，其实可以上溯至《诗经》（前800—前600），由来已久，更何况某些词牌行句向呈规则发展，例如《玉楼春》（即《木兰花》）与《浣溪沙》等等。即使到了宋代，这些词牌也不改本来面目。再以《玉楼春》为例。此一词牌极其类似七

---

① 不过 L. E. R. Picken 重谱过少数的词曲，见其“Secular Chinese Songs of the Twelfth Century”, *Studia Musicologica Academiae Scienliarum Hungaricae*, 8(1966), pp.125-172。

② Hans H. Frankel, *The Flowering Plum and the Palace Lady* (New Haven: Yale Univ. Press, 1976), p.217.

③ 薛爱华（Edward H. Schafer）就此所做的研讨十分精辟。例如他在讨论《南乡子》这个词牌时，就把其中所蕴的“温暖又柔情似水”的况义给道尽。见薛氏著 *The Vermilion Bird* (Berkeley: Univ. of California Press, 1967), p.84。

④ 万树《［索引本］词律》，徐本立增补，台北：广文书局，1971 年版。

言律诗，[①] 是以词句长短实非词与其他韵体唯一的区别标准。此事显而易见，毋庸申说。

倘若历史可以为鉴，我们就难以否认词以前的各种韵体确实罕见大量融合长短句的情形：优游于词的美学之中，此乃不可或缺的认识。不过，问题仍然不免：诗体上这个芝麻大小的问题，何以后来变成中国诗学上难以拨云见日的大问题？

词兴之前，各种诗歌早已自成传统。所以，在回答上述问题之前，我们不妨回顾一下这些发展的梗概。汉代（前206—220）的诗歌发展史，有两个现象特别值得注意：一为字句长短偏向一致，二为常用奇数句。五言诗首先开启长短如一的风格，较晚期的七言诗随即萧规曹随。长短句混陈的诗行虽非仅有，然终有汉之世，五言诗仍然一马当先，管领风骚。极其显然的是：大多数的诗中，奇数句泰半以五七言、三七言或三五七言的形式出现。[②]《诗经》多系四言体，是种偶数句。对照之下，奇数句就构成了新的韵律感。

六朝（222—589）末期，八行律诗逐渐行世，终而大盛于有唐一代。中国诗的传统再添新血，局面丕变。顾名思义，“律诗”格律严谨，对仗工整。时人咸以为诗体至此已臻化境。六朝之际，乐府诗风行一时，许多系以四言绝句唱出。绝句字数雷同，历史已久，此时再获重视，不少诗人乃操笔重为冯妇。因此之故，有人创出了“近体诗”一词，称呼“新”体。相对地，“古体诗”的

---

① 虽然如此，从诗律的观点看，《玉楼春》的词牌和七言律诗仍有不同：首先，《玉楼春》要叶仄韵，而律诗通押平韵。此外，律诗讲究“粘”，而词句对此并不重视。省了“粘”，律句才有对仗平仄工整：这是一种诗律技巧，主张三、五、七句的第二字得和二、四、六句的第二字同韵。

② 王力《汉语诗律学》，1958年首版；香港：中华书局，1973年重印，第304页。

名目也出现了，既指唐以前的古诗，也指率由旧章所制的新作。

近体诗强调格律之美，韵律变化自成系统。[①]五言与七言律诗发展到了登峰造极，诗人随即在有意无意间以某种韵律为范格，发展出体系完整的平仄互转，例如“平平仄仄平、仄仄平平仄”的形式。所叶之韵通常是平韵，不过在某些极端的例外中也会用仄韵。一首诗通常有两组对句，分别出现在第二与第三联，彼此间亦有语意上的对称性。这种情形不在少数，可视为特征。对句的做法复杂而多样，互对的字词必须出自同类的语意范畴。这是基本信条。比方说，结构严谨的上下联一定是以数字对数字，以颜色对颜色，以地名对地名，或以专有名词对专有名词。当然，较松散的对句只求词性对称，如形容词对形容词、副词对副词，或口语对口语，等等。《诗经》以降，中国诗人无不看重诗联，视之为结构主轴。虽然如此，这种规律仍然有待近体诗予以确定。

近体诗兴起之后，诗人并不废句长一致的传统，诗行亦以奇数句为主。高手所制，莫不如此，甚至愈演愈烈。总之，近体诗坚持标准诗行，雷池是一步也不能跨越。不写诗便罢，否则唯五、七言是尚。

就在这个关口，“词”倏然窜出，奇偶字数开始并现在诗行里。律诗的格律早已根深蒂固。然而，上述现象下出现的“词”却是对传统的反动，或可用归岸（Claudio Guillén）所谓的“反体式”（countergenre）来称呼。[②]其实，“长短句”只是一种词式，是有别于律诗的诸种因素中的一环。就词的技术层面而言，另有一点我

① 在汉朝或汉末以前，中国人不辨四声。故六朝诗中声律地位骤升。

② Claudio Guillén, *Literature as System* (Princeton: Princeton Univ. Press, 1971), pp.135-158.

们宜加注意，亦即仄韵有增多之势，而同一首词兼用平、仄韵来押的情形也时有所见，例如“平韵平韵仄韵仄韵／平韵平韵仄韵仄韵”的形式。[①]据常用的传统格律，律诗所叶的韵一向局限于平韵，仄韵罕见使用。此外，也只有偶数句尾（首句例外）会押韵，例如“仄起式”的“不韵、韵、不韵、韵、不韵、韵、不韵、韵”格，或“平起式”的“韵、韵、不韵、韵、不韵、韵、不韵、韵”格。由是观之，词韵词律和传统律诗实大有抵牾。

上述就形式结构所做的区野不免大而化之，但可让人从宏观的角度检阅词体的演进，我们故此应问的第二个问题是：这种“反体式”的触媒为何？

一、词人及其文化环境

论词之士不应轻忽敦煌石窟所发掘的宝藏。[②]唐及五代的文化环境，亦可于此窥斑见豹。敦煌出土的文物包括许多通俗歌词，年代最远者可以溯至初唐（大约 650 年），甚至还可蹑迹追踪到公元 600 年。[③]也就是说，这些歌词乃流行于唐迄五代，其形式无所

---

① 王力《汉语诗律学》第 50 页。相形之下，我们应另行注意一点：除了词体以外，古体诗也常用仄韵。

② 敦煌石窟保存的文献，是清末道士王元箓发现的，不过要等到斯坦因（Sir Aurel Stein）与伯希和（Paul Pelliot）“过访”敦煌，这些材料的价值才为世人所知。

③ 关于敦煌曲词的填制年代，任二北（任半塘）《敦煌曲初探》（上海：文艺联合出版社，1954 年版）第 222 页以下皆有探讨。任氏以为敦煌写卷中收载的词曲多为民间作品，或多出于工匠之手。这一点饶宗颐先生以为“大可商榷”，因为敦煌卷中的词曲有的不特与民间绝无关系，抑且出乎其时政治层峰与军阀的大手笔。参见饶著《唐末的皇帝、军阀与曲子词——关于唐昭宗御制的〈杨柳枝〉及敦煌所出他所写的〈菩萨蛮〉与他人的和作》，在《明报月刊》1989 年 8 月号，第 86—90 页。

不包，从“杂曲子”到“定格联章”都可一见。[①] 就字数而言，短者不足 25 字，长者则超出百字。敦煌所见歌谣的词行，有少数字数一致，但一般说来长短参差不齐。[②]

敦煌词重见天日，前辈学者的理论乃不攻自破。他们认为长短句的词式到中唐方才面世，而其始作俑者乃白居易及刘禹锡。[③] 从明代词学家胡应麟（1551—1602）以降，批评家莫不接受此一论点，从而认定李白所填的《菩萨蛮》系列根本是伪作。[④] 就这些论词之士而言，“长短句”在盛唐以前根本不可能存在。

晚唐词客温庭筠曾在填词上下过极大功夫，所填也都搜罗成

① 据任二北的考据，属于“杂曲子”的有 228 阕，属于“定格联章”的则有 318 阕。饶宗颐不赞成任氏用“杂曲子”三字来给俗词命名，因为唐五代所谓“曲子词”其实就是“词”，不是“曲子”。这点可由唐人著述印证。饶氏主张用“唐词”二字来标示所有唐代的“文人”及“通俗”词，见其《为“唐词”进一解》，在《明报月刊》1989 年 11 月号，第 97—100 页。饶著乃精论也，我曩昔未曾深思过这个问题。基本上，我同意饶氏论点，因为我一向就认为“敦煌词”可名正言顺称为“词”，实无横生枝节、偏说其为“曲子”的必要。

② 例如《水调词》《乐世词》与《皇帝感》等。

③ 见胡适《词的起源》，在其《词选》（上海：商务印书馆，1927 年）附录中。这方面的评析，则请见 Shih-chúan Chén, “The Rise of the Tzú, Reconsidered”, *Journal of the American Oriental Society*, 90, No.2(1970), pp.232-242。

④ 就此引爆的论战经过，可参张琬（笔名）《菩萨蛮及其相关之诸问题》，刊于《大陆杂志》第 20 卷第 1 期（1960 年），第 19—24 页；第 20 卷第 2 期（1960 年），第 15—17 页；第 20 卷第 3 期（1960 年），第 27—32 页。最近白润德（Daniel Bryant）与傅汉思（Hans H. Frankel）相继以较科学的方法证明李白的《菩萨蛮》是伪作，见 Daniel Bryant, “On the Authenticity of the Tzú Attributed to Li Po”，发表于 *The Thirty-first International Conference of Orientalists*, Tokyo, Japan, 1986; Hans H. Frankel, “The Problem of the Authenticity of the Eleven Tzú Attributed to Li Po,” *Proceedings of the Second International Conference on Sinologies* (Taipei: Academia Sinica, June1989)。这些新论著对李白研究颇有贡献，使人觉得有重新研讨李白词风的必要。基本上，白、傅的论点与本文并无直接的冲突，因为我关切的问题是：盛唐之际是否有人填过词？关于此点，我与林玫仪及吴熊和的意见颇为相似。

集。故词在晚唐方才成熟，应属信而有征。[①] 词本为卖解名优的娱众之作，温庭筠却发扬光大之，一手提升为阳春白雪的抒情诗歌。事实归事实，我们仍不应贬抑早期词人的作品。就算他们所制数量不多，在词史上仍为重要的里程碑。早期词家的某些构词原则，对词史的影响重要无比。若想确定这些原则，我们得一探晚唐词作的一般走向。李白是否曾用《菩萨蛮》填过几阕词？此事学界众说纷纭，莫衷一是，我已于上页脚注 ④ 详予申述。此点也不应是本章的大关怀，我们应该提出来就教的问题反而是：在李白的时代，是否另有诗人用“长短句”的形式填过这些词？

上文提过，敦煌所出的故旧有许多是长短不齐的词曲，其写作年代正可溯至李白所处的盛唐。65% 的敦煌词牌，都可在《教坊记》中看到。后书所载，殆为 713—740 年间乐工与优解的活动，《菩萨蛮》也见载于其中。[②] 此一现象显示，《菩萨蛮》和许多词调一样，早在 8 世纪前半叶就大行其道，风靡一时。李白创作力旺盛，极有可能利用“流行”曲调从事新的尝试。证据实则显示，早在李白亡故前 20 年的 742 年，即有某龙兴寺僧拿《菩萨蛮》作为词牌。这首曲子是在敦煌千佛洞内发现的，如今典藏在大英博物馆中。[③] 有鉴于此，我们或可结论道：就算李白没有填过《菩萨蛮》，他同时代的某诗人也可能用过此调。

这个结论反衬出一个基本问题：这些时兴的词调怎么恰巧在

---

① 温庭筠的两部词集分别是《握兰集》（3 卷）与《金荃集》（10 卷），但如今都已亡佚。尚可一见的温词皆收于下列选集：《金奁集》《尊前集》与《花间集》。后书乃赵崇祚所编，收录的温词几近完整，共 16 阕。这些词如今都已收入《汇编》。

② 崔令钦《教坊记［笺订］》，任二北注，北京：中华书局，1962 年版，第 4 页。

③ 张琬《菩萨蛮及其相关之诸问题》，第 20 卷第 2 期（1960 年），第 16—17 页。

这个当头绽放光彩？ 8世纪初与11世纪是词的全盛时代，史上罕见匹敌，簇新的词牌曲式纷纷出笼。“小令”首见于8世纪初，“慢词”则千呼万唤，终于11世纪现身。教坊乐曲推陈出新，又给这两种词构打了一剂强心针，促成形式上的剧变。不论在第8或第11世纪，统理万民的皇帝也都热爱丝竹，新的词曲日见翻身，广受喜爱。8世纪初的唐玄宗（712—756年在位）既懂管弦，又雅好此道。11世纪前后的宋太宗（976—997年在位）与宋仁宗（1023—1063年在位）也是曲艺能手，不惜九五之尊多方倡导。[①]

唐玄宗设立教坊，培育人才，革新了中国音乐的演出方式。京畿地区的乐工何止千百，能歌善唱者为数更伙。他们都在教坊拜师学艺，切磋琢磨，光大新曲。[②]玄宗更大的贡献是：他允许“通俗”曲子和“胡乐”在唐廷并立，因此泯灭了“雅乐”与“俗乐”的刻板区野。[③]玄宗破旧立新，当然提升了词曲的地位，使之逐渐茁壮。骚人墨客与教坊乐工歌伎应运唱和，也开始为新声填词作曲，[④]某些敦煌词曲极可能就是这种文化环境的产物。玄宗更是不落人后，乃跟着大伙翻新古调，制韵填词。《尊前集》系唐暨五代词的总汇，篇首所录赫然便是玄宗所填的《好时光》（六—三—三—七—五/

---

① 据脱脱（托克托）《宋史》卷142所载，宋太宗创制了390种新调，宋真宗则制过54种。

② 教坊确切的所在，参见岸边成雄《唐代音乐の历史的研究——乐制篇》（2卷；东京：东京大学出版部，1960—1961年）卷1，第286—313页。

③ 教坊确切的所在，参见岸边成雄《唐代音乐の历史的研究——乐制篇》（2卷；东京：东京大学出版部，1960—1961年）卷1，第21页。“俗乐”在宋代变成“燕乐”的一种。同前注书，卷1，第86—87页。唐人所称的“俗乐”本不登大雅之堂，然稍后传入日本，日人却视之为雅乐。同前注书，卷1，第7页。

④ 刘昫等《旧唐书·音乐志》（卷30）称：“自开元以来，歌者杂用胡夷里巷之曲。”

五—三—三—五—五）一词。[1]

说来讽刺，玄宗在新乐与新词上的影响力，却要等到退位谢世后才开始发挥。安禄山在公元755年造反，动摇了大唐根基。教坊里的乐工及歌伎横遭遣散，流落各地，再启卖艺生涯。[2]可以想见的是，一夜之间，各大城镇纷纷出现“伎馆”，而新的“曲子词”唱遍街衢，填者不乏其人，形成唱词的第二春。中唐以后，诗人词客多在伎馆寻求灵感，继续填词。赵宋初奠基业，伎馆林立并扩大内部，有的伎馆还设有百数以上的厢房。[3]尽管如此，我意不在指玄宗退位，伎馆就如雨后春笋一般滋生，而是说中唐以后，教坊颓圮，训练有素的乐伎四出奔亡，直接影响到往后曲词的发展。他们来自帝京，对新乐的巧艺卓有识见，一旦和各城各市的歌伎冶为一炉，自然会让“曲子词”演变成流行的乐式；凡有井水处，莫不可闻。他们时而填词调配新乐，时而请诗苑魁首填词备用。

此时文坛上还有足以相提并论的另一大事：属于近体诗的绝句，在盛唐臻至创作巅峰。王昌龄（约698—约756）、王之涣（688—742）、岑参（约715—770）与高适（约700—765）等人都

---

① 已收入朱祖谋编《彊村丛书》，上海：出版社不详，1922年版。玄宗其他词制都已散佚，仅存牌名，如《夜半乐》《春光好》及《一斛珠》等，见刘子庚（刘毓盘）《词史》，1931年首版；台北：台湾学生书局，1972年重印，第25页。

② 唐肃宗在登基后第二年（757）重启教坊，但音乐活动的广度已经没有从前那么多彩多姿，教坊确切的所在，参见岸边成雄《唐代音乐の历史的研究——乐制篇》（2卷；东京：东京大学出版部，1960—1961年）卷1，第90页。

③ 教坊确切的所在，参见岸边成雄《唐代音乐の历史的研究——乐制篇》（2卷；东京：东京大学出版部，1960—1961年）卷1，第98页。

是绝句名家，所制无不唱遍青楼酒肆，时人直目之为“乐府”。[①] 六朝之际，即有诗人以绝句配乐。南朝（420—589）的两大乐府诗汇“吴歌”与“西曲”，也都是用古体绝句吟就，仍出以四行民谣的体裁，在各大城市的商业区尤其风行。[②] 职是之故，中唐以前吟诵的绝句，顶多只能说在接续古乐府的传统。

就在此时，亦有人为词谱下新曲：新调既经谱出，搭配用的“长短句”即纷纷出炉，而配乐用的律诗也同时现身，有时甚至为“和声”故而增加诗行，但求诗曲长度能够一致。这些绝句乃为配合新调而制，故有人称之“曲词”，也因此有词牌之设。就形式观之，这些诗仍属绝句，但就唱词而言，实可称之为“词”。[③]

话虽如此，在盛唐与中唐，“词”可不是突然窜起，也不是仅此一家的曲式，盖时人除了开始填词外，也一仍旧制，继续创作乐府古诗，更何况诗人绝无一窝蜂赶流行的现象，也不会迷恋新兴的词牌。以李贺（约 791—约 817）为例，他就没有填过词，反因乐府名重一时。他对古乐府题词尤感兴趣，像《箜篌引》《白虎行》与《塞下曲》无不见长（见《全唐诗》册 6，第 4426、4439 与 4432 页），虽则他也不以此为苑囿，掣肘天才。[④] 确证可稽，李

① 王灼说：王昌龄、高适与王之涣某日共赴某宴，歌女所唱的绝句都是三人所作，却浑然不知作者就在眼前。这是一则很有名的掌故。转引自《丛编》，第 25 页。

② Hans H. Frankel, “Yueh-fu Poetry” , in *Studies in Chinese Literary Genres*, ed. Cyril Birch (Berkeley: Univ. of California Press, 1974), pp.94-95.

③ Glen W. Baxter, “Matrical Origin of the Tzú” , in *Studies in Chinese Literature*, ed. John Bishop (Cambridge: Harvard Univ. Press, 1966), pp.202-203. 诗词混淆或夹杂的例子可参皇甫松的《竹枝》与《采莲曲》诸调，在《汇编》册 1，第 38—40 页。

④ 他的新乐府包括《春怀引》与《静女春曙曲》等，参见彭定求（1645—1719）等编《全唐诗》册 6，第 4439、4442 页。

贺是大历年间（766—779）少数熟悉乐府古韵的诗人。[①]然而，在他同时，诗人每亦濡笔争制“新乐府”。这种新的文学形式实则为“诗”，根本不能配乐讴唱。[②]除此之外，乐府歌谣还有另一种形式，虽其被乐声与否已难通考，但温庭筠的许多乐府诗皆类此之属，也有新题问世（《全唐诗》册 9，第 6694—6708 页）。[③]可以想见的是，此刻“词”与“乐府”牛马难分。时人先是认定“词牌”即乐府题名，更模糊了这两种文类的界限。力证之一是温庭筠的《春晓曲》：这首“诗”也放在他的“词集”《木兰花》之中（见《汇编》册 1，第 64 页）。尽管诗词混杂，体式不分，这种现象却也昭昭显示：文体的变动（generic changes）通常不是一蹴立成，而是长时演变的结果。

事实上，早在文人诗人开始正视“词”之前，歌伎和乐工就已经把这种新曲唱了好一段时日。诗人时兴玩词，还是伎馆大兴以后的事。酒楼舞榭，当时各大城市皆不乏见。温庭筠填词之多，前无古人。他在唐代伎馆隆盛之际谢世，就可印证上面的陈述。晚唐文人孙棨在其《北里志》详述了当时歌伎的歌艺与文学成就，也一一道出 9 世纪与之相关的知识精英的活动。是时的长安冠盖云集，伎馆座无虚席。孙棨乃翰林学士，据其所述，流连在伎馆酒楼的常客包括政要鸿儒与文坛诗宗。[④]

---

① 相关的传统材料收于李贺《李长吉歌诗》，重刊于王琦注《李贺诗注》，台北：世界书局，1972 年版，第 21、23 页。

② 白居易和元稹（779—831）也同意乐府和音乐应该分家。

③ 见王易在《乐府通论》（台北：广文书局，1964 年重印）第 84—86 页的讨论。

④ 孙棨《北里志》，收于《中国文学参考资料小丛书》，上海：古典文学出版社，1957 年版，第 1 部第 8 册。孙棨所记的北里常客约有 40 人，其中 38 位乃命官鸿儒。《北里志》已译为法文，见 R. Des Rotours, tras. , *Courtisanes chinoises a la fin des Táng* (Paris, 1968)。

孙棨的书面世以后，“北里”一名即变成长安伎馆的代称，时人众口一声。其实，孙棨原拟以此称呼长安平康坊以北的某些伎馆，盖从玄宗以来，此地即青楼林立，[①]北里所坐落者又可能是最早设立的伎馆。孙棨认为，北里的歌伎歌艺高超，连名震巴蜀的薛涛都甘拜下风。[②]北里金粉不仅能歌，诗词修养亦深。《北里志》提到一些诗国才女，不让须眉，她们的文人朋友佩服得五体投地。像楚儿、颜令宾、莱儿与福娘等《北里志》提到的歌伎，就都是诗苑圣手。[③]孙棨之前数十年，唐代诗人白居易之弟白行简，亦曾在其传奇名篇《李娃传》中写过北里歌伎的生活。[④]唯白氏生时伎馆或未恢拓滋蔓，尚未变成文人时常光临的地方。

长安城首开伎馆，稍后各地跟进，各有名噪一时的歌伎。长江下游的名都如扬州、苏州与杭州，亦皆以伎馆著称其时。温庭筠少时曾遍游扬州；黄巢乱后（880年以后），韦庄也曾在江南各地流连忘返。白居易更在他们之前，就已填出名词《忆江南》，诉尽他遍游苏、杭后的仰慕衷肠。大约此时，刘禹锡在杭州一住便是数年，还填了一些词，拟与白氏《忆江南》唱和。[⑤]这些诗人对

---

① 见王仁裕《开元天宝遗事》，重刊于《说库》，台北：新兴书局，1963年版，第245页。另请参阅欧阳炯的《花间集·序》；欧阳氏认为词处于“北里之倡风”的环境之下。此《序》见赵崇祚纂、李一珉校《花间集》，香港：商务印书馆，1960年版。

② 确切的所在，参见岸边成雄《唐代音乐の历史的研究——乐制篇》（2卷；东京：东京大学出版部，1960—1961年）卷2，第20页。另见孙棨《北里志》，第22页。

③ 孙棨《北里志》，第27—28、29—30、31—32、33—34页。

④ 白行简《李娃传》，在汪辟疆校《唐人小说》，台北：河洛图书出版社，1974年影印，第100—106页。此文英译可见“The Story of Miss Li”, trans. Arthur Waley, *Anthology of Chinese Literature*, ed. Cyril Birch（New York: Grove Press, 1965）, pp.300-313。

⑤ 刘禹锡自谓：“和乐天春词，依《忆江南》曲拍为句。”见《汇编》册1，第22页。据白思达（Glen W. Baxter）的说法，这是词史可稽“依调填词”的首例，参白氏著“Matrical Origin of the Tzú”，见 *Studies in Chinese Literature*，第219页。

音乐都有一手，也喜欢流行的曲调，更爱周旋在歌伎之间。为了对蔚然成风的新曲有所表示，他们试填了一些长短句。有时，他们甚至会在词里指出词、乐之间的关系：

古歌旧曲君休听
听取新翻杨柳枝

——白居易（《汇编》册 1，第 33 页）

请君莫奏前朝曲
听唱新翻杨柳枝

——刘禹锡（《汇编》册 1，第 23 页）

新乐、歌伎与伎馆结为三位一体，攸关词史匪浅。到了北宋，各大城市的北里区繁华日盛，而教坊也就逐渐式微。[①]硕学鸿儒达官显要每每徘徊伎馆，最后连皇帝也慕名临幸，和职业歌伎互通款曲。唐及五代词中，不时可见“谢娘”与“萧娘”之名。换言之，她们已经变成一般歌伎的代喻。然而，一进入宋代，歌伎本名开始堂皇登上词句，[②]显示宋代词家对于描写某某歌伎的兴趣远甚于唐代词客。

典型例证可举柳永说明。他好写个人赏识的歌伎（例如《木兰花》的系列词作，见《全宋词》册 1，第 34 页），歌楼舞榭是他

① 岸边成雄，卷 2，第 101 页。
② 五代词与宋词的对比，例见韦庄收于《汇编》册 1，第 118 页，及柳永收于唐圭璋编《全宋词》册 1 第 34 页的词。

五陵年少时踌躇不忍离去的地方。乐师一有新曲，柳永往往会撰词酬和。他本人实则也是谱曲老手，知道如何制曲调词。像他这种才子，勾栏校书怎会不相与争宠？柳永弃世之后，谣传每年都有歌伎在他坟前致哀，几成惯例。[①]另一位宋代词家张先（990—1078）甚至把歌伎包养在家，老耄之年还能在众女陪伴下寻欢作乐。[②]苏轼任杭州通判之时，也对歌伎的才艺赞不绝口，造下他愿意填词的契机。

文化现象乃词兴的推动力，上面的论列可以为此佐证。虽然这样，上文仍属外缘研究，所以在下面一节，我应该把重心转到早期词的“文学性”上，希望说明词何以逐渐普受认同的缘故。

二、文人词与通俗词的风格异同

940年，赵崇祚汇编18家500阕词为《花间集》一卷，至此，“词”这种诗体观念终告成立。这18家词最早者可溯至850年，最晚者则系于书成之际。欧阳炯（约896—971）的《花间集·序》，立意区别文人词的传统与通俗词的历史。此《序》以时人称道的骈文写就，为我们娓娓述说这500阕词乃“诗客”曲子词，而文人词的传统所结合者，则为李白到温庭筠或其他词人的词。在欧阳炯看来，通俗曲词虽可称“金玉其外”，实则“秀而不实”“言之

---

① 见冯梦龙《众名姬春风吊柳七》，在其《喻世明言》，香港：中华书局，1965年版，卷12，第176—186页。

② 见《石林诗话》，引自薛砺若《宋词通论》，1949年首版；台北：开明书店，1958年重印，第88页。

不文”。[①] 他故此认为《花间集》的编成，目的是在为“南国婵娟”提供一套具有高度文学价值的唱词。

《花间集》纂就之前，亦即约在922年之前，另有一部题为《云谣集》的曲词问世。[②] 敦煌所发现最早的歌词，在《云谣集》中也可见到。“云谣”二字可不是书成后才著称于世，而是早经众口流传。有人用宽松的尺度看待此一名词，随口就认定这是“词”体的别称，例如唐人的谣曲就可见这种用法：

玉童私地夸书札
偷写云谣暗赠人

（《全唐诗》册10，第7348页）

蜡炬乍传丹凤诏
御题初认白云谣

（《全唐诗》册11，第8603页）

燕云谣
歌皓齿
且行乐

（《汇编》册1，第96页）

由于《云谣集》内的作品都属通俗词，故而作者难稽，名姓无

---

① 赵崇祚纂《花间集》，第1页。
② 《云谣集》的系年问题，见任二北《敦煌曲初探》，第204页。

存。《花间集》就不然了，不但诗人可考，连官职都赫然在焉。这个现象显示:《花间集》不独因属“选集”而意义别具，更因不随波逐流而显示其重要性。反之,《云谣集》走的是另一种方向。《花间集·序》明陈“词”的定义，视之为独立的文学文体，从而又加深该书的意义。《序》所论，实为词学滥觞。批评家常谓：一部选集若具代表性，则其序言当为重要批评文献，诗学传统也会因此树立。《花间集》的《序》正巧暗合此点，可以例示其中意义。孟而康（Earl Miner）教授在讨论日本首部御制诗选《古今集》的《序》时，曾大要指出一般诗学生发的情形。他说:“自成体系的诗学，多半是伟大的批评心灵逢遇潮流所趋的文体的结果。有时候则为各个心灵在此等情况下撞击出来的火花。”[①]这一段话，证之《花间集·序》，亦然。

选集之间既然可以有如此巨大的差异，那么我们是否可以假设文人词与通俗词曲确有绝对的不同之处？这个基设有一滞碍：现今所存的敦煌曲词不仅包括街头的流行歌，抑且含括不少文学大家的诗词。[②]至于已知的敦煌词，或许只有一小部分曾在唐及五代唱过。这些词曲的主题包罗万象，显示听曲的对象也是五色杂陈。此外，在留存下来的敦煌词与某类以口唱为主的通俗文学之间，相信也有某种界限存在。若想硬分文人词与通俗词，恐怕会形成抽刀断水的局面，其危险更显而易见，因为“词”本来就属“通俗歌曲”。不过，敦煌材料却是我们最易见到的彼时口传文学，

---

① Earl Miner, “The Genres in Critical Systems and Literary Change” (paper, Princeton Conference on Genre and its Problems, April 30-May 1, 1976), p.7.

② 例如，温庭筠的两首《更漏子》与欧阳炯的一首《菩萨蛮》，见《校录》，第139、140及053号。

若能拿来和《花间集》内众词做一比较，应该蛮有价值。虽然如此，我的重点倒非绝对性的文体分野，而是某些共同的风格特征，是足以在某历史时刻突显某词群的那些特征。谈到这里，有一关键问题应先解决：早期的文人词有何风格共相，足以借来区别当代的通俗词？或是当代通俗词有何风格共相，足资区分文人词？

《花间集》乃早期文人词家集体努力的成果，所收各词几乎无不以“艳情”为主题。我们若从这些词客与歌伎的实质关系来看，这种主题似乎是极其自然的结果。然而，我们若深入探讨，上述说词可能就经不住考验了，盖各词家虽然写的是艳情，所遵循的却是六朝宫体诗的传统。梁简文帝敕修《玉台新咏》（徐陵辑），提升宫体诗的地位，所采部分内容便是情诗。六朝诗人尚文藻，篇制绮丽而繁褥，莫不可由这部分的情诗看出。[①] 或许就是因为艳情乃词的主导主题，欧阳炯才在《花间集·序》提出词乃宫体诗苗裔之论。

相反，敦煌词却代表截然不同的传统。就题材而言，更是如此。敦煌宝藏是个大千世界，词曲的主题复杂万端，大部分皆与宗教仪式或社会阴暗面有关。多数文人词以“情”为主，但敦煌词中仅有部分是类此之作。像乐府诗一样，绝大多数的敦煌词以如实之笔刻画当代社会百相：有写战争者，有叙及征调者，也有描绘边城苦境的作品。历史实事，更见详细铺陈。举例言之，897 年李茂贞兵变，攻入京师，唐昭宗出亡华州，敦煌词中即有明载（《校录》，第 46—51 号）。黄巢作乱，同见记述（《校录》，第 70—72 号）。战场上的真刀实枪，也有十分翔实的刻画（例见《校录》，第 78—80 号）。

① 缪钺《诗词散论》，台北：开明书店，1966 年版，第 45—48 页。另见 Jonathan Chaves, “The Tzú Poetry of Wen Tíng-yun,” M. A. Thesis, Columbia Univ. , 1966, pp.23-32。

文人词与通俗曲词的题材，显然大大不同。这点分明昭示：词人的表达模式也有更基本的歧异。尽管文人词泰半为抒情调子，通俗曲词的模式却是千变万化：有叙事体，有戏剧体，当然也有抒情体。事实上，多数敦煌词的本质若非叙事性，便是戏剧性——抒情者鲜矣！我所谓的“抒情词”，是指词客情感连绵不绝，读之令人动容者。这种词，有时还可化至情景交融的胜境，而且特重“自我”与“现在”之专注。然而，在另一方面，戏剧与叙事性的模式所强调者，乃人与人之间的具体经验，或是事件的发展经过。敦煌曲词不仅着重世相，还发展出一套戏剧与叙事性的技巧，正可以反映这个世相。敦煌词所使用的基本形式技巧称为“联章”，确可表出各自的叙事目的。联章里的每一阕词，都是大故事的一部分。像《练子》就是一组联章，按时序细说孟姜女的故事（《校录》，第127—130号）。联章里的各词若属对话体，戏剧功能就可突显出来。这种技巧称为“演故事”，任二北亦持如是观。一部敦煌词选，至少有六分之一是“演故事”的“联章”。[①] 任二北以为，五代后金、元戏曲大昌，似乎接续了敦煌通俗词曲的传统，所以这些通俗词预示了早期戏剧与舞蹈的形式。[②] 明人“传奇”有“家门”一折，全用曲词，叙事与描写兼而有之。这种演出方式，或许也因敦煌词叙事与戏剧交相融合的影响而来。[③]

---

① 任二北发现敦煌500多首曲子词中，至少有74首是在“演故事”。见任著《敦煌曲初探》，第303页。

② 任二北《敦煌曲初探》，第16、273、297—309、323页。任氏又谓，《凤归云》的联章故事（第003至004号）是中国文学里最早的“曲套”，详见《初探》，第462页。

③ 任二北《敦煌曲初探》，第16、273、297—309、323页。任氏又谓，《凤归云》的联章故事（第003至004号）是中国文学里最早的“曲套”，详见《初探》，第348页。

敦煌词有其叙事或戏剧性的一面，然而，“联章”并非传递上述层面唯一的词艺。许多个别的曲词也有其结构方式，而以外在事件发展作为整首词的主要题旨。这种曲词常常融入对白，戏剧动作随之而生，戏剧效果从而大增。通俗词常可一见的这种技巧，下面这首《鹊踏枝》可为例证：

叵耐灵鹊多瞒语
送喜何曾有凭据
几度飞来活捉取
锁上金笼休共语
比拟好心来送喜
谁知锁我在金笼里
愿他征夫早归来
腾身却放我向青云里

（《校录》，第115号）

一般抒情词都是透过“发话者”（persona）的观点来看待事情，但上引词却借某妇人与喜鹊的对话而呈现出截然不同的叙述观点。作者似乎隐身幕后，就让两个“角色”彼此对话。

细究抒情性浓郁的通俗词，我发现其中的重要诗艺亦有别于多数的文人词。敦煌抒情词最显著的共同技巧是：开头数句会引介情境，亦即词人会用直截了当的短句来抒发情感或开启疑窦。这些诗行常令人感到突兀，语调极端，忒不寻常：

例一：

悔嫁风流婿
风流无准凭

（《校录》，第119号）

例二：

争不教人忆
怕郎心自偏

（《校录》，第124号）

例三：

叵耐不知何处去
正值花开谁是主

（《校录》，第007号）

这几句词一开头就表露心态，而这种共相在当代一般文人词中却罕见得很。这种心态可见于“悔”与“怕”等“心绪动词”（verbs of thought）[①]、“叵测”等“情态语词”（modal word），以及例二例三的疑问句（interrogatives）之中。

---

① 有关“心绪动词”的定义，请见 Yuen Ren Chao, *A Grammar of Spoken Chinese* (Berkeley: Univ. of California Press, 1968), p.110。

唐代通俗曲词每每以直言掀露情感，语调朴拙直坦亦为特色。通俗词的发话者开头总会明陈某种意绪，通篇随即迫着这个主题发展。且拿敦煌词《望江南》一阕与白居易的同词牌作品对比，[①] 其间的基本差异马上就会表露出来：

敦煌词：

莫攀我
攀我太心偏
我是曲江临池柳
者人折了那人攀
恩爱一时间

（《校录》，第086号）

白居易：

江南好
风景旧曾谙
日出江花红胜火
春来江水绿如蓝
能不忆江南

（《汇编》册1，第31页）

① 白氏这阕词又称《忆江南》，不过也有《望江南》《望江梅》与《梦江南》等说法。

敦煌词以情态语词“莫”字打头阵，然后转入命令句，语意明确，绝不含糊：“莫攀我！”这阕《望江南》的发话者当为某妇人，她在曲词伊始就表露心绪，随后不断重复之。“攀”字几乎是全部曲词的主轴，其受词“我”也是架构上的重心（参看行一、二及四）。易言之，发话者在曲词中独特的关怀，才是全词一气呵成的接着剂；读者读之，连稍获喘息的机会都没有。

白居易的词却呈尖锐的对比，委婉有致地使情景交融成一片，自然的意象在匠心独运下又化全词为一复杂的整体。首句乃套语，却也道尽了发话者的心绪与好恶。虽然如此，首句以下各句非但没有继续发展这个心绪，反而转移注意力，写起自然景致来（行三至四），从而让读者体受到一幅外在世界的图景。这个世界是“幻”，感性的领域才是灵视。惜乎，两者于词中皆与“我”分离了。读者还在出神凝想的当头，词句又把我们拉回到现场实况：“能不忆江南？”（行五）全词的架构原则并非一体合成的情感，而是恢奇卓绝的艺术结构。一个灵犀互通交融有致的世界，便在体知与观念的结合下形成，也在自然景致与内在情感的融通下构现。

上面的比较显示，文人词与通俗词的风格确有不同。话说回来，我们仍可从另一角度看待这种对比，而求得的结论往往是：通俗词的遣词用字通常比较接近口语或俗话。以上引敦煌词为例，第四句便可见“了”这个虚词（function word），其功用在完成“折了”这个动作。这个字实在俗气，唐及五代的诗人避之唯恐不及。

文法家常把中文习用语分成两大类：实字与虚字。这种分类的标准有武断之嫌，然而我们至少可定义道：前者所指的字如名词与宾词，皆不乏实质字义，后者则多为冠词、介词与感叹词等。[①] 句子的基本意义乃实字组成，虚字却可强调句构，反映发话者或作家的态度。诗词中的虚字若以日常口语居多，则其风格便会有“通俗”的倾向，不言而喻。

通俗化的口语在敦煌词所占的比例非常大，[②] 下列词句里的“了”“么”与“着”便是明证：

无事了

（《校录》，第 014 号）

淡薄知闻解好么

（《校录》，第 026 号）

肠断知么

（《校录》，第 003 号）

子细思量着

（《校录》，第 026 号）

使用俗语固有其效果，但配合“实字”形成的俗词，效果更大。例如：

---

① 周法高《中国古代语法：造句编》，台北：“中研院”历史语言研究所，1972 年重印，第 22—54 页。另请见 Yuen Ren Chao, pp.501-502。

② 任二北《敦煌曲初探》，第 403—449 页罗列了一份唐及五代的俗语。

莫把真心过与他

（《校录》，第 026 号）

把人尤泥

（《校录》，第 010 号）

你莫辜天负地

（《校录》，第 113 号）

上引语词皆时人生活用语，当代词家却仍未视之为诗汇词语。唐及五代词客使用的俗语有限，唯代名词如“侬”与“郎”等。俗语蔚成文人词的潮流，得下逮宋代才成。我会在第四章讨论这个问题，届时再详细说明。

三、一种新诗体的建立

文人词与通俗词尚有其他传统上的歧异。敦煌词虽在“同时”采行许多不同的词格，不加取舍，但文人词的发展基础首先便建立于“绝句”这种四行诗的写法上。其间，我相信定然有某种观念架构可以让我们据以探索早期的词史。我们如果拿温庭筠作为词史的分界点，那么我们会发觉，温氏之前的文人所宗尚的词牌，一点都不出七言绝句这种体式，例如《杨柳枝》《竹枝》《浪淘沙》

《清平调》或《采莲曲》。[1]温氏死后，这些词牌若非渐次式微，就是改成其他格律，《浪淘沙》就发生过这种情形。我们可以据此下个结论：850年以前的词，大受绝句掣肘，其后的词体才慢慢有独特的结构原则，不再受绝句的影响。

（一）约850年以前的小令

我在前文提过，“长短句”这种通俗曲词创作在盛唐之际，亦即绝句蔚然成风之时，难怪早期词家好以绝句的形式填词，而通俗词与文人词的传统也就出现了下面的分野：尽管通俗词强调形式翻新，配合新曲，文人词却有好一段时间仍然在过去僵硬的诗律里徘徊。故其发展虽可谓有条不紊，进展其实甚缓。倘要改善这种现象，非得等待一种诗体或另一种系统大致确立不可。在诗体发展上，因此再也没有比某种观念传统的形成更重要的了！

“小令”在早年成为气候之前，曾受绝句传统极大之影响，甚至连形式和绝句截然不同的词，在长度上也会和绝句一样。绝句乃四行诗，因有五、七言之分，故字数可为20或28。受绝句启发过的早期文人词，因此字数都在30之内，句数显然也不出4行。温庭筠之前常见的词牌，绝大多数都属这种情形。下列例证中，破折号代表休止符，显示字群的唱诵有顿挫之处：

《三台》	六／六／六／六	（24字）
《渔父》	七／七／三——三／七	（27字）

① 早期文人词家最常用的词牌是《杨柳枝》（39阕）、《竹枝》（27阕）与《浪淘沙》（17阕）等3种，见《汇编》册1，第1—47页。

《纥那曲》　五／五／五／五　（20字）

《怀江南》　三——五／七／七／五（27字）

《杨柳枝》　七／七／七／七　（28字）

《竹枝》　七／七／七／七　（28字）

《浪淘沙》　七／七／七／七　（28字）

《潇湘神》　三——三／七／七／七（27字）

传统词话称这些小令为“单调”，指其仅具一个诗节（一阕），和“双调”——亦即有两个诗节——的词体有所不同。“双调”小令流行的时间较晚。

早期的“小令”词家喜欢用“绝句”或“类绝句”填词。就文人词的传统而言，这种作风相当独特。虽然如此，我并非指绝句或“单调”因此就不见容于通俗词。事实反而是：许多敦煌曲词都不出30字，有些根本就是用绝句的形式填下的。不过，值得注意的是，敦煌词并没有死抱绝句的形式规则，不像当代文人词那样僵化。可以引以为证的例子凿凿可见。像《望江南》或《天仙子》一类的敦煌词牌，可以用“单调”填词，也可以借“双调”用字。此刻的文人词家就不然：这些词牌他们只能出以“单调”的形式。文人词家最常选用的绝句词牌是《杨柳枝》与《竹枝》，而尤具意义的一点是，敦煌所出的这两种词牌皆用“双调”填词，格律和绝句相去甚远：

《杨柳枝》　七／四／七／五　七／四／七／五（46字）

《竹枝》　　七／五／七／七／七　七／五／六／七／七（65 字）

当然，敦煌词只是唐及五代通俗曲词的一小部分，我们绝不可断然以为所有作者不可考的通俗《杨柳枝》与《竹枝》词皆不使用“绝句”的形式。话说回来，实情却是如此：当代的文人词家死守前人的体式原则，而敦煌词的作者却翱翔乎传统技巧之外。

时间再往后挪，甚至连文人所写的许多异乎绝句的小令，仍持有与绝句相通的美学原则。比方说，传统诗话家就认为绝句最重要者应属收梢处的对句。[①] 而绝句感人之深，诗句凝练，不乏隐喻联想有以致之。常人惯用“言简意长”描写绝句的美学价值，[②] 词评家同样以此期待于每一首词的结尾，南宋词人兼词话家张炎就是一例。他曾暗示：王维的绝句《渭城曲》就值得写小令的词家竭力仿效。[③] 由于小令与绝句颇见类似结构，张炎甚至以为两者可以相提并论：

> 词之难于令曲，如诗之难于绝句。不过十数句，一句一字闲不得，末句最当留意，有有余不尽之意始佳。[④]

---

① 黄勖吾《诗词曲丛谈》，香港：上海书店，1969 年第 2 版，第 66 页。据传统诗话家的说法，绝句要写得深富言外微旨，最好是用因景生情、以景触思的写法。另一种频见使用的笔法，是在收尾对句中使用疑问词、假设词、反问词与否定词等。这两种笔法看似矛盾，但目标一致：都要在句中创造出弦外之音。

② 陈钟凡《中国韵文通论》，台北：中华书局，1959 年版，第 194 页。

③ 张炎《词源》，收于罗芳洲编《词学研究》，上海：文力出版社，1947 年版，第 29 页。

④ 同③。

就小令的填法而言，张炎的说辞非常精辟，传统词话家无不奉为圭臬。宋沈义父迄清李渔等词话家一致主张，小令的创作应重言外微旨，即使清末民初的词学学者，也抱持类似观点。[①]词末收梢处的美学既经长时间的注意，则历来词人自然注重尾字的音效。[②]

词与绝句的关联众议佥同，对传统研究启发甚巨，但也因此而出现误导的现象。新旧诗体盘根错节，前代批评家能够注意及此，全仗他们对词与绝句的认识，此所以上文有“启发”之论。然而，也正因他们太强调两者的关联，忽略了词体演变的深层可能，故而处身迷津而不自知。盛唐以还，长短句与“绝句式”的“词”同时并存，当时的酒肆伎馆屡见不鲜，旧派学者竟然存而不论，此亦所以曰“误导”也。请再举例言之，宋人郭茂倩所纂《乐府诗集》卓尔有名，收录了许多唐及五代词，而这些词竟然都是“绝句”的形式。[③]长短句固然在 9 世纪后风行一时，然而郭氏视若无睹，好像不当这些词曾存在似的。遗憾的是，后世学者对郭书异常重视，以为诗作词选尽在其中。无须多言，很多谬论就此出笼。

---

① 见沈义父《乐府指迷》，在罗芳洲编《词学研究》，第 39 页。沈氏认为：“结句须要放开，含有余不尽之意，以景结情最好。”另见李渔（1611—1680）《窥词管见》，在《词话丛编》册 2，第 545—561 页。李渔谓：词的优点全定于终篇一刻，如“临去秋波那一转，未有不令人销魂欲绝者也”。王国维论词著名的“境界说”，显然由小令立意，而非由较长的慢词立说，因为小令比较容易集中写景，传达言外之意。

② 夏承焘、吴熊和合著《读词常识》，北京：中华书局，1962 年版，第 55 页。

③ 见郭茂倩编《乐府诗集》卷 81 与 82，重刊于《四部丛刊初编缩本》，台北：商务印书馆，1967 年版，册 104，第 555—567 页。这些词据以谱出的词牌为《杨柳枝》《竹枝》《清平调》《回波乐》《浪淘沙》《抛球乐》《纥那曲》与《宫中调笑》等。

（二）约 850 年以后的小令

从词体沿革观之，词的蜕变约始于 850 年之际。前后所制，皆呈强烈对比。850 年以后的新词，结构与长度都不为绝句所限，反而含括两“片”等长的单元，虽则其加起来的总字数不超过 58 字。[①]换言之，“双调”词一天天在取代“单调”词。温庭筠填过的 20 种词牌之中，竟然已有 11 种属于“双调”词。韦庄的 22 种词牌，包括了 17 种的“双调”词，比率不可谓不高。显而易见，届临温、韦之时，“双调”词即将蔚为传统。到了南宋，“单调”词根本乏人问津。晏殊的《珠玉词》共收 137 首词，其中只有一首《如梦令》属于“单调”词。晏几道《小山词》内收 250 首，却没有一首用的是“单调”词牌。欧阳修传世的 171 首词，悉数收在《六一词》之中，也悉数都是双片词。至于李清照的 79 首词，属于“单调”者亦仅 3 首《如梦令》罢了。

“双调”的结构诚可能仅由两个“单调”简单重复形成，但既然是一种词格，对后出的词自有极重要的美学影响。词体演变史上最重要的新现象乃“换头”的形成。这是一种“过渡”，亦即双调词从“上片”移到“下片”的“过渡”。至于“绝句”或“律诗”，绝不可能出现“换头”。[②]

“换头”一旦出现，词的读法也有新的转变，较之曩昔体式，可谓角度全非。乍看之下，小令似乎由两首绝句组成，事实远非如此，即使传统读者也不做如是观。他们固然认为绝句收尾应寓

① 见王力《汉语诗律学》第 518 页。王力对小令的定义较宽，认为 62 字内都属之。

② 像清人金圣叹一类的批评家，就一度想把律诗的结构拆成两“片”。不过，这种读法有违律诗的基本构造。

弦外之音，却不以为小令上片也该如此。只要能够预示下片的内容，上片的收尾就算功德圆满。

传统词话家不但不反对小令这种阅读成规，而且甚表赞同。其中多位甚至说，词家对换头应谨慎从事，务求控驭得当。也就是说，首片后两行一面要能结尾，一面也要能为后片铺路：

> 凡词前后两结最为紧要：前结如奔马收缰，须勒得住；尚存后面地步，有住而不住之势。[①]

前人此见指出，传统读者所期待于词者，绝大多数应属下片词的意蕴。他们都晓得，词的结构特殊，不是其他韵体所能并比。由于词人不断努力，“换头”终于成为构词原则之一，其特有的功能业经肯定。词人构设前后片的方式，大致可以反映其人风格，也可以吐露涉世的深度。本书后数章会详细交代此点。

850年前后，确为词史重要分水岭。原因无他：“双调”小令适于此时出现，而其美学体式也于此时确立。850年以前，“词”还不是独立文体，其后则进入一个崭新的时代，逐渐发展出特有的传统。我们常说温庭筠和韦庄是词史开疆拓土的功臣，原因概如上述。

---

① 这是清人张砥中的话，引自谢无量《词学指南》，台北：中华书局，1959年版，第29页。

第二章　温庭筠与韦庄

——朝向词艺传统的建立

以年龄论，温庭筠长韦庄不过 20 岁左右，但两人所处的政治环境却有天壤之别。韦庄生逢黄巢之乱（880 年），温庭筠幸而未曾得遇。这是区野关键。黄巢乱后，唐室将倾，藩镇割据，国势日危，存亡就在旦夕之间。而烽火连天，狼烟遍地，寻常百姓家破人亡更是所在多有。时局紊乱若此，韦庄哪能安享温庭筠所过的太平盛世？未及而立之年，他就远离帝京，避乱南下，在江淮之间游荡了 10 年以上。到了耳顺之年（901 年），他又买棹入蜀，最后终老于此，时值 910 年。韦庄所写的许多七律，因此都有一股故国不堪回首的沧桑感，也把黄巢乱后造成的哀鸿遍野与悲雁处处诉说殆尽：

过扬州

当年人未识兵戈
处处青楼夜夜歌
花发洞中春日永

月明衣上好风多
淮王去后无鸡犬[①]
炀帝归来葬绮罗[②]
二十四桥空寂寂
绿杨摧折旧官河

（《全唐诗》册 10，第 8021 页）

忆昔

昔年曾向五陵游[③]
子夜歌清月满楼
银烛树前长似昼
露桃华里不知秋
西园公子名无忌
南国佳人号莫愁[④]
今日乱离俱是梦
夕阳唯见水东流

（《全唐诗》册 10，第 8007 页）

就在“当年人未识兵戈”的时代（《过扬州》，行一），晚唐词

① 民间传说，汉淮南王刘安得道，鸡犬随之升天。

② 隋（581—618）炀帝后幸江都，拓跋氏宇文化及造反，缢之。

③ “五陵”原指汉代诸帝在长安附近所建的五座皇陵。在诗词中，这个名词却常代表富贵美姿的少年人聚集之处。

④ “无忌”是战国时代魏信陵君之名，“莫愁”则为唐代某名歌伎的名字。二名合之，指富贵少年与华丽闺女等五陵游客。

人温庭筠度过了半生。但是对韦庄来讲，当年的花柳繁华和如今的兵燹连天对照，徒然令人唏嘘浩叹。温、韦的表现——不管诗中天地或生活实况——都截然不同，而本章的目的正是要讨论其间的差异，看看这两位词国先锋有何不同之处。循此，我们还可进一步认识晚出的词在体格方面到底受过他们多大的影响，尤其可以了解个人风格对词体的撞击有多深。

一、词的修辞学：弦外之音与直言无隐

温庭筠用《菩萨蛮》填过的词不在少数，其中有一首却可显示他个人的一般风格：

水精帘里颇黎枕
暖香惹梦鸳鸯锦
江上柳如烟
雁飞残月天

藕丝秋色浅
人胜参差翦
双鬓隔香红
玉钗头上风

（《全唐诗》册 12，第 10064 页）

读罢此词，我们随即可以注意到的是：全词两片的联系并不

强，因为各片所写似乎仅为单景一色。所幸这两片逸兴遄飞，无碍读者在其间找到可能的关联。

词句之中，并没有透露谁是发话者，但其叙述观点若属全知全能，则首片所写或为某闺中怨妇："暖香"使她情思乍起，竟然沉酣在春梦之中。如此一来，后片就是梦中世界，怨妇盛服华发，临江而立。虽然如此，首片的发话者也可能是个男人，目前正在回首闺中密友的十里送别。水精帘，鸳鸯锦：他犹记得春宵一度，触处尽是浓情蜜意（行一至二）。怎奈鸡鸣破晓，他就得离此他去（行三至四）。于是，就在第二片，我们看到妇人依江送别，玉钗犹迎风舞动（三至四行的联句）。[①] 此外，若说发话人是个妇女亦无不可，则全词所写当属她个人际遇。她前夜尚在红楼拥被而卧，一床丝罗都是锦绣鸳鸯。回想至此，她不禁为良人不在而倍感惆怅，虽然绣花枕被所谱的都是琴瑟和鸣。拂晓时分，她凭窗远眺，薄雾中几株垂柳，而天色迷蒙里野雁破空而去。良人他适，愁思如何不上心头？到了尾片，她乃刻意装扮，身披轻纱，薄如藕丝，头饰鹭羽，迎风摇摆，可是依然解不开心头的千丝万绪。

不管我们中意哪一种诠解，这首词的前后片显然是由不同的两组对照并列所构成，而不是一气呵成的连贯动作。读者得驰骋想象力，细按各种可能的换头原则，才有和词家交融为一体的可能。既然要把注意力由字义显然的幕前转移到字义含糊的幕后，那么这首词的玄妙之处，我们或可用"言外意的修辞策略"（rhetoric of implicit meaning）界定之。作者镂刻出一幅客观的图景，收拾起

---

① 有关此一诠解，请参考詹安泰《温词管窥》，在《艺林丛录》，香港：商务印书馆，1961—1966 年，册 4，第 95—103 页。

自己的真面目，所以在阅读感觉中，言外意更胜过字面义。情景也是自然裸现，而非直接叙述出来。[①]

讲究各景并列可不是寻常笔法，用言外意来媾和各景的修辞方式更是常人罕见。温庭筠的特殊风格便存乎此等策略之中。我们深入再探温词结构，发现统合换头的组织原则，讲究的乃是不同词语的肌理联系（textual linkage）——亦即行与行之间、语词与语词之间都有这种联系。再质而言之，温词少假连接词，也不用任何指涉性的代名词或指示词（demonstratives）。中国诗词善用简便的意象来结构字句，温氏的构词原则用的也正是这种组织方式。示意字[②]（deictics）既不多见，连带也就缺乏直接而详明的意涵。不过，正因示意字有阙，温词才能开创模棱两可的词意，增添扑朔迷离之感。他的词句愈玄妙，批评家对他也就益发折服。例如一首《更漏子》——尤其是第四到第六句，不但堂奥深妙，而且玄机处处，历代词话家虽然读得莫名其妙，却也频频赞美，叫好之声盈耳：

> 柳丝长
> 春雨细
> 花外漏声迢递
> 惊塞雁
> 起城乌

---

① “裸现”（showing）与“直接叙述”（telling）在艺术上的差别，请见 Wayne C. Booth, *The Rhetoric of Fiction* (Chicago: Univ. of Chicago Press, 1961), pp.3-20。

② 有关“示意字”的范畴，请参酌 John Lyons, *Introduction to Theoretical Linguistics* (Cambridge: Cambridge Univ. Press, 1968), pp.275-281。

画屏金鹧鸪

香雾薄
透帘幕
惆怅谢家池阁[①]
红烛背
绣帘垂
梦长君不知

（《汇编》册1，第61页）

第四到第六句的塞雁、城乌与屏上鹧鸪之间，看似一无文法联系，彼此形同解体。然而，温庭筠隐喻性的修辞美学也正存乎此种笔法之中。全词首写某日春景，发话者继之出现，形单影只，一片静寂，唯有细雨淅沥以及远方滴漏答答（行二至三）。在传统上，细柳是别离的象征，发话者眼见及此（行一），不禁想起情郎远适。待野雁从塞外惊起，群乌在城垣上鼓翅而飞，而暖房风屏上所绘的金鹧鸪仍寂然不动（行四至六），她的落寞感就油然生起，而且更深更强。无可置疑，第二片的情景仍源自这些并列的感官意象（sensory images），而这种解读可能也正中作者心意，虽然他并无一语道及此点：读者必须自行揣摩，求诠求解。由另一个角度说，温词表面上是一团破碎的意象，我们唯有了解他惯用言外之意的填词方法，重新拼组，才能使这堆意象意蕴更丰。温词

① “谢家”即“伎馆”的委婉说法。

肌理严密，他又善于堆栈与并呈名词，组织益发细致，予人的印象更加深刻。下举例句皆为温词典型：

画罗金翡翠

（《汇编》册 1，第 57 页）

宝函钿雀金鸂鶒

（《汇编》册 1，第 58 页）

翠翘金缕双鸂鶒

（《汇编》册 1，第 57 页）

这些例句后半部的意象如“金翡翠”“金鸂鶒”与“双鸂鶒”，似乎都能贴合前半部的意涵。不过，其间根本没有文法联系可言。

温词的弦外之音，往往逼得研究者非从理论的角度出发，一探他的风格特色不可。他的构词原则并非出自“叙事性”的线形发展，而是取乎对意象界重甚深的诠释过程。这套原则背后的思想是：词或诗都无须借重连贯性的发展，定向叠景本身就饶富意义。此一笔法使用的频率愈高，各个句构单元彼此就会益形疏离，而这一切又都意味着温氏笔端讲究“并列法”（parataxis），对“附属结构”（hypotaxis）缺乏兴趣。上面两个西方古典修辞学术语，都是已故的奥尔巴哈（Erich Auerbach）教授在讨论拉丁语法时提出来的。[①] 虽然如此，我觉得这两个名词对中国诗词的讨论还是蛮管用，可以视为诗人词客的基本创作法。"并列法"指的是词、句的排比；"附属结构"则有不同的联系字词，可以"结构"相异的时间或因果关系。就词体的演进而言，这两种修辞方法皆有其基本重要性，我们故此应该不惮烦言细述一番。

从中国诗词的传统来看，意象"并列"了无独特之处。事实上，一般人总期望诗人词客都能结合创作技巧，即使含糊其词，读起来也应有主题重心。唐代以后的中国读者，对此等阅读基设特有所求，因为他们读惯律诗，早已养成透视高度意象语的能力，此所以传统词话家总努力想要认识温词的言外"真"谛：就算是简略排比的意象，也可能寓有微言大义。例如清代词话家周济，就曾总括温氏词艺，用中国传统词话笼统评道："飞卿酝酿最深。"[②]

就温词的并列结构而言，现代词学学者也著有精研，颇具贡献。俞平伯曾观察温词道：温著"每截取可以调和的诸印象而杂置一处，听其自然融合"。[③] 叶嘉莹也说温词如画，感人肺腑，而这种种乃奠基于温氏特有的美学——亦即他所使用的感性意象，而非文句的逻辑次序。[④]

纵然如此，现代读者也应该再问一声：温词是否有一套要言不烦的原则以统合各处的并列结构？温庭筠排比意象，一向直截

---

① Mirnesis, trans. Willard R. Trask(Princeton:Princeton Univ. Press, 1953). 两个名词的中译乃参酌张平男译《模拟：西洋文学中现实的呈现》（台北：幼狮文化事业公司，1980年），第81—82页。

② 见周济《论词杂著》，罗芳洲编《词学研究》，上海：文力出版社，1947年版，第96页。

③ 俞平伯《读词偶得》，台北：开明书店，1957年版，第15页。

④ 叶嘉莹《迦陵谈词》，台北：纯文学出版社，1970年版，第48页。

了当，有时似乎漫无章法，但仔细探究，我们却发觉其中要题都经过精挑细选，而各个意象就绕此回旋发展。下引这首《菩萨蛮》正可展现上述温词词艺：

翠翘金缕双鸂鶒
水文细起春池碧
池上海棠梨
雨晴红满枝

绣衫遮笑靥
烟草粘飞蝶
青琐对芳菲
玉关音信稀[①]

（《全唐诗》册 12，第 1064 页）

破题处的意象也是这首词的核心，全词所有的意象都循此开显。妇人在句中首现身影，不但头插翠翘，还饰上一对鸂鶒。这个意象一旦形成，其他意象便蜂拥而至。读者由女人的美貌联想到室外的美景，奔至眼底的乃是碧水、青池与海棠梨（行二至四）。到了第二片，意象转回妇人自己：她拿锦袖半遮脸，笑靥一时间看不着（行五）。值此之际，叙述者放眼自然景致，又把读者拉到烟草飞蝶去（行六）。第五句呼应了第一句，显而易见。而第六句

① 玉关虽指甘肃境内长城的玉门关，但在这首词里却是“前疆”的隐喻。

也让人联想起二至四句。虽然如此，这种句法仍显示这些彼此呼应的意象遵循的不是线形发展而是“并列”的形式。稍后的宋代词人周邦彦，也曾用过极其类似的词艺以组织自己的意象。

和温庭筠相形之下，韦庄填词的原则就大异其趣。权引两首为例：

女冠子

昨夜夜半

枕上分明梦见语多时

依旧桃花面

频低柳叶眉

半羞还半喜

欲去又依依

觉来知是梦

不胜悲

（《汇编》册 1，第 110 页）

荷叶杯

记得那年花下

深夜

初识谢娘时

水堂西面画帘垂

携手暗相期

惆怅晓莺残月
相别
从此隔音尘
如今俱是异乡人
相见更无因

（《汇编》册 1，第 118 页）

这些词的发话人几乎同时在倾诉他们的际遇。韦庄并不像温庭筠：他并没兴趣在前后片呈现不同的两个景；他反而漠视前后片的界限，干脆让叙事态势一路奔泻到底。易言之，韦庄拟以次序井然的方式写景抒情，一切都随着思路绾结在一起。

韦庄的做法，不啻表明他所宗奉的乃文意朗朗的词句。比起温庭筠，他的词体更直截了当。就句法而言，附属结构的情形也多过温词。当然，所谓“好词”多少都有点晦涩——用苏珊·朗格（Susanne Langer）的话来讲，世上根本“没有一根肠子通到底的诗”。[①] 因此，本章中用明晦做对比只是权宜之计，庶几方使我们分析全然相异的两种词体。

词行的“序列”究竟为何？词意“明朗”的程度要有多大？这些问题都不好回答，况且我们现在面对的也不是演绎推理，而是“附属结构”的技巧、相续的词句与示意字本身。在中文文法上，所谓的连接词（connectives）包括“倘若……那么”“因为”“由于”，以及“时”等字词。这些字词若化之于诗词之中，每能引发

---

① Susanne Langer, *Feeling and Form* (New York: Charles Scribner's Sons, 1953), p. 228, note 22.

逻辑或时序之感，读者也会觉得全诗正在某序列的控制之中。之所以会产生这种感觉，芭芭拉·史密斯（Barbara Smith）的解说最为透彻："相对诗行所写，通常会令人引颈期盼，以为也可以在相对的部分看到同样的文字。"[①]词句一气呵成，叙说上自成整体。词人写出来的若是这种前后照应的相续句，则序列结构的效果立即显现。如果能深入使用示意字，详陈某时地与人物，则词意自然外现，朗朗有致。

且拿前引的《荷叶杯》为例。这首词到处可见附属结构、相续词行与示意字。第四句的"时"点出时间上的附属结构，把第一至第五句的思绪纠集在一起，全词开端便出现思绪动词"记得"，表示叙述者乃第一人称的"我"，而此刻正追忆的是当年别离谢娘时。破题之后，相续词句直走到第七句才完成动作，暂告一个段落。词里的时间副词包括第九句的"如今"与第一句的"那年"。从温庭筠的欲语还休到韦庄的直接陈述，几乎全都由这首词的时间副词和指示形容词"那"字作为区隔点。

韦庄使用"附属结构"，扬弃"并列法"。他的词可以当作"故事"读，原因在此。温庭筠有一系列的《菩萨蛮》，每首主题独立。但韦庄所填的歌词《菩萨蛮》却像一道溪流，其"叙事态势"流经各阕，蜿蜒不已：

其一：

红楼别夜堪惆怅

① Barbara Herrustein Smith, *Poetic Closure* (Chicago: Univ. of Chicago Press, 1968).p.137.

香灯半卷流苏帐
残月出门时
美人和泪辞

琵琶金翠羽
弦上黄莺语[1]
劝我早归家
绿窗人似花

其二：

人人尽说江南好
游人只合江南老
春水碧于天
画船听雨眠

垆边人似月
皓腕凝霜雪
未老莫还乡
还乡须断肠

① “黄莺”可指美人所奏的曲调，也可以隐喻美人自己。

其三：

如今却忆江南乐
当时年少春衫薄
骑马倚斜桥
满楼红袖招

翠屏金屈曲
醉入花丛宿[1]
此度见花枝
白头誓不归

其四：

劝君今夜须沉醉
尊前莫话明朝事
珍重主人心
酒深情亦深

须愁春漏短
莫诉金杯满
遇酒且呵呵

---

① 此句中的“花丛”亦可比喻美人。

人生能几何

其五：

洛阳城里春光好
洛阳才子他乡老
柳暗魏王堤[1]
此时心转迷

桃花春水渌
水上鸳鸯浴
凝恨对残晖
忆君君不知

（《汇编》册 1，第 112—113 页）

第一首词的发话者在回忆昔年夜别景（或许在洛阳），遥想当年谢娘促归泪。第二首的景致转移到江南：美景处处，美人无数（行三至四）。他当时少年气盛，有家不得或不敢归，因为“还乡须断肠”（行七至八）。逮及第三首，发话者早已离开江南，但他对过去的温柔富贵仍然眷恋不已（行一至六）。如今马齿徒增，异乡漂泊，发话者终于了解，兵荒马乱，他不可能还乡归洛阳。[2] 内心虽然痛苦，他还是发誓不到白头不回家（行七至八）。第四首和

① “魏王”，指曹操（155—220），“魏王堤”是当时洛阳胜景。
② 叶嘉莹《迦陵谈词》，第 79—82 页。叶氏相信，这些词乃韦庄年老之际在西蜀所填。

第三首收尾的对句颇有关联：招待他的东道主力劝樽内窴空，今朝不管明朝事（行一至四）。他欣然接受主人的殷勤意，因为生命原本就倥偬。第五首词一开头就在回应第一首：洛阳虽有佳人在，促归声声切，但他已经是他乡白发人（行一至二），回想故园心转迷（行三至四）。偏偏桃花绿水在，不堪回首故人情。最后一句，总括了如今的失意与落寞："忆君君不知。"

上面的探讨，并不表示这是唯一的解读法。全套词组还有一个共同点：词人语无心机，感情自然流露。词评家之所以把这五首词视为经验的联章，原因不能不溯至此。[①] 韦庄举笔都是情态词与思绪动词。这种特殊词艺，使他直言无隐的修辞学更具言谈效力。"须"与"莫"这两个情态动词不但贯穿词人的意志与语锋，而且打一开头就出现在这组《菩萨蛮》的"情节"里，例如第四首第一至第二句，同词第五至第六句，以及第二首的第七与第八句等。

类此感性的强调，让人想起敦煌通俗词的一般风格。我在本书首章里说过，敦煌词的特色之一，就是在句头频见情态词与思绪动词。韦庄或许受过这类通俗词的影响，其修辞技巧所传递出来的才是风格如此直截的词。不论实情如何，韦庄的言谈确实不会啰唆得令人有拖泥带水之感。

话说回来，韦庄的词虽然情感强，完全外铄，但词所特有的微意并未因此而惨遭抹杀。何以如此？盖韦词不论如何浅显，总带有一层痛苦的觉悟，不愿让冀愿与现实妥协，读者故此可获各种质疑与想象的空间。举例言之，《菩萨蛮》各首词的命令句，便

① 青山宏《花间集の词（2）——韦庄の词》，在《汉学研究》（1972年）卷9，第23页。另见叶嘉莹《迦陵谈词》，第69—91页，以及俞平伯《读词偶得》，第21—30页。

都有极其无奈的况味。他说“未老莫还乡”（第二首，行七），实在伤痛自己有家归不得。因此，这个命令句的意涵就超拔于纯命令的语意之上，增强了词人穷途潦倒的无奈感。整个场面都在这种有力的控制之下，词中的呐喊乃产生高度的隐喻性，不输任何艺术伟构。他的隐喻性读者颇能感同身受，而且愀然哀戚。在强烈的命令语句背后，我们还可认识词客渴盼者何，憎恨的又是什么。两者之间的张力，不容小觑。

各命令句都带有浓郁的感性，必然能抓住听众——就我们而言是“读者”——的注意力。当然，韦庄的伤感不是故作姿态，而是有深层的意义。虽说如此，有一点也很要紧：这位词人并不曾犹豫用自己的声音来说话。我的感觉是：韦庄不但喜欢道出心中所思所想，而且也喜欢顺手导出读者的心绪。直言无隐的修辞言谈一旦结合附属结构与直述词，作者就得敞开心扉，把意图暴露在众人之前。

长久以来，批评家就注意到，“弦外之音”与“直言无隐”的对照，并不是“词”出类拔萃的唯一原因。诗里面，我们照样可以看到具备这两种特质的例子。温庭筠和韦庄也都是诗坛宗匠，构词时很可能不自觉地受到传统诗体的潜移默化的影响。因此，我们有必要掌握温、韦诗作的某些层面，看看他们如何化之为“词”的创作形式。

二、从诗到词：模仿与创作

我们在正式探讨诗词的文体风格之前，应该先澄清一点。温庭筠的词体常受到颜色意象的制约；由于题材的性质所限，温词里的名词大都是对女人饰物的白描。温氏笔下的女人一向浓妆艳抹，披金戴银。他又在脂粉堆里打滚，感官意象的来源可说层出不穷。不论形容词或名词，一旦涉及珠宝与妆台等等，在我们的总体印象中突显的总是众女的意象。像下面这类的句子，温词里可谓比比皆是：

新帖绣罗襦
双双金鹧鸪

（《汇编》册 1，第 56 页）

山枕隐浓妆
绿植金凤凰

（《汇编》册 1，第 59 页）

翠钿金压脸
寂寞香闺掩

（《汇编》册 1，第 58 页）

温庭筠何以好填这类五颜六色的意象，创造出这么多女人的生命？谈到事情原委，我们不得不提欧阳炯，因为他曾以骈体笼括温派词客填词的原则。且看《花间集·序》如何说：

镂玉雕琼，拟化工而迥巧。

裁花剪叶，夺春艳以争鲜。

对温庭筠这类词人来说，填词的目的就是要“雕金镂玉”，要为“披金戴银”的妇人讲话，更要为“宁巧饰也不尚天然”的美女代言。《花间集》就是这种美学观活生生的纪录，是晚唐迄五代“颓废运动”的代表作。在这种运动的聚照下，词便凝结成为一种新的诗体，而崇尚华美艳丽乃成其唯一的目标。若无上述这种文化间架，温庭筠也难以目为词人典范。

温词尚有另一特色，而且关联到下面矛盾：他笔下的女人静如处子，而且默默然如画中人，但是和这女人有关的种种却玲珑多姿，虎虎有生气。下面一句词里的“鬓云”可以为证：

鬓云欲度香腮雪

（《汇编》册 1，第 56 页）

温氏写活了这“鬓云”，好像会动似的。这种生命倒转，无生命的反而化为有生命的，也是温词话中有话、极尽曲折的缘故。温庭筠不用为环境而屑屑求解，自然就可为读者画出女人慵懒的样子。而这女人未免恹恹然；如此衬托之下，反倒让周遭景致变得生动活泼。闺房内的陈设愈华丽，女人看来就愈无奈。

颜色的意象与闺房的主题，温庭筠当非始作俑者。六朝的宫体诗就常用到各种类似的技巧。纵然如此，感官意象的自主性、拟人化的物体与意义绵延的诗中隐喻，却要等到晚唐才蔚成气候。其时的近体诗开始对一种新技巧情有独钟——一种能转化人情成为艺术抽象体的新技巧。而写近体诗的诗人也开始把焦距对准轻盈雅致的物体，如灯饰、窗帘、细雨与眼泪等等。在晚唐诗人眼中，贯注全神写活这些物品，不啻就在创造人世种种。即使小若一根蜡烛，也都带有人世情感：

蜡烛有心还惜别
替人垂泪到天明

——杜牧（《全唐诗》册 8，第 5988 页）

晚唐近体诗取景，往往以垂泪的蜡烛作为典型，[①] 而温庭筠的词里也不乏同类的意象：

画罗金翡翠
香烛销成泪

（《汇编》册 1，第 57 页）

玉炉香
红蜡泪

（《汇编》册 1，第 62 页）

话说回来，温庭筠如果一味以晚唐律诗为师，拘泥不化，那么他对中国诗词的贡献必然有限。温氏最卓绝的一点是：他能体

① 当然，“烛泪”这类意象并非始自晚唐，例如唐太宗就有一首《咏烛》的诗，见《全唐诗》册 1，第 18 页。

认晚唐律诗的活力，并频频使用。但是他在以磊落巨笔开创律诗格局之际，也将其视为文学史的楚河汉界，由此再出发追寻一种新诗体——“词”。职是之故，常人才会觉得温词婉约，所写尽为闺女香饰，而他笔下的律诗则毫不矫饰，浑然天成，活力充沛。一箭双雕谈何容易，温庭筠却是左右开弓，举重若轻。

在温氏律诗中，隐士、渔夫、山僧等人物非但待人亲切，过的也都是静谧岁月，与世无争。[①]所以温庭筠就像多数中国诗人一样，透过笔端刻画的桃花源，开显毕生之志，希望最后能够归隐田园。他写过许多借古讽今的诗，勾勒宦途失意的传统主题。温氏的律诗和他的词实在不搭调。前者眼界开阔，直可视为传统律诗的范格。

就传统观之，律诗的颔联和颈联当为并列联句，尾联才几乎是附属结构。温庭筠的律诗也是这种构造，所遵循的模式全然吻合最高理想，如《商山早行》：

晨起动征铎
客行悲故乡
鸡声茅店月
人迹板桥霜
槲叶落山路
枳花明驿墙

① 例见张翠宝《温庭筠诗集研注》，台湾师范大学硕士论文，1975年，第098、133、202及203号诗。

因思杜陵梦[①]

凫雁满回塘

（《全唐诗》册 9，第 6741 页）

像大部分的律诗一样，“并列法”与“附属结构”的词句构造，符合发话人词中经验的走向。开头的对句是楔子，引船入港；颔联和颈联对仗严整，在一连串的意象里让动作安静下来；尾联的对句则把玄想拉回到与之互呈关涉的现实里。[②] 因此，通词复归圈形的经验结构：发话者先由玄想出发，然后又回到这个世界来。这种结构的圆满与完整，实有赖于“并列法”与“附属结构”的交相应用。

温词中“并列法”的重要性，上文已经指出。我们接下来可以提出另一个问题：律诗讲究对仗，可不可能是温庭筠填词时借鉴的对象？我们知道，中国所有的诗体当中，只有典型律诗中间两联有可能使用“并列法”，因为这两组诗句若使用平行结构，便意味着意象有其空间上的排比。虽然如此，我们仍不能硬说温庭筠最大的贡献是使用了并列法的句构；我们充其量应该认识的一点是：他能够转化律诗少部分的技巧为词的重要风格特征——尤其是他本人的词。倘非温庭筠这番奇思异想，词可能还不会具有如今这种独特的文学地位。

韦庄也学步温庭筠，向诗里大量借用技巧。不过，他不同于

---

① 杜陵，指汉宣帝（公元前 1 世纪）位于长安近郊的陵寝。

② 请同时见 Yu-Kung Kao and Tsu-lin Mei, “Syntax, Diction and Imagery in Táng Poetry”, *Harvard Journal of Asiatic Studies*(1970), 31、57 及他处。

温氏的是，他的词借鉴的对象以古体诗的成分较重，近体诗的影响鲜矣！一般而言，古体诗的结构有连贯性，句构流畅而且互有关联，对语意明朗的词作用较大。下文之中，我想略费篇幅讨论韦词与近体诗的一些共通巧艺。

韦庄一谈到过去的亲身经历，笔下的幻设总会以特定的日期开场，如下面这首《女冠子》：

四月十七日
正是去年今日
别君时
忍泪佯低面
含羞半敛眉

不知魂已断
空有梦相随
除却天边月
没人知

（《汇编》册 1，第 110 页）

全词伊始的数行，可见其中有个关涉境界——虽然此乃想象性的境界。整首词的“叙事”意义都在这个意义的刺激之下；过往陈迹也因此变得真而又真。韦庄曾用古体写过一首叙事诗《秦妇吟》，开头名联也援用了特定的日期：

中和癸卯春三月

洛阳城外花如雪[①]

韦庄何以要在叙事诗中讲究历史幻设？原因不明。大部分中国叙事诗的作者都不会把“逼真”（verisimilitude）当作诗艺的中心课题，[②]因为读者所要求于诗者的实为抒情的质量。这种传统一旦确立，就不难想象“历史真相”何以不能在叙事诗中扎根。

虽然如此，韦庄好用特定时间的倾向，却使他的叙事诗拥有“真实”的历史向度。事情的真相可能如同史家的惯例：黄巢之乱刺激韦庄极深，所以他要为后代留下一幅有朝代年纪可考的阴惨画面。是非且勿管，至少韦庄把这种“历史性”——或至少是幻设的一种技巧——反映在他的词作里。这就有趣了。上引《女冠子》本为抒情词，但因有了朝代年纪，反而像是真曾发生过的事实一般。

诗、词这两种体式，当然拜上述技巧所赐者不少。《秦妇吟》是叙事诗，外在世界——或是当代事件——乃其强调重心，而其主要用意是要道出某事始末。但是，“词”里的“历史真相”却只能强化眼前抒情经验的复杂度。

我们发现，韦庄不仅继承了前人的结构原则，他还进一步把

---

① 韦庄著、江聪平注《韦端己诗校注》，台北：中华书局，1969 年版，第 272 页。

② 虽然如此，我亦当指出，汉人蔡琰的两首《悲愤诗》就已对“史实”产生浓厚的兴趣，见《全汉》册 1，第 51—52 页。但最近傅汉思（Hans Frankel）证明蔡琰的《悲愤诗》乃后人伪作，时间约在 3—5 世纪间。见 Hans Frankel, “Tsài Yén”，在 William Nienhauser, Jr. ed. , *The Indiana Companion to Traditional Chinese Literature* (Bloomington: Indiana University Press, 1986), pp.786-787。尽管如此，《悲愤诗》两首仍为极早期的作品，后世仿效者众。

诗中的个人情感与“自传”细节转化成为直接的陈述。韦词中的发话者，担当的都是这种责任。温庭筠就有所不同：他细描女性，用的都是间接的笔法。韦庄的作为显示他对“词”这种新诗体信心十足，认为其内可含括“大千世界”。他用附属结构作为修辞风格，而这点亦可反映他的题材为何。序列结构必然会在附属结构中扮演重要的角色，过分雕凿与排比牵强的意象在此绝对行不通，因为这种结构的目的是要准确地叙说某事。韦庄在词体上所做的任何添加，对温庭筠来说都是十足的反动。虽然如此，我们也注意到温、韦仍有共通处，例如温氏对女人柔情万千，风流韵事不断。他不用诗来铺陈温柔乡，因为这是“词”的要塞据点，当然得加以保留。同理类推，兵燹政局与史事就得用“诗”来处理了。

当然，以上所论温、韦的风格乃是相对的，如此而已。温庭筠的某些词，有时候会出现流畅的词句，而韦庄也不在词里排除色彩缤纷的意象。但值得吾人注意的是：温庭筠以词知名于传统，尤其擅长富于弦外之音的词句；至于韦庄，却以语意明晰的词著称。文学批评的传统力量，由此可见一斑。

翻阅至此，读者或以为韦庄的修辞风格仅在大量反映当时通俗词风靡的程度，根本无涉词人本身故意与否的问题。这种推测绝对说得通。像敦煌曲子词一类的通俗词，几乎不假修饰，一派天成，意蕴外现，句子也是附属结构。研究韦词而无睹于通俗词的影响，那就大错特错了。

三、通俗曲词的影响

我们早先讨论过韦庄的5首《菩萨蛮》，视之为“演故事”的一个整体。就主题的流通而言，这5首词的确是一气呵成的“联章”——唐代通俗词家莫不欢迎此道。韦庄的《菩萨蛮》联章或许不是有意之作，但此例一开，倒不失为词体开辟了一条新路。百年后，连文人词家也纷纷效尤，填起联章。柳永填过无数的联章，就题材或形式而言，均属通俗曲词的范畴，其荦荦大者如《巫山一段云》（5首）、《少年游》（10首）、《木兰花》（4首）与《玉蝴蝶》（5首）等等。欧阳修也填过《采桑子》这套著名的联章，其中的12首词每首所写都是一年中的一个月份（《全宋词》册1，第121—122页）。

有时候，韦庄也用俗字俗语填词，以抓住风格芜蔓的语言的活力。当代的文人词家，就罕见胆敢这般填词者。可取为例证的是第四首《菩萨蛮》里的“呵呵”二字：

遇酒且呵呵

词家极思转俗语为文语的企图，在此昭然若揭。

试比较第三首《菩萨蛮》与敦煌发现的同词牌曲词，则两者在风格上的雷同一眼可辨。敦煌的曲词全文如下：

清明节近千山绿
轻盈士女腰如束

九陌正花芳
少年骑马郎

罗衫香袖薄
佯醉抛鞭落
何用更回头
谩添春夜愁

（《校录》，第 037 号）

这首词的主题极似韦庄的第三首《菩萨蛮》。两首词写的都是骑马少年，身着香衫，英姿焕发，偏逢美娇娘。两者间的大异乃风格问题：韦庄的发话者遥想当年个人的际遇，而敦煌词却秉客观之笔细写眼前情景。就换头而言，两首词的构词原则如一，用的都是序列结构，片与片之间的畛界不易判别。温词并列物体，换头斧凿可见，和韦词或敦煌俗词刚好形成尖锐的对比。

从以上的讨论，我们可以试想，温庭筠的词必然缺乏通俗词的风格成因。惜乎，事有大谬不然者。温氏的“双调”词虽然用的还是并列句构，欲语还休的情况非常明显，通俗词的影响究竟有限，但他的“单调”词就不是这样了，盖其语言透明，不拐弯抹角，似乎在回应通俗词的风格：

南歌子

手里金鹦鹉
胸前绣凤凰

偷眼暗形相
不如从嫁与
作鸳鸯

（《汇编》册 1，第 47 页）

这阕词的修辞策略一点也不玄，我们用不着前景提要，马上就能进入全词的中心课题。在第三句，词家也用了一个俗语："形相"。通俗词的风格，扑面而来。第一句的"手"和第二句的"胸"按序提到人体，用的都是类似通俗曲词的技巧。下面这首敦煌词和上引温词词牌一样，连词艺都相去不远：

翠柳眉间绿
桃花脸上红
薄罗衫子掩酥胸
一段风流难比
像白莲出水中

（《校录》，第 120 号）

温庭筠的单调词与双调词差别如此之大，未审其故安在？这个问题确实也不易回答，但我们可以试拟道：填写单调词时，温庭筠心中所想可能是绝句的做法。六朝以还，绝句一直都是通俗乐府，不像律诗那么死板僵硬。绝句的构造活泼有致，使用对仗也不犯忌。温庭筠的单调词纯属天成，意义外铄，丝毫没有隐晦粉饰之处。这种现象颇有可能源出绝句的观念。这个结论尚未定案，却可暗示两种诗体的关联，澄清一些文学传统上的问题。总而言之，温庭筠言外微旨的笔法早经传统认可；他的双调小令使用并列句构，声名也早就盖过单调词。

温、韦二氏筚路蓝缕，闯荡词坛，刚好形成风格迥异的一对“宝”。虽然有此差异，两人还是合力为“词”树立起一些基本的质量，主要见于刻画感官与美学世界的独特强调，以及片与片之间在换头上的结构功能。他们两位拓展出来的路子，尚有赖继起者融合光大，汰旧换新。唐人的“词”要完全发展成形，富于活力，恐怕还有好长一段的路子要走！

第三章　李煜与小令的全盛期

温庭筠和韦庄各自代表不同的词风，不过在此一表象背后，词却也逐渐融通。其趋势缓慢，但到了五代末期则众流归一，终底于成。南唐后主李煜（937—978）此时睥睨群伦，所制罕见匹敌，俨然词林高手。虽然如此，在讨论其成就之前，我们仍应稍事回顾五代词坛，庶几扩大视野，裨益研究。

五代词人分布之处，政治影响显而易见。古都长安历经战乱，此际实已夷为平地。江北地区悉数落入外族手中，统治期长达25年以上，而且几无歇止的迹象。[①] 汉人得以苟延之地，仅余长江以南。上游的西蜀，经济活动频繁，下游则以南唐最盛，腹地广大。李煜和南唐列主，便在这块土地上号令群黎。词客云集之处，自然也以西蜀和南唐称最。他们调韵合拍，发皇小令，一个传统终告确立。

西蜀词人看待词的方式，和东面南唐的墨客差别甚大。当地

① 除了后梁（907—923）和后周（951—960）两朝外，此时历代都由外族所统治，时间从923年绵延至950年。

硕学赵崇祚采18家之作，汇为《花间集》数百阕。除了少数例外，这18家多为蜀人。[①]因此，赵崇祚不但为词扬名立万，还突显了西蜀骚人的“团队精神”。他编纂《花间集》之时，温庭筠谢世已达70年，韦庄见背也有30载。为当代人汇整作品不易，赵崇祚深知过去的标准仍为取舍要素，所以一口气选了66首温词、47首韦词，甚至连皇甫松也有11首入选。非特如此，上述诸氏的词还置于《花间集》卷首，地位显著。

欧阳炯的《花间集·序》颇重视开篇的66首温词，这也是温庭筠何以博得“正统”词坛宗师的缘故。捧读《花间集》，我们发现多数西蜀词客都唯温氏马首是瞻，所填之词，后世乃以“花间词”名之。我们当然可以力辩，《花间集》不过反映纂者赵崇祚的意趣。可是多数词人都向温庭筠的风格看齐，便不由得我们不承认，集内500首词确实可以代表西蜀词风。倘由此一角度立论，则韦庄的词艺变革似乎是正统以外的异数了。我们或可结论道：西蜀词人的贡献在建立正统的诗词体系，不是在为词体革新奠定基础。

南唐词人和“花间派”就大异其趣。他们开山较晚，也不唯雕凿粉饰是尚。此外，他们没有一位赵崇祚纂集，也没有一位欧阳炯撰序。所以，南唐词的价值确立不易，全赖词人发展出独特新艺，以体式迥异“花间词风”而得以在文学史上久享令誉。

就一般填词的方式而言，南唐词客彼此雷同者所在多有，但是李煜仍然鹤立鸡群，是一位创造力非常强的词家。寻常词人虽

---

① 《花间集》所收的词人，除了唐代的温庭筠和皇甫松，以及五代的韦庄、张泌、和凝与孙光宪之外，全部都是西蜀出身。非属蜀人的词客中，只有和凝与西蜀文化全无关系。

然也有创新之处，但和“正统”的关系仍然若即若离，不像李煜走出传统的阴影，为词体注入新血。我不否认正统词家有其同等的重要性，然而岁移时迁，在同代或晚出词人纷纷调适自己以迁就变革之际，李煜实在堪任大梁重责，正是变动的试金石。我这样说，不意味着个人的革新比“正统”更有价值，也不希望引起误会，以为词坛可以干干脆脆地分成两派。我的立论基设其实很简单：我认为词风流向的突然中断或剧烈变革，都可以方便我们洞见词体的发展梗概。这“两类”词人可以等量齐观，不过就本章所要探讨的重心而言，我们对正统词家恐怕只能略为割爱。

一、抒情感性探本

李煜是词史上的转折点，词评家大都不讳言此事。王国维有一段常常见引的话，允称是李词最持平的评价：

> 词至李后主而眼界始大，感慨遂深，遂变伶工之词而为士大夫之词。[①]

由此可知，王国维认为李煜最大的贡献在于扩大了词这个传统的“眼界”。不过，他所谓“伶工之词”与“士大夫之词”指的又是什么呢？他的说辞能大增我们对词史发展的认识吗？

王国维这番评语，说明的其实是花间词人与李煜之间的大异。

---

① 王国维《人间词话》，在《丛编》册 12，第 4245 页。

我在前章曾指出：温庭筠填词大都从女性的角度发话——虽则少数温词仅为描写性的。不过，温词令人印象尤感深刻者，在其全部作品竟然缺乏词人“纯”抒情的个人写照。易言之，温庭筠一动手填词，总是在女角的伪装下说话。至于韦庄的《菩萨蛮》系列和诸如《荷叶杯》一类的少数几首词，则带有某种程度的“自传”色彩，展露的是个人的情感，故其多数词虽然和温词一样在“借尸还魂”，①我们却可以说：除了八九首例外的词，韦庄多数作品都有“戏剧”色彩。

词之有“戏剧”性的写法，事实上是在回应早期的演唱本色。唐代诗人填词主要是为歌伎故，而歌伎面对听唱大众时，显然要用第一人称的“我”表演。当然，南唐的词也不出这种演出功能，不过，李煜的词抒情性特强，对词坛简直是一场革命，任谁都看得出来。后主传世的词作，只有 5 首明摆着是从女性的立场发话。再者，除了他早期所填的一些叙事词外，他的作品根本就是直接在抒发自己的情感，在敞开心扉深处的个人思绪。王国维所谓的“士大夫之词”，指的可能就是这种逐步揭露个人感性的词。

李煜在词艺上的卓越表现，和他个人的经验关系匪浅。我们甚至可以说，从词史的观点来看，李煜可真是生对了时代，也生对了地点，才能成就一代词家的地位。他一生坎坷，遭遇之惨，同代词家罕人能比。他早年贵为王储，25 岁不到就登基称帝，在

---

① 当然，据 M. H. Abrams, “Lyric,” *A Glossary of Literary Terms*, 3rd ed.（New York: Holt, Rinehart and Winston, 1971）的说明，抒情作品中的发话人宜调适自己于“某一抒情情境与效果之中”，如此才能使其所抒情感“以匠心化为一个体系，无关乎外缘的传记性素材”。虽然如此，我们目前所比较的却是两种声音：一种听来似属客观，另一种则比较“个人化”，甚至带有自传的味道。

宫中享尽荣华富贵。不幸到了976年，北宋灭了南唐，后主被解至宋京，成为“阶下囚”。从此，他开始了一段昏暗岁月，直到4年后驾崩才得解脱。今昔的对比如此令人难堪，李煜都尽情发泄在词中。胸中块垒消释的结果，是他发展出一种更细密的抒情词作。也就是在这个关头，他下定决心，弃诗从词，不论题材，凡个人的感遇都用这种体式直接抒写。虽然他也写律诗，但比起词来，胸怀气魄逊矣！①

李煜的词中世界所以宏伟磅礴，可以从几方面再加申说。他一再使用大范围的时空意象，造成一股强而有力的词风。对他而言，家国在旦夕之间倾圮，显示宇宙有时而穷。他的短命王朝更是过去不灭的象征。时间从这段甜美的岁月流到目前，然后冲向不可知的未来。像《破阵子》开头的一联对句，李煜就先写出一片广袤的空间，然后让过去的律动闪跃在其间：

四十年来家国
三千里地山河

（《汇编》册1，第231页）

李煜和花间词人的歧异，单看这两句词就够了。李煜的大主题不再局限于绿窗绣阁；他拥抱的是一个王国的历史，是一个泱泱大国的风范。因此，词人本身的经验似乎有某种放诸四海皆准的气魄；他所使用的意象非常独特，既属个人，又普遍化到可以为常人

① 李煜传世的律诗仅余18首，见贺杨灵编《南唐二主诗词》，上海：光华书局，1930年版，第47—53页。

所拥抱。像“故国”“南国”与“往事”一类的语词，道出他的母题（motifs）都是对过往的追忆。故此他频频使用，不厌其烦：

小楼昨夜又东风
故国不堪回首月明中

（《汇编》册 1，第 221 页）

闲梦远
南国正芳春

（《汇编》册 1，第 226 页）

往事已成空
还如一梦中

（《汇编》册 1，第 222 页）

李词之中，这种过往情怀也常随着月的意象出现，造成另一种向度的抒情心绪：

晚凉天净月华开
想得玉楼瑶殿影
空照秦淮[①]

（《汇编》册 1，第 227）

① 秦淮河流经金陵，以两岸的歌楼舞榭著称于传统之中。词中语显然向杜牧的《泊秦淮》借典，见《全唐诗》册 8，第 5980 页。李煜的词与杜牧的诗都在写亡国之痛。

无言独上西楼

月如钩

（《汇编》册 1，第 231 页）

芦花深处泊孤舟

笛在月明楼

（《汇编》册 1，第 226 页）

李煜生逢国破家亡，难怪会举头望明月，视之为天地间唯一永驻不移的意象。在他看来，人世无常，命随运转，几番倥偬，唯有月华永在，昨夜、今夜皆然，本籍、他乡亦复如此。而月起、月落，哪管人世变革；光照大地，又哪管是故国还是凶残的征服者之地！

李词另一常见的母题是“梦”，作用和“月”的主题十分类似：

故国梦重归

觉来双泪垂

（《汇编》册 1，第 222 页）

梦里不知身是客

一晌贪欢

（《汇编》册 1，第 231 页）

对李煜而言，“甜梦”永远和过去美丽的记忆有关，盖梦中自有理想的世界，而每日所做的梦，就如同每日的创作一般，都是既倏忽又凄美。梦里才能摆脱俗世困扰：一日无梦就有如处身牢笼，寻不出可以逃逸的世外桃源。令梦中客更形难忍的是：梦醒之后，马上就得面对现实，而这现实和梦境两不相通，永远存在着一道鸿沟。不过，梦境与绚烂的过往却有一共同特色：瞬间即逝。过往倘真是梦，那么目前岂不成了残忍的现实？

个人的遭遇转化为人类的命运，可谓李词广受赞誉的主因。我们放眼五代词的演进，愈发感到此刻出现了李煜这样的词人，实在是时代之幸，也是词史之光。词体和李煜之间的关系，唯有“相得益彰”才足以形容。许多批评家指出，李词叫好乃因其“真”而无伪。词人的成就如此之大，这也是个中缘故。[①] 然而，除了“坦诚”这个显见的意义之外，“真”字另有他解否？

以李煜的事例言，这个“真”字至少有二解。首先是词家个性之“率真”。文学史家大致同意，李煜的《虞美人》(《汇编》册 1，第 221 页）传达的是故国之思，讵料宋太宗浸寻难忍，竟然敕令赐死。[②] 他生为俘虏，看人脸色，万万没料到所填之词会招致宋帝怨怼，引发杀机。他实则只是借词传情，别无他意。王国维故此称

---

① 例见刘子庚（刘毓盘）《词史》(1931 年；台北：台湾学生书局，1972 年重印)，第 36 页，及叶嘉莹《迦陵谈词》(台北：纯文学出版社，1970 年)，第 119 页。

② 有关此一事件的传统资料已编集于王仲闻《南唐二主词校订》，北京：人民文学出版社，1957 年版，第 77—78 页。但白润德（Daniel Bryant）认为李煜较可能因病亡故，宋太宗害死李煜的传说乃史家杜撰。见 Daniel Bryant, *Lyric Poets of the Southern Táng* (Vancouver: University of British Columbia Press, 1982), p.xxvii。

誉李煜为词人典型，又说：

词人者不失其赤子之心者也，故生于深宫之中，长于妇人之手，是后主为人君所短处，亦即为词人所长处。[①]

后主既非寻常百姓，生性又率真如此，难怪会不惜九五之尊，对宫女也垂怜疼惜：

最是仓皇辞庙日
教坊犹奏别离歌
垂泪对宫娥[②]

（《汇编》册 1，第 231 页）

李词“别无心机”，文学意义从此生发，故随手拈来，丝毫无造作忸怩之态。读者眼中的李后主为人“真诚”，这又从何说起？某些词评家所以会有此见，乃因李词直抒胸臆，不会拐弯抹角。[③]这种看法未必毫无道理，但是，也只有在我们把“真诚”视为艺术效果的综合印象之际，这两个字才会显现力量。常人阅读李词，莫不以为语气一派主观。这种看法实为欲加之罪，盖就本质而言，一切艺术言谈皆为客观化之情感。华兹华斯（William Wordsworth）尝谓：“诗国佳作，莫非不得不尔之情感的自然流露。”即使是华

① 王国维《人间词话》，《丛编》册 12，第 4246 页。
② 苏东坡曾批评李煜这几行《破阵子》，认为他荒废国事。见《丛刊》卷 2，第 1124 页。
③ 叶嘉莹《迦陵谈词》，第 130 页。

氏，也坚持艺术皆有客观的一面：

> 诗人如果不经过深思熟虑，如果不是特别敏感，则难以就各种题材创作，更遑论写得出有价值的诗。①

职是之故，托米（Alan Tormey）在《表达的观念》（*The Concept of Expression*）一书中才会说道："艺术家建构艺术作品的匠心，不应和匠心的结果——亦即作品本身，混为一谈。"② 读者读诗而能体会到诗中的直观直觉，而且还会认定这种直观直觉乃"真诚"之表现，则其论而不自知的一点是：所谈实为诗人"个人风格的演出"，而非诗人的创作过程。③ 换句话说：诗"真诚"的观念指的是风格技巧；诗人唯有利用这种技巧，才能让"不得不尔之情感……自然流露"出来。这种风格演出，恒受诗人词客修辞方法的制约。

二、李煜的风格演变

从修辞策略观之，李煜师法的对象不是温庭筠，而是韦庄。我在论温庭筠与韦庄一章里讨论过思绪动词和情态语词的重要性，并且说：韦庄的主观性修辞策略，殆皆因此而效果大增。温庭筠排除个人的声音乃故意之举，所以和韦词形成尖锐的对比。然而，

---

① "Preface to the Second Edition of 'Lyrical Ballads', 1800," in William Wordsworth: *Selected Poetry*, ed., Mark Van Doren (New York: Random House, 1950), p.678.

② Alan Tormey, *The Concept of Expression* (Princeton: Princeton Univ. Press, 1971), p.97.

③ 同②，第 111 页。

比起韦庄来，李煜所用的情态语词似乎有过之而无不及。对我们的讨论攸关重要的，不仅在词人踵继前人使用类此技巧，而且还在必要时他会不顾一切，不断让否定情态动词在词中出现：

心事莫将和泪说
凤笙休向泪时吹

（《汇编》册 1，第 223 页）

寻春须是先春早
看花莫待花枝老

（《汇编》册 1，第 228 页）

归时休放烛花红
待踏马蹄清夜月

（《汇编》册 1，第 228 页）

去年花不老
今年月又圆
莫教偏和月和花
天教长少年

（《汇编》册 1，第 232 页）

可引来佐证的否定性情态动词如“莫”和“休”，简直不胜枚举。词中发话者的个人欲念与心态，无疑也因此而大大强化，因为否定性的情态动词的力量要比肯定性的来得强。李煜词风的特色，多因类此技巧而来。韦庄会以纯静态的方式处理的意象，李煜就会加上个人的欲求。从此派生的印象，李煜是一个充满自觉的词中人。他企图控制外界，却又感到无计可施：

例一：

啼莺散
余花乱
寂寞画堂深院
片红休扫尽从伊

（《汇编》册 1，第 224 页）

例二：

亭前春逐红英尽
舞态徘徊
细雨霏霏
不放双眉时暂开

（《汇编》册 1，第 223 页）

因此，词人不但不说“片红满园是”，反而借着意象的衍用，把这句话转化为命令句，以加重个人情感的涉入：“片红休扫尽从伊”（例一）。同样地，词人也不写眉头深锁的情形，反而故意穿插进个人的意志：“不放双眉时暂开”（例二）。

词人发话的语调坚定无比。一部李煜词集，便可见“自是”与“无疑”等断语或“无奈”与“奈何”等感叹词充斥，强化了他直言无隐的修辞方式。例证如下：

例一，强烈的断语：

自是人生长恨水长东

（《汇编》册 1，第 224 页）

断肠更无疑

（《汇编》册 1，第 223 页）

例二，惊叹：

无奈夜长人不寐
数声和月到帘栊[①]

（《汇编》册 1，第 225 页）

帘外芭蕉三两窠
夜长人奈何

（《汇编》册 1，第 225 页）

李煜的另一个词体特色是常用疑问句：

---

① 这里的声音指中国古时妇女洗衣时的捣衣声。

人生愁恨何能免
销魂独我情何限

（《汇编》册 1，第 222 页）

多少恨
昨夜梦魂中

（《汇编》册 1，第 223 页）

多少泪
断脸复横颐

（《汇编》册 1，第 223 页）

像敦煌曲词一样，这些疑问句都放在全词的破题处。这一点很重要，因为这点就像韦庄可能因一般绝句的影响而把疑问句摆在全词收尾处。因此，李煜的做法暗示：不管是词的美学价值观还是结构原则，都在经历一场大变革。韦庄和别的绝句诗人之所以会把疑问句放在尾句，主要是想挑动弦外音、言外旨的联想。李煜却解放了这种美学教条，开始把疑问句置于句首，期能吸引读者注意他的感情强度——虽然他同时也保存了基本技巧，在词尾制造微言大义。李煜的语调比韦庄更主观，上述的技巧歧异也是原因。发话者一开头就对悔恨一类的私情频启疑窦，声音当然会比词尾的疑问更懊恼。

攸关种种修辞技巧的，还有词家运用附属结构的句法。要建立句构单元之间的流畅性，词人可以选择各种技巧。奥尔巴哈在讨论西方文学作品的风格问题时，曾开列了一些可能的附属结构，主要含括"时间性的、比较性的和让步性的附属结构的等级"，以及"诠释性的连接词"，等等[①]。后者可以作为主观修辞法的强调之用，而我发现，李煜在词中所用的主要附属结构技巧，颇类似奥尔巴哈所强调者。李词中的发话者每每把话讲得很精致，而不仅仅在提供叙述内容的周边时序，也不仅仅在提供可以限制词中言谈的思绪词行而已。所谓"诠释性的连接词"，常常就具有这种用途。下面举出来的例子，都是用明喻在写诠释性的连接词：

往事已成空
还如一梦中

（《汇编》册 1，第 222 页）

暂时相见
如梦懒思量

（《汇编》册 1，第 229 页）

上引各例中的明喻的功能，非但在描述两具体物之间的类似性，同时也在建立两个先后陈述的关系。这种陈述，可以反映出发话者的主观态度。李煜的词比前人更像附属结构，部分原因见于这第二层的功能。附属结构系韦庄词的典型风格，由此产生的

① Erich Auerbach, *Mimesis: The Representation of Reality in Western Literature*, trans. Willard R. Trask (Princeton: Princeton University Press, 1953), pp.75-101.

序列结构便由李煜来承续，而可以含容更复杂的附属结构的写法。我们再不济也可以说：词人所用的诠释性附属结构，可用来说明他的词何以令人感到生动又振奋。文学史家刘大杰尝言，李词最大的成就在于化繁为简与深入浅出的能力。刘氏的评语，可能是有感于上面的分析而发的。[①]

词人虽然让感情肆无所羁地波动着，但是词的“样子”并未因此而蒙受毁伤：他丝毫不觉得话说得过头会带来危险。我们可以在多数李词中，看到感情律动与时间律动之间恒存着某种象征性的协调。对李煜来讲，文学形式实为感情的一种有机性的安排。因此，词人才会在絮絮不休中，仍然保有一份形式上的理性控驭。他的词句都是设计来回应感情的波动，我们只消一探此点，便不难考究上面分析的原因。有鉴于此，在下一节中，我打算分析李词驾驭两种“词格”的方法。这两种词格即：短而琐碎的词行与长而连贯的词行。

此处我拟照录他的《乌夜啼》。括号中数目表示“音节”，也就是“字数”：

无言独上西楼　平韵（六）
月如钩　平韵（三）
寂寞梧桐深院锁清秋　平韵（九）
剪不断　仄韵（三）
理还乱　仄韵（三）

① 刘大杰《中国文学发展史》，北京：中华书局，1962 年版，中册，第 189 页。

是离愁　平韵（三）

别是一般滋味在心头　平韵（九）

（《汇编》册1，第231页）

读罢此词，两个特征随即察觉：首先是第二片的破题由叶平韵变成叶仄韵；其次是整首词字数不断在转变（六—三—九/三—三—三—九），所以韵律一会儿扩大，一会儿又缩小。这一个特征不难解释：《乌夜啼》的词牌便要求若此，何况带头的三句短得令人透不过气来，而收尾的9字一句又长得不得了，所以换韵也要符合这种现象。一个问题是：这种技巧会产生什么效果？词人对于音效当然有特殊的感受：他并列混乱与谐和，就是要传达感情的强度与松弛感。

深入再探《乌夜啼》的一般结构，我们发现首片写发话者的伶仃孑然，语意至为显见。但随此而来的是，发话者用了三个短句，反映出秋思与焦虑不断升起（行四至六）。尾韵在此也有所改变，表示急躁和无助感同时扩大，我们从而知道发话者内心正有一股强大的矛盾。但读到最后一行，我们发觉韵律结构派生的情感象征确实让人感受到全然不同的效果。这9字句再度还复平韵，而其律动正表示全词又回到平静与圆融的境界。这种扩大有致的形式，也回应了字词上较温和与伤感的选择——四到六句的悲愁，于此已谐和了“别是一般滋味”这句话。后者所示，极可能是一种较显平静的心绪。

在李煜的词作中，还可以见到许多时伸时缩的长短句，《虞美人》就是典型的例子：

春花秋月何时了
往事知多少
小楼昨夜又东风
故国不堪回首月明中

雕栏玉砌应犹在
只是朱颜改
问君能有几多愁
恰似一江春水向东流

（《全唐诗》册 12，第 10047 页）

这首词的韵律是“七—五—七—九 / 七—五—七—九”的形式，清楚显示其长短句的转换有系统可言。收尾的 9 字句恰和 5 至 7 句绵密凝神的情感形成强烈的对照，似乎在说明“自然”坚忍不拔、抚慰人心的功能。

在李煜之前，或许没有词家自感责无旁贷，要为 9 字句建立起一套诗学。我们几乎可以断言，用 9 字句把情感抒发得酣畅淋漓的，李煜是第一人。稍事回顾《虞美人》这个词牌，可以把上文交代得更清楚。除了冯延巳（约 903—960）以外，所有用这个调子填过词的五代词人，全都踵继传统，出以“七—五—七—七—三 / 七—五—七—七—三”的形式。前后片都用到 9 字句，对他们来说，还是全新的一种填法。[①] 所以，冯延巳的5首《虞美人》中，仍有3首没有摆脱传统的格律。而那两首内含9字句的词，写来又不如李后主那般洒脱。后主本人根本就扬弃了《虞美人》的旧调；他所用的是水银泻地的新韵律。由此观之，不难揣测李词中的9字句何以普受赞扬：

依旧竹声新月似当年

（《汇编》册1，第228页）

满鬓清霜残雪思难禁

（《汇编》册1，第228页）

无奈朝来寒雨晚来风

（《汇编》册1，第224页）

自是人生长恨水长东

（《汇编》册1，第224页）

当然，9字句亦非一成不变，不是都可一气呵成地唱出。李词中有另一型的9字句，其中的理念就曾拦腰中断，也唯有如此读才能掌握句意：

---

① 这些词人包括毛文锡、李珣、顾敻、鹿虔扆、阎选与孙光宪。

东风恼我、才发一襟香

（《汇编》册 1，第 229 页）

暂时相见、如梦懒思量

（《汇编》册 1，第 229 页）

一曲清歌、暂引樱桃破

（《汇编》册 1，第 221 页）

烂嚼红茸、笑向檀郎唾

（《汇编》册 1，第 222 页）

然而，由于这几行词皆可视为两个单元的组合，从严格的尺度看，我们倒也不该把这 4 字与 5 字句硬凑成真正的 9 字句。五言诗句在中国久享盛名，一般诗人都视之为理想的字数，所以上面的说法更为确凿可信。词行一旦可以分为 4 字句与 5 字句的组合，或是分为 5 字句与 4 字句的构成，多半的情形是词人意在分句填词，不在一蹴而就。

大部分的词话家在阅读李词时，都强调其中"意境"之大，李煜在词的形式上所做的革新反而常遭忽视。我稍前曾经指出，晚唐以来词体最重要的发展，应为绝句的逐步退让，双调结构的慢慢形成。自此一角度看，李煜对词的传统可谓贡献匪浅。请以《浪淘沙》为例。这个词牌在晚唐时本为七言绝句（28 字），但李煜却变之为双调结构的 54 字"小令"。试比较唐人刘禹锡的单调《浪淘沙》与李煜所填的同一词牌：

八月涛声吼地来
头高数丈触山回
须臾却入海门去
卷起沙堆似雪堆

——刘禹锡（《汇编》册1，第30页）

往事只堪哀
对景难排
秋风庭院藓侵阶
一任珠帘闲不卷
终日谁来

金锁已沉埋
壮气蒿莱
晚凉天净月华开
想得玉楼瑶殿影
空照秦淮

——李煜（《汇编》册1，第227页）

稍后到了宋代，词人柳永又改变了这个固有的格律，形成“慢词”：七—四—四—四—四—八—七—七—六／二—四—四—六—五—五—四—四—五—四—四—四—六—八—五—五—四—五

（共 135 字）。有关慢词的问题，我会在下一章予以探讨。词体的发展漫无间断，此际一探李煜就其形式所做的贡献，视之为词史重大的进程，或许较能裨益学者。

总的说来，李词换头的技巧和前人所用者大异其趣。韦庄的词通常一路奔泻，罕见换头。但一般而言，李煜会把一首词分成两片，各自代表不同的抒情刹那。李煜的换头技巧和温庭筠也有所不同：前者的抒情声调说变就变，绝不偷天换日；后者单用并列的意象来完成，隐喻性强。参校下引李词：

破阵子

四十年来家国
三千里地山河
凤阁龙楼连霄汉
玉树琼枝作烟萝
几曾识干戈

一旦归为臣虏
沈腰潘鬓消磨
最是仓皇辞庙日
教坊犹奏别离歌
垂泪对宫娥

（《汇编》册 1，第 231 页）

“一旦”这个短词（行六）提醒我们：作者要换头了。

我们在全词中感受到的，是发出抒情之声的人已沉湎在过去的记忆里，从而织出一片既抒情又现世的复杂格局，各种向度的时间就交错于其中。词行先从遥远的过去（行一至五）悠悠地移至眼前（行六至七），然后再转到刚逝去的一刻（行八至一〇）。第6行的换头直如戏景，强化了全词灵视的一体性，而忆往的情景就交融在目前的感受中。抒情时刻幕幕相连，又借双调词的构造有效表出，乃形成李词的重要特色。李煜晚期诸作，只有极少数没有用到这种填词法。这种词体让过去与目前形成强烈对比，就李煜生平经验来讲，似乎是最佳的选择。

双调词在李词中的重要性，可借李煜自己的同题律诗再予突显。两相比较，意义顿现：

江南江北旧家乡
三十年来梦一场
吴苑宫闱今冷落
广陵台殿已荒凉
云笼远岫愁千片
雨打归舟泪万行
兄弟四人三百口[①]
不堪闲坐细思量

（《全唐诗》册1，第72页）

① 这行词意是说：“我们兄弟四人及三百家眷都遭到监禁。”

这首律诗用的是单景叙述法，亦即诗中一无对照的景。而前引的《破阵子》词却以今昔对比作为衔接点，各片代表一个时间成分。此外，我们还发现，首片提供的讯息正是后片的叙述基磐。因此心境的交接有赖明确的换头。上引律诗就不然了。发话者先由个人入手，透过实景进入诗中天地（首联）。然后，一步步地逼进一个由抒情灵视组成的定性世界，其中意象脂凝饱满（二至三联）。全诗收梢，发话者又回到现实世界，不过，这次他对现实已有深刻的认识。

全诗中间所嵌的两联对句（行三至六）抒情性很强，表面事实已都转换为静态的定性意象。这种无涉时间的高度灵视，必然会扫除第一联所带出来的现实感。唯有等到此一短暂的出神凝想结束，个人的诸种判断才会在第四联显现。由此可知，全诗压根儿就是一环完整的美学经验，无须换头。

然而，就《破阵子》这首词而言，其中处理的今昔对比一来演变成为出神忘时的抒情，二来又纠缠着由时间所控驭的现实世界。这种现象似乎又在暗示：律诗中的抒情灵视与现实感，仅须“单程”的玄想即可大功告成，而词体的世界却需要多次的“旅程”，才能体验同样的抒情经验。词中人由一程走向另一程时，已经变成探测性的知觉体，不断在“体察”缤纷的现实本身。因此之故，双调词的结构力量才会强化词中的抒情浓度。

前头讨论词人的修辞技巧时，我曾暗示李煜是直言无隐这个传统中人，因为他多少在词中显露个人的态度。尽管如此，李煜也拥有温庭筠一般的令名，以意象美得出奇著称。若能比较两人所用的意象语，必然十分有趣。

李煜在词格上的一大贡献，正见于他的意象每每令人痴醉。即使在显然是写个人的词中，他无疑也能使用令人惊慑的意象。他有许多词甚至一开头就以意象取胜，而不是用外铄的修辞折人。下引这首《虞美人》就是如此：

风回小院庭芜绿
柳眼春相续
凭阑半日独无言
依旧竹声新月似当年
笙歌未散尊前在
池面冰初解
烛明香暗画楼深
满鬓清霜残雪思难禁

（《汇编》册 1，第 228 页）

他的《捣练子》破题的两句，则带有典型温词意象语的味道：

深院静
小庭空

——李煜（《汇编》册 1，第 225 页）

柳丝长
春雨细

——温庭筠（《汇编》册 1，第 61 页）

达意语（expressive language）和意象语当然不矛盾。不精通这两种语言，词人显然站不住脚。真正的问题固在词人驾驭这两种基本词素的能力。托米在《表达的观念》里，特别反对我们将艺术区分为“达意的／描述的二分法”，因为他认为这种对照“滋生的困扰比消除的多”。[①] 尽管如此，托米并非不懂通融，因为他也认为这种对照如果是为了“功能上的分析”而设，那就说得通了。[②] 我在研究词人的风格特征时，发现在达意语和意象语之间画一界线还蛮管用的，因为这些倾向的“功能”足以影响到直言无隐或是弦外之音的修辞意义。

从李煜的词来看，我们或可将他归诸“达意”的一派。就以上引的《虞美人》为例，我们也可以在意象语中听到“有人”在做今昔对比的声音。自然界的意象对于词的美学价值当然很重要，但是词的意义仍然要由发话者外现的声音来决定：意象本身的串联并不具意义。李煜处理意象的方式迥异于温庭筠，所以我们现在应把讨论的焦点转移到李词“制造意象”时的两个层面去，亦即明喻与拟人法的使用。

李煜好用明喻，目的是要制造具体的意象，借此代表感情的深浅：

离恨恰如春草
更行更远还生

（《汇编》册 1，第 223 页）

---

① Tonney, p.64.
② Tonney, p.68.

问君能有几多愁
恰似一江春水向东流

（《全唐诗》册 12，第 10047 页）

常人罕将自己的悲恨比诸离离春草，更不会把愁思形诸流水。然而，李词意象的力量，主要便存乎这种比喻之中。对李煜来讲，人类的情感绝非死水一潭，而是会滋生蔓延。因此，春草与流水这两个意象，便不啻在强调人类情感的时间向度及其变化多端的本质。这种技巧本为李煜独创，但后代词家如宋欧阳修与秦观亦一再借用。[①]温庭筠的明喻多用静态意象，定性很强。李、温相较，结果当然是尖锐的对比。试看几句温词，不难体会上述愚意：

人似玉
柳如眉

（《汇编》册 1，第 53 页）

霞帔云发
钿镜仙容似雪

（《汇编》册 1，第 55 页）

① 见欧阳修《踏莎行》："离愁渐远渐无穷 / 迢迢不断如春水"，在《全宋词》册 1，第 123 页。另见秦观《八六子》："倚危亭 / 恨如芳草 / 萋萋铲尽还生"，在《全宋词》册 1，第 456 页。

至于拟人法，温、李无不好用，虽然各自目的差之千里。我在前文说过，温庭筠擅制静态人物，副以动态环境。李煜反而喜欢把人性加诸非动物身上；他这样做，显然是要强调人类情感的特别意义。他的拟人法故而可以强化主观态度乃无所不在的事实，像下面这首《乌夜啼》就是个好例子：

林花谢了春红
太匆匆
无奈朝来寒雨晚来风

胭脂泪
留人醉
几时重
自是人生长恨水长东

（《汇编》册 1，第 224 页）

有趣的是，红花寒雨林中谢，比的居然是女人的“胭脂泪”（行四）。词人经由这个意象传递的概念是：即使是外在世界也可以和个人内心悲意交织成一片。另一首《乌夜啼》（《汇编》册 1，第 231 页）也用到雷同的技巧：词中的“梧桐寂寞无人问”（行三）。

从李煜不同的词作可知，“词”这种诗体在感性抒情上可用的技巧弹性相当大。不过，我们也得牢记一点：李煜直言无隐的修辞策略，在当时可是人所公认的例外词风。我们只消拿李煜和他同代词人做一对比，即可了解上面所言不虚。

与李煜同一个时代的词人中，有两位特别出色：一位是其父李璟（916—961），另一位则为冯延巳。李璟不幸只流传4首词，不过因为这些词的风格特征非常类似，故而材料不足，对我们的理论分析并不构成太大的问题。我们仍可借之探讨他的词风。

同样地，我们此时所关心的问题仍为词人基本的达意方式——要么这是直言无隐的抒情企图，要么是欲语还休的言传模式。我们已经分析过，李煜的各种风格特色都会涉及他坦然率直的根本修辞策略。相反地，他的两位同代词客实无一使用类似的技巧：他们多半在词中堆栈意象，而不是以达意结构为重。下面这两首词，可以视为风格的典型代表。

李璟《浣溪沙》：

菡萏香销翠叶残
西风愁起绿波间
还与韶光共憔悴
不堪看

细雨梦回鸡塞远
小楼吹彻玉笙寒
多少泪珠何限恨
倚阑干

（《汇编》册1，第220页）

冯延巳《鹊踏枝》：

六曲阑干偎碧树
杨柳风轻
展尽黄金缕
谁把钿筝移玉柱
穿帘燕子双飞去

满眼游丝兼落絮
红杏开时
一霎清明雨
浓睡觉来莺乱语
惊残好梦无寻处[①]

不管李璟还是冯延巳的词，意象语都是词构上的大关目；个人的态度若非隐于意象景中，就是经由客观现象的驱策而变成内省性的思绪。人世无常是李璟词的发话者想要传递的讯息，不过他并没有在全词伊始即就这点提出主观的陈述。这倒不类李煜的手法：因为璟词是以自然意象起笔，让莲花、莲叶在西风愁波中凋零（行一至二）。发话者看到水中荡起“涟漪”，想到韶光不再，自己也逐渐苍老了（行三至四）。不过，他并没有用附属结构来解释意象与意义的交融，词句的进境仅靠意象产生的联想来建

① 姜尚贤《唐宋名家词新选》（修订版），编者自印，1971 年，第 87 页。有关此诗各种不同的变体，请参见《全唐诗》册 12，第 10158 页，及《汇编》册 1，第 238 页。

立，读者还得自行揣想水中“涟漪”就像老人的“皱纹”。第二片中，凋零之感犹存，不过如今是由残梦玉笙寒来象征。眼见世事蜩沸，发话者不由得倚阑啼泣。当然，我们不能说词人完全置身词外：他实则始终与全景共存。但是，词人似乎宁取意象的联想，所以词中的“我”常常会给人一种“附属”在意象世界中的感觉。

冯延巳的词同样强调意象，前三句写一个美丽和谐的静态世界。若非细筝一响，吓走一对飞燕，抒情的声音还闯不进这幅寂静的画面。接着，我们看到红杏花开，阵雨突然落下（行七至八）。最后奔入眼帘的是另一幕：黄莺乱啼，吵醒好梦正甜的发话者（行九至一〇）。这些描述衬照出来的是：人命如蜉蝣，世事尽倥偬，飞鸟终须离，世间难得静，而繁花终有凋谢时，沉酣一觉亦须醒。就像李璟的词一样，冯词也要靠意象联想才能通顺无阻，意义外现。

意象的强调虽然显而易见，但是若因此就说李璟、冯延巳皆温庭筠的道友，似乎也不尽属持平之论。从修辞的观点看，他们两人的弦外音其实和温庭筠颇有距离。单就情景交融一点而论，温氏置身意象之外的客观笔法，就不是李璟与冯延巳的风格，所以他们实际上已经迈出一大步，为词的传统再添新意。

中国诗史词史里，情景合一总是个理想。但是，由于温庭筠受制于律诗中的对句，也受到律诗做法的影响，所以他常常牺牲主观的表达方式，夸大静态意象的重要性。五代后期上乘的词家——包括走意象派的词人等，似乎早已超越了温氏的格局，而融合了意象与达意的风格，打破了主客观的局限，使词的世界更加磅礴完整。几百年来，词话家无不以为这才是正确的词路。因此，即使是正统派也有改革之可能：新的诗词天地就此形成，新的技巧也经琢磨而共冶于一炉。

李煜以达意为导向的词风，仍然和当代以意象为准的“正统派”词家扞格不入。所以如此，在于李煜的词虽然融进了感性意象，但基本上走的仍然是韦庄的路子。据词学学者在系年上的考订，我迄目前所分析的李词多属晚年之作，因此抒情强度与力量兼容并蓄。不过，他早年诸作虽然于此有亏，却也不失博绝沉笃。

三、“词之距离”的艺术

我已经指出，李煜的生平可以分为两个截然不同的阶段。这种区野也见于他的词：他早年晚年所用的填词方法，俨然壁垒分明的两个世界。尽管他晚年的词以抒情居多，早年的却是“叙事”与“描写”兼而有之。我所谓的“叙事”与“描写”，指的是词意“外现”的风格，基本上和抒情的“内烁”者处于对立之局。抒情者会渐次强调经验的内化，非抒情者则会将生命客观化。

文人词的“叙事”向度有“演故事”的倾向，这种创作活动似乎也是以李煜为始作俑者。在下面这首《菩萨蛮》中，李煜写一对恋人私约，观点则为客观的全知叙述者：

花明月暗笼轻雾
今宵好向郎边去
铲袜步香阶
手提金缕鞋

画堂南畔见
一向偎人颤
奴为出来难
教君恣意怜[1]

我们感觉这首词隐约有某种“词之距离”，说其根由全在叙述者不以词中恋人出现。“他”只是冷眼旁观，所道出者故而就像某故事中的某段情节。词学家詹安泰论李词所见甚是；他谈到技巧时说道：

> 这样地描写男女幽会的情景，是具有多么强大的吸引力。这简直是冲破了抒情小词的界域而兼有戏剧、小说的情节和趣味了。[2]

《菩萨蛮》的叙事效果，也因主角及其恋人暗通款曲而力量大增。主角一连串的动作难以逆料，例如读者就猜想不到她对情郎说的话会那么大胆（行七至八）。全词的悬宕感，正是建立在这种基础上。李词所讲究的情节脉络和角色的互通有无，温、韦的词中就难以见到。温庭筠的首篇《菩萨蛮》著称一时，因为其中女角的动作就算不是一气呵成，至少也是联系频繁。以这首词为例，

① 詹安泰编《李璟、李煜词》，第 25 页。此词的变体见《汇编》册 1，第 225—226 页，及《全唐诗》册 12，第 10044 页。

② 詹安泰《李煜和他的词》，见中国语文学社编《唐宋词研究论文集》，北京：中国语文出版社，1969 年版，第 25 页。

则我们所见是差别甚大的另一世界：

小山重叠金明灭[1]
鬓云欲度香腮雪
懒起画蛾眉
弄妆梳洗迟

照花前后镜
花面交相映
新帖绣罗襦
双双金鹧鸪

（《汇编》册 1，第 65 页）

温庭筠的女角在词中不但孤家寡人一个，而且芳心寂寞，连日常化妆都有气无力，显得懒洋洋的。任何对装扮略知一二的人，都可以想象她目前处在何等的境况下。这女人根本无所事事，行动哪里会带劲儿？全词的语调属于描写面者，因此大过于叙述面者，属于静态陈述者，也因此大过于动态叙说者。易言之，词中根本没有“故事”可言。有之，仅在描写一名弃妇的心境，用一对金鹧鸪来表出她的落寞感，顺便为全词收尾。

李煜为文人同好引进的叙事技巧，让人想起六朝通俗乐府

① 据多数词学学者的解释，“小山”二字可指“画屏”，因为此词既可指屏风上所绘之图，又可指形如小山的屏风。这行词还有不同的读法，如 Jonathan Chaves, “The Tzú Poetry of Wen Tíng-yún”, M. A. Thesis (Columbia Univ. , 1966) 就认为这一行指的是女人的发型——“挽高成髻，插上金钗”的秀发。

《子夜歌》常见的风格，例如下面这首：

反覆华簟上
屏帐了不施
郎君未可前
待我整容仪

（《全汉》册 1，第 527 页）

像李煜的《菩萨蛮》一样，这首《子夜歌》也是从客观的角度来看待女角，把她对情郎说的话一五一十地记录下来。此外，两首词或歌各有主角一位，而且都敢用恳求或命令的语气明白托出内心话。她们这种大胆，文人词中罕见。我们或可谓：李煜早期的词最富意义的特色，乃是惯用通俗色彩。例如《一斛珠》这首词的后数行，显然会令人想到一首匿名者所填《菩萨蛮》的结尾：

一斛珠

晓妆初过
沉檀轻注些儿个
向人微露丁香颗
一曲清歌
暂引樱桃破

罗袖裛残殷色可
杯深旋被香醪涴

绣床斜凭娇无那
烂嚼红茸
笑向檀郎唾

（《汇编》册 1，第 221—222 页）

菩萨蛮

牡丹含露真珠颗
美人折向庭前过
含笑问檀郎
花强妾貌强

檀郎故相恼
须道花枝好
一面发娇嗔
碎挼花打人

（《全唐诗》册 12，第 10163 页）

这两首曲词的故事高潮，都发生在主角猛然行动时。惊诧感是难免的，而且来得正是时候。李煜的词说："烂嚼红茸／笑向檀郎唾。"读者或许难以想象优雅的歌伎会唱出这两句词儿，盖文人词中确实鲜见这种对女人的描述，此所以李煜的《一斛珠》有评者认为太粗俗。[①] 虽然如此，李煜的叙事艺术仍然超越了角色行动的

① 李渔（1611—1680）《窥词管见》，见《丛编》册 2，第 548 页。

表面意义：人人都道李词强过通俗词，此其原因也。读罢《一斛珠》，读者总觉得李煜擅使颜色意象，人物刻画故而另具向度。第五、六、九句用到“红色”的意象，突显的是一张花容月貌。感性意象写来可是很经心，但通俗曲就没这么小心翼翼了。

欣赏李煜的叙事艺术者代不乏人，说来得力于他能全神叙写角色动作的能力。试比较上引的两首曲词，即可明白李煜实叙写一贯，不但角色的细微动作不放过，而且还要大肆渲染。整首词都在写某歌伎的嘴形：她轻点绛唇，舌尖微露，妩媚万状（行三）；她轻启歌喉，千娇百媚赛樱桃（行四至五）；她轻沾酒樽（行六至七），笑向檀郎唾红茸（行九至一〇）。

这种“特写”的技巧一面开显角色的特色，一面又把李煜的词艺推上一层楼，使殊相更能代表共相：只要“殊相”的代表性充分，“共相”就会含容其中。用西洋文学术语来讲，李煜的做法无疑“代喻”（metonymy）的范例。包括口、足等殊相一旦成为描写的焦点，词法乃又广开一境，使来者知所遵循。李煜之前的词家如欲细写女人，一向着墨于她们的一头乌丝；温庭筠和韦庄刻画人物的方法，就未脱传统的窠臼，女人总是局限于闺房之中。相形之下，李煜笔下的女人就超越了传统的形象。

李煜的“叙事词”写自然景致也十分独到。以《菩萨蛮》为例，开头所写就是动作生发的背景，首句突显的意象生动无比：月色朦胧，花朵一经衬托，反而变得更加明艳。在抒写角色心理方面，这行词的作用大得很，那女郎之所以敢赴情郎之约，正是因为夜色迷蒙，行动不会让人窥见。

有人或许会以为，小令如此短小精悍，词家要细写景致殊不容易。话说得不错，但李煜却能在开篇与结尾为读者提供想象的空间，拓展了词意的时空范畴，从而克服了难题。请看下面这首只有6句的《浣溪沙》：

红日已高三丈透
金炉次第添香兽
红锦地衣随步绉

佳人舞点金钗溜
酒恶时拈花蕊嗅
别殿遥闻箫鼓奏

（《汇编》册1，第225页）

首句指出：一夜狂欢，不知日头已上三竿，殿里朗朗一片。尾句则暗示：狂欢宴饮，他处亦可闻。作者只用短短的两句话，时间（行一）与空间（行六）就大大地展开。

拿晚期的词做个对比，我们发现李煜早期的词忒是不同。一般来讲，后者线脉分明，前后片毕其功于一役，中间没有换头的迹象。这种线形的进程，当然是一种叙事结构上的设计，把各部分所描写的细节都粘绞在一起。即便是叙事意味含混的词，李煜也能透过这种序列推展的原则消隐片与片之间的鸿沟，完成全词。像下面两首《菩萨蛮》便是这种笔法的产物：

其一：

蓬莱院闭天台女[①]

画堂昼寝人无语

抛枕翠云光

绣衣闻异香

潜来珠锁动

惊觉银屏梦

慢脸笑盈盈

相看无限情

（《汇编》册 1，第 226 页）

其二：

铜簧韵脆锵寒竹

新声慢奏移纤玉

眼色暗相钩

秋波横欲流

云雨深绣户[②]

未便谐衷素

燕罢又成空

① 此行可解为“锁上仙园”，因蓬莱与天台俱为传说中的仙乡。

② 第五行的“云雨”系人尽皆知的典故，指“房事”而言，典出宋玉的《高唐赋》：楚怀王梦见和一神女共行云雨——曦和升起，神女即化作一片“云”；望舒冉现，神女即化作一阵“雨”。至于第六行，我认为应作“相看情难诉”解。这虽非字面意义，但一般人都持此见。

魂迷春梦中

（《汇编》册 1，第 227 页）

这两首词都是线形结构，可谓一挥而就，一无斧凿之痕。各首都自成“故事”，而主角不是别人，正是作者自己。[①] 他秉客观之笔，描写个人与他人的牵连，而且运笔得当，个中自有一段“词之距离”。即使在写自己的感情，他也没有全盘投入，反而谨慎呵护，不使距离消失。写过去的感喟，尤其如此（如第二首，行七至八）。这种距离一方面是美感的，另一方面也是时间性的。前者之所以会存在，系因作者以物观己，好像词中角色的经验不是自己而是他人的一般。至于后者，则取决于作者的忆往老是如同壁上观。

“词之距离”是一种艺术，李煜早年的词都有这种特征，仿佛群、己的互动才是叙词的要件。早期晚期的李词风格差异颇大，但走笔至此，我不禁心疑晚期李词中的诗意是否受到早期词风的影响。

李煜晚期的词作和早期的词风相反，乃植基于抒情感性的美学之上，而不是在叙事的色彩上。晚期的李煜使用的是新技巧，所以创造出来的叙述观点也是全新的。此事洞若观火，众目昭著。

---

① 白润德对这两首词的真伪有新的见解。他怀疑这两首《菩萨蛮》或系后人伪托，因为有明以前所有李煜词集均不见载。见 Daniel Bryant, “Of Trees and Crabs and Data Files, Anthologies and Kings:The Textual Tradition of the Nan-Táng Erh-chu Tzú and What We Can Learn From It”, *The Conference on Tzú*（York, Maine, June 5-10, 1990）, p.16。但我个人以为，除非有更具体的辨伪根据，我们还是应当遵循传统的说法。王仲闻在其《南唐二主词校订》（北京：人民文学出版社，1957 年版）中，并未考虑到这两首词是否为伪作的问题。

然而，抒情笔调虽然是他晚年的词征，却也不是和他早期所强调的群己关系全无牵连。晚期的作品常常呈现一幅合成的画面，让词家的感性自我融会在过去的各种群己关系中。在抒情的一刻，词中的自我每会观照生命灵视的意义，而词家所追忆的过往人际关系也跟着浮现，再度厘清眼前美感经验的基本价值。他人虽然不过是个人的附属品，却也不仅仅是抒情时刻所回忆的对象，因为人我之间早已交织成一片。相对地，内省的过程也会因此而变得更绵密。

李煜的抒情词处理不同外相的方法，必定大受早期叙事技巧的影响。晚年的李煜精力所注，大都在缩短词我的距离，把势如排山倒海的外在现实转化为抒情自我的内在感性世界的附加物。李煜一旦这样做，那位作壁上观的“我”就会和词中的抒情观点合而为一。

化外相为抒情的手法，对词艺的发展影响至巨。李煜之后的宋人柳永，就曾进一步在他的慢词中借用过类似的技巧，并使之成为这种词体最重要的美学原则之一。要不倚不偏地估量柳永的成就，唯有畀恃这种宏观的眼界才成。

第四章　柳永与慢词的形成

一、慢词：一种新兴的词体

据近世词学家的考订，柳永（约987—约1053）[①]与晏殊（991—1055）并世而立，乃同代人也[②]。这个发现一经提出，词史顿即改观，我们所了解的宋初词坛（11世纪），再也不似曩前单纯。历来的文学史籍总认为柳永比晏殊小一辈，他握管填制慢词之前，晏殊与欧阳修（1007—1072）早以小令纵横宋初词坛，俨然一代圣手。[③]近年来的词学学者却自另一角度切入，以柳、晏为对立的两派词宗，彼此争妍斗奇，风韵更是南辕北辙。[④]

---

① 有关柳永的生卒年，在学界中一直是个争议。见宇文所安有关词学的新著：Stephen Owen, *Just a Song: Chinese Lyrics from the Eleventh and Early Twelth Centuries* (Cambridge, MA: Harvard University Asia Center, 2019), 第64页。（孙康宜附注，2020年5月21日）。

② 唐圭璋与金启华《论柳永的词》，在中国语文学社编《唐宋词研究论文集》，北京：中国语文出版社，1969年版，第70—79页。

③ 像刘大杰和龙沐勋就同持此论。见刘著《中国文学发展史》（北京：中华书局，1962—1963年）中册，第602页，以及龙著《两宋词风转变论》，在《词学季刊》（1933—1936年；台北：台湾学生书局，1967年重印）卷2，第1—23页。

④ 冯其庸《论北宋前期两种不同的词风》，在《唐宋词研究论文集》，第43—69页。

晏殊与欧阳修专擅小令，二子又皆江西人也。此事不无意义，因为五代之际赣省乃南唐旧辖，李璟、李煜与冯延巳的影响犹在，小令故此蓬勃发展。[①]既然典型不远，宋初词人竞制小令，视之为文人文化的主流，无乃自然结果。南唐风行一时的令词词牌如《浣溪沙》《玉楼春》与《蝶恋花》（一称《鹊踏枝》）等，均为此时词家偏好的对象。不过也因此之故，宋初罕见新款令牌。

虽然小令一枝独秀，柳永却避撄其锋。他以前所未有的态势特重慢词，创新或改写了许多词牌。慢词可以溯至750年左右的盛唐时期：诸如敦煌曲词一类的通俗传统，早已力加锤炼。虽然如此，文人显然不重慢词，令其见弃于“高眉”文化圈内达五百年之久。[②]然而，只要稍事回顾柳永传世的词集，我们会发现他多数的词都是出诸较长的慢词，只有少数是较短的小令。[③]令牌如《女冠子》与《玉蝴蝶》原本都只有41字，柳永却改变许多这类小令，使之变成超过一百字的长篇慢词，连原来的韵格也都无迹可寻。

宋初发生许多文化变革，其势如疾风狂雨。柳永的反传统作为，也是类此现象的一环。本书首章曾经指出，太宗与仁宗两位宋帝对新乐着迷不已，不断敕令教坊多采新的词牌。据称，这些新调一反唐及五代乐风。柳永既工于作曲，又长于填词，难怪会

---

① 传统词话家早已申论过冯延巳对北宋令词的影响，例见刘熙载的话：“冯延巳词，晏同叔得其俊，欧阳永叔得其深。”引自龙沐勋编《唐宋名家词选》，上海：古典文学出版社，1956年版，第43页。

② 任二北《敦煌曲初探》，上海：上海文艺联合出版社，1954年版，第222页。唯有较诸同代词家，我们方能说柳永的慢词深具“革命性”。由于“慢词”根本上乃源出通俗曲词，故与柳永同时的文人词客多避用此一名词。不过，这种形式的词早在1019年即已见诸宫廷仪式；这一点，我乃承海陶玮（James R. Hightower）教授专函赐知。

③ 另请见 James J. Y. Liu, Major Lyricists of the Northern Sung（Princeton:Princeton Univ. Press, 1974）, p.98。

顺应潮流，试调新韵。然而，长篇慢词仍然是他情之所钟。《云谣集》内的《倾杯乐》（110 字）、《内家娇》（104 字）与《凤归云》（84 字）等词牌，都是他的灵感借助之处。

慢词何以兴起于宋初？某些传统词话家认为：这是城市乍现，娱乐圈内需要新乐使然。柳永在这种次文化中打滚已久，熟悉不已，同为缘由。吴曾《能改斋漫录》云：

> 慢词起自仁宗朝。中原息兵，汴京繁庶，歌台舞榭，竞睹新声。耆卿失意无聊，流连坊曲，遂尽收俚俗语言，编入词中，以便伎人传唱。……其后东坡、少游、山谷辈相继有作，慢词遂盛。[①]

不论实情为何，城市的出现似乎真有助于柳永形成新的词观。他要如实细写景致，非慢词不做他想，而填制地点几乎包括所有的新兴大邑。[②]《望海潮》在柳词中卓尔有名，写的是杭州美景。金兵挥军直下江南，据说便因金主听罢此词有感所致。[③]

慢词有其通俗性，文人词客可能因此而更加反对柳永的词观。但比这一点更具意义的是，小令与慢词往往有不同的基本结构观。欲求调和，殊不可能。先谈显而易见者：慢词长于小令，前者可以包括 70—240 字不等，后者则绝少超过 62 字。[④] 60—70 字之间

---

① 吴曾《能改斋漫录》，引自王力《汉语诗律学》，1958 年首版；香港：中华书局，1973 年重印，第 528 页。

② 这些城市是开封、苏州、会稽与长安。

③ 罗大经《鹤林玉露》，引自胡云翼《宋词选》，北京：中华书局，1965 年版，第 42 页。

④ 见王力《汉语诗律学》，第 518 页。他的看法较具弹性，认为小令不超过 62 个字。

的词，正好游移在两者的边缘地带。某些旧式学者分慢词为两类：一称“中调”，字数介于59—90之间；二称“长调”，往往在91字以上[①]。不过，以长短区分词体不免有武断之嫌，实际上更难适用。此所以清人万树认为我们不应就长短妄断：“所谓‘定例’，有何所据？若以少一字为短，多一字为长，必无是理。”[②]

慢词与小令虽有此等构筑原则上的根本歧异，但现代词学界能够注意及此者少之又少，王力算是其中之一。以字数作为区野的传统之见诚然不近情理，但王力仍然相信这是颇合逻辑的做法[③]。小令通常在58字以内，正可说明这种短词与近体诗的结构可能有关，盖近体诗最多不超过56字。虽然这样，慢词的体式恰与近体诗背道而驰，因此字数也就多得多了。

就此而做的分析，林顺夫的著作最称深入。他认为小令含括4个“词组”（strophic units），两组又合为一阕[④]。易言之，小令的一个词组就是近体诗的一联。一首词中，各组的字数和韵式倘若发展到毫无近体诗的痕迹——盖各“词组”可以押韵处作结，那么这

---

① 毛先舒（1620—1688）《填词名解》，收于查培继《词学全书》，台北：广文书局，1971年版。传统词话家似乎都认为，“小令”与“慢词”之间另有两种中级词体，一称“引”，一称“近”。但王力和夏承焘相信“引”和小令并无长短上的绝对区别，见王力《汉语诗律学》，第526页，以及夏承焘、吴熊和合著《读词常识》，北京：中华书局，1962年版，第33—34页。虽然如此，现存的“近”体词确实比小令长，故而或可称“中调”。深具意义的是，“引”与“近”二语词都是到了宋代才出现，虽然这些语词可能和慢词一样，只不过拿来称呼宋初的新音。

② 万树，《索引本词律》，序于1687年；台北：广文书局，1971年版，第1页。另见王力《汉语诗律学》，第518页。

③ 王力《汉语诗律学》，第518—534页。

④ Shuen-fu Lin, *The Transformation of the Chinese Lyrical Tradition* (Princeton:Princeton Univ, Press, 1978), pp.106-107.

首词就变成了“慢词”。[①] 这一点倒符合一个事实：慢词的词组通常要比小令的多出几句。

小令的作者当然想要和近体诗划清界限，他们在基本构筑原则上下功夫。这种倾向早已存在。小令的成就之一，便是前后片各句的平仄字数繁复而有所不同（例如温庭筠《河传》的句式为二—二—三—六—七—二—五／七—三—五—三—三—二—五），因此有异于律诗各句字数相同而平仄对称的结构。就后者来讲，字数与平仄的重复就是“律”。虽然如此，很多小令前后片的格式仍然雷同。要俟诸长篇慢词兴起，才完全打破了韵格重叠的构句原则：[②] 例如在许多超过90字的慢词中，只有极少数的词牌仍沿用“重叠韵格”。[③] 就诗词的发展来看，慢词的这些成就，只不过是小令往前推展的一部分。尽管如此，我们仍得了解，慢词韵格之繁杂正显示其结构上的重大转变清晰可见：原来是近体诗的枝蔓，如今已变成独立的词体。

慢词最大的特征，或许是“领字”这种手法。其功能在为词句引路，抒情性甚重。柳永提升此一技巧的地位，使之成为词史的重要分界点。本章稍后，我会辟专节深入再探此一举足轻重的词法。我们此刻只要记住一点：“领字”是慢词的独特技巧，有助于词句连成一体。

---

① 词组的尾句通常也是押韵处，这是词律。但词组里的其他句子有时也可以押韵，虽然这不是整个词组的收尾。

② 见 Shuen-fu Lin, p.128。

③ 这些词牌是《烛影摇红》（96字）、《安公子》（102字）与《归朝欢》（104字）。

二、柳永与通俗传统

柳永对慢词的贡献独步古今，同代词客或后世批评家有目共睹。然而，词艺上的开朗作风却严重妨碍到他的仕途。他独创出许多慢词词牌，同代的小令作者非但不因此而欣赏有加，反而因他强调新体的“通俗性”而更显困惑。晏殊其时贵为首宰，善制小令，曾公开驳斥柳永。据传，耆卿尝因所制而屡见摈官场之外，内心抑郁沮丧兼而有之，乃上书晏殊毛遂自荐，不意换得的却是一阵讥刺：

> 晏公曰：“贤俊作曲子么？”三变曰：“只如相公亦作曲子。”公曰：“殊虽作曲子，不曾道‘采线慵拈伴伊坐’。”柳遂退。[①]

可以想见的是，柳词必然深受其时日趋流行的白话文学的影响。宋人好用俚语俗字，形成文坛众流之一。欧阳修乃古文名家，亦以古典诗歌名重当代，可是他也写过 73 首相当“通俗”的词。幸好这些词的数量在欧阳著中微不足道，无损于其“高雅”的形象。即使如此，他还是受到不少时人抨击。[②] 比欧阳氏晚出的黄庭

---

① 《画墁录》，引自唐圭璋与金启华著，第 258 页。

② 词话家认为这些“词”都是欧阳氏的政敌捏造来坏其名声的，不过某些现代批评家非但不做此观，反而试着证实这些词确乎出自欧阳氏手笔。有关这方面的笔墨官司请参见 James J. Y. Liu, *Major Lyricists of the Northern Sung*, pp.48-49;James T. C. Liu, *Ou-yang Hsiu* (Stanford:Stanford Univ. Press, 1967), p.137 ；以及 Ronald C. Egan, *The Literary Works of Ou-yang Hsiu*（Cambridge:Cambridge Univ. Press, 1984）的最后一章。

坚，同样写过一些有违雅教的“淫词”，“俗”不可耐。好在黄氏处身之世，俗字俗语蔚成风尚，文人习以为常，也就没有遭到严词围剿或辱骂讥诮。

文人与通俗传统形同冰炭，只消一探柳词即可揣知。柳永受同代词客攻击得最严厉的词，似乎也就是他广受大众欢迎与赞誉的词。可为佐证的范例是入调《定风波》的一首慢词：

自春来、惨绿愁红
芳心是事可可
日上花梢
莺穿柳带
犹压香衾卧
暖酥消
腻云亸
终日厌厌倦梳裹
无那
恨薄情一去
音书无个

早知恁么
悔当初、不把雕鞍锁
向鸡窗、只与蛮笺象管[①]

① 这一句词里的“蛮笺”指四川所产的彩纸，“象管”则为象牙所制的毛笔。

拘束教吟课
镇相随
莫抛躲
针线闲拈伴伊坐
和我
免使年少
光阴虚过

（《全宋词》卷 1，第 29—30 页）

前文提过，晏殊拈出“针线闲拈伴伊坐”（行一八）为例，攻击柳词俚俗。依他之见，柳词风华有亏，卑之无甚可观。讽刺的是，这首词却变成白话文学的经典之作。元代戏曲名家关汉卿（13 世纪）有一出戏，几乎就以前引柳词为架构基磐。[①] 更值得称道的是，在通俗传统中，没有任何文人词客能拥有柳永一般的地位。他的词也是一般虚构作品的活水源头。《木兰花》这首联章从之者众，像罗烨的《醉翁谈录》、洪楩的《青平山堂话本》，以及冯梦龙的《喻世明言》之中，都有笔记、小说脱胎于此。[②]

柳永在群众之中久享令誉，原因不难考见。刘若愚就曾经说过：柳词不断翻新，尤能“以如实之笔细写情感。柳氏又不避俗

① 关汉卿《钱大尹智宠谢天香》，见卢前（冀野）编《元人杂剧全集》，上海：上海杂志公司，1936 年版，册 1，第 29—58 页。

② 罗烨《花衢实录》，在《醉翁谈录》，上海：古典文学出版社，1957 年重印，第 31—55 页；洪楩《柳耆卿诗酒玩江楼记》，在《清平山堂话本》，编于 1541—1551 年；上海：古典文学出版社，1957 年重印，第 1—5 页；冯梦龙《众名姬春风吊柳七》，在其《喻世明言》，香港：中华书局，1965 年重印，第 176—186 页。

字俗语，与昔人自是不同”。[1]以上引的《定风波》来说，这种“新写实”就可在词中女性发话人身上看得真确无比。她悔恨难当，也不讳言对“情人”的爱恋，所用语言和所处地位确实匹配无间，俚俗之语如“无那”“无个”与“恁么”，加强了写实的力量。由是观之，无怪乎叶梦得（1077—1148）会说：“凡有饮水处，即能歌柳词。”[2]

《云谣集》内的乐词与当代的日常口语，乃因此而登堂化为柳词的一部分，而且频见使用。就文人词的传统而言，这种现象固然前所未见，却也不见容于其他文人词家。柳永常用的村言巷语包括：“伊”“谁”“怎生”“怎忍得”“怎可”“坏了”“是了”与“消得”等字词。历来的词话家也因此形成两种截然不同的态度，一面众口铄金，颂扬其人，一面眉头深锁，失望不已：

其一：

> 柳屯田永者，变旧声作新声，出《乐章集》，大得声称于世，虽协音律，而词语尘下。[3]
>
> ——李清照（1084—约1155）

---

① James J. Y. Liu, *Major Lyricists of the Northern Sung*, p.53.

② 叶梦得《避暑录话》，重刊于《丛书集成简编》，台北：台湾商务印书馆，1966年版，卷717，第49页。施议对认为北宋词坛出现了一种“柳永热”，见施著《词与音乐关系研究》，北京：中国社会科学出版社，1989年版，第81—83页。

③ 李清照《词论》，见胡仔编《苕溪渔隐丛话》下册，台北：世界书局，1966年版，第666页。

其二：

柳耆卿《乐章集》世多爱赏……惟是浅近卑俗……[1]

——王灼（？—1161）

其三：

柳耆卿音律甚协，句法亦多有好处，然未免有鄙俗语。[2]

——沈义父（著称于1247年左右）

柳永处理“爱情”的方式，亦有别于前人。他的风格近乎通俗，同样可以由此看出。他问情、道情几近直言无隐，几乎濒临“滥情”的地步。传统文人词客笔下的个人与情爱总是保有某种美感距离，欲语还休。但在柳永笔下，这种传统价值观荡然无存。在唐及五代，“闺怨”的主题通常由弃妇的角度刻画，但是到了柳永，我们发觉观点彻转，遭遗弃的角色反倒以男性居多：

满江红

万恨千愁
将年少、衷肠牵系
残梦断、酒醒孤馆
夜长无味

① 王灼《碧鸡漫志》，见唐圭璋编《丛编》册1，第34页。

② 沈义父《乐府指迷》，见罗芳洲编《词学研究》，上海：文力出版社，1947年版，第38页。

可惜许枕前多少意
到如今两总无终始
独自个、赢得不成眠
成憔悴

添伤感
将何计
空只恁
厌厌地
无人处思量
几度垂泪
不会得都来些子事
甚恁底死难拚弃
待到头、终久问伊看
如何是

（《全宋词》册 1，第 42 页）

这首词里有不少俚俗之语（例如行一五至一八），藻饰情爱也一无忸怩之态，但情景之间缺乏恰当的协调，和传统诗词有所不合，通篇传达的实乃“通俗”的风格与效果。

不过，这并不意味着柳词都是用这种风格撰就，柳永仍有许多词写得相当“高雅”，自然景致与抒情感性交融无间。宋京开封乃当时中国经济与文化中心，学者有此一见：五陵年少的柳永日夜流连帝京北里，所制之词以“通俗”者居多；[①]待其科场失意，远走他乡，迁徙于天地之间，则词风也随人格之成长而变得比较“高雅”。[②]这种区别似乎有牵强造作之嫌，然而对我们的分析却是一大助力。我们或可将柳永的两种风格视为他所经历的两种人生，也可以视之为他的词作所吸引的两类听众。

我们还记得，在柳永之前，文人词的发展早已和通俗曲词的传统密不可分。比方说，韦庄和李煜就曾从通俗曲词摭拾重要的填词法。而事实上，“文人”与“通俗”传统根本就不能以泾渭判之。设非柳永写出大量“俗词”，宋代词话家跟着大表不解，则“文人”与“通俗”的区野并不会如此针锋相对。当然，柳永写过诸如“些儿个”与“娇无那”等俗语，但在他的全集里，这种词风仅占少数。我们要强调的应该是：柳永虽隶属文人词家，却首揭通俗大纛，胆敢写出令人思及民间之作的题材。

文人词客之中，深受《云谣集》与其他敦煌曲词影响者，柳永是第一人：他以慢词创作就是这种联系的部分明证。后世的戏曲家与通俗小说家，也尊之为通俗传统的掌灯人。清朝的诗人词话家，曾并比柳词风格与董解元《西厢记》里的剧词曰：

> 柳屯田《乐章集》为词家正体之一，又为金、元以还乐语所自出。……[董解元]此词连情发藻，妥帖易施，体校于《乐章》。……董为北曲初祖，而其所为词于屯田有沆瀣之合，曲

① 唐圭璋编《全宋词》，第258页。

② 柳永后来在洛阳、余杭与定海等地任官，又走访长安、成都、扬州、建宁与姑苏等名都，最后埋骨于江苏润州。

繇词出，渊源斯在。[①]

此外，柳永撰写过许多山水词，而元明戏曲写自然均细致翔实，更可能受过柳词的启迪。请看下面的例子：

望海潮

东南形胜

三吴都会[②]

钱塘自古繁华

（《全宋词》卷1，第39页）

娇红传

四川自古繁华地

正芳菲、景明媚

（《全宋词》册5，第3897页）

乐小舍拚生觅偶

自古钱塘难比

① 况周颐《蕙风词话》，王幼安编，与《人间词话》合刊，香港：商务印书馆，1961年版，第61页。

② “三吴”，通常指今江苏南部、浙江北部一带。[理由：绝不能有潮州，盖潮州在岭南广东，古属“百越”之地，与“三吴”所指涉之江南一带相去千余里。三吴在历史上分别有不同的指涉，但没有任何一种说法将潮州纳入。流行较广的说法是指吴兴（今湖州）、吴郡（今苏州）、会稽（今绍兴），都是在钱塘江下游一带（即传统地理概念的“江南”）。此说见《水经注·渐江注》。]

看潮人、成群作队

（《全宋词》册 5，第 3899 页）

事实归事实，仍有许多要点足证柳词和通俗文学还是有段距离。就风格及结构观之，敦煌曲词乃北曲先声。[①] 然而，柳永虽然创新词艺，自己依旧是文人词坚定的一分子。他对通俗词确有过人的洞察力，对这个传统因此也有巨大的影响力。虽然这样，他可是一步也没离开文人词这个主流。要说明这一点，我们得费点言词。

就主题言，柳词和敦煌词差异极大。后者主题万端，柳词主要却以感情经验为处理对象，要不就是细写歌伎或是自己转徙天南的思乡情结。《花间》词人去时已远，然以上文度之，柳永却可谓承袭了《花间》遗绪。他周旋在粉黛之间，纵情狎伎，蛮像温庭筠的生活方式。后者乃一派宗师，柳永也是某种词体的开路先锋。两人都“偏好”用词写情，基本诗学方向无异。两人间可能只有叙述观点上的差异：温庭筠好从歌伎的角度看世相，柳永则仅抒发个人的情怀。

从词的传统来看，温庭筠确居筚路蓝缕之功。他风流韵事不断，常和歌伎牵扯不清，声名狼藉，但词坛仍以其官衔“温助教”呼之，可见景仰心情一斑。柳永则为对抗“正统”的革命烈士，时人时或称之“柳七”而不名。二氏所以会有这种名衔上的差异，可能因温词避俗唯恐不及，而柳词却如脱缰之马，目的仅在营塑一

① 任二北《敦煌曲初探》，第 396 页。任氏以为，就整体词风而言，敦煌曲词类似金、元北曲。南、北曲不同：南曲延续的似乎是文人词的传统。

种新词的语言。因此，两人尽管都娴熟通俗传统，做法却大大不同：一个想要创造自成一格的文人词，一个却想贯通两者，另启崭新的传统。

柳永的诗学有其革命性的一面，但我们不应以为他在大唱文人词的反调——他实则想要扩大词的视野。柳词确能吸引大庭广众，但柳永也自视甚高，以知识精英自许。[①] 他写下《乐章集》，希望能得文人词家的青睐。

我们还应牢记一点：柳永看待通俗曲词，不是一味模仿。他知道这类曲词所蕴藏者唯丰富的灵感泉源罢了，而非值得遵循的一套规律。《乐章集》共收 127 种词牌，与现存敦煌曲词相同者仅 16 种而已。即使这 16 种之中，也只有 3 种用到了敦煌曲词的韵式，余下的另 13 种词牌，韵式则和其对应的敦煌词相去直不可以道里计。这 13 种中，更有 5 种已经柳永变调，从较短的小令变成较长的慢词。[②] 此外，65% 的敦煌曲词都是叶平韵，18% 叶仄韵，余者则平仄混叶。[③] 至于柳永：他大部分的词都叶仄韵。后来的宋词人虽非个个起而效尤，但柳词确为他们高悬的明镜。由此看来，柳永始终身列文人词的主流之中。要透彻认识其人的诗词贡献，也唯有透过这个角度才成。

---

① 柳永家族一脉都是书香门第的官宦，从未沦为庶民。比方说，他父亲柳宜曾仕于南唐，颇受二主器重。见 Winnie Lai-fong Leung, “Líu Y ǔ ng and His Tzú” , M. A. thesis, Univ. of British Columbia, 1976, p.6。

② 这五种是《定风波》《婆罗门》《长相思》《望远行》与《十二时》。

③ 任二北《敦煌曲初探》，第 389 页。

三、柳永的慢词诗学

有道是柳永乃文人词家首制慢词者。此事大谬不然，盖现存的古人词选已经指陈历历：有宋之前，早有少数诗人词客偶以慢词入调。他们是：晚唐诗人杜牧和钟辐，五代诗人尹鹗、李存勖与薛昭蕴。（参见《全唐诗》卷12，第1059、1071、10113、10041与10097页。）许多词学学者总认为慢词要到北宋才出现，因此否定了上述诗人的功绩。[①]然而，敦煌所发现的早期曲词，却已逐步逼使这类学者重审往昔的见解。《云谣集》已经验证了一项事实：从盛唐以来，慢词就已保存在通俗乐曲的传统中。因此，我们实无必要再怀疑宋前文人慢词的著作权。

虽然如此，事实仍然抹杀不了另一个事实：柳永是文人词客中首位"有心"锤炼慢词的大家。在柳氏所处的宋季，善制慢词者屈指可数，所填篇幅如此辽阔者更属凤毛麟角。我们稍后会论及张先：他和柳永同辈，但所制的慢词也不能和耆卿比。晚唐和五代虽有诗人填下少数的慢词，不过其中"实验"的成分居多，只是"孤例"。柳永则不然：他是大力推展慢词。以尹鹗为例。他的《秋夜月》共两片，结构一致。柳永同一词牌的作品完成时，上下片的结构却呈现不规则的发展（四—九—一〇—六—六—六／四—五—五—六—四—四—五—四—四）。早期所谓的慢词，其实借用的都是小令的结构，例如李珣的《中兴乐》（84字）就是把原来的小令拉长一倍。就长短论之，《中兴乐》颇有慢词的架势；但

① 这类词学学者包括王国维、俞平伯与胡云翼。有关俞平伯部分参见任二北《敦煌曲初探》，第83—84页的讨论；有关胡云翼则见其《中国词史》，第117页。

就结构而言，这首词实应纳入小令的范畴。尤关紧要的一点是：这些诗人词客都没有施展“领字”的手法，而“领字”正是宋人的慢词所以为慢词的一种语言技巧。

何谓“领字”呢？这种技巧又何以会变成慢词的结构原则之一？“领字”由一个、两个或三个字所组成，可以按序引导词句或词中语词。“领字”可能是动词，可能是副词，也可能是个连接词。柳永首开“领字”风气，在慢词里大量使用，往后的词人又加以沿用，使之蔚为慢词的传统技巧。一般而言，宋代词客在填制慢词时，多半会以前人之作为鉴，仔细领略各词牌“领字”的结构方式，然后以此为准填下词句。当然，构词方式也不是一成不变，偶然间的变异不足为怪。下列的“领字”均为宋代词话家所拟：

一字逗领字：看、怕、料、纵、甚、但

二字逗领字：莫是、还又、那堪

三字逗领字：更能消、最无端、却又是[①]

据我进一步的勘察，发现历来的批评家对柳永的“高雅”词作都赞不绝口，而所谓“高雅”的词作，其实就是那些“领字”用得最巧妙的词。下引《雨霖铃》与《八声甘州》即可说明此点：

雨霖铃

寒蝉凄切

① 见陆辅之《词旨》，在《词话丛编》册1，第295页；以及张炎《词源》，在罗芳洲编《词学研究》，第12—13页。

对长亭晚
骤雨初歇
都门帐饮无绪
留恋处、兰舟催发
执手相看泪眼
竟无语凝噎
念去去、千里烟波
暮霭沉沉楚天阔

多情自古伤离别
更那堪、冷落清秋节
今宵酒醒何处
杨柳岸、晓风残月
此去经年
应是良辰好景虚设
便纵有、千种风情
更与何人说

（《全宋词》册 1，第 21 页）

八声甘州

对潇潇、暮雨洒江天
一番洗清秋

渐霜风凄紧[1]
关河冷落
残照当楼
是处红衰翠减
苒苒物华休
唯有长江水
无语东流

不忍登高临远
望故乡渺邈
归思难收
叹年来踪迹
何事苦淹留
想佳人、妆楼颙望
误几回、天际识归舟
争知我、倚阑干处
正恁凝愁

（《全宋词》册 1，第 43 页）

这两首词的“领字”颇有变化，列表如次：

① 这句词的解读法，我遵从的是王奕清等编《御制词谱》（1715 年；台北：私人印行，1964 年）卷 25 第 457 页的意见。

《雨霖铃》领字	位置	词性
对	行二	动词
念	行八	动词
更那堪	行一一	副词性连接词
便纵有	行一六	副词性连接词加动词
《八声甘州》领字	**位置**	**词性**
对	行一	动词
渐	行三	副词
望	行一一	动词
叹	行一三	动词
想	行一五	动词

上表最值得注意的是：像“更那堪”与“便纵有”等多字逗，居然也可以当作连接词用，加深了我们对附属结构句法的印象。方之小令，慢词较长。正因如此，慢词才需要较多的虚词，以维系通篇的流畅。同理类推，慢词的“词组”当然也要比小令的“词组”拥有较多的句数或字群词群（line segments），更何况词句自成一体，有赖“领字”贯穿其间，扮演连接词的功能。“领字”可使句构富于弹性，这是慢词的另一基本特征，也是柳永的革新何以在词史上深具意义之故。《八声甘州》里的副词“渐”（行三），在句中摆在主词和动词之前。若以此时此字的用法而言，则其显非中文语法所能容许者：根据规则，单字副词根本不能置于全句主词之前。[1]有趣的是，写慢词的词家非但不以此为意，抑且大受

① 见王力《汉语诗律学》，第659页；以及 James J. Y. Liu, *Major Lyricists of the Northern Sung*, p.97。

鼓舞，把“领字”放在这种换个场合就算文法有误的位置上。

值此之际，读者或会大表疑虑：像“领字”这种芝麻大小的语言特征，岂能对《雨霖铃》和《八声甘州》的整体美感有所贡献？我相信“领字”最关紧要的功能，在其巧妙结合了不同的“因素”，终使全词气魄恢宏，气势磅礴。这些“因素”包括：（1）俚俗与文学语言；（2）层次繁复的“诗之动作”（poetic act）；（3）达意与意象上的对应体（the expressive and the imagistic counterparts）。倘能仔细查验，则我们会发觉，上述的多字逗“领字”词汇，其实泰半为俚俗性的用语。因此，“领字”一方面固可做虚字，是句构流畅所需的韵律的基础；再方面，“领字”也代表某种口语风格及句法。我们日常交谈，就常听到这种语言。但最称重要的是，这些“领字”连接词实与文人诗体息息相关。一谈到文人诗体，我们想到的总是士子笔下的风格。柳永的文白合一，对当代词法必然冲击很大，虽然他这种特殊词风是量才适性与行文目的双管齐下所促成的。他张弓待发，似乎想为“诗体”的概念重赋新义。对他来讲，文人语言所呈现的也不过是思想的一面，实在有必要开发新语，方便处理诗中世界。新语可以提供新的语言运作空间，也可以诱使读者跳出传统的阅读窠臼，重要性不言而喻。透过“领字”的巧便，这个目标总能圆满达成。

我们早就注意到，柳永的一字逗“领字”多数隶属于思绪动词，例如，“念”与“想”等等。发话者的各种心态，便在这类“领字”与其他字眼的结合中表露无遗。至于多字逗“领字”所形成的连接词，则常出现在疑问句中，如此才能托出词人心中的疑虑与犹豫（例如《雨霖铃》行一一至一二与行一六至一七）。他显然希望用一句词就表出各种思绪，而“领字”正是可以完遂此一心愿的方法。“领字”不但可使句意一以贯之，诗之动作的各面亦可假此衔接成为完整的一体。柳永充分利用“领字”，化之为整体修辞的部分要素，为慢词建立起一套独特的章法。

我们或可回想一下小令的早期历史，其时韦庄和李煜都偏好思绪动词。其耽笃的程度，每使此类动词具有慢词里“领字”一般的功能——

记得那年花下
深夜
初识谢娘时

——韦庄（《汇编》册1，第118页）

想得玉楼瑶殿影
空照秦淮

——李煜（《汇编》册1，第227页）

如果换成慢词，“记得”和“想得”必然会是“领字”，因为这两个动词都在“带领”一连串的词句。然而，“领字”尚未变成小令的构词原则，所以这些字都不能算是真正的“领字”。韦庄和李煜用到思绪动词，其实只有一个目的——要呈现直言无隐的修辞印象。但是柳永所用的同类动词却变成名副其实的“领字”，好把慢词中的各个感情面缩结在一块。

乍看之下，柳永的“领字”表出“诗之动作”的各个层面。细看起来，他还创造了另一类型的领字（例如“对”与“渐”等），可以关涉自然意象造成的感性印象。柳永最重要的艺术成就之一，就是把抒情和意象语谨慎地冶为一炉。即使像《八声甘州》这一首小词，我们也可以看到词人兼用到两种“领字”：一种是直言情感的“领字”，另一种则利用意象语描述感性经验。下引例证中，括号里的前一数字指“领字”所处的字序，而逗号后者则指所余的字数：

例甲：

叹年来踪迹　（一，四）
何事苦淹留　（五）

例乙：

渐霜风凄紧　（一，四）
关河冷落　（四）
残照当楼　（四）

第一型的“领字”通常放在数句意义连贯、字数呈不规则发展的词句里（例如例甲中的“领字”不但“带领”第一句所余的四个字，也“带领”第二句所余的五个字）。至于第二型的领字则出现在数个“平行句”（或至少是字数一致的词句）之前（如例乙的“领字”尾随的均为四字句）。这两种“领字”倘出现在同一首词中，那么连贯与断续的句构会同时并现，使达意性的修辞策略与意象语言形成互倚互恃之状：一面是句构的奔泻流畅和情感的肆无所羁匹配无间，另一面则是平行互补的诸景制造出一些静态意象。而我们也因为这些意象而得悉一种印象：发话者静默无语，兀自面对一整个宇宙的灵景。

柳永慢词里的“领字”，是他得以发展出序列结构的功臣。情感的推衍与意象的细写都在此一序列结构中结为一体，使词中意蕴辽阔得无远弗届。我们读其词如见其人，总觉得柳永样样都写，情感的形形色色尤其多所着力。中国诗词传统中，像他这样捻须苦思的词家实在不多见。小令作家倘要面面道出诗词情境，非赖“联章”的使用不可，但如今的慢词词人只要在构词的过程中派上一些“领字”，便可建立起一组序列原则，进而在一首词里导引出繁复的词境。因此，据传统词话家之见，柳永的艺术伟业之一，便在他能巧妙安排各个结构点，并以羚羊挂角之态予以转换：

> 柳耆卿《乐章集》……该洽序事闲暇，有首有尾。①

> 柳词总以平叙见长，或发端，或结尾，或换头，以一二语句勒、提、掇，有千钧之力。②

就我们的关怀而言，柳永确实已为词法立下一个先声榜样。所谓“一字逗”者，乃单字“领字”也，而柳永坚持必须用去声字来填。诚如我们所知，《雨霖铃》和《八声甘州》里的单字“领字”

---

① 王灼《碧鸡漫志》，见《丛编》册 1，第 34 页。

② 周济编、邝士元笺注《宋四家词笺注》，台北：中华书局，1971 年版，第 72 页。

（如“对”“念”“渐”“望”与“叹”等）都是去声字。柳永兼具词人与乐师双重身份，当然能够辨别“四声”，而且一丝不苟。这种不寻常的音感，想来对词人选取字声的能力大有助益，而“领字”的意义往往便借字声产生。晚出的词家在这方面也师承柳永，亦步亦趋。据传统词话家如沈义父和万树所称，“去声”带感情，是“领字”最佳的选择。就一首词而言，“领字”当然是关键字词。[①]

“领字”一在词里现身，往往便意味着新片语的出现。从此观之，“领字”还是联系词中不同词组的结构工具。我们亦可以此作为诠释的基准，衡量慢词的整体结构原则。慢词的长短不可粗制滥造，一定要细心经营，传统词话家因而十分在意慢词的结构。某些词话家拟了一条称为“常山之蛇”的慢词结构原则，[②]盖古传说谓：常山之蛇叩其尾则首动，叩其首则尾动。所以，慢词的破题与收梢也要彼此呼应，首尾一贯。“常山之蛇”本古兵家布阵所用的语词，后经词话家吸收，变成词评上流行的术语。再稍后，说部的批点家也插入一脚，认为这个名词也可以当作叙事文学的指导原则。[③]

以小令的做法而言，“换头”是结构上的大关目。就慢词来说，这更是重要问题：

① 沈义父《乐府指迷》，见罗芳洲编《词学研究》，第42页；夏承焘与吴熊和《读词常识》，第59—60页。

② 胡仔《苕溪渔隐丛话》下册，第733页。

③ 在中国小说批评史上，“常山之蛇”是一个重要观念，参见Andrew H. Plaks, “Toward a Critical Theory of Chinese Narrative”，在所编之*Chinese Narrative*(Princeton:Princeton Univ. Press, 1977), p.332, note 42。

中调、长调转换处不欲全脱，不欲明粘。[①]

最是过片不要断了曲意，须要承上接下。[②]

换头过片在小令中重要若是，在慢词中更是要角。慢词不仅比小令长，而且经常在两阕以上。由于具有这些特色，慢词的组织结构当然复杂得多了。柳永既属这个传统的开山祖师，笔下技巧自然繁杂而不失新意。就形式的定型来讲，也是厥功甚伟。他有话直说，常予人一种印象，以为所说者即所思者，更不思考结构上的完整。然而，我们若深入探究柳永用过的许多技巧，往往发现不论换头过片或组织章法，他都下过深刻的功夫，十分在意。

下片的片头几乎就是全词的关键所在，因为词家的思绪由此延展，词意的通畅也由此承接。柳永最喜好的技巧之一，是在下片的第一个词组里总结上片的词意：

多情自古伤别离
更那堪、冷落清秋节

（《全宋词》册 1，第 21 页）

似此光阴催逼
念浮生、不满百

（《全宋词》册 1，第 34 页）

---

① 刘体仁《七颂堂词释》，见《词话丛编》册 2，第 627 页。
② 张炎《词论》，见罗芳洲编《词学研究》，第 9 页。

这一类的词行，常属问句或假设句。之所以如此，“强调”可能是一大原因：

一场寂寞凭谁诉

（《全宋词》册 1，第 15 页）

算到头、谁与伸剖

（《全宋词》册 1，第 16 页）

早知恁么

（《全宋词》册 1，第 30 页）

同样地，第二阕也常常用思绪动词来开头，而此一动词于此就变成“领字”：

念劳生、惜芳年壮岁
离多欢少

（《全宋词》册 1，第 35 页）

暗想当初
有多少、幽欢佳会

（《全宋词》册 1，第 17 页）

柳永同时也常用不同的强调字，增强思绪动词的达意功能（例如“极”与“难”等字）：

愁极
再三追思
洞房深处

（《全宋词》册 1，第 26 页）

难忘
文期酒会
几孤风月
屡变星霜

（《全宋词》册 1，第 40 页）

柳永个人另一好用的技巧近乎韦庄的“序列进程”（sequential progression），所以片与片之间的畛域表面上已经不是重要的问题了。像《迎新春》（《全宋词》册 1，第 17 页）、《望海潮》（《全宋词》册 1，第 39 页）、《如鱼水》（《全宋词》册 1，第 40 页）、《秋夜月》（《全宋词》册 1，第 23 页）与《八六子》（《全宋词》册 1，第 39 页）等词，都是用这种特殊的构词原则组织起来的。下片片头的附属结构——不管是时间性还是说明性的——都很刻意强调此一类型的过片。我们可视此一特殊技巧为柳永词技的延伸，亦即他想要创造“领字”和附属句构的倾向的延伸：

时间性的附属结构：

此际寸肠万绪
惨愁颜
断魂无语

（《全宋词》册 1，第 26 页）

此际空劳回首
望帝里
难收眼泪

（《全宋词》册 1，第 28 页）

当时
绮罗丛里
知名虽久
识面何迟

（《全宋词》册 1，第 40—41 页）

说明性的附属结构：

因念秦楼彩凤
楚观朝云[①]
往昔曾迷歌笑

（《全宋词》册 1，第 17 页）

① “秦楼”与“楚观”都是妓院的委婉说法。“彩凤”与“朝云”则指这些妓院中的歌伎。

到此因念
绣阁轻抛
浪萍难驻

（《全宋词》册 1，第 37 页）

柳永发展出来的最具创意的技巧，或许就是所谓“摄影机拍出的连续镜头”[①](the progression of the camera-eye view)。他有许多词咏的是游山玩水的经验，开头泰半是从顺流而下的舟中仰望秋景。所写不外乎连续的视觉经验，而不是瞬间的体悟。《夜半乐》上阕就是这样的词：

冻云黯淡天气
扁舟一叶
乘兴离江渚
渡万壑千岩
越溪深处
怒涛渐息
樵风乍起
更闻商旅相呼
片帆高举

① 此乃刘若愚教授的洞见，参阅 James J. Y. Liu, *Major Lyricists of the Northern Sung*，第 73 页的讨论。

泛画鹢、翩翩过南浦

（《全宋词》册 1，第 37 页）

到了中阕，柳永以“望中”一词破题，强调宏观的意义与发话者内心的体见：

望中酒旆闪闪
一簇烟村
数行霜树
残日下
渔人鸣榔归去[①]
败荷零落
衰杨掩映
岸边两两三三
浣沙游女
避行客、含羞笑相语

因此，在“望中”的引导下（中阕行一），“摄影机的镜头”缓缓地朝一组景移去，仿佛在拍特写一般。不独此也，摄影机还要捕捉超越现场的景。于是，词景的连续乃化为时空并重的画面。

最后，我们总算了解：各层描写的背后隐藏着一颗纤敏的心灵。到了下阕，所有的感性经验都经这颗心灵转化为名实相副的

---

① 渔民以长竿击船乃习俗也，目的在使鱼惊惶而受驱入网。亦请参见 James J. Y. Liu, *Major Lyricists of the Northern Sung*, p.71。

内省性表白：

到此因念
绣阁轻抛
浪萍难驻

此一抒情性的自我（lyric self）统合全词，使之不致沦为纯粹的写景。虽然如此，倘非写景精湛，全词可能就不会具有这么高的艺术价值了。全词共计 144 字，相当之长，然词人却能调和达意与写景，能力之强，不能不说是奇才。词人所用的技巧可称之为"鉴照"（mirroring）。用拉尔夫·弗里德曼（Ralph Freedman）的话来讲，"鉴照"可使抒情性自我摇身一变，化为"自然的美学形象"。[①] 拉尔夫·弗里德曼对此一特殊技巧的诠释乃针对欧洲"抒情小说"（lyric novels）而发，但也不是不能借来诠解柳词的巧技——词人的抒情性自我所面对的乃一辽阔的现实，可以绵延而拥抱整个虚构世界：

"他"既是焦点所在，也是接纳之处。整部小说经"他"鉴照而出："他"乃化为一张具体而微的画面，慢慢地转动，和别的画面无异。

由于此一自我是内外世界的辐辏点，所以主角的心智情况便把触摸可及的世界映照成一幅景象。这个"世界"是主角内

① Ralph Freedman, *The Lyrical Novel*(Princeton:Princeton Univ. Press, 1963), p.21.

在世界的一部分；接下来，他也可以映照出外在世界，以及这个世界的形形色色。[①]

此一“完美的抒情自我”可以吸取外在世界的一切意象。而此一观念的最佳写照，更可在柳永的一首长篇慢词——《戚氏》（212字）中见到。这首词之长世所罕见，其情感与意象的网脉尤须精深的组织能力驾驭：

晚秋天
一霎微雨洒庭轩
槛菊萧疏
井梧零乱惹残烟
凄然
望江关
飞云黯淡夕阳间
当时宋玉悲感
向此临水与登山
远道迢递
行人凄楚
倦听陇水潺湲
正蝉吟败叶
蛩响衰草

① Ralph Freedman, *The Lyrical Novel*(Princeton:Princeton Univ. Press, 1963), pp.20-21.

相应喧喧

孤馆度日如年
风露渐变
悄悄至更阑
长天净
绛河清浅
皓月婵娟
思绵绵
夜永对景
那堪屈指
暗想从前
未名未禄
绮陌红楼
往往经岁迁延

帝里风光好
当年少日
暮宴朝欢
况有狂朋怪侣
遇当歌、对酒竞留连
别来迅景如梭
旧游似梦
烟水程何限

念利名、憔悴长萦绊
追往事、空惨愁颜
漏箭移、稍觉轻寒
渐呜咽、画角数声残
对闲窗畔
停灯向晓
抱影无眠

（《全宋词》册 1，第 35 页）

《夜半乐》的写景（上、中阕）或达意（下阕）一眼可辨，但上引《戚氏》融合了多种诗艺要观，效果自然较佳。我们几乎也可以在任一阕中听到抒情的声音，而词中写景与叙事并现自有其价值存在，难怪柳永公认是长篇慢词第一家。

慢词之所以独特，结构上的多面性是主因。展读《戚氏》，我们发觉柳永的文字意象纷至沓来，几无止境，就如峰峦叠嶂，翠墨层绵。柳永的慢词长，所以传统词话家早就在设想要如何称述，以突显其维系完整的抒情结构于不坠的功力。例如郑文焯就用了一个明喻称道柳词：

（余）冥探其一词之命意所注，确有层折，如画龙点睛，其神观飞越，只在一二笔，便尔破壁飞去也。[①]

① 《大鹤山人词话》，引自朱祖谋编、唐圭璋注《宋词三百首笺注》，香港：中华书局，1961 年版，第 29 页。

“只在一二笔”，柳词即可虎虎风动，生机盎然。我总觉得，这是因为他在平叙之中添加了一些抒情的成分所致。例如《戚氏》一首，其中的写景与叙事，就常常加插某种意蕴深刻的陈述，全词才没有失去抒情的力量。像“凄然”（行五）、“思绵绵”（行二二）与“那堪”（行二四）等词，便都能强化俗耳所听不出来的抒情之声。像“念”（行三七）与“追”（行三八）等一字逗“领字”，也都具有这方面的功能。

叙述浩瀚，不为时限，行文环勾扣结而连场若江河直下，也是柳词具有“完美的抒情”质素的原因。不错，词中的时间观乃线性结构：从夕阳西下（上阕）到曙光乍现（中阕）乃及死寂的夜晚，莫不如此。但所谓“叙述上的连场戏”（narrative continuity）却挡不住追求抒情的基本关怀。此外，词中真正的叙事成分与其说是有关眼前的叙写，还不如说重点在强调过去。发话者在上阕提到历史人物宋玉的故事，但这样做并不是要借史实打断抒情感，而是要透过陈说强化对内在自我的认知，因为此时的发话者实则移情于过去，视自己如同孤独的诗人宋玉。其实，在晓色里，他开始追悔年少漂泊（中阕），过去的记忆慢慢点滴重现。所有叙事性的片段，都是在阐述外在的现实如何影响到内在的知觉。

叙事与写景巧妙地冶为一炉，抒情的表现又特有倚重，显然才是柳永的词艺伟大的原因。五代词家韦庄和李煜也拥有同样的能力：他们的抒情词常带有叙事的成分，但其充分完整并不会因后者而有所毁丧。然而韦、李二氏多写小令，叙事上的磅礴气势难免打上折扣。小令质本简赅，必须把思绪与意象浓缩在数句里。这样做虽可突显模棱的抒情效果，却也为非抒情的视界加上镣铐。

拿李煜来说，他一想到过去的风光，笔底自然会写出“往事”二字，以集中先前所有的经验：

往事知多少

（《汇编》册 1，第 221 页）

往事只堪哀

（《汇编》册 1，第 227 页）

这些“往事”究竟指什么？小令篇幅有限，词人显然没有办法充分说明。相反地，柳永若得机缘一谈陈年旧事，总是能把要说的话推衍到某种程度，《戚氏》第 29—33 句便唱道：

帝里风光好
当年少日
暮宴朝欢
况有狂朋怪侣
遇当歌、对酒竞留连

慢词够长，要容纳、平衡各类词素并不难。当然，就李煜专擅的领域而言，他的抒情妙着普世无双。可是，柳永也有过人之处：若论叙事与写景合一，还要把抒情的探索纳入其中，他可推天下第一。虽然如此，说柳永是李煜的苗裔也不为过。他们之间一脉相承，而李词对叙事与通俗主题的雅好，可能也给来日的词人某种启发。

四、柳词论衡：一个新的观点

柳永对词坛最重要的两个贡献，一为“领字”的使用，二为细述外在事件时仍不忘注入抒情的成分。以源起论，这两者和通俗传统的关系似要强过士大夫的传统。然而，正因柳词兼具“高雅”与“俚俗”的作风，常常也弄得两面不是人，此所以大部分的词话家难以为他定位。柳永所属，实在是“中庸学派”，而这种路数在词史里偏又陌生得很。他走中间路线，兼采雅俗，可谓扭转了词史的发展。

方之其他词家，柳词的影响显而易见。前文提过，柳永之前就有人填过不少慢词。我又说：这些慢词的结构较近小令，而非宋人的“慢词”。“领字”与“序列结构”都不见于这些慢词。此外，值得我们注意的还有非常重要的一点：意象制造与句构建立的问题。我发现在晚唐及五代的所谓“慢词”里，三字句常常自成单元，自成意象，而柳永的三字词通常缺乏独立的条件，充其量只是较长的词句的引路灯：

> 赏芳春
> 暖风飘箔
> 莺啼绿树
> 轻烟笼晚阁
> 杏桃红

开繁萼

灵和殿

禁柳千行

斜金丝络

——李存勖（《汇编》册 1，第 95 页）

当初聚散

便唤作、无由再逢伊面

近日来、不期而会重欢宴

向尊前、闲暇里

敛着眉儿长叹

惹起旧愁无限

——柳永（《全宋词》册 1，第 23 页）

三字词敞开一扇门，方便我们观察柳词大要，否则这也不算什么重要词艺。大致来讲，柳永的三字词群多可纳入思绪连贯的长句中，上引即为明例。但是他的四字句反而是简短而且思绪独立的词行，通常多属意象的并列。颇具意义的是，这种四字句虽非句句对仗，但大致上倾向于此：

江枫渐老

汀蕙半凋

（《全宋词》册 1，第 26 页）

绛河清浅
皓月婵娟

（《全宋词》册 1，第 35 页）

楚峡云归
高阳人散

（《全宋词》册 1，第 51 页）

怒涛渐息
樵风乍起

（《全宋词》册 1，第 37 页）

在这种笔法下，柳永化三字词为一路奔泻的附属结构句的一部分，也保留了另一部分的四字词，使两者在并列结构下维持住某种平衡感。当然，四字平行句的首役之功不应记在柳永名下；词家如晏殊与欧阳修昔日皆曾以此填制小令。柳永让人耳目一新者，是他把这种句法纳入附属结构句的能力，而且前后文对照，天衣无缝。此外，“领字”和对仗珠联璧合，柳永当居首功。他抑且能使连续句和断续句保持平衡，使对仗和非对仗处于不偏不倚的状况下。柳永填了不少词，但这是他毕生功力所注。

词学的另一重要关目是词律的体式。柳词让词话家深感困惑者，乃为同词牌的慢词居然没有一首是按同样的词律填的。例如：柳永有三首《洞仙歌》，但各首字数从 19 迄 126 不等；他还有两首《轮台子》，分别为 102 字和 119 字；至于他的七首《倾杯乐》，那就无一长短一致者。清代许多词话家每言及此，只能在各自的词律典册上评道：这些词都是所属词牌的“变体”。《词谱》论及柳永的《御街行》更道：“若柳词别首之句读参差，……皆变格也。”①

不过，词话家可能看走眼了。他们有所不知的是：柳永控驭词律的方式有其通俗词的本源，就好像他别的变革也不是率性而为。翻阅敦煌曲词，我们发现同词牌而不同韵式或不同长短者比比皆是。事实上，打从通俗词传统伊始——包括乐府诗里的《相和歌辞》，个别曲词里就不乏“衬字”甚或“衬句”的情形。一般词律典籍都会明陈众议佥同的“领字”长短，乃及其所处之位置。然而，“衬字”就不同了：词中添加衬字一无限制，因此，同词牌的词才会产生长短不齐的现象。显而易见，同词牌而有不同律式，并非因许多词学家所谓的“体调”变异有以致之，而是由于“衬字”使然。通俗词里的衬字传统未尝间断，后词而兴的“曲”——尤其是所谓的“套数”，甚至会夸张到衬字、衬句长过唱词的地步。

温庭筠一派的词作不见“衬字”，或许是为别于通俗曲故。他们所填的同套小令，也因此而必然有雷同的律式与句长。文人词极力强调一致性，由此可见一斑。而不论温派或柳永，似乎都同声接受令词律式一致的观念。柳永所制小令，也唯唯奉行这种不成文法。

纵然如此，柳永笔下的慢词仍然一反先贤。身为巧思独运的

① 王奕清等编《御制词谱》，卷 18，第 311 页。

乐工，柳永深知填词不必拘泥于一法。他在乐谱上所下的功夫，可是大过词长的考量。通俗曲词常见衬字，柳永何尝不能借用这种巧技？他视自己的每首词为独立的个体，即使同词牌者亦然。这表示他极思解放传统，不愿再受制化结构的捆绑。遗憾的是，后世词家仍沿袭一脉相传的“传统”，以致自缚手脚，发展出“填词”与“正体”的观念，以别于所谓“变体”者。他们步步为营，对正统词家立下的字数与律式的注意，远超过于对词乐的正视。这种发展也为词乐分家种下难以拔除的根苗。

柳永固为乐坛巧匠，但这一点只是他反传统的部分因由。他的前辈词人温庭筠或继起者如周邦彦、姜夔与吴文英等，也都是丝竹能手，何以又不能像他一样不泥于律式与字数？这些人反而一代代树立起牢不可破的“填词”传统。周邦彦一派脱离柳词自立门户的情形，确实是由不同的词观所致。

虽然如此，柳永毕竟一马当先，管领慢词风骚，所以必曾对后世词客影响深远，也帮助过他们用更宽阔的视野放开词韵的小脚。我曾经暗示过，慢词的特征之一是片片之间相异韵律的讲究。这种现象与日俱增，是否可以视为柳词不拘一法的韵格观的开花结果？由于证据有阙，这点尚难证实。各阕字数差异主要乃基于律式放宽之故，所以我宁愿相信柳永也是这种片构发展的功臣。我们当然还得注意一点：后世词家虽然逐渐承认与珍视慢词片格的歧异，他们却不像柳永那么深刻地在琢磨这种新体。多数传统词谱都申述过这一点：

王奕清《御制词谱》（1715）：

此调（《一寸金》）始于此（柳）词；但后段句读参差，且宋词多照周邦彦词填，故可平可仄，均注周词之下。①

柳词（《秋夜月》）中多参差不确，观后尹（鹗）词，则此篇必有讹脱，尹词比前同整齐好学。②

柳词多讹，此调（《法曲献仙音》）与诸家句法大异，必有错误处，不可从。姑存之，以俟识者。③

批评归批评，事实仍然不变：要发展出新词体，就得具备“革命”精神。柳永为慢词建立结构的功勋，任谁也取代不了。不过，在柳永之外，同代的张先也曾在慢词形式的提升上助过一臂之力。

基本上，张先走的是正统的路线，然而他心胸开阔，勇于实验新体。他除了填制过若干首慢词外，也尝利用柳永用过的五种词牌填词，亦即：《归朝欢》《卜算子慢》《破阵乐》《满江红》与《天仙子》。有一点值得注意：柳永的慢词达到登峰造极之际，张先的小令也同登化境。他的慢词总是缺乏序列进程的向度，难以一气呵成，也难以护持住句构的流畅。他更不像柳永能够以词托出完整的心声。张氏慢词的内容，不外乎欣欣向荣的城镇以及其人的风流韵事。下引两首词分别出自张氏和柳永的手笔，不过填的是

---

① 王奕清等编，第 631 页。
② 万树《索引本词律》，第 230 页。
③ 同②，第 250 页。

同一词牌《归朝欢》：

声转辘轳闻露井
晓引银瓶牵素绠
西园人语夜来风
丛英飘坠红成径
宝猊烟未冷
莲台香蜡残痕凝
等身金
谁能得意
买此好光景

粉落轻妆红玉莹
月枕横钗云坠领
有情无物不双栖
文禽只合常交颈
昼长欢岂定
争如翻作春宵永
日曈昽
娇柔懒起
帘押残花影

——张先（《全宋词》册 1，第 64 页）

别岸扁舟三两只

葭苇萧萧风淅淅
沙汀宿雁破烟飞
溪桥残月和霜白
渐渐分曙色
路遥山远多行役
往来人
只轮双桨
尽是利名客

一望乡关烟水隔
转觉归心生羽翼
愁云恨雨两牵萦
新春残腊相催逼
岁华都瞬息
浪萍风梗诚何益
归去来
玉楼深处
有个人相忆

——柳永（《全宋词》册 1，第 22—23 页）

张词和柳词的对比明显。张词多由静态画面组成，间或夹杂批语（亦即行八至一〇、一二至一五）。柳词则为一多层面的综合体，包括白描、叙事与抒情的成分，可谓包罗万象，传达出来的经验则随着时间开显。张、柳词的收梢处也显示二氏之间有巨大的差异：张词以意象取胜，柳词则偏重达意。

张先奉温庭筠的小令诗学为圭臬，极其珍视上引词中的意象语，故每令其在词中徘徊不去。人多以张词涵摄三种人尽皆知的影像，故此谐称其人为“张三影”。前引张词结尾的词组，即可见三影之一：“帘押残花影”。后世词学家每每发觉，就结构和用语而言，张先的慢词和小令常见风格上的类似处：

> ［张先］长调中纯用小令做法，别具一种风味。[①]
>
> 先短于才，只能写小令；其长调过于典雅纤巧，实非佳品。[②]

从小令的美学观之，柳永的序列结构及主观修辞法确属异数。慢词的体式深受此种章法制约，已垂数世纪而不坠。张先的小令及其慢词之间的类同，恰可为这种看法得一佐证。读罢本章，读者脑海一时或会浮现一个看法，以为“领字”与一气呵成的句构既然已是慢词的形式特色，则我曩前所论的“真言无隐”与“弦外之音”等两种词风，就不该再处于对立之局。然而，实情远非如此：因为“领字”一旦发展成为慢词里传递心态的传统技巧，而附属结构也变成其词体特征，那么词人与词人之间的风格“差异”自然会由其他方面——即领字与附属结构以外的诸方面——来显示。不过，单就本章的关怀来讲，我们实则也无须在这个问题上再做文章。后世词人在词观上的变革，我们一得机会即予申说。

---

① 夏敬观《评张子野词》，引自龙沐勋编《唐宋名家词选》，第 57 页。
② 胡云翼《中国词史》，第 130 页。

第五章　苏轼与词体地位的提升

一、从宏观角度看柳永迄苏轼的词史

柳永革新慢词的形式特征，苏轼最卓越的成就则在拓展词的诗意，两人所为适可相提并论。虽然如此，柳词的灵感主要得力于通俗曲词，苏著的想象却源自其他诗体。苏轼尤可称才艺双全，几乎精通所有的诗体与文体。柳永之后，词的触角无远弗届，苏轼当居首功，词话家刘熙载故谓："东坡词……无意不可入，无事不可言也。"[①]然则所谓"言"者何也？从下里巴人之语到阳春白雪皆属之。在苏轼手上，"词"固可为长亭送别语，亦可为伤朋悼友音，更可充作政坛豪言、爱国心声、哲思媒话与庄稼生活的描述等。

当然，审诸古体或近体诗，上述主题亦寻常事耳。不过，苏词总有其特殊意义。在苏轼之前，"词"的内容不外乎"艳情"与"感情"，而苏氏振臂扭转潮流，赋词以更宽阔的道路，遂可含容

① 刘熙载《词概》，见唐圭璋编《丛编》册11，第3771页。

送别迄庄稼等各类主题。李煜的小令或可和苏词工力悉敌，但单就抒情面的宽广而言，后者无疑远胜一筹。比方说：李煜从来不用词来追念妻亡子丧，显然以为“悼亡”非词所擅，古体与近体诗才能铢两悉称，但苏轼的表达能力强，每每打破文体的限制，词的潜力因此大增，几乎可以和地位稳如泰山的“诗”并驾齐驱。

小令有其局限，李煜受制于此，然苏轼却能因应情境挑选小令或慢词，将所思所想透过创造力呈现出来。柳永所制主要写的是婵娟优伶，苏轼非但不类三变，抑且堂庑更大，把男女私情化为英哲相惜。柳永煽红的词风，苏氏则刻意回避，认为造境狭隘，不足取法。他甚至否定柳词的创作目的，从而独出机杼，蹈扬奋发。柳词多由青楼歌伎代唱，苏词则粗犷不羁，鲁男子亦可一展歌喉。阴柔的词至此一变而为阳刚的词，确实令人耳新目清。苏轼还曾在致友人的书翰上写道：

> ……近却颇作小词，虽无柳七郎风味，亦自是一家，呵呵！数日前，……作得一阕［词］，令东州壮士抵掌顿足而歌之，……颇壮观也。①

批评家常说苏轼首开“豪放”一派的词风，莫非此之谓欤！苏词既与“豪放”难解难分，正表示苏轼如狂涛厉风，但也因此遭到抨击，以为忽视了词乐一家的观念。李清照（1084—约1155）评苏，特别强调此点。在这位宋代才女眼中，词乐本为一体，不可

---

① 引自苏轼《东坡词序》，曹树铭编，1968年首版；台北：华正书局，1975年重印，第22页。

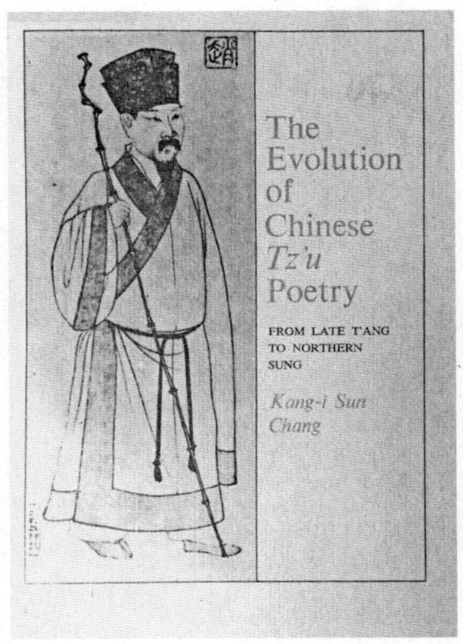

《词与文类》的英文原著

The Evolution of Chinese Tz'u Poetry

封面

须臾离。[①]然则，苏轼对管弦丝竹当真充耳不闻？非也。他在致友人书上，尝言出仕杭州之际，对宫吕下过甚深功夫。[②]词填得愈多，音乐的素养乃与日俱增。不错，苏轼既非柳永也非周邦彦（1056—1121），自不能以伯牙期之。他在乐艺上既然有所限制，也只能摭拾他人词牌，而不能够独创新调。[③]尽管这样，苏轼的短处却"垂芳"后世，对继起的词家影响深远："词"者"文"也，然后可以为"乐"，可以为"曲"的观念，对提升"词"的文学地位贡献不鲜。所谓"填词"就变成一般的"撰词"了。

苏词的风格迥异柳词，盖我们于其间所常见者唯新精神的"起信论"，与夫生命大课题的深层关怀。柳永填有《八声甘州》一首，以儿女私情为悬念所在，然以苏轼的同词牌新词为例较之，则其直窥生命奥秘之处，便非柳词所能望其项背：

有情风、万里卷潮来
无情送潮归
问钱塘江上
西兴浦口
几度斜晖
不用思量今古
俯仰昔人非
谁似东坡老[④]

---

① ［宋］胡仔编《苕溪渔隐丛话》下册，台北：世界书局，1966年重印，第667页。
② 江润勋《词学评论史稿》，香港：龙门书店，1966年版，第18—19页。
③ 当然，苏轼也曾在乐工襄助下谱过少数词牌，例如《哨遍》和《醉翁操》即是。
④ "东坡"这个号，是苏轼遭贬黄州时（1080—1083）取的。

苏轼的《八声甘州》版画（取自《诗余画谱》）

白首忘机

（《全宋词》册 1，第 297 页）

在苏轼的诗词里，类似“白首忘机”的意象处处可见，而攸关此一遗世精神的是对“自然”简朴的爱好（行一至二）。中国诗词常以陶然忘机、悠然独立为最高意境，中国哲学每每也以此作为生命最高的理想。诗国巨擘陶潜（365—427）与王维（701—761）都曾在作品中极力捕捉这种生命观。所以，苏轼开始在新词里加上这种传统的抒情灵视时，词也就不得不发生剧烈的变革了。

苏轼师法六朝诗人陶潜与唐人王维绝非偶然，盖三者对生命的看法实多重叠之处。苏轼所写的诗，有 120 首左右押的是陶潜所立下的韵格，词作中亦不时表现出对这位晋代诗人的景仰，[①] 甚至自以为是陶氏投胎转世：

江城子

梦中了了醉中醒
只渊明
是前生
走遍人间
依旧却躬耕
昨夜东坡春雨足
乌鹊喜

① 例见《江城子》（第 7 首，在《全宋词》册 1，第 299 页）、《哨遍》（《全宋词》册 1，第 307 页）及《满庭芳》（第 1 首，在《全宋词》册 1，第 278 页）。

报新晴

雪堂西畔暗泉鸣
北山倾
小溪横
南望亭丘
孤秀耸曾城[①]
都是斜川当日境[②]
吾老矣
寄余龄

（《全宋词》册 1，第 298 页）

庄子也是苏轼想象力的影响源头。一叶扁舟，宇内飘荡，不由得令人思及“逍遥游”[③]的生命理想。苏轼又能凭虚别构，识见梦幻与现实，尤其呼应了“庄周梦蝶”的名典：

梦里栩然蝴蝶
一身轻

（《全宋词》册 1，第 293 页）

---

① “曾城”可能指“乌石山”，也可能指坐落于此山上的“落星寺”。虽然如此，仍有许多批评家认为曾城是斜川旁的一座山。

② 这一句和前一句一样，都从陶潜的名诗《游斜川》取典。这首诗前，陶氏有一《序》云：“临长流，望曾城。”另请参见 James Robert Hightower, *The Poetry of Táo Chíen* (Oxford: Clarendon Press, 1970), pp. 56-58。

③ 见《南歌子》（第 2 首，在《全宋词》册 1，第 292 页）、《临江仙》（第 11 首，在《全宋词》册 1，第 287 页）与《好事近》（第 2 首，在《全宋词》册 1，第 294 页）。

对苏氏来讲，“词”是反映生命美学经验的最佳工具：他不仅让想象力驰骋在其中，而且还借着创作的过程把生命和艺术融为一体。这种因词而体现自我的方式，恐怕是抒情文学最独特的功能。

苏轼的创作方法非特和他着重的个人情感表里如一，而且也和古今宗匠的体验互相吻合。他便在这个间架里诠解生命，淬厉奋发。各走极端的现象和千差万别的题材，都能在他巨笔如椽下化为哲思慧见：

休言万事转头空
未转头时皆梦

（《全宋词》册 1，第 285 页）

世事一场大梦
人生几度秋凉

（《全宋词》册 1，第 284 页）

人生如逆旅
我亦是行人

（《全宋词》册 1，第 286 页）

如此自我体现的观念，一面和苏轼的风格谐洽无间，一面也因他好在词前加写序文而更显有力。值此之际，我们回想前人，发觉他们都以词牌为词题，哪管内容与题名是否两相匹配。这些词人显然认为“词”乃“乐”的一部分。北宋早年，张先首创词前小题，但苏轼却是为词特撰长序的第一人。词客“撰作”的本意，经此宣泄无遗。从词史整体观之，此乃新机的萌动发越。

林顺夫曾经指出，“词序”的目的在介绍词人的写作行为①。如果词本身所体现的抒情经验是一种“冻结的”“非时间”的“美感瞬间”——因为词的形式本身即象征这种经验，那么“词序”所指必然是外在的人生现实，而此一现实又恒在时间的律动里前进。事实上，“词序”亦具“传记”向度——这是词本身所难以泄露者，因为词乃一自发而且自成一格的结构体，仅可反映出抒情心灵超越时空的部分。词家尤可借词序与词的结合，绾绞事实与想象为一和谐有序的整体，使得诗、文合璧，再不分离。前引《江城子》的序言把这一点表现得分外清楚：

> 陶渊明以正月五日游斜川，临流班坐，顾瞻南阜，爱曾城之独秀，乃作斜川诗，至今使人想见其处。元丰壬戌之春，余躬耕于东坡，筑雪堂居之。南挹四望亭之后丘，西控北山之微泉，慨然而歌，慨然而叹，此亦斜川之游也。
>
> （《全宋词》册 1，第 298 页）

显而易见，此一“词序”很写实地表达出词本身所富有的自我抒情性。同时，换一个角度来看，那首词本身也以抒情的意境

① Shuen-fu Liu, *The Transformation of the Chinese Lyrical Tradition:Chiang Kúei and Southern Sung Tzú Poetry* (Princeton:Princeton Univ. Press, 1978), p.87.

来反映出现实的真相。于此尤具意义的是，词家可借词序把“传统”这个概念引进词的领域中。“诗人”一向有撰写“诗序”的传统，把诗中的传记成分表露出来。从陶潜以降，此一传统连绵不绝。苏轼也不过用新瓶在装旧酒，把昔日技巧接到今日的形式上，所以他实则在“再创新”旧有的东西。

苏轼另一词技是使用史典，对后世词家也造成不小的冲击。史典的使用正可见苏轼拟超越时空的大致走向。“词”里典故的功能就像隐喻（metaphor）一般：这两种词技都建立在对等的原则上，但前者所关怀的乃人类史实，后者则以意象的质量为其侧重所在。[①]典故乃“历史性的原型”（historical archetype），意指史上人类变迁所消解不了的某些东西。[②]再质而言之，这是从超越时间的观点俯察时间的一种写作技巧。词人可借典故并列历史事例与当前处境，使之乍看犹如一组没有基本史涉的东西。在中国“诗”的传统里，此一看待历史的方式由来已久，是以典故具有一种特殊的功能，足以强调抒情诗的“基质”。此一功能亦即足以让抒情性自我照破历史和现实的能力。在这种能力贯穿之下，历史与现实都会变成无始无终的空头意象。一般来说，苏词关怀历史的程度可谓前无古人。苏轼有时会在词里征引他人的话。这种技巧乃借自古体诗，目的是要让“读者”体察史事——

故垒西边人道是

---

① Yu-kung Kao and Tzu-lin Mei, “Meanings, Metaphor, and Allusion in Táng Poetry”, *Harvard Journal of Asiatic Studies,* 38(1978), 328.

② 同①。

三国周郎赤壁[①]

（《全宋词》册 1，第 282 页）

“人道是”后面的“引语”（quotation）甚具词效，可以加强我们的史识，让我们知道史事的意义。何以如此？原因在读到此语之际，我们会有一探历史背景的想望。虽然苏轼所指的赤壁实非史上“周郎赤壁”，他却能借“引语”填出一首有关“赤壁”的词来。

苏词用到的很多技巧，何以都源出“诗”的传统？苏轼才华盖世，弱冠之年即工于诗，为何年近四十才填出生平第一首词？这些问题可能让许多读者纳闷不已。确然，苏轼像很多同代人一样，开始时对词抱着一种负面的态度，不愿多加正视。而我在本书第一章里也已说过，苏轼要等到出任杭州通判的第一年（亦即 1071 年），才开始展开词人生涯。其时，柳永与晏殊已经过世 20 年，而欧阳修刚刚撒手人寰，张先也已登老耄之年。

词客要先精于“诗”，才可将“诗”的技巧应用到“词”的创作上。这是极其自然的道理。诗、词之间有很多技巧可以参证互通，批评家故此才会用“以诗为词”来说明苏轼的词艺[②]。不过，这个说法妍媸互见。首先，“词”在苏轼手中确实已大略提升至“诗”的地位。但是，我们仍然不应忘记：诗、词之间依然有一些重要的体别，忽视不得。这种分野在宋代日渐明显，盖其时诗体

---

① 三国时代，吴将周瑜（175—210）火烧赤壁，败曹魏大军。今天的湖北省境内，有三个名为“赤壁”的地方。据考，苏轼过访的赤壁并非史上周瑜败曹兵之处。

② 陈师道《后山诗话》，见近藤元粹编《丛刊》（原题《萤雪轩丛书》，1892 年；台北：弘道文化公司，1971 年重印）上册，第 91—92 页。

互通的现象日益可见。近体诗在唐代抬头，变成抒情咏颂的工具，“词”在宋代也成为纯抒情最佳的媒介。所谓的“诗”呢？“诗”开始跑野马，慢慢从纯抒情的范畴转到其他领域去。[①] 宋诗和唐诗有所不同，对哲思慧见兴趣较大。宋人又竞以理性相标榜，养成唯理是尚的作风。因此，随着时间的流逝，“词”反倒成为“抒情的最佳工具”，以别于已经转向的“诗”。这种转变诚然有趣，但若无苏词推波助澜，绝不可能在短时间内成就。

二、诗词之辨

“词”不是瞬间就能成此气候，其进展过程必曾为苏轼带来一些恼人问题。我相信苏轼在区别诗体之际，必然曾在有意无意间遵循某套规律，因为对他来讲，不同的诗体结构常常就代表不同的诗学观念。苏轼似乎把词保留为表示繁复情感的工具，而把诗视为处理杂事的媒体，例如论证、社会批评与闲情偶寄等等。

苏轼最富抒情性的一首《江城子》（见《全宋词》册1，第300页），是为悼念亡妻王氏而填就。但他并不曾为此写过任何悼“诗”，足见上文有其事实根据。同样地，苏轼对于丝竹之美的感受，大都也是透过词的形式表现出来[②]。不过，他写过多首律诗作

---

① 缪钺《诗词散论》，台北：开明书店，1966年版，第1—15页。有关宋词风格区野的问题，请参见 Kojiro Yoshikawa, *An Introduction to Sung Poetry,* trans. Burton Watson(Cambridge:Har-vard Univ. Press, 1967), pp.28-35。

② 《菩萨蛮》（第1首，在《全宋词》册1，第303页）、《减字木兰花》（第2首、第7首及第8首，在《全宋词》册1，第322—323页）、《江城子》（第3首，在《全宋词》册1，第299页）、《鹧鸪天》（第2首，在《全宋词》册1，第288页）与《临江仙》（第12首，在《全宋词》册1，第287页）。

为论辩之用，许多绝句也都拿来论画或谈书版。他的古体诗常常是叙事长制，词就罕见这种现象。通体而言，苏词即使有叙事成分，也多乏时序，因为这些叙事只是抒情感受的霎时回顾。瞬间迸射的抒情感性才是苏词的枢纽重心，因为苏轼的经验已然内化，而且亦经重塑成为美学灵视。我们在进一步探讨苏轼词观之前，应该先就他的诗词做一番详尽的比较。

当然，“诗”的字义包罗甚广，举凡古体与近体诗都含括在内。后者又包容了律诗与绝句。古体诗并无预设的规律，所以常常写得比近体诗长许多。这个事实和我曾经注意到的一个有趣的现象有关：苏轼的慢词曾向古体诗借鉴，而他的小令则深受近体诗律的影响。此事意味着长短乃诗体的区别要素。唯有经此筛检，为苏轼深入区别慢词与古体诗才有意义，为他分辨小令与近体诗亦然。

苏轼的慢词经常浓缩自然景致，以便架构抒情语气。此乃其慢词最明显特色之一。如此强调基本词素，呈现出来的境界业经提炼，比柳永的还要凝固，因为种种的感官印象都已冻结在诗人的抒情灵视里。以苏轼的《念奴娇》(《全宋词》册 1，第 282 页)为例，其时空背景与大致外貌只消几个字就能写成：[①]

乱石穿空
惊涛拍岸
卷起千堆雪

（行五至七）

① 有关这首词更进一步的讨论，参见本章第三节。

周瑜英雄盖世，但生性沉着。他克敌制胜，苏轼也不过写了两句词：

羽扇纶巾谈笑间
樯橹灰飞烟灭

（行一三至一四）

把苏轼的《念奴娇》较之主题雷同的一首古体诗，其叙写方式全然不同，分外抢眼。后者全诗如下：

送郑户曹

水绕彭祖楼[①]
山围戏马台[②]
古来豪杰地
千岁有余哀
隆准飞上天[③]
重瞳亦成灰[④]
白门下吕布[⑤]

---

① 彭祖楼，位在今天的徐州，乃为纪念商朝的传奇朝吏彭祖而建。据传说，彭祖活了800岁。

② 据传戏马台系项羽所建，位于今江苏彭城南部。

③ 指汉朝的创立者刘邦。

④ 据传，项羽和古圣王舜一样，都是重瞳子。

⑤ 白门，指建康，即今日南京。汉将吕布兵败，被曹操斩首于此地附近。

大星陨临淮[1]

尚想刘德舆[2]

置酒此徘徊

尔来苦寂寞

废圃多苍苔

河从百步响

山到九里回

山水自相激

夜声转风雷

荡荡清河濡

黄楼我所开

秋月堕城角

春风摇酒杯

迟君为坐客

新诗出琼瑰

楼城君已去

人事固多乖

他年君倦游

白首赋归来

登楼一长啸

使君安在哉

① 大星，指唐将李光弼（708—764），他受封为今日安徽省境内的临淮王。

② 刘德舆，即南朝宋武帝刘裕。

这首诗写景的片段（如行一至二及行一三至二〇）乃工笔刻画，仿佛无数意象的堆栈，颇有史诗“目录式”（catalogue）叙写的架势。诗中丰富的史典，又创造出宽广浑厚的新气象。《念奴娇》共计 19 句，本诗只多出 9 句，但诗中世界远比《念》词来得重视史实，写景也比词的抒情浓度强。

苏词所要强调的旨意，词人多半摘要为之，不会费词多谈。例如著名的《水调歌头》(《全宋词》册1，第280页）写亲人远别，苏轼也只用数行解开愁绪：

人有悲欢离合
月有阴晴圆缺
此事古难全
但愿人长久
千里共婵娟

（行一五至一九）

不过，用古诗写同样的理念，苏轼就精工细写，敷衍得很长：

悠哉四子心
共此千里明
明月不解老
良辰难合并
回顾座上人
聚散如流萍

苏轼的《水调歌头》版画（取自《诗余画谱》）

尝闻此宵月
万里同阴晴
天公自着意
此会那可轻
明年各相望
俯仰今古情

（《东坡词》上册，第 144 页）

慢词与古诗在章法上的根本差异，都可在这些例诗例词里寻出。

小令与近体诗的不同，却和慢词与古诗的不同有异。我曾经暗示过：律诗的两组中联乃对仗也，其凝重感是律诗不能像词一般换头过片的原因。所以，律诗的关怀——不论是抒情或记述，总是缺乏进程上的向度。相反地，词乃长短句的搭配，根本不受对仗掣肘。这种写作上的弹性，应该也是苏轼喜欢词的缘故。或许有鉴于此，他才常把前人或自己的律诗改写成为长短参差的小令。以他的两首小令《定风波》为例，便都在这种情况下填就。[①] 试比较“原版”律诗与“新版”令词，我们即可想见新的口语结构如何展现出一种新的知觉构造：

律诗《红梅》：

① 其中一首采自杜牧的七言律诗，见《东坡词》，第 263 首。另一首则采自苏轼自撰的七律《红梅》，见《东坡词》上下册本，台北：世界书局，1974 年版，上册，第 180—181 页。

怕愁贪睡独开迟
自恐冰容不入时
故作小红桃杏色
尚余孤瘦雪霜姿
寒心未肯随春态
酒晕无端上玉肌
诗老不知梅格在[①]
更看绿叶与青枝

（《东坡词》上册，第 180—181 页）

小令《定风波》：

好睡慵开莫厌迟
自怜冰脸不时宜
偶作小红桃杏色
闲雅
尚余孤瘦雪霜枝

休把闲心随物态
何事
酒生微晕心摇肌
诗老不知梅格在

① 诗老，指石延年（994—1041）；他曾写过一首咏红梅的诗。

吟咏

更看绿叶与青枝

（《全宋词》册 1，第 289 页）

原来的律诗里的二、三联，是整首诗意象世界完整的大支柱，如今却因长短句的改写而摧毁殆尽。此事一眼可辨，不消多说。读者更觉惊诧的是，律诗第三联的静态画面，在“词”里居然改头换面变成祈使句，而且还尾随了一个疑问句（第三词组，行六至八）。“词版”里的新片语必须如此才能避开对仗，从而加强词片的衍递。这种改写方式是苏词的典型，片与片之间的转换也都有赖这种写法聚照出来。苏词的下片又常以险字领头，气氛突变，但颇收强调之效：

忽闻江上弄哀筝

苦含情

（《全宋词》册 1，第 299 页）

转头山下转头看

路漫漫

（《全宋词》册 1，第 299 页）

停杯且听琵琶语

细捻轻拢

（《全宋词》册 1，第 301 页）

我们不用赘言即可判知，词的长短句当然告别了对仗的世界。然而，问题的关键是：即使在结构肖似七言律诗的《木兰花》这组小令里，苏轼也想尽办法要回避对仗。他最常用的手法是虚字，例如下词第二词组（行三至四）与第三词组（行五至六）的“更”和“犹”等字。虚字可使人产生“更像”附属句构一般的感觉：

梧桐叶上三更雨
惊破梦魂无觅处
夜凉枕簟已知秋
更听寒蛩促机杼
梦中历历来时路
犹在江亭醉歌舞
尊前必有问君人
为道别来心与绪

（《全宋词》册1，第283页）

然而，苏轼的《木兰花》也不过众多的词构之一，对仗不会就此毫无保留地消失在词坛。事实上，这还是常见的重要词技。一般走势较倾向附属结构的句子，就有赖这种句法平衡之。以苏轼为例，他仍有许多小令还保留着五字对句，许多慢词则含有四字对句。[①] 因此，意义不在对仗退出词艺，而是其表现更具弹性。词

① 前者包括下面这些词牌：《临江仙》《菩萨蛮》与《南歌子》。后者则包括《水龙吟》《哨遍》《念奴娇》《满江红》《戚氏》与《醉蓬莱》等词牌。

人只有“想”用对仗的一刻，才会填出这种句子。易言之，对仗已非词体的形式要求。

既然对仗可以通融使用，表示附属结构会相对增加。就这种词艺上的转变来看，我们应该一提的是：小令就像其他词体一样，类似绝句的程度会大过律诗。而绝句也像律诗一般缺乏两种词体特性：一为“换头”为参差不齐的“长短句”。然而，不论是绝句还是词，都可自由使用平行结构，一点也不像律诗里的对仗那样硬邦邦。绝句的结构方式通常有四种可能：

（1）前后联都用对仗；

（2）前一联才用对仗；

（3）后一联才用对仗；

（4）前后联都不用对仗。

这些选择弹性甚大，可以解开绝句的手铐脚镣，使对仗不再是非用不可的技巧。更有甚者，大部分诗人选用的都是第四种做法。[①] 方之律诗，绝句的句构较显流畅，此其故也。典型八行律诗的前后联皆非使用对仗的平行句，故可衬托出两组中联的对仗，而这四句对句也是意象集结的中心，性质单纯。四行绝句就不然：其中没有麇聚意象的中心。即使前后两联皆隶属使用对仗之平行句，这些句子也不能只容纳纯意象的名词，因为诗人得假手某些非意象性的字词，才能使联句活泼起来。[②] 苏轼在填制小令之际，很可能胸中所贮就是绝句的做法。他的小令和绝句，技巧雷同处

① Hans H. Frankel, *The Flowering Plum and the Palace Lady:Interpretation of Chinese Poetry* (New Haven:Yale Univ. Press, 1976), p.212.

② 洪为法《绝句论》，上海：商务印书馆，1934 年版，第 39 页。

实在多。绝句的传统写法，都是用对称的方式构句，例如两个时间定点的对照等。[①]苏轼就是好用这种写法来构设绝句的诗人之一：

今年手自栽
问我何年去
他年我复来
摇落伤人思

（《东坡词》下册，第68页）

少年辛苦事犁鉏
刚厌青山绕故居
老觉华堂无意味
却须时到野人庐

（《东坡词》上册，第117页）

至于苏词呢？同样的对照技巧处处可见，或许用法更见夸张：

城上层楼叠巘
城下清淮古汴

（《全宋词》册1，第323页）

当年戏马会东徐[②]

① 洪为法《绝句论》，上海：商务印书馆，1934年版，第40页。
② 徐州，位于江苏省，极具战略价值。

今日凄凉南浦

（《全宋词》册 1，第 284 页）

昨夜扁舟京口[①]
今朝马首长安

（《全宋词》册 1，第 285 页）

从这些例子来看，苏轼的小令做法和绝句诗学之间确乎存在着某种联系。苏轼多才多艺，诗词无不精通，也必然深刻了解令词和绝句的结构联系必不可免。绝句流畅的风格，或许是他突然转写词的部分原因。这个理论不是臆测，而是有鉴于下列事实推想而来：苏轼开始填词那一年（1077—1078），他用《阳关曲》填制了许多词，而这个词牌的格律，几乎和绝句无殊。话虽如此，我们当然也不该因美学和结构原则上的类应，从而就忽视了诗词之间的差异。

就结构而言，"词"或许是古体诗和近体诗的中界点，因为其中含有进程结构（structure of progression），而这一点又是通过过片强调出来的。其次，词也常弹抒情的调子，而且显得精简凝练。我目前所做的苏词和苏诗的比较，目的仅在说明一些重要的构词原则。传统词话家多忽略了这些原则，反谓苏词和苏诗如出一辙。然而，苏词恰可为我们研究的词体发展提供典型的例证，方便我们讨论不同词体：他的词不仅是词体发展的登峰造极之作，他的

---

① 京口，亦位于今日的江苏省。

诗更是中国文学的瑰宝。词的构造确实复杂，我所处理的也不过是一些最基本的词素。我借用比较的方法，希望说明词乃特出的口语构造。苏词有其风格，苏轼也有突破传统的种种作风。下面一节，我论述的重点是这两者的重要性。

三、抒情心灵及其想象世界

迄今为止，还没有人详细研究过苏词的抒情结构。由于苏词总有一股飘逸灵气，好似不食人间烟火，因此批评家多不愿把“感情”一词附会到他的词作上。然而，我觉得这是矫枉过正，混淆了“客观”（objectification）的词兴。苏词固如行云流水，无拘无束，但苏轼也试图量测感情，借想象力重塑新的艺术整体。

苏词的风格特征之一，在于苏轼常借他人之酒浇自己胸中块垒。他会造境替人设想，挖掘他人情感，但也从不否认这些情境都源出自己的想象。我们读他带有历史况味的词，更能感受到这一点。可借为佳例的是《念奴娇》一词：

大江东去
浪淘尽、千古风流人物
故垒西边人道是
三国周郎赤壁
乱石穿空
惊涛拍岸
卷起千堆雪

苏轼的《念奴娇》版画之一（取自《诗余画谱》）

江山如画
一时多少豪杰

遥想公瑾当年
小乔初嫁了
雄姿英发
羽扇纶巾谈笑间
樯橹灰飞烟灭
故国神游
多情应笑我
早生华发
人间如梦
一尊还酹江月

（《全宋词》册 1，第 282 页）

词人知道，纵使是千古英雄豪杰，也会随着狂涛巨流逝去，自己又哪能躲过洪波的吞噬？“自然”永在，“人”却会朽坏。设使过往英豪都会烟灭，我们又何必对着历史的必然性强说愁？词人已是四十好几，满头银发。他笑问自己：何以浩然长叹？然而，为了自我解嘲，他唯有故造情境，写得像是别人都在刺他、笑他两鬓已星霜（行一六至一七）[①]。

类此“移情”笔法，苏词中佳例多的是，著名的《永遇乐》

① 第 16 至 17 句有不同的读法，参见“JamesJ. Y. Liu, *Major Lyricists of the Northern Sung*(Princeton:Princeton Univ. Press, 1974), pp.143-144.”的讨论。

即属之。词人在词中遥想未来，不知后辈对着他所筑的黄楼要如何为其一生伤感，就好似他目前也对着冷寂的燕子楼在发兴遣怀一般：[①]

燕子楼空
佳人何在
空锁楼中燕
古今如梦
何曾梦觉
但有旧欢新怨
异时对
黄楼夜景
为余浩叹

（《全宋词》册 1，第 302 页）

苏词煞似广角镜，上引适足说明。燕子楼的故事有其特殊的历史典涉，然而词人已经透过想象力，赋其更宽更广的意义。

诸如此类的文学技巧或可称“情感的投射”（projection of feel-ings），而其特别引人注目的是：词人会借之处理生命体。《水调歌头》一词里的月亮，写得像是有情的存在体，非但会绕着亭阁转，还能低头窥伺房内，把光华洒在孤寂的词人身上：

① 苏轼曾在燕子楼住过一晚，梦到唐将张建封爱妾盼盼。燕子楼乃张氏所筑；张氏死后，盼盼仍然住在楼中不忍离去。

转朱阁

低绮户

照无眠

（《全宋词》册 1，第 280 页）

满月虽圆，却给人情世故的难圆带来些许讽意。词人抬头，皓月当空，不禁问道：月娘究竟为了何事含怨，以致不满人世若斯？词人接着续吟：

不应有恨

何事长向别时圆

在他的想象里，不仅明月有感，就连日、风与流水也像人类一样有情：

落日多情还照坐

（《全宋词》册 1，第 300 页）

只有多情流水、伴人行

（《全宋词》册 1，第 292 页）

有情风、万里卷潮来

（《全宋词》册 1，第 297 页）

在苏轼的“咏物词”中，花朵、草木与飞禽等许多物类都经处理得有如人类一般。[①] 这种感知的方法反映出拟超越个体，拥抱永恒的欲求，所以无疑也能强化人类与外物的互通有无。《水龙吟》乃苏轼名作，柳絮在其中带有女性的纤柔，是以词境为之广开。

似花还似非花
也无人惜从教坠
抛家傍路
思量却是
无情有思
萦损柔肠
困酣娇眼
欲开还闭
梦随风万里
寻郎去处
又还被、莺呼起

（《全宋词》册 1，第 277 页）

随着拟人法的使用，词人坚称自己不过旁观者而已。虽然如此，他绝非袖手物外，静静地在一边张望。就像在《水龙吟》里头

① 例见《水龙吟》（第 3 首，在《全宋词》册 1，第 277 页）、《西江月》（第 10 首，在《全宋词》册 1，第 284 页）、《定风波》（第 7 首，在《全宋词》册 1，第 289 页）、《南乡子》（第 11 首，在《全宋词》册 1，第 291 页）、《贺华媚》（《全宋词》册 1，第 319 页）、《点绛唇》（第 1 首，在《全宋词》册 1，第 324 页）、《江城子》（第 3 首，在《全宋词》册 1，第 299 页），以及《贺新郎》（《全宋词》册 1，第 297 页）。

一样，他在大部分词中都堂皇告诉读者自己内心所思，而这些思绪也都反映出他心态最细密的部分：

不恨此花飞尽
恨西园、落红难缀

苏轼的词风，一般可用“豪放”二字形容。上引词句所强调者，凑巧和他的风格并行不悖。这是一种“不是甲就是乙”的说话方式，是一种挖空心思在诠解的动作。这种豪情的修辞力量之强，绝非上面几句话就强调得了：

不见居人只见城

（《全宋词》册 1，第 290 页）

记得歌时
不记归时节

（《东坡词》，第 12 首）

恩留人不留

（《全宋词》册 1，第 304 页）

修辞技巧坦率若此，无怪乎词人常常化自己为发话人，不断在词中传出怀疑之鸣。“怀疑”与“不定”正可暗示词人心力特强，持续在思索词中事件。《水龙吟》和其他诸词里，词人都特意运用此一技巧，从而获致某种吊诡般的效果：

似花还似非花
日出西山雨
无晴又有晴

（《全宋词》册 1，第 292 页）

欲去又还不去

（《全宋词》册 1，第 296 页）

有趣的是，《水龙吟》里表明疑忌的发话者，居然也是想要以科学“量比”（quantitative proportion）写景的那个人。词人倒像身兼记者与评论员之职，而且机灵无比，一直在推论、反思自己的看法。他观察敏锐，充满想象，即使柳絮也都变成春景、尘土与流水的三合体，比例匀称：

春色三分二分尘土一分流水

在中国词的传统里，苏轼自非“量比”观的始作俑者，不过他却是将此一词技发扬光大的先声。[①] 把“精确”的数字放在实则不能精确衡量的抽象体上，可能使“比例”本身变成“夸大”的

① 见早期词家叶清臣的《贺圣朝》，在《全宋词》册 1，第 119 页。

妙方：

三分春色一分愁

（《全宋词》册 1，第 286 页）

十分酒
一分歌

（《全宋词》册 1，第 288 页）

苏词这种毫无隐晦的修辞策略，尤其承袭自苏轼个人的古体诗学。例如后者便有一特征，亦即常出现“君不见”这种套式：

君不见西汉元光元封间
河决瓠子二十年[①]
巨野东倾淮泗满[②]
楚人恣食黄河鳣

（《东坡词》上册，第 131 页）

他所写的慢词亦可见类似的套式：

---

① 瓠子，可能位于今天的河北省。
② 巨野，乃山东古湖名。

君不见兰亭修禊事[①]

当时坐上皆豪逸

（《全宋词》册 1，第 281 页）

南宋词家辛弃疾可能受过苏轼的影响，因为他也在词中使用了这种章法：

君不见、玉环飞燕皆尘土[②]

（《全宋词》册 3，第 1867 页）

“君不见”一词原系乐府歌谣《行路难》开篇的套语，尤可唤醒读者对史实的注意。苏轼于此所做的贡献，是把原属“叙事”作品的套语转化成为“抒情”词法。[③]他的古体诗中，“君不见”也不过是开篇命笔的附庸，可是在词里这句话却变成一种方便善巧，可于抒情情境中添入短评简论，具有一如“领字”般的功能。易言之，旧的词法已经转为新的词学，而且可以强化同制的效力。

苏轼豪放的修辞法，同样受到早期词人传下的词技的制约，其中荦荦大者，乃情态语词与疑问句的使用。然而，苏轼结合想

---

① 4 世纪，晋代王羲之在浙江兰亭一次盛宴中挥笔写下《兰亭集·序》。精确的日期是 353 年的三月三日，撰《序》之目的在驱邪。自此以后，文人每年此时都会在名地胜景雅集，仿王氏诸人宴饮作乐。

② 杨玉环（719—756）为唐玄宗爱妃，赵飞燕乃汉成帝宠嫔，两人皆以貌美著称。

③ 见 Hans H. Frankel, “Yueh-fu Poetry”, in *Studies in Chinese Literary Genres*, ed., Cyril Birch (Berkeley:Univ. of California Press, 1974), p.82，以及 Stephen Owen, *The Poetry of the Early Táng* (New Haven:Yale Univ. Press, 1977), p. 100。苏轼的古体诗用到这种技巧者不少，请见陈迩冬编《苏轼诗选》，北京：人民文学出版社，1957 年版，第 98、154、169、212、245 页。

象与性情所发展出来的词技，却比前辈的章法更富戏剧感，更具撞击力。韦庄和李煜常用到情态语词“莫”，但他们很少冠之于篇首，反而到了苏轼才这样做。打开收集苏词的词集，不难见到类此句法：

莫听穿林打叶声
何妨吟啸且徐行

（《全宋词》册 1，第 288 页）

莫叹平原落落
且应去鲁迟迟

（《全宋词》册 1，第 284 页）

莫怪鸳鸯绣带长
腰轻不胜舞衣裳

（《全宋词》册 1，第 289 页）

在词中伺机插入疑问句，也使苏词显得直接自然：

疑问句：

其一，置于词首：

明月几时有
把酒问青天

（《全宋词》册 1，第 280 页）

其二，置于临近词首处：

问钱塘江上
西兴浦口
几度斜晖

（《全宋词》册 1，第 297 页）

其三，置于临近词尾处：

几时归去
作个闲人

（《全宋词》册 1，第 302 页）

其四，置于词尾：

试问江南诸伴侣
谁似我
醉扬州

（《全宋词》册 1，第 320 页）

有问有答的词句：

其一，置于词首：

四面垂杨十里荷
问云何处最花多
画楼南畔夕阳和

（《全宋词》册 1，第 317 页）

其二，置于近词尾处：

试问夜如何
夜已三更

（《全宋词》册 1，第 297 页）

其三，置于词尾：

若问使君才与术
何如
占得人间一味愚

（《全宋词》册 1，第 291 页）

除了这些明白透彻的修辞作风外，苏轼另又借着持续句（continuous lines）发展出一种流畅的句构，也就是说：他用一连串的句子来完成其首尾一体的陈述。他的词中语因此变得活泼有劲，效果甚佳：

终须放、船儿去

清香深处往

看伊颜色

（《全宋词》册 1，第 320 页）

又莫是

东风逐君来

便吹散眉间

一点春皱

（《全宋词》册 1，第 297 页）

他的持续句常常借两行连续句（consecutive lines）的主要语词的重复而往前推动。古乐府诗盛行联系技巧（linking device），苏轼的词法有可能受其启迪，因为此种技巧可产生类似“顶针续麻”的句构，一口吸尽西江水：

明日落花飞絮

飞絮送行舟

水东流

（《全宋词》册 1，第 296 页）

终不羡人间

人间日似年

（《全宋词》册 1，第 304 页）

有时某些字会经常重复，给人像咒语般的印象，语意更是奔腾，一泻到底：

多情多感仍多病
多景楼中

（《全宋词》册 1，第 301 页）

莫道狂夫不解狂
狂夫老更狂

（《全宋词》册 1，第 296 页）

词人在附属结构里所用的各种词法，当然是句构自然流畅的一大因素。就句构的安排而言，苏轼似乎随时准备候教，随时准备在词里试验任何新技。下举几个让步附属结构（concessive hypotaxis）——亦即词行中的“虽”字，供读者参考：

雪似故人人似雪
虽可爱
有人嫌

（《全宋词》册 1，第 299 页）

虽抱文章
开口谁亲

（《全宋词》册 1，第 302 页）

苏轼最有趣的革新之一，是在词里使用了古文的虚字。由于引车卖浆者流的语言早已在前此就为词人所接受，苏轼乃往别的方向革新词语，意在令其效果和俚语乡言相反。诸如“噫”与“矣”等虚字，只有古文尚可一见，然而苏轼却任其在词里出现，而且这些词主要还是作为推理而非达意之用。例证之一是咏陶潜归隐田园的《哨遍》一词：

噫、归去来兮
观草木欣荣
幽人自感
吾生行且休矣

（《全宋词》册 1，第 307 页）

古文里的虚字只能创出文言的节奏，必然也曾给继苏轼而起的词人带来困扰——对他们来讲，“词”是表达纯抒情的内在价值的工具。尽管某些后起之秀步武苏轼，一再在词里仿效古文的主题和风格，[①] 可是这种时兴并未蔚为词技主流，传统的词话家多半不值所为。他们再三反对词人套用古文虚字，正说明了俚俗之风虽然在词构上重要无比，可是古文虚字却也因此而相对地在词史里变得不重要了。

---

① 这些词人包括辛弃疾与刘克庄。亦见王力《汉语诗律学》，1958 年首版；香港：中华书局，1973 年重印，第 633 页。

苏轼所书陶潜的《归去来辞》（台北故宫博物院藏）

我稍前说过，苏轼乃“豪放”词风的鼻祖，可是他有部分词却因重意象而遭人忽视，误以为非属“豪放”一派。举例言之，浪涛摇空乃苏词里耳熟能详的意象。李煜好用月与流水象征永恒，苏轼亦然，不过他用的是河中波涛，传递的是恒在体的恒在性。更精确地说，这类意象代表诗人内在灵视的整体：

我梦扁舟浮震泽[①]
雪浪摇空千顷白

（《全宋词》册 1，第 281 页）

小舟从此逝
江海寄余生

（《全宋词》册 1，第 287 页）

对苏轼来说，江与浪皆代表他拟逍遥自在的冲动；词人所想捕捉的是一个“比生命还大”的灵视。倘若生命的现实面充满了提心吊胆与压抑，则唯有逝水能使词人超拔出尘世之外。即使是在泯灭个人的词里，词人也宁愿在开篇即点出江浪意象，为全词敷陈撼人的境界：

江汉西来
高楼下、葡萄深碧

① 震泽，乃跨越江苏与浙江两省的太湖古名。

犹自带、岷峨雪浪
锦江春色[①]

（《全宋词》册 1，第 280—281 页）

一落笔，苏轼就写出这么磅礴的意象，同代人一定深感讶异，隔代的我们读来也不减钦佩之忱。抒情心灵与意象感受之间的融通，再也没有比这几句词更恰当的了。词人广开词的主题视界，扩大意象的功能，两者又加以调和并论。因此，我们若拿苏轼和柳永的境界对比，就会发觉后者虽然不乏写实色彩，但视界远比苏词狭隘。

话说回来，我们若从另一个角度看，则会发觉苏轼创造意象的方法也受到前人风格的钳制。他尽管不取柳永的“阴柔”，却一再赞美下引三句柳词，认为世不多见：[②]

渐霜风凄紧
关河冷落
残照当楼

柳词的影响，也表现在苏轼早年的一首慢词《沁园春》里。[③]试比较苏轼的意象结构，看看他如何结合“领字”与对仗，就可了解柳词的影响确深：

---

① 锦江，位于四川省。
② 江润勋前揭书，第 20 页。
③ 这首词写于苏轼任杭州通判时，或许可系于 1074 年。

渐月华收练
晨霜耿耿
云山摛锦
朝露漙漙

（《全宋词》册 1，第 282 页）

苏轼初试词体，似乎颇受柳永慢词瀹启。他早岁在杭州所填，要之以小令为主，间或夹杂长短适中的慢词（例如《行香子》《祝英台近》《江城子》《一丛花》等）。仕杭第三年（即 1074 年），他开始尝试慢词长制，而且写得甚勤；诸如《永遇乐》《雨中花慢》《水龙吟》与《满江红》一类的词牌，都逐渐变成主要的抒情媒介。"领字"的技巧与其他慢词的结构原则，可能此时已为他澡雪精神，促使他提笔尝试新体。不管如何，苏轼确实已认清慢词的形式要求，不知不觉中变成柳永的"信徒"。

虽然如此，苏词的自然意象气象万千，渲染力强，却也不是典型的柳词工笔堪比。就某方面言，苏轼融通柳永的慢词结构和李煜的原型意象，发展出独树一帜的词中意境。最后结果则是对自然意象有一整体看法，词组的构造更为精致，也令人更感满意，而新的强调遂出焉。因此，摄影机式的视境不再，自然景致的叙写也不是从远景逐步拉回近景，而是一视同仁，焦距一下子对准全体。柳词中的自然意象可喻为精心描绘的图景，苏词却是泼墨山水，酣畅淋漓。在这些别具一格的抽象自然意象背后，词人开发出一种序列结构，借此而将破碎的思绪凝结成环环相扣的一首词。苏轼的抒情心灵在此展现无遗，想象力从而彻底发挥。

苏轼对诗体的区野可谓触角敏锐，但他的词时而理智重于感情，却可能肇因于他把宋诗的理性精神多少给移植到词里去。因此，纵然他在情景间架设起某种玄秘关系，自己也要与之保持某种“区隔”，以局外人之身抒发哲思。但这点并不表示“感性”不存在于苏词之中。相反地，从上文的分析，读者应可了解苏词的结构具现了形形色色的情感。

苏轼每能以技巧创造幻景，苏词的客观性可能也因此建立。词中每句话或每个意象都具双重功能，一则为其抒情声音的自然回响，二则为此一声音的客观传递。这种功能让我们想到苏珊·朗格所定义的抒情诗——经验的“幻觉”正是抒情诗的基本质素。[①]朗格认为实际生活里的情事都破碎而不定，诗人的职责故此是要把大家“生活过、感觉过的情事的近似性”重新创造出来[②]。换言之：“所有的诗都在创造幻景，即使是意见的陈述、哲学或政治或美学的表达也一样。”[③]如果从这个角度来看苏轼的词境，则他词中的言谈成分实际上并不具言谈功效，因为这些成分都是幻觉艺术所支撑起来的象征间架。苏轼的哲思每每是他对眼前情景的反省，意在达意而非争辩。朗格有一段话讨论到诗与思想的一般功能，读来竟像在诠释苏轼的词艺，而且切中肯綮。她说：

以诗（词）对自身所做的反省，……基本上不会是环勾扣

① Susanne K. Langer, *Feeling and Form* (New York:Charles Scribner's Sons, 1953), pp.208-235.

② Langer, p.212.

③ Langer, p.219.

结的逻辑性推理，虽然这些回省至少可以含容言谈性争辩的点点滴滴。基本上，这些反省只是在创造类似的推论，重制当时的肃穆、气质与进展，也就是要恢复渐长的知识感、层次感、信念与接受的程度，或者说，就是要重制整个哲学思维的经验。[①]

透过这种诗词回省，苏轼以外物观照内心私情。他也用堂皇的语言吁请注意其思想，效果卓著。他发出来的是“豪语雄言”，传达出来的是广阔的意境。

“领字”和持续句构变成慢词的传统技巧后，尤以南宋为主的后世词人就开始发展词的隐喻向度，化之为弦外之音最完美的传达技巧。南宋末期的词人周邦彦，乃此一新的词艺阶段的代表性人物。不过，倘无苏轼扩展词的视野，倘无他穷究几乎所有的修辞技巧，那么周邦彦恐怕就没有足够的基础来探访深奥的隐喻了。

词的传统曾经经历漫长的扩张视野的阶段，苏轼的出现顺理成章地为此一阶段谱下终曲。词的传统也曾经经历扩大意象的进一步变革，而苏轼正是此一变革的关键人物。他虽然还没有走到外物与人类恒在的情感互成隐喻性联动的位置，但周邦彦代他而起，推敲出一种移情状况，可以让抒情的自我和外物维持住某种象征性的融通。周氏的《兰陵王》《六丑》和《花犯》(《全宋词》册 2，第 609—611 页）诸词，都展现了新词风和新感性。这些词十分强调外界的关联，真而又真，所以词与物互相融合，两皆不

① Susanne K. Langer, *Feeling and Form* (New York:Charles Scribner’s Sons, 1953), p. 219.

离。也是因此之故，词的声音稍显晦涩，以突显自身的独立存在。这一词派随后终于走进复杂的象征体系，此即南宋词所谓的“婉约派”。

周邦彦借词移情，是以姜夔（约 1155—约 1221）的咏物词所涵摄的客观才能更上层楼。没有周邦彦，南宋其他词人如吴文英（约 1200—1260）和张炎（1248—1320）的咏物词也难以登楼前进。[①] 其后，词中的自我几乎完全融入外物之中，使主客关系开始倒转。咏物词内几乎听不到词人的声音，个人的情感都透过细微的物体感知，如梅、落叶与野雁等等。这也就是说，乍看下独立的意象，事实上已变成词客个人情感的象征性延伸。周邦彦的借词移情和上述的象征层面有所不同，不过，其间仍有某种一脉相承的言外词法。用刘若愚的话来讲，这种“言外”词法其实就是词“玄”（opaque）的一面。[②]

似此填词观念虽然只是苏轼“换情法”（transference of feelings）的进一步发展，实际上却是由周邦彦开宗立派，在南宋时更触发了一种新的词式：附属句构和言外之意的修辞法的结合确实古怪，但慢词要成就这种词式，却也非得等到上述象征系统的新面向逐一成就不可。之所以如此，原因如下：不管句构为附属结构的成分有多少，也不管“领字”的达意作用强到什么程度，词中的象征面若仅对词人本身具有意义，那么词中声音给人的一般印象恐怕不是“直言无隐”，反而应属“弦外之音”。

---

① 有关吴文英的词风，见 Chia-ying Yeh Chao, “Wu Wen-ying’s Tzú: A Modern View”，在 *Studies in Chinese Literary Genres*, ed., Cyril Birch, pp.154-191。至于姜夔与其他南宋词人的详论，参见 Shuen-fu Lin 前揭书。

② James J. Y. Lin, *Major Lyricists of the Northern Sung*, p.190.

职是之故，后来发展所形成的正统“婉约派”，就和温庭筠所代表的词风有极大的不同。虽然“弦外之音”的修辞策略仍可一见，但是句构特征已经大大不同。这种差异应归功于苏轼和其他词人日积月累的改革成就。

结语

小令与慢词背道而驰，一如小令与近体诗殊途两橛。但令词与慢词都以长短句为共同特征，其换头原则也雷同。词体的演进甚缓，到底水到渠成，终于能够独立于其他韵体之上。就这一点而言，令词、慢词倒是贡献一致。虽然如此，慢词仍以长度取胜，以内化的抒情与复杂的结构著称。所以，词体演变到最后，顾盼称雄者仍推慢词。

词最重大的特征之一，依然是在叙事与非抒情性的情境中掀露情感。尽管这样，词的独特性并非只在抒情，因为抒情乃中国古典传统的共同特征。相反地，词之所以重要，乃因其探索了全新的文学领域。然而，若以中国传统为准，此种新领域却不能入诗，甚至风格鄙俗。不过，词最后还是能出污泥而不染，变成极具抒情灵视的诗体。有鉴于此，本书前数章便拟在通俗曲词中，为“词”的发展找出可能的影响泉源。

众所周知，传统通俗曲词的特征包括叙事、戏剧性、俚语乡言，以及附属结构式的句构。早期的“正统”词家虽然有意一反此种词风，9—10 世纪的“革命派”词人如韦庄与李煜，却仍继续在向通俗传统借鉴。到了 11 世纪，柳永以慢词大家的姿态出现，通俗曲词大量入侵文人词，“正统”的最后一道防线终于崩溃。曩前，附属句构仅适用于卑微的通俗词风，如今却变成新兴的正乐雅风的紧要词素。苏轼最后又扩大视野，以诗为攻错对象，借取了许多重要的技巧。词的地位至此奠定，受人景仰，不复有所怀疑。

中国人的诗论（poetics）是否和其他传统一样，都是在某些观念的控驭下发展沿革？这个问题是本书最大的关怀。我曾说过，“词”和“绝句”都以唱曲为嚆矢，最后才和音乐分家。盛唐之际，文人和歌伎发展出四行体的绝句，一唱而红。待词兴起，变成主要的歌唱形式，绝句就成为音乐世界的失联成员。元人代宋而立，元曲风靡天下，此时，词遭到了和绝句一样的“终极命运”。这种种诗体功能上的转变，当然都和音乐的沿革有关。

然而，如此自成体系的变革，却攸关我们对诗体演进的了解。在绝句和词的传统里，诗体演变故而强固了一个现象：诗力词风起先都和大众生活息息相关，最后才改而走向个人世界，变成个人情感的抒发工具。作诗填词的主要目的一旦不再是为了迎合管弦丝竹的演奏，诗人词客当然会慢慢转向纯属个人的世界去。

词风演进的方向，和律诗传统的走向颇为类似。不论词或律诗，一过了其文体演变史的拓荒阶段，随即会出现许多甚具影响力的诗人词客。他们的达意方式都直接有力，或者——用我的说法来讲，他们的修辞策略都属“直言无隐”的一派。但后起之秀营构意象的目的，主要却在建立自己“晦涩”的象征世界。如果我们把初唐和晚唐诗人的诗风做一比较，或把北宋和南宋词客词风稍事排比，便会发现我上面所言不虚：这些演变都有足以相提并论的脉络可寻。

当然，我意不在说北宋词家填词的风格无二，事实上我也极力强调：在词风演进的一般框架里，个别词人仍有其独特的风格。不过，我们若衡量宋词整体，仍可发现两宋词风有所不同。最重要的是，宋代以后的词人往往在两宋词风之间择一固守，热心模仿。元明词人都是如此，虽然此际词体已呈强弩之末。清人更是如此，不过此时填词之风倒有复苏之象。所以，清初词人兼词话家朱彝尊（1629—1709）声称是吴文英传统的后嗣，而陈维崧（1625—1682）则遵循苏轼的作风。到了晚清，朱祖谋（1857—1931）力持南宋体，而王国维（1877—1927）则坚守北宋体。诗词史上诗人词客的诗力词风，就是在这种情况下大受固定范格的制约。

“体”者乃应时而生之物。从整体观之，词体当有别于其他诗体之处。温庭筠开始制词之际，非常强调颜色和其他感官意象。起初，他似乎只在膨胀晚唐律诗的一般风格，可是他也需要变新，才能消尽胸中所蕴蓄的诗情。这个事实显示：现有的体式已经不敷所需，他得诉诸新体才能一倾衷肠。他所呈现的是一种纤细情思，中国诗史上前所未见。这种层次的美感，也以温氏为掌旗先锋，而且传诸百代，变成最重要的词素之一。不管词的世界扩展得有多大——例如苏轼的词，其基本感性要旨如一，而且无妨词体的持续演变。词就是在这种情况下薪传不已，将其独具的美学呈现在今人眼前。

译后记

本书原题 *The Evolution of Chinese Tzú Poetry: From Late Táng to Northern Sung*，对早期词体与词风有鞭辟入里的分析，是西方汉学界评价甚高的词学新诠。[①] 我希望拙译能够掌握原著的严谨，也可以传导所论词家的意境。不过，理想总归是理想，眼高手低之处尚乞读者海涵。当然，作者孙康宜教授给我的回旋空间相当大，同时也不吝扶正我许多理解上的踉跄处，理想竟或因此而拉近？果然是这样，幸甚。

这些年来，我和孙教授"合作"的计划都承耶鲁大学支持补助，本书亦不例外，我诚惶诚恐，铭感五内。台湾大学的《中外文学》又拨出篇幅，刊登译文，对我更是莫大的鼓励。[②] 我感谢总

---

① 参见 Anthony C. Yu, "Review of Kang-i Sun Chang's The Evolution of Chinese Tzú Poetry: from Late Táng to Northern Sung", *Journal of Asian Studies*, 41（1982）, 315-318。

② 谨志本书各章发表于《中外文学》的资料如次：第 1 章，19 卷 10 期（1991 年 3 月），第 4—32 页；第 2 章，19 卷 12 期（1991 年 5 月），第 47—74 页；第 3 章，19 卷 11 期（1991 年 4 月），第 75—115 页；第 4 章，21 期（1991 年 6 月），第 35—80 页；第 5 章，20 卷 6 期（1991 年 11 月），第 137—180 页；附录三，20 卷 5 期（1991 年 10 月），第 44—59 页。

编辑张惠娟与廖咸浩两教授，也感谢劳苦功高的执编易鹏先生。

译稿发表后，“中研院”欧美所的李有成兄曾经指正我一些技术上的疏失，至感至祷。全书能够顺利出版，联经出版公司总编辑林载爵先生与负责学术著作的方清河、彭淮栋二兄出力最大，同申谢忱。

本书主稿译就于1990年冬天，那时我工作繁巨，身心俱疲，能够不负孙教授殷嘱，真可谓托天之幸。今年夏天，我承孙教授及“御主人”张钦次博士盛邀，做客新港，回想起两年前那一段艰辛岁月，竟有隔世般的恍惚之感。我当然要感谢静华分忧解劳、蝶衣的合作，以及家父家母的帮助。

李奭学谨识

1992年19月于芝加哥大学

辑二　学术文章

刘勰的文学经典论

当我们思考中国的宗经观念时,《文心雕龙》是一部能令人立即联想到的宗经性著作。作者刘勰是一个对于经典力量及其在文学文化史上的正统价值具有特殊意识的批评家之一。而无疑，刘勰亦亟欲使他自己的著作也包含在经典之中。事实上，这种与经典合一的渴望极其巨大，他曾“夜梦执丹漆之礼器，随仲尼而南行”(《文心雕龙·序志》)——加入孔子的行列，即意味着加入了传播文化及发扬伟大道统精华的辉煌历程。

然而，刘勰对儒家经典的态度一直是颇具争议性的论题。一方面，某些学者已假定刘勰将《文心雕龙》的前数篇用以表彰儒经的主要原因，乃是希望借着古圣先贤的道德教训作为当时刘勰所见之文坛流风颓靡现象的一种矫正。另一方面，亦有某些了解刘勰之文学基本信念的当代学者主张刘氏并非一个真正的儒家经典的拥护者，他只是对儒家学说表现出一种“口头奉承”而已。[1]

① 参见《文心雕龙》施友忠英译本序言。

笔者个人以为，这两种不同立场的问题在于其皆陷入了一种共同的误解，此误解就是将儒家经典与文学的关系做了二分法的判断，从而导致许多人忽视了刘勰对于儒家文化及其在文学典范中的角色所持有的创新见解。

首先，刘勰热衷地相信"五经"即文学的起源。不同于与他同时代的大多数儒家学者，刘勰坚持经书——无论是内容或风格上——皆为最精粹的文学范式。在某种程度上，刘勰对儒学传统的诠释几乎是在企图重新界定经典的文学性意义，以及展示经典具备何等丰富的风貌、何等有力地表现了具体的真实。例如，在《文心雕龙·宗经》篇里，他详述了早期作家扬雄如何譬喻儒家文章为"雕玉"，以及"五经"是如何地具有丰润的文采[①]。在整部《文心雕龙》里，刘勰始终主张圣人最本质的条件就是明了如何创造性地透过优美的文字传达"道"与人之情性。换言之，一个圣人首先必须是一个杰出的作家。[②]事实上，从刘勰强而有力地赞赏孔子文章之"辞富山海"来看，他是坚信孔子的文学成就已足以使其永垂不朽了[③]。

即以孔子文章作为文学创作的典范，刘勰乃以一种对语言资源的非常关注来评价其他古代哲学家及散文家的作品。他论孟子和荀子的作品之所以格外杰出乃因其"理懿而辞雅"，而列子是因其"气伟而采奇"，邹子则是"心奢而辞壮"，淮南子是"泛采而文丽"（《文心雕龙·诸子》）。进而，刘勰宣称这些杰出的天才借

---

① 《文心雕龙·宗经》："扬子比雕玉以作器，谓'五经'之含文也。"

② 《文心雕龙·征圣》："夫作者曰圣。"

③ 《文心雕龙·征圣》篇，见詹瑛辑注《文心雕龙义证》，上海：上海古籍出版社，1989年版，第53页。

着他们优秀的作品及出色的辞采而“炳耀垂文”，故得以立言不朽有如“悬诸日月”矣。

最有意思的是，在试图强调古文明的文艺中心思想时，刘勰相当地推崇纬书，而纬书在传统上只是被归属于某种史前神秘符谶的记录。在《文心雕龙·正纬》篇里，刘勰邀请读者由一个文学的视角去重新评价纬书的地位，而不必只停留在讨论真假信伪等老问题上。刘勰明白纬书之类的作品其实都来源可疑，并且绝不能代表圣贤训典，但是他仍然提醒我们注意其内容上“辞富膏腴”的出色文采，从而论定纬书之作是“无益经典，而有助文章”的。值得注意的是，刘勰对古代经典以及纬书的考察角度具有某种特殊的新意，他以文学内涵来推崇这些作品，是相当有创见的。事实上，在刘勰之前几乎没有作家曾经给“文”（文学）立下这样一个新的定义。不同于马融、郑玄或其他儒家学者仅局限于注解经书的教育性工作（参见《文心雕龙·序志》），刘勰选择以创作一部最早的文学批评专著来呈现他的“文”的观念。就此而言，他或许可说是中国古代第一个意识到明确阐释文学传统之重要性的批评家。诚如艾略特（T. S. Eliot）曾指出的，真正的古典主义需要一种能够认识历史和“历史意识”（the consciousness of history）的“成熟心智”（a maturity of mind）。[①]对刘勰而言，“历史”即意味着一部可以追溯“文”之本源的真正文学史。因此，通过整本《文心雕龙》，刘勰一直企图展示“文”的宇宙性意义（呈现于自然之形貌者）及“文”的文学性意义（反映于圣人之文章者）。这

---

① 参见 T. S. Eliot, “What Is A Classic?” , *On Poetry and Poets* (1943, rpt., New York: Tie Noonday Press, 1961), p.62。

样的认知乃基于“文”起源于一原始的“道”，唯有圣人之心能悟“道”并实践“道”的真谛。由道而圣，由圣而文，其中隐然具备一种环环相扣的联系。循此，刘勰似乎辨明了“文”不只是关乎文学的，也是关乎文化的。引而申之，一个诗人或一个文艺批评家应不仅仅是一个纯文学的提倡者，同时，由于宗法圣人之则，他也应是一个人文思想的孕育者。

刘勰这种阐释性研究方法带来的结果是将文学提升到了一个前所未有的地位，一个足可与权威的儒家经典相抗衡的高度。刘勰所做的工作虽然是文学的经典化，但是他所采取的程序却与他的前辈极端不同。不像许多从前的学者一贯以道德准则作为其评价（或标举）文学的方法，刘勰却是将文艺美学思想应用至儒家经典之中，从而使得文学质性成为其判断所有经典的基本准则。我认为刘勰对新准则的运用触及到宗经的最基本精神，因为对经典的评价标准总是因为时代的需要而不断改变。

当我们开始思考刘勰将《楚辞》经典化的立场时，这种依文本性质不同而有不同准则的问题，对我们而言就特别重要。《楚辞》是一部源起于楚国地区的诗歌集，与《诗经》截然相异的一点是，《诗经》基本上是作者不详的，而《楚辞》却主要关系着屈原——中国历史上第一个以诗名著称于世的诗人，其旷世诗作《离骚》即居于《楚辞》总集之首。屈原是中国文学传统里第一个借着诗歌真率坦露地倾吐个人情感与怨愤的作家。对刘勰来说，由于其诗篇中的个人特质及文学性质，《楚辞》可算为第一个真正的文学典范。而且，就如王元化在其《文心雕龙讲疏》中所说，刘勰把《辨骚》篇作为《文心雕龙》全书的总论之一，必有其用心。可见《离骚》

在刘勰心目中的主要地位了。在本文中，我将以刘勰对《楚辞》的研读为例，说明刘勰个人对文学之经典化的看法。应当提及的一点是，在刘勰的时代，《楚辞》作为“经典”的身份多少还是有些不同意见的，此对正统儒家学者而言尤然。事实上，在刘勰之前的许多学者与史学家已经持续地努力设法对付了一连串的问题，以期能对这部重要诗集有所认同。虽然，在许多方面，它是违反了圣训，但是它那纯粹的文学质量却唤得了真诚的赏识。在《文心雕龙·辨骚》篇中，刘勰综述了各时代对《楚辞》的各种称美：

> 昔汉武爱骚，而淮南作传，以为国风好色而不淫，小雅怨诽而不乱。若离骚者，可谓兼之。……班固以为露才扬己，忿怼沉江；羿、浇、二姚，与左氏不合。……王逸以为诗人提耳，屈原婉顺，《离骚》之文，依经立义，驷乱乘翳，则时乘六龙，崑仑、流沙，则《禹贡》敷土，……及汉宣嗟叹，以为皆合经术；扬雄讽味，亦言体同诗雅。……

明显地，这些评语不论是赞同《楚辞》与否，皆是依据儒家的礼法，采用了与《诗经》之诠释传统同样的标准。不论是汉武帝、宣帝或王逸、扬雄等人，他们以共同目的来圣化《楚辞》，明显偏颇地认为屈原实践了儒家基本的温柔节制，是以在本质上以为《楚辞》与《诗经》并无不同。而相反，班固或许有见于屈原表达悲情及愤懑的心愿过于激切，故主张屈原之误在于违反了儒家中庸的要求。对刘勰而言，这些著名读者对《楚辞》的判断，即使并非全然无据，似乎亦过于巧辩。所以，他评述道：“褒贬任声，

抑扬过实，可谓鉴而弗精，玩而未核者也。”（《文心雕龙·辨骚》）

刘勰在文学规范上的新批评标准模式，在一定的范围内，是对前人评价《楚辞》的一种反驳。他提出了一个阅读《楚辞》的新方式，即对其独特的文章结构加以考察，所依据的是客观的分析。他借着展示诗篇中呼应古圣先王的三个途径，来说明《楚辞》是合乎经典的。首先，屈原以尚书“典诰”之体颂赞古代圣王尧、舜之美德；其次，屈原运用比兴之义法，以虬龙和云霓来譬喻君子与邪佞；最后，屈原表露出自我忠而见斥的伤怨之情。综合此三方面言之，依刘勰的结论，《楚辞》似乎完美地切合了儒学诗教典范——《诗经》“风”“雅”之道统。

然而，除了这些所谓与经典之契合处，刘勰也指出了《楚辞》中四个主要与经典的分歧之处：一、铺叙乘云龙、求宓妃等神怪之旅，其事可谓“诡异”；二、述说有关共工塌天、后羿射日、九头木夫、三目土伯等神话，其事可谓“谲怪”；三、屈原有意效法彭咸、伍胥沉江自得之志，识见似乎相当“狷狭”；四、《招魂》中载男女杂坐、听乐饮酒、沉湎日夜，其事可谓“荒淫”。

此“四异”之处涉及《楚辞》中所谓的“夸诞”成分，无疑违反了中庸与节制的经典原则。对正统儒家学者的感情而言，这些犯规或许理所当然地应该加以反对。然而，与大多数传统学者处心积虑在道德意义上的做法不同的是，对这种“歧异”，刘勰仅仅是以相当具体实在的方式将它们列述出来，却不加一句个人的评语，从而他进行了一种早期批评家极少尝试的诠解途径：评价《楚辞》，并非取由经典规范的角度，而是依据诗人本身的创造力。在此，我们可以很清楚地看出，按照正统的立场，刘勰已处心积虑地表示出《楚辞》是一部特异的非经典性诗集，不过，刘勰认为正因为《楚辞》独树一格而与经书模式不同，它理应被视为一个新典范：

> 观其骨鲠所树，肌肤所附，虽取镕经意，亦自铸伟辞。
>
> （《文心雕龙·辨骚》）

《楚辞》中虽然尚包括了其他诗人的作品，但刘勰却明显地只关注屈原个人的原创性，而概括地认定其他诗人仅是屈原流派的追随者罢了。对刘勰而言，《楚辞》之文学力量的关键在于屈原（及其效仿者）那令人惊叹的语言能源，它们是如此之广博充沛，以致诗歌语言的许多极致似乎都已达成：

> 故《骚经》《九章》，朗丽以哀志；《九歌》《九辩》，绮靡以伤情；《远游》《天问》，瑰诡而惠巧；《招魂》《招隐》，耀艳而深华；《卜居》标放言之志；《渔父》寄独往之才。故能气往轹古，辞来切今，惊采绝艳，难与并能矣。
>
> （《文心雕龙·辨骚》）

实际看来，刘勰对屈原的尊崇几乎已达到膜拜的程度。借着对后者的风格化及理想化，他热烈称扬了这位古代诗人的文学成就。对读者而言，《楚辞》启发了某种对一“遥远”世界的向往惊羡之情，该世界与《诗经》所呈现之“平易”完全不同：

> 不有屈原，岂见《离骚》？惊才风逸，壮志烟高。山川无极，情理实劳。金相玉式，艳溢锱毫。
>
> （《文心雕龙·辨骚》）

必须提及的一点是，刘勰典范屈原及《楚辞》的立场，长期以来一直被中国学者视为尚未厘清的难题，主要原因是许多学者认为所谓的“四异”足以证明刘勰对《楚辞》的非难。然而，另一方面，这些人同时也看到了刘勰明确地将屈原作品列于经典之林，并谓屈子为词赋之“英杰”，故他们疑惑何以造成由严肃的保留至热烈的赞美之间这样的差距。这个问题多年来犹是悬而未决，直到最近在中国的《文心雕龙》研究中又再度成为辩论的焦点，因此有许多学者发现有必要重读刘勰评述《楚辞》的相关原文。

然而，这些重新研读的角度（或许除了王达津的之外）却仍旧将重心放在“儒学／反儒学”的纠葛上，而且在论解上并未达到真正的突破。不过我相信，若以一个新的视角来观察，那在某些人看来是矛盾对立的部分，实际上可以成为联结统一的。重要的是，我们应当先暂且撇开儒道思想不论，而专注于考量刘勰是如何试图在文学传统中建立其理想之文学典范。其首要的问题是：使一个作家及其作品成为经典的因素是什么？我以为，这个问题在今日的重要性实在不亚于在刘勰的时代。哈罗德·布鲁姆（Harold Bloom）曾经说：

> 使一个文学作品赢得经典地位的原创特质，乃是一种特异性这种性质，我们要不就永远无法予以归类同化，要不就因它

显得那么司空见惯，以致我们根本忽视了那种特异之本质。[①]

我认为屈原及《楚辞》在整体而言确有一种典型的特异性，即刘勰所谓的“诡异”或“谲怪”，它们纵横交织在文中的现象，使人自然而然地为之慑服感染了。实际上，刘勰并没有封屈原作品为经，而远在刘勰之前已有人称《离骚》为“经”，汉代学者王逸也试图借着搭建《楚辞》与《诗经》的关系来圣化屈原。或者，我们可以说，由于他以创作真实深刻的作品而使得世世代代不断地对之一读再读，故其实是屈原本身使他自己成了一种典范。在此，我们可以引用布鲁姆对普遍文学经典的论点：

> 一个由古至今最可靠的评价文学经典的准则就是：除非作品本身使读者有一读再读的欲望，否则它就不具备成为经典的条件。[②]

无论如何，刘勰虽然不是第一个将屈子带上经典地位的人，但在评释《楚辞》的工作上，他却是非常尽责地创立出新的文学准则。由此，《楚辞》首度被视为纯文学的一种典范，代表着伟大诗人的心声，是后代作家借之以表白自我的典范。而更重要的是，由于突出《楚辞》的地位，刘勰扩充了经典的范畴，以容纳更宽广多样的风格及主题。他既展示出一个传统是如何地在一个诗人身上运作出那般巨大的力量，同时也反过来呈现出这个诗人是如

---

① Harold Bloom, *The Western Canon* (New York:Riverhead Books, 1994), p.4.

② 同①，第 29 页。

何地改变并影响了这个传统。换言之，刘勰在他的《文心雕龙》中建构出一种在传统与个人之间的强大活跃的动力[①]，既让我们认识到一个诗人以文学经典为模范的理由何在，也同时说明了为何诗人又必须打破这样的传统模式。因为若无古典价值的维系，诗歌创作将会处于迷失方向和依据的危险之中；但若是仅知一味地守旧，则可能扼杀文学的新生，迟早会导致文学本身的消亡。所以，刘勰宣示《文心雕龙》的主要目的不仅在于呈现文人之心是如何地“本乎道，师乎圣，酌乎纬”，并且还要呈现它是如何“变乎骚”的。

我们自然能从《楚辞》中看到许多的“变”，其所象征之体性与《诗经》是全然不同的。以经典的标准衡量，“骚”的风格，不论是在词藻或构句上，均显得超绝精练、声色繁缛，在古代经典中委实看不到这样的风调。然而，以刘勰的观点，正是这种“特异”本质适合如屈原那样的伟大诗人表达出一种激情的、曲折的，尤其是一再受挫的欲望。最重要的是，屈原乃以一种新式类型写作，新文类通常容许不同模式的文体塑造，以适应新时代或新地域的特殊文本之需要。实际上，在研读《文心雕龙》的过程中，我们可以强烈感受到刘勰对文学类型的鉴别态度，他总是同时考量了文学本源与形式创新的两个因素。以《楚辞》为例，刘勰精确地

---

① T. S. 艾略特曾说：“没有任何诗人或艺术家具有全然独立的意义。他的意义、他的评价均系乎那些已逝去的诗人及艺术家的评价。你无法个别地判断他；你必须将他放置在那已作古的人之间，以兹对照或比较。我认为这是一个美学原理，而不仅是历史批评。他要遵守和承袭的创作要素并非片面；当一个新的艺术品诞生时所经验的一切，同时间亦一并发生于所有之前的艺术品上。这些现存的传统实例本身形成一理想的法则，但它是不断经由新作品之引导来修订而成的。”参见 T. S. Eliot, “Tradition and the Individual Talent” , Selected Essays (New York:Harcourt Brace Jovanovich, 1932),p.5。

依据类型意识来进行他的文学重估，所以他评《楚辞》“乃雅颂之博徒，而词赋之英杰也”。

明显地，刘勰已正视到《楚辞》中有一种新的精神觉醒，以及一种新的诗歌修辞风格的形成。他认定，尤其就文学性的影响力而言，《楚辞》其实并不亚于甚至是超越经典的。一代又一代，如刘勰在《辨骚》篇中所述，《楚辞》已经成为文学上争胜追摹的流行范式了。我们也可以说，《楚辞》最杰出的成就也许在于它那能够吸引所有不同类型的读者的力量。哈里斯（W. V. Harris）曾说：“经典乃是由许多阅读方法组构而成，而非由剥离的文本段落。”以《楚辞》为例，这部作品在历史中由于受到读者的喜爱，已经被充分地认同了。尽管其读者们有着不同的背景和才华，但在心理上似乎有着相同的目标——他们希望摹习到《楚辞》的特色：

> 故才高者菀其鸿裁，中巧者猎其艳辞，吟讽者衔其山川，童蒙者拾其香草。
>
> （《文心雕龙·辨骚》）

经由阅读而获得文学感染力的概念，在刘勰时代并非什么新见。但是当时几乎没有人像刘勰一样想到一个如此有创造力的诠释策略，那就是把读者反应与经典范式这两个概念相互联系起来的阅读方式。也就是说，一部像《楚辞》之类的伟大作品，其实根本是由读者来奉为经典的，读者的力量巨大到使作品本身非得晋升于经典之林不可。循此，刘勰似乎暗示了纯文学经典与儒家人文经典仍是有所不同的。如果说儒家经典有走向封闭的倾向，那么文学经典则本质上是无限开放性的：永远预期着新读者的需求、新文类的形成、新杰作的出现以及新范畴的准则。

然而，比起西方传统中文学经典与《圣经》之间所存在的巨大鸿沟，[①]则中国文学与儒家经典的关系要密切得多。这是因为在古代中国，文学与儒家经典均以“文”为基础，二者不断有着连续性的直接关系。

这就是为什么，无论新变为何，刘勰始终坚持儒经永远是文学演进中最主要的应用原则。我们若回顾刘勰对《楚辞》的分析便能理解，尽管具有奇异和诡谲的性质，但《楚辞》之文体风格与经典相背离的现象，并没有违反古典理念的整体性。对《楚辞》中他所指出的“四异”——主要是一些奇特的描写有关神秘境域的漫长迷幻之旅，以及对鬼神始终不渝的情色追寻，刘勰似乎认为其与《诗经》世界的古典人文理念实为一种互补，而非对立。而另如刘勰所辩称的，由于《楚辞》包含了“奇”与“真”两种特质，它既有“华”采，也兼顾“实”质，所谓“酌奇而不失其真，玩华而不坠其实”也。而对古人来说：“真”和“实”是表现在圣人作品中的两种主要内涵，其他一切则相对地被视为次要。前文曾提及所谓的“四同”即含有此两种质量，故《楚辞》可谓清晰地反映了古典人文的精神。在另一层面，刘勰似亦欲辨明《楚辞》真正的贡献在于它创新地糅合了“适宜”的内容与怪异的风格，这两种成分在

① 在区分西方文化中的圣经典范与文学典范时，哈里斯（W.V.Harris）说：“《圣经》典范历程的本质作用是趋向封闭，而文学经典则永远默许最低限度的可行性，以便加入新的或不同评价的作品。”参见 W. V. Harris, “Canonicity”, PMLA. (January, 1991), p.111。我无意制造一个错误的印象，就是将儒经与《圣经》等同而观，而只是希望表明我从哈里斯那里得来的启发。

以前诗歌中一直被认为是难以并存的。易言之，屈原创造了一种新的诗歌类型，既包含了严肃的思想内容，同时也以其华美激情的语言著称。在刘勰看来，这种新的屈原式的混合风格，仍然是建立在孔门的人文思想上，孔子文章所焕发出的典雅风格，已经显明"衔华而佩实"（《文心雕龙·征圣》）之特点了。

因此，刘勰明确地认为，一个好作品的关键，是其能够在形式与内容之间谋取适当的平衡，这是任何人在效法一个伟大作家时所需思考的原则。以学习屈原而言，一般人最常发生的问题就是对其思想内容的注意力容易转移到迷幻感官的想象之中。这或许可以理解为因屈原文章里饶富对外在物象尤其是魔魅景观的鲜明而感性的描写，确实提供了宽广的视觉官能的想象空间。但是这种感官叙事的力量，却可能导致其浓密的意义结构相形失色的危险，此即屈原的模仿者经常只学得屈原的一面。觉察到这样的危险，刘勰乃建议他们练习自我节制，而"凭轼以倚雅颂，悬辔以驭楚篇"（《文心雕龙·辨骚》）就是最佳途径了。

艾略特说过："一个人可能是伟大的艺术家，却也许有着不良的影响力。"刘勰所指出六朝文学问题的许多现象，或许即牵涉到屈原所带来的"不良影响"，如《文心雕龙·通变》中感叹道：

> 楚、汉侈而艳，魏、晋浅而绮，宋初讹而新。从质及讹，弥近弥澹。

依刘勰看来，他那时代及稍前的作家们，在创作上最大的问题是仿效《楚辞》的传统，却只学得了屈原诗词之"奇"的技巧，而未观察到他那古典的“真”的要求。是以古代作家是“为情而造文”，近代诗人则是“为文而造情”（《文心雕龙·情采》）；易言之，古代诗人诵唱出他们的真实心灵，而许多近代诗人写的仅是以华采修饰的虚伪情感。刘勰以“真”作为他判断当时作品的基本标准，认为当时作家即“率好诡巧”又“苟驰夸饰”，结果是大多数六朝作家汲汲于“逐奇而失正”（《文心雕龙·定势》），他们热衷于追逐新声，以致投注所有精力仅止于“争价一句之奇”（《文心雕龙·明诗》）而已了。

尽管刘勰雄辩滔滔，我们仍不得不考虑到或许他是受了文学上普遍存在的“历史退化观”的影响，故而认定当代作品必然是逊于前代的。他热心地提升古诗人屈原的地位，认为其作品在真／奇、华／实之间把持住良好的均衡，却完全忽视六朝及稍前作家的文学成就。依此，我们不免质疑刘勰是否视“五经”为文学之完美典型的基本看法，可能多少来自一种“历史退化观”的偏见。这种偏见在传统中国是许多知识分子和学者共同持有的。

然而，在文学上所谓“历史退化”，某个程度而言只是反映出一种对开创型作家的矛盾心理。我们可以这么说，写作本身是一种在理论与实践、原则与变通以及理念与个性之间不断争战的经验。以刘勰为例，他崇尚中庸之道的古典思想，并试图以这种思想作为其文学批评的尺度，但另一方面，他自己的写作风格亦无疑地受到了时代口味的影响，显示出一种对华丽文采的强烈倾向，明显地有别于经典的平淡风格。在理念与实践之间，如此之差距或张力，对作家来说，其实是非常普遍的。而事实上，就在这些矛盾和紧张的体验之中，一个作家多少能够领悟到诗歌所有模式的丰富性，使他可以创作出新旧兼容、既博且约的作品来。

就另一层面而言，刘勰对经典的特殊尊重亦反映出一种存在于所有不同文化中的基本的宗经思想。在查尔斯·阿尔铁里（Charles Altieri）的《理念与文学经典的理想》一文中，他特别提醒我们借由对古典作家的理想化来建立一标准模范的重要性。他说："我们对典范的判断必须是那些我们推崇为模范人物或那些受到模范人物所推崇者。"实际上，刘勰对孔子及屈原的绝对推崇也让我们想起朗吉努斯（Longinus）典范化的人物如荷马及柏拉图。朗吉努斯曾如此写道：

> 依此而言，当描述任何要求高尚的情感及升华的意念时，我们本身也应在脑海中形成某些概念，如荷马可能如何表达，或柏拉图，或狄摩西尼斯，或史学家修西提底斯，可能如何呈现那庄严崇高的极致。因为这些人物——这些向我们献出他们自己，燃出我们的热情，并曾照亮我们的道路的人物——会以一种神奇的方式引领我们的心灵到达一想象中的高度标准。[①]

犹如朗吉努斯，刘勰也受到古代经典人物的巨大影响，他们——虽然或许仅存在于刘勰自己想象之投射中——给予了刘勰创作不朽之《文心雕龙》的理念、志趣以及从事此一事业所需的崇高准则。如他在《序志》篇中所称，他之所以"搦笔和墨，乃始论文"，即由于体认到"去圣久远，文体解散"之故。

---

① Longinus, *On the Sublime,* trans., W. R. Roberts, in Hazard Adams, ed. , *Critical Theory Since Plato* (New York:Harcourt Brace Jovanovich, 1971), p.86.

写作《文心》，刘勰亦清楚地知道他的前辈和文坛后人将评断他。他强烈地意识到自己和历史上其他作家之间的关系；在经营伟大文化传统的事业中，他认同并接纳自己成为此一文化传播者的角色。他苦心期盼之一事是，其文学批评著作即使可能不为他的时代所欣赏，也将为未来的世代所认同。由于他曾深受古圣贤之启发，故希望他的作品也能对文坛后人产生相同的作用，不至于“眇眇来世，倘尘彼观”（《文心雕龙·序志》）矣。但是，他也意识到，在文学上真实的理解是不容易的，也许只是“千载其一”（《文心雕龙·知音》）罢了。他提及屈原即是一个受到所处时代误解的人物，由于屈原曾说“众不知余之异采”，刘勰即评道：“见异，惟知音耳。”（《文心雕龙·知音》）此语意味着刘勰本人能够真切地领略屈原那异常之禀赋与抱负，无疑为屈原的知音了。阅读全本《文心雕龙》，可以得着一个意念，即屈原其实就是刘勰想要并驾齐驱的真正对象，《文心》就是以一种类似《楚辞》的华美风格撰写而成，这仿佛刘勰与屈原借着相互的理解而在历史中相互呼应了。

期望自己的作品能够实现超时空的价值，允为人情之常。在一首《活着的手》诗中，诗人济慈（John Keats）说到他自己的手是如何在他死后复活。而阿尔弗雷德·丁尼生（Alfred Tennyson）在其挽诗《怀念》中也生动地描述了紧握着他去世朋友的手，仿佛是对永生的一种赞颂方式。所有这些例子都涉及作家期待由于他们的文学力量被认可，而得以在历史中与人们相识相知。刘勰并未以“手”作为不朽之象征，他乃是强调了“心”的力量。对他而言，“文心”是唯一可以永存的心智，因为就是借着文学作品，才使得一个作家的心灵可以超越时空而与另一个心灵相遇，就是借着文学作品才使得人们找到了永恒不朽之真诗。故他称孔子是“千载心在”（《文心雕龙·征圣》），而总结他的《文心雕龙》时也以“文果载心，余心有寄”（《文心雕龙·序志》）来说明他个人对文章不朽的愿望。然而，立言而不朽的观念在中国文化中早已有了极为深远的根源。汉代的太史公司马迁之所以决定忍辱地活下去，乃是为了创造永垂不朽的《史记》。

但刘勰的文学不朽论对今日的读者有其特殊的意义：它告诉我们，所谓“典范”，其本质上所显示的意义就是一种渴望被纪念、被包含在一个文化记忆中的需要。他的宗经观念，尤其是对经典重新评释或修正的坚持态度，对今天的我们来说确实别具意义。在评价古代圣人和屈原时，他以其修正过的美学准则来缜密地辨明一个新的研究门径，而同时肯定了旧价值与新理念的力量。他真正理解文学内在心灵与作家外在需要的复杂机能，那种需要就是欲借着典范以成为历史中的永恒的声音。

（皮述平译，原载于《文心雕龙》三辑，1998 年）

解构与重建

——北美《文心雕龙》会议综述

说起刘勰的《文心雕龙》，今日几乎无人不知那是一部以博大精深著称的文学理论批评巨著。尤其在中国大陆，《文心雕龙》早已成为古典文学研究的热点。许多学者认为，中国人能在1400多年以前就写出如此“体大思精”的文学批评专著，乃是整个中国文化的荣耀。近代著名作家鲁迅先生就说过，“东则有刘彦和之《文心》，西则有亚里士多德之《诗学》”，俨然把这两部文学理论巨著视为古代东西方的典范之作。①

一、“龙学”最近才出现

然而，与亚里士多德的《诗学》不同，刘勰的《文心雕龙》直至近代以前一直处于极为“边缘”的位置。我们可以说，所谓“龙学”其实只是近来中国学者的一种说法。在此以前，《文心雕龙》

① 张少康、刘三富《中国文学理论批评发展史》上卷，北京：北京大学出版社，1995年版，第221页。

的1000多年的历史乃是一部不断被忽视的历史。今日我们重看《文心雕龙》，一方面感于它的丰富内容与美丽文采，一方面也对它被长期忽视的事实感到惊讶。在清代以前，除了唐代的史学家刘知几以外，很少有人提到刘勰的文学贡献。一直要到18世纪才开始出现一些有关《文心雕龙》的笺注。相形之下，今日中国所风行的《文心雕龙》热确是一种戏剧性的转变。据北京大学张少康教授（即中国文心雕龙学会常务副会长）的统计，目前研究《文心雕龙》的专著已有200部之多，论文也有1500多篇，其中80%都是最近15年间才出版的。自1983年以来，中国大陆已举行过3次大规模的《文心雕龙》会议，曾邀请过远自欧美，近自日本等国家及中国台湾、香港地区的学者参加。

但是，在北美的汉学界中，至今还谈不上有什么关于《文心雕龙》的系统研究。长期以来，北美的“龙学”一直局限在英译的事上：早期有施友忠先生的《文心雕龙》全译本，最近有宇文所安（Stephen Owen）的部分英译加注解。至于有关《文心雕龙》的讨论一般都只散见于各种论文之中。研究趣味的缺乏一直使《文心雕龙》在北美被限定在一个“边缘之边缘”的地位上。

有鉴于此，执教于伊利诺伊大学的蔡宗齐教授毅然发起了召开北美《文心雕龙》大会的筹备工作。蔡宗齐是个有心人，他曾参加过在中国召开的“龙学”会，很了解这种会议对文学研究本身所能产生的重大影响，所以从一开始就决心破除一切困难，积极争取各种可能的机会。经过两年的努力，他终于把梦想变成事实：他得到伊利诺伊大学的资助，而且请来了10位来自北美各地的汉学研究者和两位来自中国的龙学专家。大会议题为“从当代眼光看《文心雕龙》”，开会期间为今年（1997）4月10—13日。

作为一个与会者，我之所以格外向往这个龙学会，除了对重新阐释《文心雕龙》感兴趣外，还有另一层“个人”的关系：召开大会的地点是以风景著称的阿乐顿公园（Allerton Park），我想趁机欣赏初春的中西部风光，同时也希望借着观察景色更加体会到《文心雕龙》所描写的那种“物色之动，心亦摇焉”的感受。因此，在开会期间，我总是不放过游园的机会；我利用清晨及中午的休息时间走遍了园中许多弯曲的小道，也深入观察了遍布园内的各种美丽塑像。后来偶然发现那儿居然有个“中国狮子园”，于是约了几位与会者同游这个富有东方情调的园子。原来那是一个小佛寺，园中还有22个狮子塑像——其实是介乎龙、狮、犬的塑像，我把它们称为“龙狮”，以取文心“雕龙”之意也。那两排遥相对应的“龙狮”使我们想起刘勰所谓“造化赋形，肢体必双”的美感情趣。

这个具有中西合璧特征的阿乐顿公园恰恰反映了这次北美文心雕龙大会的跨文化、跨学科的研究精神。大会所邀请的13位讲员（包括主席蔡宗齐）中，有一半是具有中国血统的华裔学者，另一半（7人）是非华裔的美国学者。而且从专业来看，除了两位中国学者以外，我们都不是“龙学”专家。在跨学科的前提之下，我们都企图从其他的广泛知识领域中找到几个重新探讨《文心雕龙》的新角度。大会包括5个讨论专题，分别由思想研究、创作心理、修辞理论、文学传统及未来展望等问题讨论新的切入点。

二、王弼思想与刘勰文论

首先，在思想研究方面，由执教于加拿大阿柏塔大学的林理彰（Richard John Lynn）开始讨论玄学家王弼对刘勰思想的影响。林理彰以为刘勰虽然很少直接提及王弼，但整部《文心雕龙》处处反映出王弼思想的痕迹。例如，王弼书中（尤其是《老子微指略例》和《周易略例》两部书中）常提及意、象与言的关系，而类似的讨论也经常出现在刘勰的书中。此外，《文心雕龙·论说》中所提出的"钩深取极"概念实与王弼所谓"演幽冥之极，以定惑罔之迷"的说法如出一辙。总之，二者都强调对具体事物进行寻根究底的探讨钻研，以求最终"钩出"深奥的道理。当然，王弼和刘勰的思维方式并不完全相同：作为一个哲学家，王弼的终极目标是求道。所以，他强调"得意而忘象"的道理，认为一旦取得真意就可以抛弃物象。但刘勰基本上是个文学家，他必须利用形象来表达思想；也只有掌握形象，一个作家才能驰骋于文学的意境中。所以，王弼的论说方式是说理的，刘勰的风格却是富于形象的。

来自中国中山大学的邱世友教授也对王弼有相当的研究。在他的论文《刘勰论文学的般若绝境》中，邱世友花了不少篇幅讨论王弼的"有无论"和"得意忘象"等概念。他以为王弼的最大贡献在于把玄学之道与般若诸说统一起来考辨。邱世友接着强调，刘勰所谓"动极神源，其般若之绝境乎"（《文心雕龙·论说》）指的就是一种超越有无矛盾而最终生出美感顿悟的过程。换言之，《文心雕龙》所标举的最高写作境界乃是佛家所谓俗谛与真谛合而为一的理想境界。若用爱来比喻，这种审美绝境有如永恒不变的爱——

那是一种超越了具体男女之爱的境界。

关于邱世友讨论“般若绝境”一点，宾州大学教授梅维恒（Victor H. Mair）特别给予肯定。但作为一个专攻佛教文学的研究者，他并不赞成把佛教的观念与玄学中的“有无论”相提并论。他以为佛教对《文心雕龙》的影响，不下于道家与儒家。他基本上同意饶宗颐先生的一贯主张，以为非熟谙佛学者无法彻底了解《文心雕龙》的真意。而且，身为一个佛教徒，刘勰即使很少用佛教术语进行论说，他的《文心》本意实已处处体现了佛学的一贯精神。

北京大学的张少康教授接着又从另一个角度来探讨刘勰的思想。在《再论〈文心雕龙〉和中国文化传统》一文中，他强调儒道的“天人合一”对刘勰“心物相通”的美学之关键性影响。此外，他也指出中国传统知识分子的人格理想和《文心雕龙》的文学风骨论之关系。但他以为刘勰所主张的“隐秀”思想则直接来自老庄的“自然之道”，那是一种以有形表现无形、以有声表现无声、求妙理于言外的虚静境界。

三、“神思”是否等于“想象”？

与思想探讨息息相关的就是创作心理的讨论。执教于加州大学的艾朗诺（Ronald Egan）与密歇根大学教授林顺夫分别从“神思”的概念来分析刘勰的文学创作观。他们二位均认为《神思》篇是《文心雕龙》的灵魂主干，因为它很精辟地提出文学构思过程中的“想象”功能。作家的神思是一种超越实际形体的精神活动，它可以打破时空的局限，所以刘勰说：“文之思也，其神远矣。故寂然凝虑，思接千载；悄焉动容，视通万里。”艾朗诺主张“神思”的“神”字应当译为daimon，取古希腊文的“万能神通”之意也。但林顺夫认为imagination一字便能体现“神思”的基本精神。他引用西方学者马克·约翰逊（Mark Johnson）和马利·渥那克（Mary Warnock）的论点，强调imagination和“神思”都具有在心中凝聚成生动“意象”的含义。“神思”的意义实已远远超过现代人所谓的“想象”。有关“意象”与“想象”的关系引起了与会者的极大兴趣；大家纷纷从各个复杂的层面来讨论这个问题。如加州大学的艺术史教授韩庄（John Hay）提出视觉想象与文化活动的关系，他指出刘勰之所以把书名取为《文心雕龙》乃与人们对“龙”本身的视觉联想有关。在中国文化里，龙占了首席地位，把“龙”作为书名自然能触发读者的各种想象。韩庄在论文中一再强调文学和艺术史不可强分的论点。

另一类与创作心理颇为不同的主题就是有关修辞的主题。在这一方面，来自普林斯顿的两位教授浦安迪（Andrew Plaks）和李惠仪均提出极精辟的见解。浦安迪通过对《丽辞》篇的阅读，提出刘勰在“对偶美学”上的贡献。他认为对偶不仅是一种修辞技巧，它更重要地表现了中国人特有的宇宙观。李惠仪进一步从“文心”与“雕龙”的书名对偶看出刘勰书中反复呈现的一种张力：那是作者既追求心的条理控制（order）又向往美文的过多浓艳（excess）所反映出来的一种焦虑。这种焦虑使得凡事力求折衷的刘勰常常发出前后似乎“矛盾”的文辞。然而也正是这种“矛盾”对立强化了《文心雕龙》的对偶美学。有趣的是，不同的人却在这种对偶双重性（duality）上悟出截然相反的意义来：对于刘勰的对偶运用，浦安迪看出一种整合的、必然成双的自然世界观，但哈佛大学的宇文所安教授却看到一个残破的、颇不完整的修辞架构。在他的论文《刘勰和他的话语机器》中，宇文所安提出一个耐人寻味的比喻：刘勰所采用的对偶骈文有如一部不听人指挥的“话语机器”（discourse machine），它经常为了迁就对偶的需求而制造出一些失误的言词，以致于作者边写边改，不断修补自己文章中的逻辑漏洞。结果是，经过这种改不胜改的程序后，《文心雕龙》的文本中还存留了许多自相矛盾的话语。追根究底，这是因为骈文本来就不适合用来撰写议论文。

四、提出新的文学标准

与宇文所安论文中的“解构”观点不同，拙文《刘勰的典律观》和大会主持人蔡宗齐的论文《文学概念的必然过程性》都从不同的方面提出刘勰“重建”文学传统的特殊贡献。比较而言，拙文更偏重刘勰对“文”的重新阐释：为了把文学提升到儒家经典的崇高地位，刘勰不惜篇幅地指出圣人言论中那种“辞富山海”的美学特质。一旦把文学中的“文”和儒家经典中的“文”画上了等号，就无形中给了“文学”一种“典律化”（canonized）的洗礼仪式。此外，拙文还讨论《文心雕龙》如何提出新的文学标准，从而抬高中国第一位文人屈原的文学地位。如果说拙文是从“小题”着手，蔡文则从“大题”开始。在他的综述性的长文中，蔡宗齐全面讨论了《文心雕龙》所具有的“有机性”（organismic）的整体文学观；以及刘勰如何把诗歌从音乐的附庸提升到“诗为乐心”的崇高地位。无论在文学意义的界定上或是文学体系的建立上，刘勰都有很大的成就。同时，蔡宗齐以为，这文学体系的奠定乃是一种不断形成的渐进过程（process）。

关于文学“系统”的研究，爱荷华大学教授雷迈伦（Maureen Robertson）提出一个新的分析方式。她主张用米歇尔·福柯（Michel Foucault）在《知识考古学》一书中所提出的“话语形成”（discourse formation）方法论来重新探讨《文心雕龙》的多层面意义。福柯企图打破传统历史的概念；对她来说，文学史不再是连续性的、渐进的演变过程，而是各种不同“话语对象”的综合再造。雷迈伦以为唯有采取如此全新的批评角度，我们才能真正“从当代眼光看《文心雕龙》”——如大会标题所示。

由此看来，今日我们研究《文心雕龙》还处于一个开始的阶段。正如两位大陆学者在大会结束前所说：“龙学的未来展望还有待中西学者的全面沟通与合作。”

两三天的讨论会使我悟到一个道理：阐释《文心》有如阐释人生。面对眼前不断展现的人间万象，有人看见它们之间的整体连续性，也有人看见其中的不连贯及破碎性。在返途中，当汽车开出阿乐顿公园的大门时，我又回头望见那些排列整齐的“龙狮”。在那两排“对偶”的塑像背后，我仿佛瞥见了人生的神秘性与其复杂性。

（原载于《明报月刊》，1997年7月号）

从“文类”理论看明传奇的结构

在传统戏剧中，高明的《琵琶记》与汤显祖的《牡丹亭》最能代表“传奇”这一兴起于元末明初的“新剧种”，也就是我们今日所谓的“新文类”。事实上，早在清初，著名戏剧家与小说家李渔就已经把传奇当成一种新文类来研究了。他所谓的“传奇结构”主要是根据当时的几部戏曲酝酿而出的基本模式。[①] 所以分析明代戏曲的结构，尤其是《牡丹亭》与《琵琶记》等名剧，不能不以李渔的理论为出发点，正如西方希腊戏剧的批评家绝不能忽视由亚里士多德之《诗学》所奠定的基本戏剧理论一样。

文学创作一般而言均受到文化与文类（genre）条件之影响，文学批评亦为个人感知与文化状况交流的产品。每一作家均在其所属的文学传统中从事创作，而其个别成就亦最能在此特定传统中被评估。传奇之所以被公认为一种特别的戏剧体裁，是因为它具有某种戏曲在结构原理上的特色。李渔企图建立一种戏剧理论

① 李渔《李笠翁曲话》，上海：新文化书社，1934 年版。

的尝试，已充分显示戏剧是一种自律的文学形式，而且可以视为一种独立的文类予以系统的研究。

在他以“格局”（相当于西方文评中的“结构”）为副题的《曲话》中，李渔曾论及传奇的五个结构单位：一、家门（序言）；二、冲场（第1出或第2出）；三、出角色（人物出场序列）；四、小收煞（小团圆）；五、大收煞（大团圆）。

明传奇的特殊之处不仅在于它总是以喜剧或至少轻快、欢愉的结尾作结，还在于此种结局在传奇此文类中的必要性。这种必要性，不得不使我们问：难道我们目前因方便而习称的所谓“喜剧结构”（comic structure），在某种程度上也反映出传统中国文化对人生所持态度的重要层面吗？

在现代的喜剧中，所谓皆大欢喜结局的重要性是众所公认的，一般认为喜剧的结构是从失落到复原，从分离到团聚，从分散到整合，或是一些类似的形式。然而，在西方戏剧传统中喜剧向来被视为低于悲剧。在彼传统中，一个被疏离或折磨的英雄所承受的冲突或历练，以及悲剧中所呈现的极端与决定性通常被视为戏剧中最重要的成分，诚如哈罗·瓦特（Harold Watts）在其论喜剧的论文中所言：

> 亚里士多德于此亦默然。有关喜剧本质的讨论往往欠缺了能主宰所有探究悲剧本质之旅程的高峰。[1]

---

① Harold H. Watts, “The Sense of Regain:A Theory of Comedy” , in *Comedy:Meaning and Form*, edited by Robert W. Corrigan (Scranton, Penn. : Chandler, 1965), p.192.

在明传奇中则非如此。明传奇只有一种结构，亦即所谓的“喜剧结构”。或许这是因为一般认为结局必须如此构思以显示某种终极社会意义，它的理想是要建立一个众所向往的社会。它是以社群而非以个体为导向的。当然，这正是西方喜剧所侧重的（尤其是所谓的“新喜剧”）[①]，但必须指出的是，这种“新喜剧”模式在西方并非明文规定非要遵守不可，然而明传奇的独特性在于，这种喜剧结构却是种独一无二的模式。

透过对《琵琶记》与《牡丹亭》的一番细读，我们可以看出明传奇喜剧结构的轮廓。这两部戏的中心议题都是离与合；问题都从人物一分离即开始产生；幸福只有在人物经过长久分离而再团圆后才重新获得。通常问题产生于一幕田园式的场景（如《琵琶记》与《牡丹亭》开场的春景），而且在秋景的凄凉萧索中渲染其严重性（如《牡丹亭》第16出中杜丽娘病倒，《琵琶记》第28出中蔡伯喈在原本欢庆的中秋佳节却对月哀思）。同样，全剧的最末一出通常是克服一些始料未及之经历后对社会整合的回归。

依照其离合的模式，《琵琶记》的结构可以截然地分为两部分：一、从全剧开始到所谓“小收煞”（第23出）；二、从第24出到全剧的结尾（第42出）。虽然在全剧前半段人物似乎都被动地接受悲剧分离的结果，后半段却生动地呈现一系列刻画主要角色的行动，使剧情朝团圆的共同目标推进。例如，即使蔡伯喈这样一个极少依照自我自由意志行动，而本来只能透过一系列“程序化

---

① 关于“新喜剧”的定义，参见 Northrop Frye, “The Argument of Comedy”, in *Essays in Shakespearean Criticism*, edited by James L. Calderwood and Harold E. Toliver (Englewood Cliffe, N. J. :Prentice Hall, 1970), pp.49-57。

的言词”（如焦虑、恐惧与希望的言词）来认识的人物，后来却逐渐变得果决而勇于修书给他的双亲（第 24 出）。在明显地朝最终团圆结局发展的第 31 出中，我们也看到坚毅勇敢的赵五娘抱着琵琶，背着她行前为死去公婆所绘的画像，千里迢迢赶到京城寻找夫婿。同时蔡伯喈的第二位妻子朱小姐亦为丈夫主动地向她严厉而固执的父亲求助。

最重要的是，本剧其余几出的剧情主要是关于这些活着的人物如何为死去的父母服孝三年，皇帝如何褒扬蔡府所有成员（包括死去的蔡公、蔡婆）的美德。换言之，本剧只有在家门的美德被突显后才能结束。从中国人的观点来说，做人如果不能尽孝则无法达成家庭的整合。因此，在蔡家被朝廷褒扬后，赵五娘随即对着公婆的画像唱了一支动人的曲子。可以说，这幅画像确已成为死去双亲重现的象征。蔡氏老夫妇的重要性亦透过其画像的力量而显现，因为它曾是亲人相认的媒介，而如今几乎已转化为两老的真实再现：除了“亲自”接受朝廷旌表的荣耀，还“亲眼”目睹蔡氏一门最终团圆的场面。

这种对于孝道的惊人强调也许让西方的观众觉得有些好奇。根据卡德伍德（Calderwood）及托利弗（Toliver）的说法，在莎士比亚的喜剧中，问题往往从年轻人与上一代的“仪式争斗”开始，这种争端通常以夏与冬、生与死、肥沃与贫瘠之间的斗争来象征。[①] 剧本的结局常被视为是年轻人的胜利，因为诚如我们在《暴风雨》（*Tempest*）中所见之普罗斯佩罗（Prospero）的职务，“如果生命是

---

① 参见 James L. Calderwood and Harold E. Toliver, “Introduction to Comedy” , in *Perspective on Drama* (New York:Oxford University Press, 1968), p.165。

为了延续，年轻人必须被保护，亦即是年老并不意味被完全扼杀，而是被某种程度的转化”。[①] 卡德伍德与托利弗曾总结了这种西式喜剧解决的观念：

> 通常……年轻的恋人是喜剧行动的中心，而镇压式的严父形象亦须透过一种几近致命的烦扰与羞辱转化为父系的允诺。[②]

只要看看《牡丹亭》的最后几出，我们就可以清楚地看到西方喜剧解结观念与中国大团圆意识的尖锐对比。杜宝这个父亲不仅未在《牡丹亭》的结局中受到莎式喜剧所要求的羞辱，反而是无辜的女婿被老丈人痛殴了一顿。此种与两代关系有关的中西价值体系之对立在此特具效力，因为《琵琶记》与《牡丹亭》均以此种关系所产生的问题为其戏剧主题。

《牡丹亭》的喜剧结构事实上是环绕着全剧所有主要角色的逐渐团聚而产生的。虽然《琵琶记》中蔡家两老在距团圆尚远之前早已辞世，而以画像的方式来象征他们对结局的“参与”，《牡丹亭》则达到一种自然的结尾而无须设计一种手段来让人物团聚。在《牡丹亭》中，我们似乎看到了喜剧结构的真正艺术，它必须自然地完成，亦即李渔所谓的“水到渠成”。[③]

---

① 参见 James L. Calderwood and Harold E. Toliver, “Introduction to Comedy”, in *Perspective on Drama* (New York:Oxford University Press, 1968), p.165。

② 参见 James L. Calderwood and Harold E. Toliver, “Introduction to Comedy”, in *Perspective on Drama*, p.165。

③ 参见李渔《李笠翁曲话》，第 58 页。

就团圆结局的角度而言，《牡丹亭》中几乎每一个发生于“小收煞”（即第28出中柳梦梅与杜丽娘鬼魂的团聚）的事件，都较《琵琶记》的设计来得细腻。第35出杜丽娘的复活与第36出中年轻爱侣的完婚并未立即把全剧带向结局。因为这对新人还有义务找回杜家二老（杜家二老在杜宝出任将领的内战期间，被不可抗拒之外力给拆散了）。诚如夏志清教授所指出，这对爱侣在剧中逐渐走往社会认同的道路：

> 当这对为情所苦的恋人超越了爱的层面而寻求社会和解时，起初在僵化的儒家社会环境里被视为狂烈的浪漫热情，已被改变得无法确认。[①]

这听来也许有些牵强，然而本剧的结局是由前几出线索相连的事件奠定基础的。李渔所谓“大收煞”（团圆场面）的理想形式正足以形容（《牡丹亭》）喜剧结构的成就：

> 先惊而后喜，或始疑而终信，或喜极、信极而反致惊疑……所谓有团圆之趣者也。[②]

《牡丹亭》的团圆过程主要是基于一系列杜宝与其女婿柳梦梅之间的误解而复杂化。如前所述，《牡丹亭》最后几出的趣味是因

---

① C. T. Hsia, “Time and the Human Condition in the Plays of Táng Hsien-tsu”, *Self and Society in Ming Thought,* edited by William Theodore de Bary (New York:Columbia University, 1970), p.279.

② 李渔《李笠翁曲话》，第58页。

被擢升为宰相的老丈人对女婿的羞辱而提升的。作为一个理性的人，杜宝不能不把柳梦梅这个荒唐地声称是他死去闺女之丈夫的家伙视为骗子。在杜宝心目中，柳梦梅毫无疑问正是一个盗墓者，根据杜府西席陈最良的消息，他掘坟后就逃之夭夭。而柳梦梅拥有杜丽娘自画像的事实更是他罪行的最好证明。结果，对柳梦梅而言是合法性的最佳证物，却变成了让杜宝告他的最有力根据。

即使后来连皇帝都开始维护柳梦梅的正直，而且强调这位年轻人是当年京城科举的状元时，杜宝仍然坚持己见。此时杜宝怀疑的不是柳生的正直与否，而是死去女儿复活一事之真伪。他拒绝与女儿、女婿相识，因为他坚信眼前这个小女子不过是一个披着女儿形貌的邪恶精灵，只有在女儿被证实是一活人而非鬼魂之后，他才愿意认这个女儿。

截至此时，所有其他主要角色都已出现在第 55 出。早些时候，当柳梦梅考完秋试前往扬州寻找杜宝时，杜丽娘与母亲及侍女春香终在京城相遇（第 48 出与 49 出）。而只有在听到柳梦梅终于找到杜宝，未得一番道贺反而被痛殴一顿的消息之后，杜丽娘与母亲才由春香陪同赶去与杜宝相聚。

所有这些有趣而复杂的场景都使得结尾的团圆显得较具说服力而不觉突兀。此处我们可以看到其他的结构单元对团圆结局有何贡献。早在“冲场”（第 2 出）柳梦梅就被刻画为一个敏感、浪漫、好做白日梦的年轻人（事实上，汤显祖描绘柳生的词汇总带点幽默）。正是此种浪漫本质使柳生面对严酷现实时心理基础显得不足，而终使团圆的过程变得日趋复杂。重要的是，所有在全剧开场出现的重要人物（即柳梦梅、杜丽娘、杜宝、杜夫人、陈最良以及侍女春香），都顺畅而毫不牵强地被带到结局相聚一堂。换言之，所有细节都经过精心设计与操控，使整部戏显得十分自然。李渔的戏剧结构原理确可视为是《牡丹亭》结构的诠释。

在强调明传奇的有机整体性同时，我们必不可认为它与亚里士多德讨论希腊悲剧时所主张的结构整体是一回事。根据亚氏的定义，结构整体是指一个由部分组成的整体，如果其中任一组成部分"被替换或移去，此整体将受到干扰而变得支离"。[①]在希腊悲剧中，情节本身所蕴含的因果率与或然率使得一部戏的组成部分的有机结合成为可能。对亚氏而言，悲剧之优于史诗只因为它具有较为紧密的内在结构整体，此整体乃以开端、中点、结尾之理想关系为基础，其中只含有最少量的插曲。

比较起来，明传奇显得"枝节化"的场景是通过一种不同的手法完成的。由场景的并列所创造的平衡与持续摆荡造成了全剧的整一性。不同场景交替的原则是靠精确来完成的，以至于一旦其一出场面失去平衡则全剧的结构将受到影响。也可以说，各种场景，包括张敬所谓"大场""正场""过场"等等，[②]均应妥善分配，而且每一出中所出现的人物都应依严格的惯例加以规划。出与出之间的结构并列是明传奇的组织原则。正如生命本身展现了各种节奏的活动一般，它所强调的是不同层面之人类经验的交替。

《琵琶记》的故事是一同时发生在京城与陈留乡间之事件的并列，其中奢华相对于饥荒，婚礼相对于痛悔，节庆相对于流浪。

---

① Aristotle, "Poetics", in *Criticism:the Major Texts*, edited by Walter Jackson Bate, enlarged ed., (New York:Harcourt Brace, 1970), p.25.

② 关于这些术语的定义及《琵琶记》《牡丹亭》中场景的分配表，参见张敬《明清传奇导论》，台北：东方书店，1961 年版，第 101—121 页。

如果我们视本剧为一整体，我们将发觉人类关系已成为一空间性的整体，其中事件的展开变得十分重要，带有一整体平衡世界的意味。明代剧论家吕天成指出对比手法是《琵琶记》的最高成就："苦乐相错，具见体裁。"[①] 此中似乎是个吊诡，本剧中两种背景持续交替的结果竟创造了整体的集中效果。

李渔在其"结构"一节中讨论戏剧制作技巧时，曾标举《琵琶记》为少数能成功地遵守所谓"主脑"的传奇戏之一（"主脑"乃剧中所有事件发展的起始点）。[②]《琵琶记》所有并列的场景，虽然都清楚地分配至两种不同的背景，实际上也都由蔡伯喈再婚于牛小姐此一特殊行动带向一焦点。[③]《琵琶记》中类此之"主脑"的运用，是为了提醒观众所谓"一人一事"的原则。[④] 对李渔而言，此即全剧的核心。

令人惊讶的是，此种"一人一事"的强调听来极像亚里士多德戏剧行动统一的理论。在其《诗学》中亚氏清楚地主张戏剧的目的是为了模仿人类的行动，而此行动就其了解而言，"是指一个整体的行动"。[⑤] 然而，只要我们停下来检视李渔对元杂剧《西厢记》有关"立主脑"技巧的讨论，我们将明白李渔"一事"之主张并不等于亚里士多德式的统一行动。在李渔看来，《西厢记》之"主脑"即是张君瑞请求"白马解围"一事，[⑥] 而该出戏绝非组成全剧情节

---

① 《曲品》，转引自陈万鼐《元明清戏曲史》，台北：鼎文书局，1974 年版，第 459 页。
② 参见李渔《李笠翁曲话》，第 8 页。
③ 同②。
④ 同②。
⑤ Aristotle, "Poetics" , in *Criticism:the Major Texts*, p.24.
⑥ 同②。

的中心要素。

显然，李渔所主张的艺术要求不同于古典希腊悲剧的行动统一。亚氏之意，行动的统一即指情节的整一，而此整体即为戏剧的灵魂。然如前所述，李渔所谓“主脑”，是指戏剧情节推展的起始点，只作为联结全剧事件的核心，而不必然成为全剧情节的中心要素。没有了“主脑”的设立，故事的各个组成部分之结合将被破坏，使全剧有如“断线之珠”“无梁之屋”。[①]

李渔相信早期传奇的优点之一就是“立主脑”手法的运用。诚如李渔所声称，《琵琶记》中事件的“主脑”即蔡伯喈与牛氏的再婚，剧中所有重要事件都从此产生，如蔡伯喈双亲之去世、赵五娘之尽孝、张太公之仗义疏财。[②]这种对于“主脑”之联结戏剧事件，而非单一情节整一性之强调，亦有助于解释为何在《琵琶记》中即使事件分散地围绕两种截然不同的背景，仍能创造出一种整体性。任何戏剧行动的发生，无论是在甲背景或乙背景，通过它与“主脑”及类似事件的关系，都将变得有意义。《琵琶记》的事件并未呈起点、中点、结尾的线型发展，而是如同一株植物枝叶的发荣滋长。

有趣的是，身处18世纪的英国，塞缪尔·约翰逊（Samuel Johnson）必须尽力去寻找莎剧中行动的一致性（虽然在莎剧中通常呈现如《琵琶记》之两种背景，因为他所致力的戏剧传统一向主张单一情节的整一性）[③]。相反，李渔并未发觉在《琵琶记》中有寻

---

① 参见李渔《李笠翁曲话》，第8页。

② 同①。

③ 参见 Samuel Johnson, “Preface to Shakespeare”, in *Criticism:the Major Texts*, pp.207-214。

求所谓“单一”情节的必要，因为这并非中国传统戏剧制作的艺术要求。

另一方面，李渔亦指出《琵琶记》虽长于“立主脑”，却在另一重要领域，即他所谓“密针线”方面有所缺失。依李渔之说法，“密针线”包含了照映（即对前面事件的回顾）与埋伏（即埋下叙事线索）。[①]《琵琶记》中若干情节的不一致反映了这方面的疏忽。例如，我们很难相信蔡伯喈科举高中后其家竟然未被通知。同样，当他享受荣华富贵之时，竟未能派遣一亲信返乡探亲而必须仰仗一陌生人（此人正好是个说谎者）去完成他所托付的使命。[②]易言之，“密针线”是指连缀不同事件，而使戏剧具有逻辑连贯性的小规模逻辑性关联。

李渔认为早期的传奇剧本缺乏逻辑结构，后来的剧本则在剧情线索连缀技巧上有所超越[③]。随着传奇形式在明代的逐渐发展，它亦变得愈来愈以情节为导向。情节设计的技巧亦开始逐渐集中于组织较小而非较大事件之复杂关系。

诚如我们在团圆结局的精致展现中所见，《牡丹亭》的特点之一即其包罗万象的综合性。[④]它的结构所具有的行动系统（即情节）集中在不止一个重要事件。它的广度是由整体结构及其设法包含

① 参见李渔《李笠翁曲话》，第10页。

② 同①。

③ 同①。

④《牡丹亭》富含动力的长度与其持续的力量最为传统剧评家（包括李渔）所赞赏。参见 Cyril Birch, “Some Concerns and Methods of the Ming Chúan-chí Drama”, in *Studies in Chinese Literary Genres*(Berkeley:University of California Press, 1974), pp.220-258。并参见郑培凯《汤显祖与晚明文化》，台北：允晨文化实业股份有限公司，1995年版，第185—271页。

的人物所确立的。随着行动作用者的增加，情节发展与意义延伸的可能性自然亦跟着增多。当戏剧结构伸展为长篇巨制，人们已不可能立即看完全本，结果较小的单元自然成为此种戏剧形式的美学焦点。

我们可以说《琵琶记》的行动环绕着一个问题（虽然牵涉到了两种背景），而《牡丹亭》则开启了新的层面，不止包含一个主体事件。当然，它的中心事件就是杜丽娘在情伤而死后复生的著名故事。然此中心事件与其他同等重要的事是平行的，这些事件与有助于全剧整体性的多重意义亦密切相关。

当然，或许读者往往在读过《琵琶记》后会以同样简单的方法来续读《牡丹亭》，可是一番细读将导引我们透视《牡丹亭》涉及不同世界之情事的多重结构。这些发生了多重事件的多种世界并非只代表不同的戏剧背景；他们的存在是人类不同层面经验的显现。除了本剧较具模拟性的层面，剧中存在一如真实生活本身，并对人们发挥更大效应的梦幻世界。杜丽娘之死既缘于一场春梦的影响，其后她的复生亦基于她对该梦的信念。然而，世界犹有大于梦境与现实者；即使通常与人世相距邈远的冥间亦在决定人物的命运上扮演了重要角色。梦境与冥间以同样的方式拓展了生命的架构，如战争的系列（第 15、19、38、42、43、45、46、47 出）为人类事物的范畴带来时间的层面，透过战争的场面我们开始察觉外在真实世界的存在，那是一个在较广的历史情境里具有份位的世界。叛乱的发生使分离的问题复杂化，而叛乱发生的结构也使得最后的团圆更完整、更有意义。

但精密的人际关系如何组织成最后的完整性呢？这实与剧

情线索的连缀（textual linkage）技巧有关（即李渔所谓“密针线”）。例如,《牡丹亭》中杜丽娘病中所绘的自画像（第14出）即作为她最终与柳梦梅团圆的重要环节。作为与柳梦梅圆房的鬼魂，杜丽娘当时之逃入画中提醒了观众她早先谈及画像之不朽的独白（第14出）。陈最良之自我介绍为“知医”，亦暗示了他在杜丽娘病中所扮演的角色。花神对杜丽娘的仁慈（第10出）亦预示了后来的复活场面（第24出）。杜丽娘埋葬处的梅树亦使人忆起柳梦梅梦中所见的梅树（第2出）。柳梦梅之名乃成为联结许多发生于此花园之事件的环节。

所有这些细节并不必然遵循一个明显的模式，但是作者似乎十分努力于透过组织的连缀来建立每一细节的可信度。如果这样的角度回应了晚明戏曲或一般晚明俗文学中“写实主义”的兴起，[①] 李渔之运用戏剧制作中组织连缀的理论可用来强调其所处知识环境中对于写实的高度关怀。

“写实主义”通常意指在文学中将生活做一种详细的再现（detailed representation）。彻底的写实主义所牵涉的不仅是环境的细节，更重要的是所谓可信度的问题。李渔在讨论“密针线”时曾解释可信度的重要性：

> 一节偶疏，全篇之破绽出矣。……照映、埋伏，不止照映一人，埋伏一事，凡是此剧中有名之人，关涉之事，与前此、

---

① 在“A Landmark of the Chinese Novel”, *The Far East:China and Japan, Toronto*, 30, No.3(1961), pp.325-335 一文中，帕特里克·韩南（Patrick Hanan）认为《金瓶梅》是16世纪中国写实主义兴起时之文学产物，以“一社会横断面”中日常生活之细节处理为其特征。

后此所说之话，节节俱要想到。[①]

在“戒荒唐”一节中，李渔清楚地指出戏剧真实性之重要，并劝剧作家从生活本身寻找题材，因为“物理易尽，人情难尽”。[②]对生活中神秘关联性的写实刻画可以通过组织连缀的技巧做最有效的呈现。如果我们接受写实主义与组织连缀的密切关系，我们亦将以同样的观点来看明传奇的喜剧结构。

诚如李渔所主张的，喜剧结构的理想形式不可能不通过逻辑结构来完成。如前所述，《牡丹亭》结局的团圆场面并非突然出现，而是透过许多相连之事件线索的自然结合而呈现的。对生活的详细描绘与可信度之观念都对团圆结局有所贡献。这样看来，即使表面上不明显，《牡丹亭》中所有似乎不相连的事件，实际上都联结在一厚实的模型中。在明传奇中所特为强调的调和与社会整合的理想，必须透过忠实地刻画与人类经验之复杂层面的连缀来实现。组织的原理在生活与戏剧中都是复杂的而非简易的，是累积的而非线性发展的。

通过《牡丹亭》我们看到了晚明传奇中发展长篇巨制之复杂情节的可能性。如果我们用“简单情节”去描绘《琵琶记》中环绕一中心问题的情境式行动，则我们可以用“复杂情节”去标明《牡丹亭》中小事件错综复杂的线索。显然就广度与熟练度而言，“复杂情节”代表一种刻意呈现整一性的努力，以及一种对于各种人际关系之较细线索的控制。《琵琶记》与《牡丹亭》之间组织结构的

---

① 李渔《李笠翁曲话》，第 10 页。

② 同①，第 13 页。

差异是重要的，因为它显示了晚明剧作家逐渐围绕于整体意识之发掘的企图；并透视了生命本身的多重层面。

（王瑷玲译，原载于台湾“中研院”文哲所《中国文哲研究通讯》，1994 年 3 月号，今略做补正）

北美20年来词学研究

——兼记缅因州国际词学会议

词学在北美可谓新兴学门，从发轫迄今才20余年。20世纪60年代以前虽有少数学者注意到词学，但最多仅及于词谱及音律的介绍而已，例如美国哈佛燕京学社白思达（Glen W. Baxter）博士的译著便多局限在词韵的研究上。他首先把《钦定词谱》译成英文，后来又撰有《词律的起源》一文。[①] 就词律的考订观之，白氏堪称北美词学鼻祖，筚路蓝缕，以启山林，功不可没。紧接着在20世纪60年代后期，哈佛大学音乐系赵如兰教授又出版了一部宋朝音乐史的专著，尝论及词与音乐密不可分的关系，功在学界，早已有目共睹。[②] 这些早期的研究虽非全面性的文学探讨，但推波助澜，对美国词学发展自有其正面意义。

20世纪70年代一登场，词学研究正式在北美翻开历史新页，

---

① 详见 Glen W. Baxter, *Index to the Imperial Register of Tzú Poetry* (Cambridge: Harvard Univ. Press, 1956) 及所著 "Metrical Origin of the Tzú"，收在 John Bishop, ed. , *Studies in Chinese Literature* (Cambridge: Harvard Univ.Press, 1966), pp.186-225。

② Rulan Chao Pian, *Song Dynasty Musical Sources and Their Interpretation* (Cambridge:Harvard Univ. Press,1967).

在词家的具体评介与作品的具体赏析方面尤见新猷。学者见解精辟，佳作逐渐面世，论词的观点与方法则东西合璧，欧美文论与华夏词话同衾共裘。这方面最具代表性的学者，非叶嘉莹教授不做他想。叶氏任教于加拿大不列颠哥伦比亚大学（University of British Columbia），论词概以其艺术精神为主。所著有关吴文英词与常州词派等，既重感性之欣赏，又重理性之解说，对词学研究者无疑是一大鼓舞，同时也为北美词学指出明确的研究方向。叶氏的影响力无远弗届：梦窗词向遭诋毁为“七宝楼台”，碧山词则受误解为“微弱呻吟”，然叶氏谠论一出，双双皆获“平反”。[①] 原任教于哈佛大学的美国汉学家海陶玮（James Robert Hightower），便在这方面深受叶著启瀹。[②] 此外，已故的斯坦福大学刘若愚教授则以较概括性的理论剖陈“词”的文体特质。他在《词的文学性》一文中，曾例示词主要特征如下：（一）词较诗更适于描写爱情；（二）词之章法每多绵密，语意常见寄托；（三）词殊难胜任政治社会重责；（四）词作罕言灵山仙境，不语怪力乱神[③]。刘教授的析论虽嫌简略，但一针见血，足以把词的艺术层面介绍给西方读者。此亦其主要目的也。刘教授后来又别刊专著，从新批评（New Criticism）的观点阐发北宋词家，将各大山门的风格逐一发微，体

---

① 见 Chia-ying Yeh Chao, “Wu Wen-ying’s Tzú: A Modern View”， 收 在 Cyril Birch, ed. , *Studies in Chinese Literary Genres* (Berkeley:Univ. of California Press, 1974), pp.154-191, 以及 “Wang I-sun and His Tzú”，刊 *Harvard Journal of Asiatic Studies* (Dec. 1980)。

② James Robert Hightower, “The Songs of Chou Pang-Yen”, *Harvard Journal of Asiatic Studies*(June, 1977), pp.233-272.

③ James J. Y. Liu, “Some Literary Qualities of the Lyric (Tzú)”, in Birch, ed. , pp.133-153.

系严整。[①]像晏殊、欧阳修、柳永、秦观、苏轼与周邦彦等词客的作品都经法眼细察，无论遣词、用典、句构、章法与托意，一一都在其细腻解说下现形。

概略言之，北美词学自始即以婉约派的研究为重心，除印第安纳大学退休教授罗郁正曾撰有辛弃疾词的专著（*Hsin Chih-chih*, Twayne, 1971）以外，罕见豪放词的专门研究者。这种现象恰与中国大陆近年来的词学发展相反，盖据马兴荣先生统计，大陆词学界颇有重豪放、轻婉约的倾向，而豪放词客中最得青睐者莫过于辛弃疾，约占30年来词论的三分之一。[②]愚意以为豪放词之所以见重于大陆，乃其内蕴激励人心的爱国情操有以致之。然而，此其间的北美词学界却反其道而行，孰令致之？原因实则不难理解，盖词之为体实与西方的抒情诗（lyric）暗相契合，均属音乐语言与文学语言并重的艺术形式，又皆以抒情为主，尤重感性修辞。换言之，二者都以表达人类最微妙的感情层次为目的。此外，词中所谓“曲尽其妙”的境界，正合乎西方抒情诗百转千回的风格。由是观之，婉约派能在西方独放异彩也是势所必然。

20世纪70年代末期的北美词学界，密歇根大学林顺夫教授特别活跃。他发表了一部专著《中国诗词传统的转变》，讨论南宋词

① 见 James J. Y. Liu, *Major Lyricists of the Northern Sung* (Princeton:Princeton Univ. Press, 1974)。有关新批评的中文论述请参见张隆溪《二十世纪西方文论述评》，北京：生活·读书·新知三联书店，1986年版，第43页；英文方面请见 Alex Preminger, et al., eds., *Princeton Encyclopedia of Poetry and Poetics* (Princeton:Princeton Univ., Press, 1974), pp.567-568。

② 马兴荣《建国三十年来的词学研究》，刊《词学》第1辑（1981年），第25页。

家姜夔[1]。论词之精义甚多独到之见，使人对白石词作的抒情价值与南宋咏物词的精神顿生新解，贡献非凡。更值得注意的是，林教授以创新的批评手法把南宋理学的格物观念应用在咏物词的研究上，证明中国思想史与文学确有投契。林教授树下开路旗帜后，北美诗词学者益发重视文化与思想史。以加州大学艾朗诺（Ronald Egan）教授为例，便在其有关欧阳修的著作中特别强调欧阳诗所反映的理学。[2]艾氏认为欧阳诗风格平淡，乃理学冷静情致的影响。他复以为欧阳词中某些较浮艳的作品有重新肯定或估价的必要。历代以还，这些词作屡遭“暧昧之谤”，“有心人”视之为欧阳词集里的肉中刺，欲拔除之而后快。然而，艾氏反以为这些词皆文化现实之反映，不可不予以正视。欧阳词“于艳情中显见真切”，尤其值得标榜。

20 世纪 70 年代前后以次，词学研究另辟发展新途，迭受西方比较文学观念和方法的撞击。下面简单说明一二。首先，文体研究（genre studies）经过 10 余年来的发展，渐次成为比较文学批评鉴赏的中心课题。比较文学家开始认为，只要细心研究文体变革，就足以窥见古今文学之踪迹，通晓中西文学之异同。从事文类研究的批评家当中，归岸（Claudio Guillen）教授首屈一指。他的《文学中之体系》以西班牙小说为例，说明文体如何在“有常”与“通变”之间逐渐形成。[3]文类研究影响广泛，连西方文学

① Shuen-fu Lin, *The Transformation of the Chinese Lyrical Tradition:Chiang Kúei and Southern Sung Tzú Poetry* (Princeton: Princeton Univ. Press,1987).

② Ronald Egan, *The Literary Works of Ou-Yang Hsiu* (Cambridge:Cambridge Univ. Press, 1984).

③ Claudio Guillen, *Literature as System: Essays toward the Theory of Literary History* (Princeton: Princeton Univ. Press, 1971).

批评主流都难免受到冲击，如以结构主义（structuralism）起家而闻名英美批评界的卡勒（Jonathan Culler），也开始发现文体研究的读者滋生蔓延。卡勒深切地感受到，每一文体均代表特有的一套成规（convention），读者若想完全了解某首诗的意涵及其意义（significance），非得先领会整个文体的传统成规不可。[①] 随着文体研究的兴起，批评家进一步关注“文体”与“风格”（style）的密切关系。[②] 两者虽各有其所代表的不同概念，但就通盘的文学发展来说，彼此却息息相关，相辅相成，盖作家风格或时代文风常常会左右文体的形成。由此看来，任何文学史都可谓文体与风格的综合发展过程。衡诸批评史，此一观念实脱胎自20世纪50年代风行欧美的“风格批评派”（school of stylistics），尤可谓奥尔巴哈（Erich Auerbach）教授直接影响下的产物。[③]

20世纪70年代初期乃风格与文体批评盛行之际，我正巧在普林斯顿大学做研究，有幸向许多专家求教[④]，高友工教授所赐者尤多。他以研究中国古典文学知名学界，精深广博，循循善诱，启发我对文学批评与诗词的兴趣匪浅。我对传统词家的风格特有所好，始于此时，进而有撰写专书以阐明词体演进之念头，希望借此把主观之欣赏化为客观之鉴赏。拙作《晚唐迄北宋词体演进与

---

① Jonathan Culler, *Structuralist Poetics:Structuralism, Linguistics, and the Study of Literature* (Ithaca: Cornell Univ. Press, 1975).

② 徐复观教授认为“文体”一词较近乎英文“style”原义，见所著《〈文心雕龙〉的文体论》，在其《中国文学论集》（台北：学生书局，1974年版）增补第2版，第16页。

③ Erich Auerbach, *Mimesis:The Representation of Reality in Western Literature*, trans. Willard R Trask (Princeton:Princeton Univ. Press, 1953).

④ 这些专家除高友工教授以外，还有蒲安迪（Andrew H. Plaks）及孟而康（Earl Miner）等教授。

词人风格》（*The Evolution of Chinese Tzú Poetry: From Late Tang to Northern Sung,* Princeton, 1980），就是在这种机缘与心态下撰成。

近几年来，西方文学批评展现新姿。所谓“解构批评”（deconstruction）蔚为学派，影响力无孔不入。① 此一“学派”以耶鲁大学为中心，故又名“耶鲁学派”（Yale School），常人咸以为保罗·德·曼（Paul de Man，已于1983年逝世）、杰·希利斯·米勒（J. Hillis Miller，已转到加州大学任教）、哈特曼（Geoffrey Hartman）及布鲁姆（Harold Bloom）四教授系该“派”首脑。②“解构批评”其实只是前所盛行的结构主义（structuralism）的直接反动，因为所谓“解构”实指“解除结构”而言。总的说来，解构批评的信念可分为如下几点：（一）文学作品的意义并非文本（text）所能局限。（二）文学作品的生命有其文际互典（intertextuality）的特性，与许多外在的语言文字形式更有错综而紧密的联系。（三）作品的真正意义取决于读者的领会与体认，作者本身并无绝对的权威。（四）作品本身具有无限度的隐喻性。（五）认定“结构主义之假设作品结构本身有一固定意义”的理论有误，因为解构派以为作品的重要性及意义乃多层次的存在，并无明确或固定的含义。至于文际互典恒交相指涉，读者从而益感

---

① 参见张隆溪前揭书，第51—71页。

② 关于这几位批评家论点之异同，可参见 Christopher Norris, *Rhetoric and Form: Deconstruction at Yale* (Norman:Univ. of Oklahoma Press, 1985)。最近哈特曼的立场大有改变，公然反对解构批评，甚至将此“派”批评家讥为“小丑”（clowns）。过去有人认为布鲁姆教授也是“解构派”，但他的理论实则自成一格。最近他也把解构批评当笑话看，喻之为他所谓的“愤恨学派”（School of Resentment）之一，因为他认为许多风行的文学潮流均囿于门户之见，成为学者及批评家发泄内心愤恨的工具。有关哈特曼及布鲁姆对解构派之批评，请见 David Lehman, *Signs of the Times:Deconstruction and the Fall of Paul De Man* (New York:Poseidon Press, 1991), pp.27-30。

作品意义在变迁流转，更无论矣。

我于1982年转至耶鲁大学服务，无形中耳濡目染，多少受到解构批评的影响，虽然其中有些理论我不能完全了解或接受，但仅就作品深具隐喻性这一点来看，则此种“尊崇读者”的批评理论倒不失为实用的批评法则。近年来，由于在校讲授词学的需要，我把许多隐喻性较重的南宋词重新细读，发现明、清以降有关《乐府补题》的许多评论堪称中国传统“重读者”与“重作品隐喻功能”的最佳范例。从游诸生对南宋六陵遗事的历史背景特感兴趣，不但对元僧杨琏真伽的掘墓暴行甚表愤慨，而且对唐珏、王沂孙与周密等南宋遗民秘密结社联吟寄予无限同情。尤关紧要的是:《乐府补题》7首词篇篇都足以让人驰转想象，随兴联想，很值得玩赏吟味。例如，以蝉暗喻孟后发髻之遗落，以骊宫铅水隐指宋理宗尸体倒挂树梢之惨状，等等。这些例子都在发挥中国诗词言近旨远、托喻遥深的基本精神。易言之，细读《乐府补题》所收的咏物词，颇可助人理解西方批评家所谓的“文际互典”，盖此书的意义有赖读者不断思索，其题外之意与寓言寄托都存在于文本之中。由此可证，所谓“解构批评”非但不是今日西方批评家的发明，而且早就是中国传统批评的主干了。基于此一信念，我乃于5年前（1986）撰写《〈乐府补题〉中的象征与托喻》一文。[①] 在研究的过程中，我除了直接受益于叶嘉莹教授有关常州词派的著作外，还

---

① Kang-i Sun Chang, “Symbolic and Allegorical Meanings in the Yueh-fu pu-tí Poem series”, *Harvard Journal of Asiatic Studies* (Dec. 1986), pp.353-385. 此文有钱南秀的中译版，见《中外文学》第21卷第1期（1992年6月），第49—86页。

参考了加州大学余宝琳教授所著有关毛诗注的寓意探讨。[①] 同时，专事西洋文学批评研究的张隆溪先生（现任教于加州大学）也给我许多提示及启发。

就在最近这四五年，词学界出现了一位杰出的学者：任教于加拿大马克吉尔大学（McGill University）的方秀洁教授。她毕业于不列颠哥伦比亚大学，是叶嘉莹教授的高足，年轻有为，文字精湛，有关吴文英专著一出，旋即引起各方注意，普受欢迎。[②] 芝加哥大学余国藩教授曾在一篇书评中，特别赞扬方教授的文笔。就词学研究而言，方教授的贡献在奠定梦窗词"间接表现法"（poetics of indirection）的艺术性。她一面指出张炎《词源》所谓"七宝楼台……不成片段"的理论讹舛，一面又肯定了沈义父《乐府指迷》摆脱传统偏见的卓识。总之，方教授功在文学批评与欣赏。目前，她还在撰写一部南宋词发展的专书，拟将政治、社会和美学联系在一起 。就此而言，另有一位词学界的后起之秀不能不提：杨宪卿（杨泽）先生。杨君曾任布朗大学（Brown University）比较文学系研究员，现任台北《中国时报·人间副刊》总编辑，前此曾拜在普林斯顿大学高友工教授门下。不久前，他刚完成有关咏物词的博士论文，[③] 自怀古传统与美学意识来重估南宋的此一词体。将来出版成书，或可为词学界再辟蹊径。

---

① 见 Pauline Yu, "Allegory, Allegoresis, and the Classic of Poetry" , *Harvard Journal of Asiatic Studies* (Dec. 1983), pp.377-412。此文改写后已收进余宝琳本人的专著 *The Reading of Imagery in the Chinese Poetic Tradition* (Princeton:Princeton Univ. Press, 1987)。

② Grace Fong, *Wu Wen-ying and the Art of Southern Sung Ci Poetry* (Princeton:Princeton Univ. Press, 1987).

③ Hsien-Ching Yang, *Aesthetics Consciousness in Sung Yung-Wu Tzú (Songs on Objects)*, Princeton Univ. dissertation, 1987.

走笔至此，我应该附带一提西方汉学家对敦煌曲词的热衷，因为此乃近年北美词学发达的动力之一。敦煌文学关乎词的起源，详加研究确可解决许多问题。曲词又活泼可爱，正可反映中唐以降民间文学殷盛。至于通俗词的研究，哥伦比亚大学东方图书馆馆长魏玛莎（Mia Wagner）博士的著作可推为代表[①]。但研究敦煌通俗词势必涉及当时文人词的传统，于是唐五代词一时又成为北美词学界的显学，前述拙作之中便曾重点论及此际词作。不过，这方面的专家与论述甚伙、甚丰，其荦荦大者如次：一、乔治华盛顿大学（George Washington University）的齐皎翰（Jonathan Chaves）教授著有关于温庭筠的论文；二、亚利桑那州立大学魏世德（John Timothy Wixted）教授专门研究韦庄词；三、加拿大维多利亚大学（University of Victoria）白润德（Daniel Bryant）教授有专书讨论冯延巳及李后主的词；四、达特茅斯（Dartmouth）学院罗宾·耶茨（Robin D. S. Yates）教授也于最近出版一部韦词专著。[②] 据称，魏世德教授此刻正研究唐代乐府与早期词作的关系，而白润德教授也在进行晚唐词的比勘工作。相信词学界都在引颈期盼他们的成果。

此外，北美词学研究还有不容忽视的一面：翻译。学者若想

---

① Marsha Wagner, *The Lotus Boat:The Origins of Chinese Tzú Poetry in Tang Popular Culture* (New York: Columbia Univ. Press, 1984).

② 请参见以下专文或专著：Jonathan Chaves: The Tzú Poetry of Wen Ting-yun”, M. A. thesis (Columbia Univ.), 1966 ; John Timothy Wixted, *The Song-Poetry of Wei Chuang* (Temple:Arizona State Univ. , 1979) ;Daniel Bryant, *Lyric Poets of the Southern Tang: Feng Yen-ssu, 903-960, and Li Yu, 937-975* (Vancouver:Univ. of British Columbia IPress, 1982) ; Robin D. S. Yates, *Washing Silk:The Life and Selected Poetry of Wei Chuang* (Cambridge: Harvard Univ.Press)。

在西方"推销"中国文学，若想把诗词的艺术层面介绍给读者（尤其是不谙中文者），则首要之务当在把作品译成流畅典雅的英文。因此，西方汉学界长年不变的铁则是："无翻译，则无文学研究可言。"这种情形诗词界尤其严重。这样看来，批评家多少要受到翻译家的启示，而更广泛的现象是，翻译家就是批评家。总之，译者与译作的编选者在词学研究上有其积极的意义，贡献重大。王红公（Kenneth Rexroth）与钟玲合译的《李清照全集》（*Li Ching-chào, Complete Poems*, New Directions, 1979）尤为汉诗英译之翘楚。类似的译坛雕龙客以下列诸位成就最高：傅汉思（Hans Frankel，原任教于耶鲁大学，现已退休）教授、华兹生（Burton Watson，原任教于哥伦比亚大学，现定居日本）教授、洛伊斯·傅恩（Lois Fusek）博士、李又安（Adele Rickett，原任教于马里兰大学，已退休）教授、舒威霖（William Schultz，原任教于亚利桑那州立大学，已退休）教授，以及印第安纳大学的两位退休教授柳无忌与罗郁正。[①] 威斯康星大学倪豪士（William Nienhauser, Jr.）教授近年来则主编了一部《中国古典文学大辞典》，其中有关词学的条目编写得十分详尽，几乎含括了所有重要词学研究者的心血。[②]

依愚见，北美词学研究之所以于近年异军突起，原因除了研

① 见 Hans Frankel, *The Flowering Plum and the Palace Lady* (New Haven:Yale Univ. :press, 1976)；Burton Watson, *The Columbia Book of Chinese Poetry* (New York:Columbia Univ Press, 1984)；Lois Fusek, *Among the Flowers:The Hua-Chien Chi* (New York:Columbia cniv. Press, 1982)；Adele Rickett, *Wang Kuo-wei's Jen-chien Tzú-hua* (Hong Kong:Hong Kong Univ. Press, 1977)；Wu-chi Liu and Irving Lo, *Sunflower Splendor* (New York: Doubleday, 1975)；Irving Lo and William Schultz, Waiting for the Unicorn:poems and Lyrics of China's Last Dynasty, 1644-1911 (Bloomington: Indiana Univ. :Press, 1986)。

② William Nienhauser, Jr. , ed. , The Indiana Companion to Traditional Chinese Literature (Bloomington: Indiana Univ. Press, 1986).

究者思想开明、不泥于一法之外，约略还可归纳为下列两点：（一）没有“词学别是一家”的观念；（二）有心人积极推动研究发展。今日北美教育虽重专才，实则更重通才。研究词学的人士并不以“词学家”自限，而一般诗文的研究者也会跨行到词学。哈佛大学宇文所安（Stephen Owen）与加州大学余宝琳两教授一向以精研唐诗著称，但最近研究触角都延伸到了词学，① 就是特例。又如普林斯顿大学高友工教授倾力研究律诗，② 但教学时特重词学的探讨。许多词学研究者（包括林顺夫教授及笔者本人），均出自高氏门下。

余宝琳和宇文所安两教授也是推动词学研究的佳例。他们曾联名向美国高等研究基金会（American Council of Learned Societies）申请专款补助，筹办了一个词学研讨会，于 1990 年 6 月 5—10 日在缅因州约克（York）镇举行。原计划与会学者共计 17 人，但宇文所安因事缺席。其中，14 位来自北美各地，3 位则由中国大陆专程赶到。此外，又有 3 位美国研究生在场担任记录。会中所讨论的问题均属目前词学关键，相当具有代表性。兹将会议全程所提论文胪列如后，裨便读者鸟瞰北美词学近日发展梗概：

---

① 余宝琳教授的著作参见上页脚注 ②。宇文所安教授尤以著作等身享誉汉学界，代表作包括 *The Poetry of Meng Chao and Han Yu* (New Haven:Yale Univ. Press, 1975)；*The Poetry of Early Tang* (New Haven:Yale Univ. Press, 1977)；The Great Age of Chinese Poetry (New Haven:Yale Univ. Press, 1981)；*Traditional Chinese Poetry and Poetics* (Madison:Univ. of Wisconsin Press, 1985)；*Remembrances:The Experience of the Past in Classical Chinese Literature* (Cambridge:Harvard Univ. Press, 1986)；Mi-lou：Poetry and the Labyrinth of Desire (Cambridge:Harvard Univ. Press, 1989)。

② 高教授最近的英文著作为“The Aesthetics of the Regulated Verse”，已收入林顺夫与宇文所安合编之 *The Vitality of the Lyric Voice* (Princeton:Princeton Univ. Press, 1986), pp.332-385。他另撰有“The Nineteen Old Poems and the Aesthetics of Self-Reflection”一文。

（一）关于词之美学特性与形式问题（Aesthetic and Formal Aspects of Tzú）的论文有：

高友工（Yu-kung Kao），《词体之美典》（*The Aesthetic Consequences of Formal Aspects of Tzú*）

宇文所安（Stephen Owen），《词之传统中"真"的问题》（*Meaning the Words:The Genuine as a Value in the Tradition of the Song Lyric*）

林顺夫（Shuen-fu Lin），《词体特性之形成》（*The Formation of Tzú's Distinct Generic Identity*）

施议对，《词体结构论简说》（中文稿）

（二）关于女性问题与社会背景（Issues of Gender and Social Context）的论文有：

魏世德（John Timothy Wixted），《李清照的词与女性主义》（*The Poetry of Li Ching-chao:Some Feminist Considerations*）

孙康宜（Kang-i Sun Chang），《柳如是对晚明词学中兴的贡献》（*Liu Shih and the Tzú Revival of the Late Ming*）

杨宪卿（Hsien-ching Yang），《词里的阴阳情绪与欲动》（*Androgyny and the Movement, of Desire in Tzú*）

方秀洁（Grace S. Fong），《词体之女性化过程——女人的意象与声音》（*Engendering the Lyric:Her Image and Voice in Song*）

（三）关于词评、词籍保存与词的接受等问题（Self–Interpretation:The Transmission, Reception, and Criticism of Tzú）的论文有：

白润德（Daniel Bryant），《从《南唐二主词》之版本校订说起》（*Of Trees and Crabs and Data Files, Anthologists and Kings: The Textual Tradition of the Nan-Táng Erh-chu Tzú and What We Can Learn from It*）

萨进德（Stuart Sargent），《词与歌曲之隔离——兼论僧道、词籍印刷与音乐等问题》（*Distancing and the Lyric:The Monk, the Book, and the Flute*）

艾朗诺（Ronald Egan），《词在北宋的声誉问题》（*The Problem of the Repute of Tzú During the Northern Sung*）

余宝琳（Pauline Yu），《词与正典的问题》（*Song Lyrics and the Canon:A Look at Anthologies of Ci*）

叶嘉莹（Chia-Ying Yeh），《王国维的词及其文学理论》（*Wang Kuo-wei's Song Lyrics in the Light of His Own Theories*）

陈邦炎，《关于词的质素、风貌、容量的思考》（中文稿）

杨海明，《词学研究之未来》（中文稿）

此次词学会议充分体现了北美词学研究的方向与精神。虽然施议对、陈邦炎与杨海明乃由中国大陆远道而来，但其论文在某种程度上实经大会事先安排。会议全程最具意义的一点是：各方学者互相切磋争辩，其影响必将波及往后词学的发展。除了上述发表专论的学者外，大会主持人还特地邀请了两位“评论员”

（discussants）于落幕当天总结议程。这两位评论员是芝加哥大学的余国藩与华盛顿大学的康维达（David Knechtges）教授。他们的评论都很有见地，就中尤以余教授的论点切中肯綮，颇能抓住今日词学方法论的内在脉络，更可启发往后研究者的方向。余教授以为：

1. 词与音乐的关系仍然需要新的研究。

2. 诗与词应从结构上、形式上来区分，不宜以主观印象下结论。例如“长短句”表面上看来似乎是一种“自由诗”，但词的韵律及其他形式限制实则较诗体更为严格。

3. 传统上所谓“豪放”与“婉约”的对立大有商榷的余地。今后关于风格之研究宜加深入，希望词学学者从“语言问题”及“句构”入手，加紧研究的步伐。

4. 大会中有人以词韵来定作品先后，极其危险，因为许多“方言”问题连语言学家都无从解决。

5. 在研究“正典”（canon）时，不能只看重序跋之类的材料，还应注意词人如何填词及读者如何读词的问题。常人往往忽视读者的重要，但读者的意见实则很容易发展成为一种强大的传统，会直接影响到“典律”的形成。

6. “细读”（close-reading）式的批评可说是最具意义的研究方式，很高兴看到大会中有几篇论文在这方面做得甚为彻底，甚为精湛。

大会浓厚的学术气氛及自由讨论的精神，同时也给中国大陆的3位学者莫大的“精神激荡”。施议对博士回国之后，就连续写了10篇与会观感，从各方面追记缅因词会的盛况。他在《国际词学研讨会在美国举行》一文里说了下面这段话：

> 有关宋词与女性主义问题，主要探讨一种社会思潮对于词学研究的影响问题。女性主义，这是当前美国社会的一个热门话题。美国当代女性，似乎并不满足于经济、政治的解放和社会地位的提高，而更加注重在意识形态中的地位，即希望在内心世界真正得到“解放”。与会学者将当前社会的新观念与宋词联系在一起进行分析批判，令人耳目一新。有关学者提出：宋词中许多言情作品虽为女性而作，且往往以妇人声口出之，似乎可称为女性文学，但其所表现的却仍然是男性的意愿，男性的需求与欲念，即使是女性写女性，也未曾摆脱男性，即女性对于男性的依赖关系。有关学者主张以女性主义对于宋词进行再认识。[①]

施博士同时又在《北京晚报》发表了一首词，感慨缅因词会仿佛“桃源仙境”，对北美学者享有的学术自由羡慕不已：

临江仙

到处缤纷芳草地
此间可是桃源
缘溪行有一舟牵
青藤连屋宇

① 载《文学遗产》1990 年第 3 期。

松鼠任攀援
杳杳晴曦横紫带
平林漠漠孤烟
高谈词客胆如天
山中方数日
世上已千年[①]

坦白说，今日我回顾北美词学研究由萌动到茁壮的这段历史，益加感到学术自由的可贵。北美的词学学者可谓天之骄子，但今日的学术巨厦乃建立在上一代汉学家“识尽愁滋味”的忧患劳苦上。抚今追昔，甚盼后来者能谨记共勉，为词学研究再创历史高峰。

（原载于《中外文学》，20 卷 5 期，1991 年 10 月）

① 刊《北京晚报》1990 年 8 月 16 日。

“古典”与“现代”

——美国汉学家如何看中国文学

数十年来美国汉学界一直流行着一种根深蒂固的偏见，那就是，古典文学高高在上，现代文学却一般不太受重视。因此，在大学里，中国现代文学常被推至边缘之边缘，而所需经费也往往得不到校方或有关机构的支持。一直到20世纪90年代，汉学界才开始积极地争取现代文学方面的“终身职位”，然而其声势仍嫌微弱。有些人干脆就把现代中国文学看作是古代中国文学的“私生子”。

是什么原因使得美国的中国文学研究形成这种“古典”与“现代”的畸形对立呢？这无疑是个十分复杂的问题，尤其因为它涉及许多跨文化的因素，不是一言两语就能说清楚的。然而，今日当我们检视海外中文文学的理想和实践时，我们不得不重新思考这个问题所象征的文化意义。本文拟从文化认同、艺术准则、文学典律诸方面来进行讨论。

首先，让我们从周蕾所谓“对他者物恋化”的文化现象说起。在她的近著《妇女与中国现代性：东西方之间阅读记》中，周蕾特别提出西方人如何把“传统”中国看成“他者”的问题。她认为西方人是以“物恋”的方式来研究“传统”中国文化的——在他们的心目中，最值得迷恋的就是“传统”中国所代表的尚未西化的“纯粹”中国性，因此他们执迷于对古典的美化。从周蕾的观点看，诸如贝特鲁奇所导演的《末代皇帝》以及克里斯蒂娃的《中国妇女》一书都是这种迷恋“他者”的跨文化产物，它们所呈现的不是真正的中国，而是对中国的“物恋化想象”。

相对而言，周蕾以为许多西方人之所以蔑视“现代”中国文化，主要因为那是一个已经被西化、被现代化了的中国——换言之，那是被认为丧失了“纯粹中国性”、被西方霸权“肢解”了的复杂主体。所以，周蕾说：“汉学家在对中国传统和本国本色执迷之中，缺乏的却是对现代中国人民的经历的兴趣。”她甚至尖锐地指出：

> 汉学家是那么酷爱古代中国文本里面的中国，以至于他们不愿意去参观访问中国。他们只能把中国文本当作图画来默默地阅读，却并不会讲中国话；他们担忧中国与其余的世界靠得太拢了，于是强调中国研究的方法是自足的……

根据周蕾的解释，正是这种古典“自足”的偏见使得著名汉学家宇文所安（Stephen Owen）于几年前对诗人北岛的作品的“西化”有所批评，而引发了张隆溪、奚密等人对这种偏见的反弹。

不用说，周蕾对美国汉学界的批判具有一定的启发性，它至少促使人们改变一些看问题的方法。但我认为这个问题还可以讨论得更深刻，也可从不同角度来看，这样才不至于落入以偏概全的陷阱。我愿意站在客观的立场，针对“古典”与“现代”的对立做进一步的讨论。

我认为美国汉学界从一开始之所以偏重于古典的研究，并不完全出于对“他者”的迷恋；而它之所以忽视现代文学的研究，也不意味着缺乏对“他者”的迷恋。因为任何研究目标都有被“他者化”的可能。其实，真正的关键在于文学研究本身所强调的“经典”（canon）准则问题：当现代文学的批评准则正在形成、尚未定型之际，早期的汉学家只能研究传统的“经典之作”（classics）。像《诗经》《四书》一类的古典文本对汉学家来说特别具有继承性，因为那些都是过去传教士所编译过的经典之作。后来随着对中文的逐渐精通，汉学家开始研究唐诗、宋词等典范诗类，接着近年来又开拓小说、戏曲的研究以及明清文学的新科目。总之，汉学研究的发展是与文学典范的重新阐释息息相关的。比起古典文学，现代中国文学大都尚未进入经典之作的行列，所以长期以来一直被忽视了。

事实上，不仅汉学界如此，西方的文学批评界也是如此。整部西方文学史其实就是不断奠定新文学经典的历史。像波德莱尔（Baudelaire）、乔伊丝（Joyce）、惠特曼（Whitman）等现代诗人也都是在长时间的考验之下才慢慢进入大学课程中的经典作家之列的。在这期间，许多纯因侥幸而流行一时的作者也相继遭到淘汰。“何者被纳为经典？何者被淘汰？”一直是西方批评史中一个重要的课题。例如，艾略特（T. S. Eliot）在其著名的文章《什么是古典？》（*What is a Classic?*）中特别提出，所谓“古典”就是

“成熟的心灵”之表现——一个成熟的作家就是在一种语言中表达人类普遍性的作者，但不成熟的作者只会表达狭窄的意识。换言之，经典的准则就是禁得起时空考验的准则，伟大的作家自然会登上经典的宝座，二流的作者终究会被排斥在经典之外。

但问题是，人们对于经典的准则有不同的解释和定义。尤其在多元文化的今日，来自不同文化背景的人在选择经典时很难达成共识。目前最典型的批评策略就是，一致以政治性的说法来说明经典的形成与奠定。例如布伦斯（Gesald L. Bruns）在一篇有关“经典”与“权力”的文章中说：

> 所谓经典，并不属于文学的范畴，它是一种属于权力的东西。

诸如此类的言论无形中使人把“权力的准则”代替了“文学的准则”，因而忘记了文学本身的重要性。有鉴于此，著名文学理论家布鲁姆（Harold Bloom）就出版《西方正典》（*The Western Canon*）一书来重申“美学价值”（aesthetic value）的独立性与必要性。他一反当前对经典作品政治化与实用化的强调，呼吁大家以“怀旧”的精神来看“经典之所以为经典”的根本文学性。然而问题是，布鲁姆在书中对西方纯文学的强调，以及他对女性主义和黑人文化运动的攻击，都处处表现出“欧洲中心论”的偏见。难怪该书一出版就引起各界人士对其“错误”意识形态的抨击。

事实上，在今日复杂的社会中，文学经典的研究不可能与权力无关——例如，长期以来欧美作家一直被视为最具权威性的经典作家，但少数民族与女性的作家则被普遍地忽视。幸而近年来由于“政治正确”运动的影响，许多美国大学都纷纷重新调整“经典课程”的内容，使有些边缘文学的课程一跃而成主流文学。以耶鲁大学为例，所谓“古典文学”一向只指希腊文学与拉丁文学；但自1988年起，比较文学系里的“古典”选修科目则包括中国文学。此外，当今的文学批评思潮中最令人感到兴奋的，莫过于女性主义的兴起与女性作品的重新阐释。这场文化风潮涉及面之广、影响之深是文学史中罕见的。而女性文学的经典化显然在相当程度下是由于“权力的准则”的运用而产生的。

然而，若把文学作品被纳入经典与否一概视为权力的运用，也是极其危险的。我认为信奉后殖民理论的学者正犯了这种错误。我可以很坦率地说，我虽然十分赞同周蕾在《妇女与中国现代性》中的女性主义阅读，但对于她有关第一世界西方如何歧视第三世界中国的论点却要提出质疑。至少在现代中国文学的问题上，若把注意力完全集中于西方的文化霸权上，把现代文学的边缘性完全归咎于西方人的偏见，那么我们就等于自己放弃了作为中国人的自我批评职责。在重新估价现代文学的过程中，我们是否有勇气自问：是什么纯粹的文学的原因使许多现代作品被排斥于经典之外？例如，我们可以考虑：现代中国文学在艺术上及文化上是否已建立了一个成熟的审美传统？它与古典传统的断裂意味着什么危机？它是否长时期受害于“艺术反映现实”的文学观？

我看只有当“我们”自己努力提高文学艺术的准则，现代中国文学才能真正地经典化，否则一味地指责西方的文化霸权，把文学一律视为权力的运作，则会无可避免地走向更大的困境。

事实上，近五六年来，中国现代与当代文学在美国汉学界的地位可谓突飞猛进。突然间，申请攻读这一学科的人数戏剧性地增多，许多大学的东亚系都有供不应求的现象。这种兴盛显然与中国当代文学自身的发展、流传与进步息息相关。像王安忆、莫言、苏童、残雪、北岛等人的作品英译都是由美国主流出版社出版，而且也先后得到读者的好评。按照今日批评界所流行的经典论（Canonization）来说，中国当代文学正在逐渐走向经典化的过程：哪些作品将会成为永垂不朽的经典，哪些只是喧腾一时的畅销书，则要看作品本身的文学价值而定。

无论是“古典”或是“现代”，文学的经典化还要靠批评家的努力。不用说，汉学界里中国现代文学的逐渐兴盛与王德威、李欧梵、周蕾等专家的推波助澜是同步的。尤其，在有关20世纪90年代小说的评析上，王德威带给了我们新的美学眼光，让我们在这个后现代、多元文化的环境中，更加意识到我们“看”的是什么，要如何“看”，从什么上下文中来“看”。只有像这样的文学批评才能把当代中国文学逐渐从边缘地位引向经典化的方向。仅这一点就足以证明，过去中国现代文学之所以被忽视，并非由于第一世界西方歧视第三世界中国，而是由于现代（包括当代）文学的批评活动与准则尚未定型，而文学作品本身也还在不断成长与被发现的过程中。

（原载于《读书》1996年7期）

后记：

有趣的是，在我撰写这篇文章 19 年之后的今天，美国汉学界的倾向却完全反了过来：那就是，现代文学已变得高高在上，而古典文学已不太受人重视了。

（孙康宜补注，2015 年 8 月）

《乐府补题》中的象征与托喻

说起《乐府补题》的事件，那真是一件历史悲剧，但可惜历史书上少有记载。原来那故事是这样的……

公元 1278 年，吐蕃喇嘛杨琏真伽奉元人之命毁辱南宋诸帝陵寝。14 名南宋遗民词人愤而诉此事于词章，结集为《乐府补题》。[①] 全集共收词 37 首，分为 5 组，分别作于 5 次哀悼毁陵惨剧的秘密集会，时为公元 1279 年，地点在越（今浙江境内）。5 组词，每组专咏一物，依次为龙涎香、白莲、莼、蝉及蟹。一般认为，龙涎香、莼、蟹等词托喻陵寝被毁的南宋诸帝，而白莲词和蝉词则与后妃有关，她们的尸骨与君王的遗体一道被抛撒荒郊。[②]

值得注意的问题是，这些宋遗民词人何以选择咏物词来抒发他们对于毁陵事件的愤慨？他们必定想把这种原用以铺陈描述事

① “乐府补题”一名为词集编者陈恕可和仇远后加。
② 参见夏承焘《乐府补题考》，见其《唐宋词人年谱》，北京：中华书局，1961 年版，第 337 页。

物的诗歌手法，当作呈现自我内心意象的高度个人形式。[①] 对于咏物词所取的这种态度，其引人注目之处在于，它代表一种旨在创立新的诗歌表现方法的努力，宣称诗歌中的描述已不再纯然是描述，而是包蕴着个人情感。这样，咏物词便成为一种理想的间接表意形式。通过这种形式，诗人们不是直接地，而是借助象征（symbol）和托喻（allegory）来表达他们的内心。

《乐府补题》在很多方面代表南宋咏物词的最高峰。本文试图解释，产生于"宋陵事件"的这些咏物词，是怎样既是象征性的，又是托喻性的。当然，近来在西方文学批评中象征和托喻的概念变得十分困难而复杂，因而在使用这些术语时必须加以仔细解释。

在本文文学批评中，象征与托喻一般被看作两种完全不同的手法；象征派与托喻派之争，至今风气未颓。

首先，从浪漫主义时期开始，即有一种总的趋势，把象征手法看得高于托喻，因为许多批评家认为象征主义似乎"与诗歌的本质等同"，而托喻则"远离作诗之精神"。[②] 其后，20 世纪 60 年

---

① 咏物，作为文学中的一种描述手法，在古代赋和诗中就占突出地位。有关咏物赋的讨论，见 Burton Watson, *Chinese Rhyme-Prose:Poems in the Fu from the Han and the Six Dynasties Periods* (New York:Columbia University Press, 1971), p.12-16；David R. Knechtges, "Introduction"，*Wen Xuan, or Selections of Refined Literature* (Princeton:Princeton University Press, 1982), Vol. 1, pp.31-32。有关咏物诗作为"形似"形式的研究，见拙著 *Six Dynasties Poetry* 第四章。有关南宋咏物词的发展，见林顺夫（Shuen-fu Lin），*The Transformation of the Chinese Lyrical Tradition:Chiang Kuéi and Southern Tzú Poetry* (Princeton:Princeton University Press, 1978)；方秀洁（Grace Fong），*Wu Wenying and the Art of Southern Sung Ci Poetry* (Princeton: Princeton University Press, 1987), pp.78-104。

② Murray Krieger 在他的"'A Waking Dream'：The Symbolic Alternative to Allegory"一文中对这一趋势进行了概述，见 Allegroy, Myth, and Symbol, in *Harvard English Studies*, 9 (Cambridge:Harvard University Press, 1981), p.4。参阅 Northrop Frye, "Allegory"，被收录于 *Princeton Encylopedia of Poetry and Poetics*, edited by Alex Preminger, et al. , enlarged ed. (Princeton:Princeton University Press, 1974), p.14。

代后期，在保罗·德·曼（Paul de Man）对托喻过程的辩护和对象征美学的摒弃中，出现了托喻的"复活"。[①] 如果不是出于其他任何因素，单单这两种手法命运的流转，就足以说明象征与托喻在西方文学中由来已久的对立存在。

我写这篇文章的最初冲动，来自我想证明象征与托喻在中国诗歌中不是互相区别而是互为补充的，而且两者可以并存于同一文本。[②] 这样，本文将专注于讨论《乐府补题》中的象征与托喻是如何与西方概念相似而又（更重要地）相区别的。[③] 我的基本观点是，西方批评仅在开始比较概念时起作用，但在使用它的时候，

---

① 见 Paul de Man, "Hie Rhetoric of Temporality", *Interpretation:Theory and Practice*, edited by Charles S. Singleton (Baltimore:Johns Hopkins University Press, 1969), pp.173-209。又见 Paul de Man, *Blindness and Insight:Essays in the Rhetoric of Contemporary Criticism*, ed.,Wlad Godzich(Minneapolis:University of Minnesota Press, 1983), pp.137-138。Christopher Norris 正确地解释了保罗·德·曼以托喻代替象征作为最高比喻手法的贡献："托喻成为最杰出的非神秘化转喻，成为对于所有自命为象征超越的事物的决定性否定。……托喻不断地将注意力导向其自身的专断特性，即这样一种事实：任何（将由读者）读出的含义均为诠释密码与习俗的产物，无权自称终极可靠的最先含义。这样，正如德·曼所谓，通过托喻，思维认识到所有理解的时间困境。并不存在自我拥有的含义的现在时刻，其间符号与实际经验吻合得如此完美，以致无必要进行进一步的诠释。对于德·曼，托喻带来一种如同解构手段的力量，德里达（Derrida）用他的一个关键字语来表达这一力量，即区别 differance。"［该词略同于 difference（不同）、differing（别于）、deferral（迁延）三词的合意——译者］见 Christopher Norris, "Some Versions of Rhetoric: Empson and de Man", *Rhetoric and Form:Deconstruction at Yale* (Norman: University of Oklahoma Press, 1985), p.201。

② 当然，有人会提出，托喻与象征主义之间的区别主要在于二者意向的不同，而且理论上来说大多数西方作品可以被读作既是托喻的，又是象征的。然而事实上，西方批评家在阅读作品时，一般不把这两种手法结合起来。

③ 叶嘉莹（Chia-ying Yeh Chao）在其"Wang I-sun and His Yung-Wu Tzú" (*Harvard Journal of Asiatic Studies* 40, 1980) 中，已对好几处重要的托喻内涵进行了研究。她对于托喻的诠释，符合中国的传统观点，我很同意。但理论家和比较研究家们可能会认为如此定义中的托喻并非"托喻"。本文主要是针对那些对于中西文学上的比较观点有兴趣的读者而写。

我们不能为它的独特“西方”含义所限制。

我的讨论将从《乐府补题》诸词的象征层面开始。在剖解实例时，我将着重第二组词的诠释。这一组共收词10首，一律调寄《水龙吟》。10首词均题为《浮翠山房咏白莲》。[①]卷首一阕为当时最负盛名的词人之一周密所作：

> 素鸾飞下青冥，舞衣半惹凉云碎。蓝田种玉，绿房迎晓，一奁秋意。擎露盘深，忆君清秋，暗倾铅水。想鸳鸯正结，梨园好梦，西风冷，还惊起。　应是飞琼仙会。倚凉飙，碧簪斜坠。轻妆斗白，明珰照影，红衣羞避。霁月三更，粉云千点，静香十里。听湘弦奏彻，冰绡偷翦，聚相思泪。[②]

这首词的中心象征当然是白莲。在中国文化中，白莲象征纯洁与完美，因为它的花朵洁白无尘，玉立于池沼泥泽之上。白莲也是宁静、神圣的象征，被佛、道二教同视为圣物。[③]在周密的这首

---

① 撰写“白莲”组词的聚会地点浮翠山房，可能属于《乐府补题》词人之一唐艺孙。其他四组词分别作于越地的四个不同地点：宛委山房（属陈恕可）、紫云山房（属吕同老）、余闲书院（可能属于王沂孙）、天柱山房（属王易简）。应当注意到被毁的南宋帝陵就在越山之侧。参阅：黄北显，《乐府补题研究及笺注》（香港：学文出版社，1975年版），第11、84页；夏承焘，《唐宋词人年谱》，第379页；Chia-ying Yeh Chao, “Wang I-sun and His Yung Wu Tzú”。

②《乐府补题及笺注》，第16页；唐圭璋编《全宋词》，北京：中华书局，1965年版，第3287页。

③ 参见 C. A. S Williams, “Lotus”，被收录于 *Outlines of Chinese Symbolism and Art Motives*, 3rd rev. ed. (New York: Dover Publications, 1976), pp.255-258。并参阅周敦颐《爱莲说》，文中表述了一位新儒学者对于莲的喜好，因为它“出污泥而不染”的品质、淡远的清香和庄重的美丽等等，被收录于王云五编《周子全书》，上海：商务印书馆，1937年版，卷17，第333页。

词中，白莲以其馨香淡雅，被作为女性形象的隐喻（metaphor）。这样的拟人手法一直保持在咏物词的传统中；通过它，非人的事物被用来象征人。①

既然人格化首先是一种象征手法，这首词在这一层面上明显是象征性的。然而，这只是最低限度的象征主义。真正的象征主义具有更多含义：它指一种意象的象征结构。这种结构是含蓄的，只有在和情感相联系时才能为人所欣赏。②在这首白莲词中，如同在其他《乐府补题》词中一样，象征与被象征之间的联系，建立在一种意象的联想之中。对这种意象的联想需要进行多重诠释。

让我们从分析本词的上半阕入手：开首数行，呈现一幅素鸾飞舞云间的意象——沉默的舞，美得神秘。这种费解的语调，对于神鸟惹碎凉云的描写，立即招致种种疑问。这幅意象的含义是什么，“素鸾”与“白莲”之间有何联系？这是梦？是真？抑或二者兼是？这首词为何如此朦胧费解？

然而，朦胧乃是咏物词的主干。作为文体的一种，咏物词一直遵循联想表述原则，坚持将具体的意象与象征及被象征之间所共有的特质联合起来。这些象征与被象征之间所共有的物质从未被清楚明白地指称；它们只是凭借种种意象的联系而凸现出来。换句话说，彼此之类似，是通过特质上的联系而被强加在意象上

---

① 花的拟人化绝非新手法。有关中国古典诗词中梅花的人格化，参阅傅汉思（Hans H. Frankel），*The Flowering Plum and the Palace Lady:Interpretation of Chinese Poetry* (New Haven:Yale University Press, 1976), pp.1-6； 及其“The plum Tree in Chinese Poetry”，*Asiatische Studies* 6 (1952), pp.88-115。并参阅 Maggie Bickford 等，*Bones of Jade, Soul of Ice:The Flowering Plum in Chinese Art* (New Haven:Yale University Art Gallery, 1985)。

② 参见 Alfred Garwin Engstrom, “Symbolism” 和 Norman Friedman, “Symbol”，*Princeton Encyclopedia of Poetry and Poetics*, pp.836-839,833-836。

的。不过，最重要的是，这种（意象和象征意义的）关系所包含的种种含义是经由读者来发现的。

回到周密的词上来：我们将会发现素鸾、白莲之间的等同是一种感官上的等同——色彩、声音等等。莲，其白色花瓣，如素鸾一般莹洁。她默默摇曳风前，犹如素鸾默默起舞云间。她飘浮一池冷碧之上，又如素鸾之逗惹"凉云"。这里，我们清楚地看到生命被投射到无生命的物体上，白莲被变形为具有生命特质的物体。

接着，花儿便有了思想，有了欲望，有了遗憾。她是孤寂的，纯洁、悲哀、淡远，有如产自蓝田幻境的白玉。[①]在咏物传统中，梅花常被称作"玉人"，往往用来隐喻美女。在这首词里，莲花也同样被还原到她的女性本质，皎洁如玉，带着一种迷人的忧郁。她默默地等待着拂晓，妆盒里满蓄着"一奁秋意"——这静夜无眠，透露出她的感伤、激情和痛苦。

现在物与人已合二为一，诗人一步一步把我们引向他的象征主义的深处。在第七行（"忆君清秋"）里，诗人的代言人开始进入画面。他告诉我们，莲叶上的露滴使他联想到眼泪——不是一般的泪，而是铅水。这一意象显然出自诗人李贺的名篇《青铜仙人辞汉歌》：诗中的铜人因被迫从长安汉宫迁往魏都洛阳而潸然落下铅泪。铜人落泪，是因为他所擎的露盘，原用以为汉朝天子承接仙露的，现在却被打碎了。[②]这一典故的应用对于周密词的中心

① 此处用李商隐《锦瑟》诗典："沧海月明珠有泪，蓝田日暖玉生烟。"这里，玉的魔幻性质来自下述传说：一位叫紫玉的女子死于相思，死后化为轻烟，缭绕蓝田。参见 A. C. Graham, *Poems of the Late Táng* (Penguin Books, 1965), pp.171-173。

② 参见同上书，第 106—108 页。并参见 Chia-ying Yeh Chao, "Wang I-sun and His Yung-Wu Tzú"。

含义想必十分重要。不过，在这一点上，它仅仅指示了一个方向，似乎在悲哀的铜人和承露的莲蓬之间存在着某种联系。然而，莲花又被拟人化为一位女性。这是否意味着诗人想到他自己的朝代的衰落，其间一位美丽的女性也曾“暗倾铅水”？如果是这样，这位女子是谁？

诗人似乎如此解释女子悲哀的由来：“想鸳鸯正结，梨园好梦，西风冷，还惊起。”如此看来，女子是被“西风”——可能是指朝代的衰落——把她和爱人分开。而且，由于某种原因，诗人几乎是亲身体会到女子的绝望，西风飒飒，仍然冲刷着他的记忆。如此说来，这首词难道是出于诗人自我激情的回忆？不过，我们切不可把如此单一而确定的含义，强加给这样一首复杂的作品。这首词的象征力量不是建立在意象的清晰之上，而是在其晦涩之中。

进入本词的下半阕，我们看到这女子，可能是在她死后羽化登仙。这转折真是出人意料！女子变成了飞琼——崑仑山西王母座下的乐仙。[①] 她“倚凉飔，碧簪斜坠”，让我们想起迎风起舞的白莲和素鸾。其实，她就是白莲：她的“轻妆”对应白色的莲瓣，她的“明珰”有如深夜莲花上闪烁的月光。甚至她的名字“红衣”，也和莲花的名字一样。[②] 唯一的不同是她已成不朽，一位仙子生活在超越时间的世界里，与鲜花、美女的短暂形成尖锐对比。是在这层意义上，女子与神鸟素鸾完全达到了同一。一点对于莫测的神仙生活的知觉，一份对于神秘、对于超越人类世界的梦想的情感，一种新的现实——这一切给我们以无限的想象空间。似乎是在

① 典出《汉武内传》，见《乐府补题研究及笺注》，第 27 页。

② 可能是因为莲花白莲瓣上的红晕，中国诗词中常称莲花为“红衣”。

生死之间，诗人找到了一条道路——一种持续不断而且寓意丰富的平衡。月下莲池，清凉一片，诗人在那里看到了象征这一永恒世界的基本意象：

霁月三更，粉云千点，静香十里。

这美丽的仙子，明艳如月，却总是回避着诗人（“红衣羞避”）。她就像那水上仙子，若隐若现——却不似那河道自身，虽是不断流淌，但总在那里。有意思的是，她耳上的“明珰”使人想起曹植《洛神赋》中的别离，洛神哀叹她与凡间情人的短暂聚会必须终结：

无微情以效爱兮，献江南之明珰。

她的情人眼睁睁看着她在黑暗中消逝，“怅盘桓而不能去”。

“明珰”，别离的象征，唤起诗人记忆中多少旧事！他熟悉的乐声重袭心头。他“偷”弹珠泪，谁能知道他隐藏在心底的哀愁有多深？

诚然，他对那女子（莲）的爱对我们总隐着一份神秘。但有一事是清楚的：诗人的眼泪给他自己，也给他所爱的人以一定意义的安慰。因为实际上他自己也变成了白莲：他的泪珠也就是莲瓣上的露珠。或许他就是那位青铜仙人在“暗倾铅泪”。或许这首白莲词就是诗人自身的象征性造像。[1]总之，主客观之间已无界限。这种观照点的不断变换，可以和法国象征主义诗歌中典型的物我混淆相比。[2]

在上述细读的基础上，我们得以进一步观察周密词中另外两个重要方面：它们似乎定义了咏物词象征主义的特殊性质。首先，对于所有读者来说都很明显的是，虽然“白莲”二字从未在词面上出现，但词中每一处意象的描写都呈现了花儿的基本特质：莹白、清冷、淡雅、纯洁、沉静、忧郁。对于所咏物的直接指认的缺乏，反给词章平添了一份优雅。但这种距离效应的创立，只是咏物体的一种传统手法。正如宋代批评家沈义父在其《乐府指迷》中指出，咏物词的文体要则之一是词人不能直接在词面点明所咏物的名称：[3]

> 如说桃，不可直说破桃，须用“红雨”“刘郎”等字。如咏柳，不可直说破柳，须用“章台”“灞岸”等字。……咏物词，最忌说出题字。如清真梨花及柳，何曾说出一个梨、柳字？

---

① 此处并不存在性别的问题，例如周敦颐就把莲称作花中之“君子”。并请注意南宋诗（词）人常把梅花当作他们优雅生命与情感的象征。参见 Maggie Bickford, “The Flowering Plum: literary and Cultural Traditions”，见她的 *Bones of Jade, Soul of Ice,* pp. 23-24。

② 有关观照点的变化作为咏物词的文体特点，参见 Chia-ying Yeh Chao, “Wang I-sun and His Yung-Wu Tzú”。Marcel Raymond 描述了象征主义诗歌中的类似手段：“自我进入无意识力的掌握之中并与无生命物同化，而无生命物则将梦幻者的意识固定下来。”见他的 *From Baudelaire to Surrealism* (London: Methuen, 1970), p.3。

③ 不说破名字的倾向在早期咏物诗中也可看到。然而，直到后来，在咏物词的发展中这一倾向才成为一种文体要求。必须注意的是：甚至某些宋末诗（词）人也没有觉察到这一规则。例如沈义父就曾批评周密偶尔会违反这一规定。

第二，咏物词中的象征的一个基本手法是用典。[①] 例如，铜人典和洛神典为周密词提供了重要的参照系统和文际联系。通过这些指向词外某件事物的典故，我们体味到词中的细节是怎样历史性地连接起来。[②] 然而，在咏物词的上下文中，每一个典故作用如同一个意象，与占主导地位的象征的美学呈现（如白莲）密切联系；而这主导象征也就顺次成为诗人自我的隐喻。在这类诗词里，诗人是通过内化过程而赋予典故以一种意象和象征的价值。[③] 正是这种典故的表现作用使它（典故）和感觉与想象相接触。[④]

然而，最终还是"重复手法"把这些意象型的典故和其他类型的意象变成象征。重复对于《乐府补题》的含义极其重要，不可或缺；通过每一组词的逐篇比较，我们可以看出其最佳效用。例如，

---

① 有关《乐府补题》中"相联典故"的作用，参阅 Chia-ying Yeh Chao, "Wang I-sun and His Yung-Wu Tzú"。

② 有关中国诗词的用典，参阅 James R. Hightower, "Allusion in the Poetry of Táo Chién"，收于 *Studies in Chinese Literary Genres*, ed. Cyril Birch (Berkeley:Universitry of California Press, 1974), pp.108-132；David Lattimore, "Allusion and Táng Poetry"，收于 *Perspectives on the Táng,* ed. Arthur F. Wright and Denis Twitchett (New Haven:Yale University Press, 1973), pp.405-439；高友工（Yu-kung Kao）与梅祖麟（Tsu-lin Mei），"Meaning, Metaphors, and Allusion in Táng Poetry"，HJAS 45. 1 (1985), pp.77-128。

③ 虽然是在不同的上下文中，高友工对于"象征化"和"内化"的定义仍然适用于这类咏物诗："象征化指的是艺术媒体作为象征贮藏的性质。换言之，艺术语汇所包含的内容超出其表层含义，故而美学表面与形式对于总体含义有着相当贡献……内化过程是艺术家内在艺术的一部分；它因此也就成为创造过程的对象的一部分。"见 Yu-kung Kao, "The Metamorphosis of Lyric Poetics"，为纪念克劳佛（John M. Crawford, Jr.）国际讨论会"言与象：中国诗歌、书法和绘画"（Words and Images:Chinese Poetry, Calligraphy, and Painling）所撰论文 "The Metropolitan Museum of Art" (New York, 21 May, 1985)。

④ 周杉（Shan Chou）同样在其文章中强调了典故中的情感的重要，参见其"Allusion and Periphrases as Modes of Poetry in Tu Fu's 'Eight Laments'", HJAS 45. 1 (1985), p.99。

明珰、宝玉、碧簪、露盘、舞莲——所有这些意象在白莲词组中一再出现。有些意象开始似乎使人迷惑。但它们的重复出现为词章织出了厚密的意象网络。这一性质，我相信，加强了整体意象之间的连接力，因为每一意象负载着丰富的潜在意义。由于运用了这种意象重复的手法，读者被不断地引向其他的事物而把它们当作词章的真正含义，直到穷尽所有可能的象征意义。当然，中国语言自身似乎是天生保有这种意象密度，但在咏物词中，诗歌意象承担着更为厚重的连接力。

为了显示《乐府补题》的重复手法的意义，我打算考察白莲词组的最后一首，作者王沂孙，他大约是这 14 位词人中最杰出的一位：

> 翠云遥拥环妃，夜深按彻霓裳舞。铅华净洗，娟娟出浴，盈盈解语。太液荒寒，海山依约，断魂何许？甚人间别有，冰肌雪艳，娇无那，频相顾。　　三十六陂烟雨。旧凄凉，向谁堪诉。如今谩说，仙姿自洁，芳心更苦。罗袜初停，玉珰还解，早凌波去。试乘风一叶，重来月底，与修花谱。[①]

这首词以唐明皇及其湘妃杨玉环的故事起头。据白居易《长恨歌》，唐明皇是如此为杨贵妃的妩媚所魅惑以致荒废政事。每逢宫廷宴会，杨贵妃常随《霓裳羽衣曲》翩翩起舞。此曲起源神秘，

---

① 《乐府补题研究及笺注》，第 42 页；《全宋词》，第 3355 页。有关王沂孙的生卒年月，参阅 Chia-ying Yeh Chao, “Wang I-sun ard His Yung-Wu Tzú” , p.61 ；吴则虞《词人王沂孙事迹考略》，收于华东师大中文系编《词学研究论文集》，上海：上海古籍出版社，1982 年版，第 443—449 页。

《异闻录》载：

> 开元中，明皇与申天师游月中，见素娥十余人，皓衣乘白鸾，笑舞于广庭大桂树下，乐音嘈杂清丽，明皇归制《霓裳羽衣曲》。[①]

如此看来，“霓裳”指月中仙子的舞裙，“羽衣”则指素鸾的双翅。王词的起首数行美在他把一个典故化成了一个引起不尽联想的意象：杨贵妃的舞步正与月宫仙子相仿佛——轻柔如羽如梦，伴随着天宫仙乐。最重要的是，她身着白色霓裳。在我们的想象中她甚至可能披着羽衣（如她的舞名所示），正如素鸾的装束一般。

此刻我们惊喜地发现，原来周密词的开首意象也是在用典。“素鸾飞下青冥，舞衣半惹凉云碎”——不也是在写杨贵妃吗？然而，若不是读了这组词中的另一首，比如说王沂孙的词[②]，我们也许就会忽略掉淹埋在周词中的这种典故。我发现白莲词组中的所有10首都用了杨贵妃——7首明白点出“环妃”，而其他3首（包括周密词）则仅出于暗示。[③] 这些典故在词中形成固定模式，它们的重复出现把我们引向深层理解所需要的更多联想。这种重复手法起着一种激发作用，迫使我们去探测复杂而又融为一体的诗词

---

① 转引自《乐府补题研究及笺注》，第26页。

② 这类典故使我们想起James R. Hightower的文章“Allusion in the Poetry of Táo Chién”所列第四类典故：“诗行具有完整意义；典故的出处与原意一旦搞清，便为诗歌加进寓意，从而增强了诗歌的字面意义。”

③ 7首明白点出“环妃”的词包括第二、三、四、五、六、七、十等。3首出于暗示的词指第一、八、九等（转引自《乐府补题研究及笺注》，第26—42页）。

意象系统。

当我们开始分析王沂孙词时，我们发现，这首词从头至尾把杨贵妃和白莲联系一处。“翠云”，被用以描绘杨妃的秀发，也做了莲叶的隐喻。杨妃“娟娟出浴”，纯净、天然、“铅华净洗”，如芙渠出水，“盈盈解语”。确实，作为花儿，杨妃较之池中芙蓉更为光彩照人。据野史所载，唐明皇曾如此品鉴比较眼前这两种“解语花”。

明皇秋八月，太液池有千叶白莲，数枝盛开，帝与贵戚宴赏焉，左右皆欢羡。久之，帝指贵妃示于左右曰：“争如我解语花？”[①]

如此说来，杨贵妃是因为她具有人情才较白莲略胜一筹。这个典故强调了杨妃情感生活的一面。因此，在王沂孙笔下，杨妃作为“尤物”“祸水”的传统形象被搁置一旁。[②]代替这种形象，王沂孙在词中强调杨妃对明皇生死不渝的爱情。白居易的《长恨歌》深切地叙述了这一出爱情悲剧：明皇从都城出逃途中，杨贵妃死于明皇将士之手，玄宗让道士召唤贵妃亡灵，得知她已成为海上仙山里的太真仙子；道士至海上面谒杨妃，杨妃起誓，爱玄宗直至地久天长。然而，在人间，玄宗皇帝的悲哀却无人可以慰藉：

---

① 原载《开元天宝遗事》，转引自《乐府补题研究及笺注》，第 35 页。

② 关于杨贵妃形象的固定模式；参阅 Davidv Lattimore, “Allusion and Táng Poetry”；Maggie Biokford, *Bones of Jade, Sold of Ice,* p.20。

归来池苑皆依旧，太液芙蓉未央柳。

芙蓉如面柳如眉，对此如何不泪垂。

王沂孙词的第六行至第八行，正是引用了这个感人的故事。

“太液荒寒，海山依约，断魂何许？”诗人苦苦询问。问题简单，内涵却很复杂。无疑这断魂人绝不止于两位。有很多敏感的灵魂，通过情感的认同，来和杨妃、明皇分尝这份愁苦。诗人自己会是这群断魂人中的一员吗？他和历史上这一对誓不相忘的情人之间有何特殊的关系？在诗人眼中，这纯净如玉、默默沉思的莲花，正是那绵绵长恨的见证：花儿因此也变得“芳心更苦”。同周密词中的代言人一样，诗人现在也化作了那位苦恋着的情人。眼睁睁看着他心爱的仙子倏然转身，凌波而去，只遗下一双明珰，他的心儿因痛苦而战栗。

这样，在这样一朵小小的莲花上，诗人感受到了所有这一切爱与恨。世上没有任何事物比这花儿、这生命的芬芳，更加美丽动人。通过莲花这美的象征，诗人发现了一条通往不朽的秘密通道——这就是艺术的不朽。确实，诗人成功地培养起了和花儿的共性——不仅于此，他还相信一本“花谱”（即艺术）的创立，将是他生命的最终胜利：

试乘风一叶，重来月底，与修花谱。

由此类推，可知诗人是通过诗歌和想象而领略了生命的全部意义。

让我们把这样的咏物词称作象征主义诗歌，因为这种诗歌基本上是联想的和间接的。我们的读法仅是多种读法之一，因为要穷尽词中所含的全部象征意义实际上是不可能的。在咏物词错综复杂的象征系统中摸索，读者持续地受到启发从而在本文中不断发现新的涵义。

对于读者和诗人自身来说，似乎象征的概念更适用于前者（即读者）。因为，正如马塞尔·雷蒙德（Marcel Raymond）所示，诗人常是“有意识地求助于一种间接表现手法”，尽管他们使用的意象或许被“赋予十分确切的意义”。[①] 在这种情况下，读者就必须为自己找出象征的趋向性含义。由于这个原因，我作为一个读者，将着手讨论《乐府补题》诸词的更具特征性的托喻含义。我将提出托喻在《东府补题》中赖以立足的几个基点，然后考虑这些基点是以何种状态在组词中被结成相互附着交织的整体系统。

《乐府补题》须用托喻的方法来阅读，这一点实质上为所有了解 1278 年毁陵事件的诗人和学者所证实。[②] 确实，我们对于这些词章写作的政治环境的了解，迫使我们从上述象征主义层面之外来考虑《乐府补题》。难题是，我在本文开头也曾提到，西方批评家一般把象征与托喻看得很不相同。诺思罗甫·弗赖伊（Northrop Frye）写道：

> 差别在于，一个是“具体的”导向象征的方法，它开始于

---

① 参见 Marcel Raymond, From Baudelaire To Surrealism, p.37。

② 见夏承焘《乐府补题考》，第 376—811 页。并参见 Chia-ying Yeh Chao, “Wang I-sun and His Yung-Wu Tzú”, pp.61-69。

真实事物的意象，然后引出观念和意见；另一个则是“抽象的”方法，它开始于观念，然后试图找到具体的意象来代表这个观念。①

然而，《乐府补题》咏物词所使用的文学技巧与弗赖伊所总结的模式并不相合。这些词章至少在两个关键方法上是例外：第一，它们似乎在象征和托喻之间同时具有双重焦点；第二，它们以托喻方式指向一桩政治事件，而非指向真理或观念的道德呈现，像西方托喻中所常做的那样。②

但我们无疑可以接受弗赖伊关于象征方法的定义。回到“白莲”组词上，我们会看到，不仅每首词以“真实事物的意象”开头从而引出纯洁的观念（主题），而且所有的词都持续地指向中心象

---

① Northrop Frye, Anatomy of Criticism(Princeton:Princeton University Press, 1957), p.89。不是每一位批评家都同意这样来区分两种不同的手法。例如浦安迪（Andrew H. Plaks）就这样回应弗赖伊的意见：“这样一种解释具有对称的好处……但它似乎牵涉到托喻的写作与托喻的阅读过程的混淆。例如：要想弄清但丁是要用他的天国玫瑰来作为通向神秘洞察力的跳板呢，还是用它的形象来实现一个早已信仰的上帝之诚的概念，就似乎是徒劳。”［见其 *Archetype and Allegory in the Dream of the Red Chamber* (Princeton: Princeton University Press, 1976), p.90］。麦西康（Earl Miner）提醒我们托喻和象征常是难以分清的，因为二者都是类型学的姐妹［见他的“Afterword”, *Literary Uses of Typlogy: From the Late Middle Ages to the Present* (Princeton: Princeton University Press, 1977), p.386］。最近，J. Hillis Miller 提出象征和托喻是“两种托喻”（“The Two Allegories”, *Allegory, Myth, and Symbol,* pp.355-370）。

② 当然，政治托喻在西方文学中并不缺乏。例如在 Spenser、Dryden 和 Swift 的作品中就可以找到，应注意到 Maureen Quilligan 在她最近出版的书中批评托喻阅读中对于政治含义的普遍忽视［见其 Milton’s Spenser:The Politics of Reading (Ithaca: Cornell University Press, 1983), p.160］。Holly Wallace Boucher 在他“Metonymy in the Typology and Allegory”一文中，也做了类似的、虽然多少有些附带性的批评（*Allegry, Myth, and Symbol,* p.145）。然而，近期学者们发现有必要强调托喻的政治方面这一事实，正好说明了大多数西方文学批评仍将托喻看作一种表现其理论或观念的手法。

征——白莲，虽然各自带有很不相同的暗示性含义。我认为象征与托喻的真正区别在于：对于象征来说，我们关于（诗歌）意义的广泛联想是否确实符合作者的意向是无关紧要的；而在托喻中，作者的意向则是必要的。对此，弗赖伊的解释颇有说服力：

> 对托喻的诠释……开始于这样的事实：托喻是叙述过程中的结构要素，它必须在那儿，而不是仅靠批评诠释者附加上去的。①

最近，莫林·奎利根（Maureen Quilligan）详细探讨了对托喻的阅读的真实性质：

> 这样，托喻的阅读（与附会式阅读相反）。……必然地负有反复质询诠释的复杂重任，但这种诠释方法必须局限在“本文”文字（文体的）意图之内。因此，我认为，这就是附会式阅读与托喻的阅读之间的最大区别。……在对待托喻叙述时，开头不可以逃离“本文”（text）的历史意图。②

---

① Northrop Frye, “Allegory”, *Princeton Encyclopedia of Poetry and Poetics*, p.12。钱锺书也在作者意向的基础上把托喻的写作与非托喻的写作区别开来：前者像个有核（心）的苹果，后者则像只无心的洋葱头［《也是集》（香港：广角镜出版社，1984），第121页］。

② Quilligan, Milton’s Spenser, p.26。参阅她的早期著作 *The Language of Allegory: Defining the Genre* (Ithaca: Cornell University Press, 1979), pp.29-131；“Allegry and Allegoresis, and the Deallegorization of Language”, *Allegory, Myth, and Symbol*, pp.183-185。余宝琳（Pauline R.Yu）在其“Allegory, Allegoresis, and the Classic of Poetry”一文中采取了类似的研究手法，见 HJAS 43. 2(1983), pp.37-412。

这一点把我们引向中国诗（词）人和批评家予以首肯的第二诠释层面:《乐府补题》诸词的创作托喻性地呼应了发生于 1278 年的一桩真实历史事件。作者的意图尽管是出于暗示，确实存在于本文文字之中。我们从历史和文学资料中得知，当吐蕃喇嘛毁辱 6 所宋代皇陵和 101 座宋代高级官吏的坟墓时，所引起的创痛是如此深巨，以至于陵墓附近会稽郡内的每一位汉人知识分子都有所行动。[①] 唐珏和林景熙是最积极人士中的两位。唐珏在悲愤交加之下挑选了一批青年扮作采药师，收集被抛散的帝后遗骨，改葬兰亭山，[②] 那里曾经是王羲之和其他东晋名流的修禊场所。后来，这同一个吐蕃喇嘛又下令将在这一区域内发现的帝后遗骨和牲畜骨殖混埋在塔下。[③] 此举深深激怒了所有的汉人。不过，至少林景熙设法从原宋常朝殿移植了 6 株冬青树到兰亭山遗骨冢，以标志已逝帝后的永恒存在。林景熙、唐珏，还有他俩共同的朋友谢翱，都曾作诗专咏此事。[④] 下面这首诗，题作《冬青树行》，是唐珏写在雷电击毁镇埋帝后与牲畜骨殖的白塔以后：

冬青花，不可折，南风吹凉积香雪。
遥遥翠盖万年枝，上有凤巢下龙穴。

① 据陶宗仪《发宋陵寝》，万斯同编《南宋六陵遗事》，台北：广文书局，1968 年版，第 16 页下至第 19 页上。参阅 Shuen-fu Lin, The Transformation of the Chinese Lyrical Tradition, p.192；Chia-ying Yeh Chao, “Wang I-sun and His Yung-Wu Tzú”, pp.73-74。

② 一说实为林景熙，而非唐珏，倡导了这场义举，见《乐府补题研究及笺注》，第 96—97、100—101 页。

③ 参见罗有开《唐义士传》，《南宋六陵遗事》，第 7 页下。

④ 参见《乐府补题研究及笺注》，第 105、112 页；林景熙《霁山集》，北京：中华书局，1960 年版，第 103—105 页。

君不见犬之年，羊之月，霹雳一声天地裂。

在下一年（1279）的年初，当宋朝廷完全陷于元人之手以后，14位词人——包括唐珏、王沂孙、周密和张炎，举行了5次秘密集会，填写了37首咏物词，后来被总称为《乐府补题》。这些咏物词都没有明白提及这一历史事件：从我们对周密和王沂孙词的象征主义阅读中也可看到，词中意象并未明指此事。但是，我在下文将证实，恰恰正是这些谜一般的意象所具有的召唤力，给予词的托喻框架以必要的黏合性。重要的是，作为创作依据的“六陵遗事”被有意识地处理得非常含蓄。这样，词的托喻含义不仅包括那具代表性的却缺乏连贯的意象本身，也包括对含蓄提及的历史轮廓和政治基础的理解。确实，这些咏物诗词的机能有如小说，它们说的是一件事，指的是另一件。我们可以把这种类型的托喻称作“意象型托喻”，因为托喻的传达媒体依赖于诗词意象及其共有外在结构之间的联系；而这种外在结构对于托喻的意义来说是必要的。

然而，托喻在这里为什么如此含蓄？在西方传统文学中，如诺斯洛甫·弗赖伊所谓：

> 当诗人明白指出他的意象和实例及概念之间的联系时，我们便有了真实的托喻。[①]

① Northrop Frye, “Allegory”, *Princeton Encyclopedia of Poetry and Poetics*, p.12. 直到最近，西方学者才开始对这一笼统的假设提出挑战。例如 J. Hillis Miller 说：“托喻在暗示某件事件的同时又把它隐藏起来。因为，对于普通的眼睛和耳朵来说，托喻的可见性与可听性愈强，它就愈能适应有限的目光，它因而也就愈发不能直接告知秘密。直接的诠释只能使托喻变为虚妄。”（J. Hillis Miller, “The Two Allegories”, *Allegory, Myth, and Symbol,* p.358.）

而且，事实上，大多数西方的历史和政治托喻，虽然不是占主导地位的托喻类型，“倾向于发展一种强烈的语调”，“因而在政治和历史托喻与讽刺之间有密切联系”。[①] 然而，在《乐府补题》的政治托喻中，政治背景是如此隐蔽，以致词人们不可能明白地提出他们的政治批评，更不必说讽刺。

元人的野蛮行为无疑激起相当数量的汉人学者与诗人的仇恨，导致他们在政治上的引退。所有 14 位《乐府补题》词人拒绝担任元朝官职，仅有 3 位在他们一生中的某些时候被迫接受教职[②]。这一代的学者诗人，无力恢复中华文化的光荣灿烂，愤怒失意之下，想出通过诗词秘密联络的办法。在诗词中他们逐步发展起他们作为一个组合的自我形象：共同的经历，和一种似乎超越朝代更替的文化使命意识，把他们连在一起。意识到他们本人的不确定的社会位置和与当世的疏远隔膜，这批学者诗人希望给他们自己在历史上的角色创造新的意义。因此，他们逐步培养起对后代的文化责任感——虽然他们不能公开地喊出他们的愤怒与痛苦，他们至少可以通过诗歌媒介秘密表达，并且希望后世人能够解读这些似乎朦胧不明的诗歌。

同时，中国的词体在宋及元的朝代更替中经历了若干关键性

---

① Northrop Frye, *Anatomy of Criticism*, p.90.

② 陈恕可与仇远，《乐府补题》的两位编者，分别于 1290 年和 1305 年在地方书院任教。王沂孙似乎是被迫于 1289 年担任很短时期的地方学政，然而很快便退休（见《乐府补题研究及笺注》，第 6、9 页）。正如叶嘉莹所谓：“传统儒家学者把接受元朝官职的宋代官员与接受元朝教职的宋代官员区别对待。”（见其“Wang I-sun and His Yung-Wu Tzú”）关于这一点，参阅吴则虞《词人王沂孙事迹考略》，第 444—446 页。

的变化——首要的便是加强了对咏物手法的重视，从而使得抒情自我前所未有地从外部世界退入独立的小天地中去，并经由微小的自然物，如梅花、莲花、白茉莉等，作为象征而表现出来。[①] 这个时期诗（词）社的兴起也促使了咏物词的普及，特别是因为诗词中的咏物手法总是与文人雅集密切相关[②]。无论如何，咏物词兴盛于宋朝廷即将崩溃之时，这一事实说明咏物词确实是南宋遗民词人表达其忠诚的完美诗歌手段。咏物诗词的特殊作用不仅在于它的象征意义，也在于它这种文体的诗歌要求——提倡含蓄的表达和多少有些不连贯的诗词意象。在一个表现为个人和文化危机的时期，这种诗（词）体迎合了诗（词）人的意愿。因为，除却借着自然物，有什么更能表达这群遗民诗人的孤愤？他们的自我意识在增强，而他们的自我反省也日趋激烈，正是：

只有春风知此意，年年杜宇泣冬青。[③]

这些诗人是怎样在他们的咏物诗词中一方面给人以距离感和沉默感，而同时又将读者引向他们试图表达的意义上去的？我以为取得这种效果的方法之一，是运用一些循环反复的、与真实事件有直接联系的枢纽意象。这些枢纽意象运作如同暗码，他们躲

---

① 见 Shuen-fu Lin, *The Tranformation of The Chinese Lyrical Tradition,* pp.142-185；Grace Fong, *Wu Wenying and The Art of Southern Song Ci Poetry*, pp.118-147。

② 应该强调，《乐府补题》诸词填写于在会稽境内举行的 5 次词会。关于咏物诗与早期中国文学沙龙发展之间的关系，参阅拙著《抒情与描写：六朝诗概论》第四章。

③ 林景熙《霁山集》，第 163 页。据说蜀帝杜宇（望帝）在死后化为杜鹃，故杜鹃也被称作“望帝”或“杜宇”。

过“幼稚”的读者的眼睛，却在深谙历史故实与语文学程序的人们前面显露出来。[1] 使用枢纽意象，不仅就写作程序，而且就阅读程序来说，都是重要的。而更重要的乃是对这个从对文化历史的反应中发展起来的双重作用之体认。

让我们回到“白莲”组词中来：哪些是词人与读者共同认知的枢纽意象呢？要回答这个问题，我们还须对 1278 年辱陵事件的历史环境有更为详细的了解。

在《癸辛杂识》中，周密记载了一件于我们阅读“白莲”组词有特别意义的故实。帝后遗骨被从陵墓中掘出并被抛撒荒郊以后不久，有位樵夫在墓旁捡到一缕青丝，上面还簪着一枚翡翠钗。[2] 这原是孟后的头发，痛苦地提醒人们被曝尸弃骨的所有宋朝后妃的悲惨命运。遗民诗人谢翱为此写下《古钗叹》，其中包括以下数行：

> 白烟泪湿樵叟来，拾得慈献陵中发。青长七尺光照地，发下宛转金钗二。[3]

词中的主要意象——泪、黑发和陵地金钗，似乎在回应白居易《长恨歌》中杨贵妃被赐死后的场景描写：

---

① 余英时在他的《古典与今典之间：谈陈寅恪的暗码系统》（载于《明报》1984年216期，第 17—20 页）一文中，讨论了这一诗论的特别作用。

② 参见周密《癸辛杂识别集》（学津讨源版）册 19，第 6 页；夏承焘《乐府补题考》，第 387 页。

③ 《乐府补题研究及笺注》，第 115 页。

花钿委地无人收，翠翘金雀玉搔头。君王掩面救不得，回看血泪相和流。

当然，杨贵妃的小名玉环，会自动提醒我们贵妃这些遗物的意义。但金雀钗的意象之重要，却在另一层面上：按白居易的说法，金钗是贵妃与明皇爱情的信物。当玄宗特使到海上仙山探访杨妃（时为太真仙子）时，贵妃痛苦地取出她的头饰——她和玄宗绵绵不尽的爱情的象征：

唯将旧物表深情，钿合金钗寄将去。钗留一股合一扇，钗擘黄金合分钿。但教心似金钿坚，天上人间会相见。

恰恰正是这些头发和头饰的意象，以及其他类似的和杨贵妃有联系的意象，成为“白莲”组词中所谓的“枢纽意象”，这不是偶然的。但我们重读“白莲”组词诗，我们再一次惊喜地发现，所有的发钗和其他饰物的意象都和仙子有联系，这使我们想到太真仙子（杨玉环）。周密词中的这一段是很典型的：

应是飞琼仙会。倚凉飙，碧簪斜坠。轻妆斗白，明珰照影……

确实，周密和他的词友们选择“白莲”作为一系列极其扑朔迷离的咏物词的共同题目，是极有创见的。对美丽杨妃的描写，显然是托喻性地指向宋朝的孟后，她的头发被樵夫偶然拾到。这头发，如同莲花一样，未曾被污泥所染，依然“青长七尺光照地”，如谢翱诗中所咏。重要的是，这种“莲等同杨”“杨等同孟”的明确指定，同时产生于象征性和托喻性的阅读。当然，某些词语未必具有准确含义，但在一起它们加强了诗词的关键意象和整体气氛，建立起一种强有力的组织冲击力。我已经讨论过循环重复如何变意象为象征的手法。而且我相信，类似的因素也会将象征转变为托喻。例如，铜人流泪意象（皇朝覆落的象征）的重复，毫无疑问地促使我们相信，“白莲”组词实际上是遗民祭词，写来表达人们对宋朝廷终生不渝的忠诚。词中表达的爱情因而也就是爱国之情的托喻[①]。

这种托喻性的含义同样可以在《乐府补题》的其他四组词中找到[②]。例如，第四组咏“蝉”词中，包含有相当数量的“露盘”和“铜人”意象。蝉是一种吸风饮露的昆虫，因而也就和露盘朝代覆亡的象征——联系起来。此外，与透明蝉翼相仿佛的女子云髻，这意象的不断重复，似乎也特别指向“拾发”的故实。蝉与孟后的

① 叶嘉莹为中国诗词中这类托喻的合法性辩护道：“情诗转化为爱国圣歌是一种可以理解的现象，而且在某种意义上，情的表现愈炽烈，诗歌本身就愈适于做如此诠释。若谓吾言过于夸谬，请试想西方文学中，于所罗门《雅歌》（*Solomon's Song of Songs*）又做如何对待？”“The Cháng-Chou School of Tzú Criticism”，*Chinese Approaches to Literature from Confucius to Liang Chĭ-chao*, ed. Adele Austin Rickett (Princeton;Princeton University Press, 1978), p.186。有关最近对所罗门《雅歌》的托喻阅读，参阅 Prudence Steiner, “A Garden of Spices in New England:John Cotton's and Edward Taylor's Use of the Song of Songs”, *Allegory, Myth, and Symbol*, pp.137-243)。当然我们应该注意，不要把“对托喻的阅读”（reading of allegory）和“附会式阅读”（allegoresis）混为一谈。我对《乐府补题》的阅读建立在文际交叉的参考资料之上，是一种托喻的阅读而非附会式阅读。

② 对于王沂孙“蝉”词和“龙涎香”词的详细研究，参阅 Chia-ying Yeh CHao, “Wang I-sun and His Yung-WuTzú”，pp.66-84。

等同是特别地切题，因为蝉原本就是古代齐国王后死后的化身。[①]

至于第一、三、五组词——分咏龙涎香、莼和蟹——词中的枢纽意象则特别与宋理宗的故实相关。[②] 在毁陵以后，据说理宗的尸体是被野蛮的元兵倒吊在树上的。根据可靠的资料，理宗的尸体在刚出土时，看起来像生前一样，口中还含有一颗罕见的珍珠。因为这个原因，元人很看重皇帝的头颅。他们把尸体倒吊起来，是希望能把皇帝体内的水银——他们相信是真龙（皇帝）的元质——全部沥干，然后他们才能把那无价的头颅割下来。三天以后，头到底和身子分了家，被喇嘛杨琏真伽拿去做了饮器。[③]

像在"白莲"词中一样，诗人们在这几组词中通过诗词的象征主义表达了他们的苦恼和愤恨。最有意义的是，传说中只有龙王御前的鲛人能够得到的"龙涎香"，被诗人用来象征理宗口中的稀罕珠宝，这样便把珍珠和"龙涎"联系起来。同样，咏莼诸词和咏蟹诸词前后一致地召唤龙宫意象，因为莼和蟹都是南方人喜爱的优质海产。[④] 在所有这些词里，词人们表达了他们搜寻海中珍品的愿望，哪怕要冒生命危险，也在所不惜。

最重要的是，在所有这些组词中，如"白莲"组词一样，都有一个居支配地位的表示永恒意义的意象——萦回难去的芳香（龙涎香）、经久不忘的滋味（莼和蟹），或是绵绵无尽的忧愁（蝉）。此外，词中的物体都善于变化——龙化为神，莼化为丝，蝉与蟹蜕

---

① 典出《古今注》，《乐府补题研究及笺注》，第58页。

② 参见夏承焘《唐宋词人年谱》，第377页。

③ 参见周密《癸辛杂识别集》卷1，第43页b。

④ 莼菜羹是中国南方吴地的珍馐之一。西晋时吴人张翰任职洛阳，因思念家乡的莼菜羹、鲈鱼脍而弃官南回（见刘义庆《世说新语·识鉴》）。

去皮壳。[①]但诗人们真正想说的是：他们自己也变化成了这些物体。他们对朝廷的爱（忠）有如龙涎香一般纯净，如莼和蟹一样美味，如蝉一样持久。现在，作为覆亡朝廷的忠臣，他们好似孤独的螃蟹，在泥沼里无目的地爬行；他们的心碎了，像蟹一样"无肠"。[②]

《乐府补题》总体上是一种托喻应该是很清楚的了。其中的词章不是像通常的西方托喻那样指向道德与宗教的真理，而是指向历史与政治的事实。这种类型的托喻是中国文化价值的索引：通过它，人对于特定历史形势的旨意的敏感，被给予极高的评价。我以为，上文所讨论的这种"意象型托喻"，是中国人为赋予其诗词以独立性的最好谋略。而《乐府补题》咏物词仅仅是显示了中国托喻倾向的一个主要方面。确实，创作托喻诗词的倾向是如此强烈而根深蒂固，以至于许多中国评注家的注意力似乎反被从诗词本身移开，引向一些牵强附会的，与正文并不相干的历史材料中去。[③]

就中国诗歌总体，就咏物词特别来说，托喻与非托喻之间的界限是否要比西方来得松散、灵活、不确定、不严格一些呢？可能有人会说，《乐府补题》的这种托喻，建立在一种危险的假设上，即大多数文学侦探们在竞相发现作者的中心意图所在。而且，说实在的，即使是充分确实地诠释、仔细周到地求证，也永远不能捕捉到作者的全部意图，至多不过是求其大概罢了。然而，

---

① 参见《乐府补题研究及笺注》，第 46、49、74 页。

② 参见《乐府补题研究及笺注》，第 74—81 页。蟹常被称作"无肠公子"，见《乐府补题研究及笺注》，第 75 页。

③ 余宝琳（Pauline R. Yu）在其"Allegory, Allegoresis, and the Classic of Poetry"一文中讨论了这一特殊难题。

这难题是不是只有中国人才会遇到呢？莫林·奎利根（Maureen Quilligan）曾经指出，例如西方性变态的托喻，一般便使用非常隐晦的语言。[①] 这是因为——杰·希利斯·米勒（J. Hillis Miller）解释道——托喻有一种“在公开某事的过程中保持秘密和用谜一般的象喻对人说话的倾向”。[②] 事实上，现代西方研究托喻的学者们已开始抱怨，要取得对特定篇章的“正确”诠释有多困难。塞缪尔·利文（Samuel R. Levin）在他最近的一篇题作《托喻语言》的文章中，试图用浪漫诗人济慈的“负面能力”（negative capability）概念，来作为对于托喻阅读中数不清的不确定点的一种解决方法：

> 我相信济慈的“负面能力”概念至少在一个方面是支持这种托喻阅读的。……这个词语出现在济慈给他的弟弟乔治和汤姆的一封信里，他说：“那种质量深深打动了我，它会造成一位有成就的人（特别是在文学上的成就），例如它在莎士比亚身上有极大的体现——我说的是一种负面能力，它指一个人能生存于不确定、神秘、猜疑之中，没有任何对事实和理智的过敏追求。……”对这段话贝特（Bate）解释如下：“在我们不确定的生活中，没有一个体系或是公式可以解释每一件事——即使一个字，充其量也只是济慈所谓有的‘一个思想赌注’——所需要的是一种想象中的心灵的开放和对现实的全部多样的具体事物的全力接受。……”

---

① 见其“Allegory and Allegoresis, and the Deallegorization of Language”, *Allegory, Myth, and Symbol,* pp.172-173。

② 见其“The Two Allegories”, *Allegory, Myth, and Symbol*, p.357。

这种正面的、积极的意义乃在于其克服限制的绝大能力。[①]

确实，中国的诗人、学者一向采用一种“正面的”研究方法来证明他们“克服限制”的能力。他们就《乐府补题》所做的对于托喻的诠释——如清代批评家和最近叶嘉莹所演示的那样——具有互补的两个方面：首先，他们诠释的目的在于阐明作者的托喻意向；其次，他们相信诠释是本文的象征意义的不断展现。第一个方面可以比之于传统的美国诠释方法，它“从事于决定作者的意旨”。第二个方面至少在精神上和现代解构主义方法相近，它坚持读者对于无尽头的诠释的发现。[②]这似乎矛盾的两种方法何以能够并行不悖？首先，《乐府补题》词人提供给我们具有极大意象密度的篇章，这些篇章鼓励我们去解开他们极其复杂的组织网络。其次，这些篇章也提供给我们一些关键字语，引导我们进入相关的外部结构，帮助我们取得一定程度的解释作者意向的合法性。这种方法把读者放在一种细致的、自觉的译码工作中心，直至他相信他已经达到了对作者意图的全部理解。简捷一点说，理想的读者是作者真挚无私的朋友；他不仅应该能够欣赏作者明白显示的内容，更重要的是，他也应该能够欣赏作品那呼唤着同情理解的潜在含义。由于中国文化和社会的特殊性质，这一托喻诠释的程序成为

---

① Samuel R. Levin, “Allegorical Language” , *Allegory, Myth, and Symbol*, pp.31-32.

② 史蒂文·马尤（Steven Mailloux）令人信服地从当代美国文学批评中总结出这两种相对立的阐释态度，一边是以艾布拉姆斯（M. H. Abrarns）为代表的传统学派，另一边是以杰·希利斯·米勒为代表的解构主义学派。见 Steven Mailloux, *Interpretive Conventions: The Reader in the Study of American Fiction* (Ithaca:Cornell University Press, 1983), pp.141-144。

沉默着的大多数学者——诗人最有力的阐释策略。[1]

绝非偶然，直到清代，当汉人在异族统治下重受屈辱和痛苦时，“六陵遗事”才广为人知，词评家们也才最终确立了《乐府补题》的托喻解读。首先，万斯同着手收集有关1278年惨案的历史与文学资料，编成一部博赡的六卷本选集，题作《南宋六陵遗事》。所收的著作，早期的如陶宗仪记录的实证，晚期的有黄宗羲为宋遗民诗所做的评注。[2] 也是在这段时期，杰出的学者、诗人朱彝尊设法搞到了一部《乐府补题》的手抄本，亲自作序，将之刻印发行。[3] 这样，经历了近400年的冷落，这部重要的词集终于引起了广泛的注意。

清初学者们在文学和历史研究上所做的这些努力，很快发展成一种以托喻法读词的主要趋势。厉鹗（1692—1752），一位效法张炎“清空”体的著名词人，便是这些刻意研究《乐府补题》的学者、诗人中的一员。他甚至填写了一组词，题作《龙涎香》《莼》《蝉》《白莲》《蟹》——明显是在仿效《乐府补题》。[4] 此外，他还在一首《论词绝句》里评论了《乐府补题》的托喻含义：

头白遗民涕不禁，补题风物在山阴。残蝉身世香莼兴，一

① 陈寅恪的批评性著作是成功地显示这种对于文学诠释的补足方法的例证。见其《柳如是别传》，上海：上海古籍出版社，1980年版。对于这一阐释法的研究，参阅余英时《陈寅恪晚年诗文释证》，台北：时报文化出版公司，1984年版。

② 参见《南宋六陵遗事》，第16页上、36页下。

③ 参见朱彝尊《乐府补题·序》，《乐府补题研究及笺注》，第81页。

④ 厉鹗《樊榭山房集》，上海：商务印书馆，1936年版，第606—608页。

片冬青冢畔心。[①]

厉鹗致力于诠释作者的意向，而后来的批评家如周济则有兴趣于发现词章中的意象托喻。认识到托喻阅读有其自身理论上的困难，周济发明了一种颇具说服力而又实用的阅读理论："夫词非寄托不入，专寄托不出。"这种理论原本用于托喻写作——诗人必须在词中用到托喻，但又不可以给人一种印象，好像他被托喻所束缚。[②] 通过这一理论，周济暗示好的托喻不能过于显露，因为读者读诗（词）应如"临渊羡鱼"，猜度水中究竟是鲷是鲤。[③]。可能是因为上述原因，周济在他所编词选中，偏好具有含蓄、寄托倾向的作品。[④] 他明确推荐王沂孙为初学者的楷模，因为王似乎掌握了咏物词中意象联想的诗歌真味。[⑤] 值得注意的是，周济指出的《乐府补题》中几个极重要的托喻意象，在早期批评家眼下却被轻轻放过了。[⑥]

有趣的是，与《乐府补题》诸词相比之下，那些有关"六陵

---

① 原诗见厉鹗《樊榭山房集》卷 7，第 127 页。必须注意，厉鹗的仿作和《乐府补题》原作很不相同：原作旨在让读者读成含蓄的历史托喻，仿作则仅能被称作"典故"，它把词题、地名和特定的自然物体熔为一炉——所有这一切均明白指向"六陵遗事"。典故，如麦而康（Earl Miner）所指出，是"熟悉事物的回声同时又是与之有别、寓意丰富的成分"（见"Allusion"，*Princeton Encyclopedia of Poetry and Poetics,* p.18）。

② 叶嘉莹在"The Cháng-Chou School of Tzú Criticism"（pp.178-183）中谈到这一概念的多种可能的暗示。

③ 见周济《宋四家词选目录序论》，收于邝士元注释《宋四家词选笺注》，台北：中华书局，1971 年版，第 2 页。有关常州词派所特有的以托喻法读词的习惯（周济为其主要代表），参见钱锺书《也是集》，第 117—122 页。

④ 见《宋四家词选目录序论》卷 1、2、5、6、7、8。

⑤ 同④，第 2—3 页。

⑥ 夏承焘《唐宋词人年谱》，第 377 页。

遗事”的诗（无论是古诗、律诗或绝句）远不能激起同等程度的兴趣。读一读现存的几首咏冬青诗，我们会发现这些诗有一个共同之处：过于直露。这些诗的直露不仅表现在对事物的描写上，也表现在对情感的表达上。[①] 此外，虽然冬青树被视为圣物，在诗中却未被作为象征，因为他们指的就是那些实实在在种在帝陵上的冬青。很简单，这些咏冬青诗是质直的。我相信这些遗民诗人和他们同时代的其他诗人一样，脑子里有一个清楚的文体界限——咏物词意味着象征性和托喻性的作品，而诗基本上是服务于直接的情感表露。对于像“六陵遗事”这样一种伤心刺骨的主题，我们有理由推测这些诗人宁可选择一种不必高声说出的，而是间接的、有效的诗体来写作。自由地沉浸于象征和托喻的联想中而不至于招致政治危险，有什么会比这种做法更为有效有益？这就是为什么他们有关六陵事件的咏物词在数量上远远超过他们同样主题的诗作。

有些现代西方读者可能会觉得，《乐府补题》没有托喻所必须的足够的“故事叙述”基础。就西方意义来说，上述这些托喻策略不像真正的托喻。因为许多西方学者都认为，托喻必须和故事叙述进程交缠连接：这就是说，连续的双重含义必须贯穿在特定的虚构事件中。这个概念建立在下述事实的基础上：在西方文学中，通常有一个明确定向的发展进程，贯穿于叙述文始终。是这种“连续性”——诺思罗甫·弗赖伊（Northrop Frye）解释道，“把托喻和含糊简单的用典区别开来”[②]。那么，从比较文学的观点看来，我

① 《乐府补题研究及笺注》，第 104、112 页。

② Northrop Frye, “Allegory”, *Princeton Encyclopedia of Poetry and Poetics*, p.14.

们是否还可以把《乐府补题》视为托喻呢？

为了回答这个问题，我们必须考虑西方文学中另一种区分托喻和象征的方法——象征表现特定本文内的某种单独意象，而托喻则是一个较大的组织框架，笼罩叙述的整体。浦安迪（Andrew H. Plaks）在他的《红楼梦的原型与托喻》一书中，把两种手法清楚地区分开来：

> ……可能这样说会更清楚：把象征定义成为一个具有外部参照的单一的"本文"元素，而把托喻留给较大的叙述块体；在这些叙述块体里，与"本文"交织在一起的结构模式曲折指向一种没有直接呈现的理解模式。换句话说，在托喻中，我们对付的是"本文"与"模式"垂直的关系，这些"垂直"关系在虚构的故事叙述中支撑若干象征或符号，并在他们中间得到发展。[①]

如果我们遵循着这个定义，我们大约就可以说得更准确些，把《乐府补题》中的每一首咏物词称作象征性诗歌，而把整部词集看作一部托喻作品，其中包含了许多象征性诗歌，全部指向一桩在本文中没有直接呈现的历史事件。

关于托喻的连续性问题，最后还有一点可以谈谈，这关系到结构系统。《乐府补题》包含五组词，分咏五件物体——龙涎香、白莲、莼、蝉、蟹。如上述对"白莲"组词的讨论所示，同一组词

① Andrew H. Plaks, *Archetype and Allegory in the Dream of Red Chamber*, p.91.

分享类似的意象，而且就总体而言，五组词谈及的是同一历史现象。这样一种结构设计从西方文学观点看来，确实似乎缺乏真正的托喻所需要的叙述连续性。然而，很明显，我们这里是一种中国诗歌特具的托喻类型。即使在中国小说中，非线性的发展概念常支配着叙述结构[①]。南宋词人在《乐府补题》中所提供的，只不过是通向连续性概念的一种中国抒情方式：每一首词是同一主题的一个变体——是整体思想的一个意象性概念，带着一个模糊的开头和一个模糊的结尾。同样，每一组词的整体性建立在重复意象的并列的基础上。从一首词到另一首词之间是连续的，但是连续既不是时间性的也不是叙述性的。每一首词，每一组词，似乎在它们自身内便包含了一个小小的托喻。

作为总结，我愿意把《乐府补题》称作一部“托喻词集”，但它包含了一系列类似西方象征主义的词章：这些象征性的词章总起来为整体提供了结构上的聚合力。如果说，我对《乐府补题》的研究是建立在一个基本的、方法性的设想的基础上，这个设想就是：文学创作方式受着文化的制约，并且被不同的传统使用于不同的目的，它们也就必然反映出一种特别文化的诗学所具有的独特表达方式。

（钱南秀译，原载于《中外文学》，1992 年 6 月号）

---

① 见浦安迪（Andrew H. Plaks）《西游记与红楼梦的寓意探讨》，孙康宜译，载《中外文学》1979 年 7 月号，第 36—62 页。

重读八大山人诗

——文字性与视觉性及诠释的限定

读八大山人诗与“读”他的画，其乐趣有部分相同——二者都牵涉到对象征手法（symbolism）的解析。这种象征手法，混沌无涯，典故中叠套着典故，往事里蕴藏着往事，而其文情笔意，亦随不断地重复想象与重复体验而改变。值得注意的是，读八大山人诗我们侧重于作品文字，而读他的画我们则不可避免地受制于自身的视觉功能。对于现代艺术史家来说，研究八大山人绘画（或几乎所有中国绘画）的独特之处，似乎在于他们须得持续地卷入两股强烈而对峙的力量——文字的与视觉的。我们知道，中国画大都含有题诗，题诗超越其文体界限而与画面融为一体。由于这个原因，上述两种力量的交织便显得格外重要。一般说来，研究中国绘画，必须首先辨析诗、画两种艺术之间的种种关联——并且牢记题诗与画面并非单纯并列，而是互为补足，相得益彰。[①] 当然，我

① 参见 Hans Frankel, “Poetry and Painting:Chinese and Western Views of Their Convertibility”, *Comparative* Literature 9. 4 (1957), pp.289-301；饶宗颐《词与画：论艺术的换位问题》,《故宫季刊》1974 年 8 期，第 3 页。

并不知道是否所有研究中国绘画的现代艺术史家都能做到这一点。而事实是，当今许多艺术家史家忘记了绘画也会有“文字性”。诚如解构学派（Deconstruction）批评家保罗·德·曼（Paul de Man）在其《对理论的抗拒》一书中所说：

> 现在我们必须认识到绘画与音乐中一种非感知的语言的必要性，并且要学着“阅读”（read）画面而非只“想象”（imagine）其含义。[①]

如果说，解构学派文学批评对当前的学术思潮施加了某种独特影响，这种影响就在于它坚持跨学科的研究方式，以消弭由来已久的学科界限。

然而，尽管存在着跨学科的研究，我们这些研究诗歌批评理论的代表者们却倾向于把每一种文化产品看作一部单独的“作品文字”（text），未曾意识到这样一种研究方式人为地简化了应有的诠释方法。确实，通常把所有的东西都传译成“读物”（reading），我们往往——甚而在艺术形象呼唤视觉欣赏的时候——把自己变成文字读者。这个难题近来激发起一场大规模的文化论战，吸引了美国多种知识领域的读者。1991年3月份的《哈泼斯杂志》（*Harper's Magazine*）特辑，专题报道了卡米拉·帕格利亚（Camille Paglia）和尼尔·波斯特曼（Neil Postman）的辩论，正可作为这场文化论战的例证：帕格利亚为视像文化（image culture）（反映在电视的

---

① Paul de Man, *The Resistance to Theory* (Minneapolis:University of Minnesota Press, 1986), p.10.

视像世界中）辩护；波斯特曼则支援书写文字（writtten text）的力量。[①] 当然，我们必须记住，文化史上早已存在图像和文字表达之间的竞争，[②] 但像帕格利亚与波斯特曼之间这场极端式的论争，对我来说似乎是出于误导，至少是出于对视觉与文字的不必要的局限性定义。最近我很高兴看见耶鲁老同事米勒（J. Hillis Miller）出版《图示》（*Illustration*）一书来讨论美国文化中的文字文本和视觉文本。[③] 我们今天所需要的正是跨学科的阅读，同时追寻文学与视觉两方面的意义。

确实，传统中国批评家必然会同意我的看法，因为是文字的与视觉的力量的结合，为文人开创了艺术创作与知性诠释的整体情境（唐以后尤其如此）。正如傅汉思（Hans Frankel）所提出的：中国文人历代培养起来的这种诗画合一、相交相长的状况，西方文明中是难以匹敌的。[④] 而且，更重要的是，诗、书、画三者在中

---

① 见 Camille Paglia and Neil postman, "She Wants Her TV! He Wants His Book! A (Mostly) Polite Conversation About Our Image Culture", *Harper's*(March, 1991), pp.44-55。值得一提的是，帕格利亚在《性之代喻》（*Sexual Personae:Art and Decadence from Nefertiti to Emily Dickinson*(New Haven:Yale University Press, 1990) 一书中宣称（或许仅为一面之词），她所谓的"眼睛的专横"（the tyranny of the eye）为西方文明提供了从古典时期到当代的文学艺术创作基础。参阅派特·李（Pat Lea）对《性之代喻》的评论"The Eyes have It", in *Yorkshire Post* (April 12, 1990)，及我对该书的中文评论《性之代喻》，刊《中国时报·人间副刊》（1996 年 10 月 3 日）。

② 见 W. J. T. Mitchell, *Iconology:Image, Text, Ideology* (Chicago:University of Chicago Press, 1986), p.43。张隆溪对这一问题的讨论对我启发甚多，见 Longxi Zhang, *The Tao and the Logos:Literary Hermeneutics, East and West* (Durham:Duke University Press, 1992), pp. 92-97。

③ 参见单德兴《〈图示〉的图示：访米乐谈文化批评》，载《当代》1993 年 12 月号，第 49—71 页。

④ 参见 Frankel, "Poetry and Painting", *Comparative Literature* 9. 4 (1957), p.307。

国传统中被紧密联系起来，而有“三绝”之称。[①] 以书法作为“文学与绘画之间的关系环节”——因为诗、画二者均依赖着对毛笔的熟练掌握，[②] 中国人对文字与视觉印象同等重视。他们称画为“无声诗”，又爱像宋诗人欧阳修那样，“读诗如读画”。[③] 傅汉思描述这两种姐妹艺术之间的关系“可互换性”（convertibility），饶宗颐则称之为“变位”（transposition）。[④]

本文目的并不在继续证明中国诗画是如何紧密相关——这种观念已为大众所接受，而是通过再读八大山人的诗，来回答一些任何中国诗画读者迟早要提出的诠释问题。最重要的两个问题是：第一，出于何种原因，作者写作（与绘画）时要寓意言外，而读者则须从字里行间搜求言外之意？第二，题画诗（或反之，诗意画）是如何限定似乎无止境的诠释的？

传统的中国诗歌读者一向以为应以朦胧和复杂作为诗歌的正面价值。读诗时，读者应期待“被不断引向更多的衍生层面而把它们当作诗篇的真正含义，直到穷尽所有可能的象征意义为止”[⑤]。对于现代读者，八大山人的诗篇（连同相关的书画）提供一种特别的解谜乐趣——因为他的诗常常好似谜语，充满生僻的典故和隐晦的

① 参见 Michael Sullivan, *The Three Perfections:Chinese Painting, Poetry and Calligraphy* (1974, rpt. New York: George Braziller, 1980)。

② 参见 Frankel,“Poetry and Painting”, *Comparative Literature* 9. 4 (1957), p.302。

③ 同前注，第 305 页。诚然，这样的观点同样见于古代欧洲文化。比如，塞玛尼迪斯（Simonides of Ceos）称绘画为“无声诗”（silent poetry），而诗为“有声画”（speaking painting），见前注，第 290 页。

④ 见 Hans Frankel,“Poetry and Painting”, *Comparative Literature* 9. 4 (1957), pp.289-301；饶宗颐《词与画：论艺术的换位问题》，《故宫季刊》1974 年 8 期，第 3 页。

⑤ 引自拙作“Symbolic and Allegorical Meanings in the Yueh-fu pu-tí Poem Series”。

指涉。王方宇和饶宗颐都曾极力尝试阐明八大山人艰涩的诗意。[①] 作为与八大山人深具共鸣的读者，班宗华（Richard M. Bamhart）欣然负起揭开八大山人艺术中神秘含义的使命。他在最近出版的《荷园主人》（*Master of the Lotus Garden*）一书序中指出：

> 八大诗极其艰深，但一如他之于书法，八大于诗也是一位严肃的学生，并且他把渊博的学识和对语言与字谜的迷恋，融入艺术之中。正像他的书法，八大诗中艰涩的语言和隐晦的用典有时重现黄庭坚的风格。许多现代学者把自己的无法理解八大语言归咎于它内在的非理性，殊不知困难在我们自己，而不在八大。[②]

研究八大使人着迷之处，部分来自我们对于八大生平的不断求索：作为明宗室后裔，身处文字狱及政治迫害高涨、明遗民安全深受威胁的清代初年，八大山人很可能以佯狂一法来求取生存。[③]阅读现存数种八大山人传记（彼此多处互相矛盾），[④]我们不

---

① 见王方宇《八大山人诗试解》及《八大山人〈世说新语诗〉》；饶宗颐《八大山人〈世说〉诗解》，均见王方宇编《八大山人论集》，台北：台湾编译馆，1984 年版，第 345—355、357—377、169—181 页。

② Richard M. Barnhart, “Introduction”, *Master of the Lotus Garden:The Life and Art of Bada Shanren (1626-1705)* (New Haven:Yale University Art Gallery and Yale University Press, 1990), pp.15-16.

③ 班宗华以“佯狂”来描述八大山人的实际情况，而高居翰（James Cahill）则相信八大山人是真诚，参见 *Master of the Lotus Garden:The Life and Art of Bada Shanren (1626-1705)*, 参见第 13 页；及 James Cahill, “The ‘Madness’ in Bada Shanren’s Paintings”, *Ajia Bunka Kenkyu* (Tokyo:International Christian University), No. 17 (March, 1989)，pp.119-143。

④ 参见 Mae Anna Pang, Zhu Da:the Mad Monk Painter (Melbourne: National Gallery of Victoria, 1985)。并参阅邵长衡、龚科实、陈鼎、张庚等人分别撰写的八大山人传记，被收录于王方宇编《八大山人论集》，第 527—532 页。

可避免地陷入迷宫，茫然不知所从。然而，除了极为明显的政治原因之外，八大山人作品之所以对现代人极具吸引力，自有其美学上的根据。比方说，班宗华认为八大山人作品中的“抽象性”，就使受到西方现代艺术影响的中国人悠然神往——因为“当中国艺术家为抽象性所吸引时，他们也从八大的作品中找到这样的特性”。[①]

八大山人诗如其画，深具奥妙的暗示性。他的作品可为阐释学（Hermeneutics）——一种对诗人的个人语言持续进行解构译码工作的学派——提供驰骋的场所。例如，我个人对于八大山人的兴趣，就在很大程度上受到现代批评方法的激发：坚持反复阅读，坚持读者对新的诠释的持续发现。其实，中国传统的阐释方法，过程大致相同，也是在对作品文字的象征含义抽丝剥茧。事实上，传统的中国作者，也刻意引导读者贯注于某些关键的、可以帮助读者有效地诠释作品含义的意象或典故，借此限定诠释的范围。下文将通过对八大山人作品中可能采用的文字与视觉手法的调查，来探讨取得某些诠释限定（determinacy of interpretation）的方法。

当然，这并非意味着作者的措词（rhetoric）是我们可以指派给作品的唯一合法含义。作品中总有一些因素——用奥克特维亚·帕斯（Octavio Paz）的话来说，“阅读中获得的乐趣与惊异”——未必正好符合作者的“动机与目的”。[②]事实上，传统中国诗人及批评家深切意识到读者的重要作用，视读者为作者与作品之间不可或缺的中介。例如，清代批评家周济便主张作品应以含

① Barnhart, “Introduction”, *Master of the Lotus Garden*, p.19.

② 参见 Octavio Paz, *Sor Juana* (Cambridge: Harvard University Press, 1988), p.3。

蓄的寄托体为之，这样读者便能“临渊窥鱼，意为鲂鲤”。[1] 尽管读者同样感兴趣于他们自己的阐释，作者的措词无疑也是许多读者急欲解析的重要含义之一。大多数读者不愿长久处于迷惑状态：他们希望成为有特权的读者，能够接近文字意象[2]（verbal icon）背后的手法策略。

对于许多中国诗人及艺术家来说，诗画结合是建立诠释限定的一种有效途径。因为他们知道读者会诗画并读，并且在阅读过程中，文字意义和视觉意象会通过象征联想可能性的扩大而相互加强。而这样的阅读最终会导向特定的诠释限定。也或许因为如此，“‘诗意’（一种用古诗作画之题材的习惯）早已于汉代兴起”。[3]就八大山人的情况来说，他的题画诗多少有如密码，它们注定要躲过“幼稚的”读者的眼睛，只在深谙特殊政治故实与文学程序的人们面前显示出来。这样，所设想的诠释设限（limits of interpretation）实际上只是对理想读者的一种设限。如此，诗人画家便能一方面在他的艺术中创立距离感与含蓄效应，另一方面则引导读者领略他的意图。[4] 是这种来自美学、政治考虑的双重作用，最终帮助我们破译八大山人作品中令人迷惑之处。八大山人的作品具有强烈的个人风格；我们难以忘怀，他笔下的鸭子怒目圆睁，而葡萄则“目光”冷漠，诸如此类。确实，八大山人是借由他自己的意象来

---

① 周济《宋四家词选笺注序》，台北：中华书局，1971 年版，邝士元注，第 2 页。

② “文字意象”（verbal icon）这一术语，当然是借自新批评派，见 W. K. Wimsatt, *The Verbal Icon* (Lexington: University of Kentucky Press, 1954)。

③ 饶宗颐《词与画：论艺术的换位问题》，《故宫季刊》1974 年 8 期，第 13 页。

④ 八大山人的手法使我们想起宋遗民诗人的写法，见拙作“Symbolic and Allegorical Meaning in the Yueh-fu pu-tí Poem Series”。

看这个世界，寄深意于言外。作为读者，我们的任务则在于寻味字里行间，以阐明他的晦义艺术手法，并弄清这种手法是如何运作于他诗画合一的创作之中的。因为他的画——作用如同寓意图像（icon）——确实具有观念的及语言的层面。

为说明之便，我将专注于八大山人《白茉莉图》（约作于1694年）题诗。[①] 1694年是八大艺术生涯中最多产的时期，也是他生命的转折点。大约在这一年前后，八大山人渐渐学习接受身为明遗民的事实，并开始大幅山水画的创作。在很多方面，他的《白茉莉》诗代表了一种个人危机与生命转折之际的重要情感探索：

> 西洲春薄醉，南内花已晚。傍着独琴声，谁为挽歌版？[②]

此诗的关键意象——琴声，立刻涌上读者心头。“琴声”典出3世纪诗人向秀为悼念诗人、音乐家嵇康之死而写的《思旧赋》；通晓琴律的嵇康被处死在政治黑暗之时，向秀曾经是嵇康的近邻。嵇康死后，向秀途经旧居，听到附近有人吹笛，猛然想起往昔与嵇康共度的美好时光，不禁悲从中来，怆然写下这首悼念亡友的挽歌：

> 悼嵇生之永辞兮，顾日影而弹琴。
> 托运遇于领会兮，寄余命于寸阴。

---

① 参见 Bamhart, “Reading the Painting and Calligraphy of Bada Shanren” in Wang and Bamhart, *Master of the Lotus Garden,* pp.152-153。

② 同①。

听鸣笛之慷慨兮，妙声绝而复寻。

停驾言其将迈兮，遂援翰而写心。[①]

这末一行使我们想起八大山人《白茉莉》诗的语调。当八大山人写道："谁为挽歌版？"他是在追悼某位挚友的去世，还是在哀挽明朝覆亡时崇祯皇帝的自缢煤山——就像1000多年前的嵇康一样死于政治悲剧？我们当然无从了解八大山人的题诗环境，[②]但至少我们可以相信，八大作《白茉莉》诗与画的那一年，不必与诗中所指事件同时。因为这首诗，就像向秀的《思旧赋》，明显是一首忆旧诗。1694年——《白茉莉》可能就创作于这时，并不只是八大艺术生涯中不寻常的一年。也正在这一年，八大山人开始采用新的题款：密码"三月十九"[③]——即崇祯皇帝自杀的日子。明朝灭亡也就在1644年的这同一天。这条线索显示八大山人喑哑的挽歌完全可能是为崇祯皇帝50忌辰而作。题诗使得那些知情人士——特别是那些了解"三月十九"特殊含义的明代遗民——能够于诗、画扑朔迷离的指涉中拨云见日。对这项史实的了解，使我们得以更强的信心继续"观"诗"读"画。

由此，我们进入向秀赋中与本文相关的第二层含义：向秀的《思旧赋》不但哀悼好友的殒逝，也同时感叹旧朝荣耀的衰落；虽

---

① 萧统编《文选》，北京：中华书局，1977年影印清胡克家刻本，第230页。

② 见方闻对八大山人在这段时期的艺术成长所做评论："我们对八大在1690年以后的生活几乎一无所知，但由他这10年作品中呈现出的他的成长与发展，对一位古稀老人来说实在是非比寻常的。"见 Wen C. Fong, "Stages in the life and Art of Chu Ta", *Archives of Asian Art* 40, 1970, p.15。

③ 参见 Barnhart, "Reading the Paintings and Calligraphy of Bada Shanren", in Wang and Bamhait, *Master of the Lotus Garden*, p.153。

然向秀本人并未经历朝代的覆亡，他在赋中却把自己置于传统的遗民地位：

> 叹《黍离》之愍周兮，悲《麦秀》于殷墟。[①]

《黍离》《麦秀》两首古诗一向被看作是歌咏探访故都废墟的商、周遗民。尽管原诗未做明确提示，汉以来的学者却坚持把它们理解为表现遗民丧国之痛。[②] 向秀正是这批学者、诗人中的一员：他们试图以古诗为史料，建立起忠贞怀国的文学传统。

在这一切过程中中国诗人和批评家允许诠释去创造作品，或将诠释作为新文体的一个部分。通过对向秀《思旧赋》的影射——经由“琴声”这一关键意象，八大山人显示了他对遗民诗传统的自觉意识。

但是八大山人的诗是以崭新的方式写成的。不同于向秀的明确引用古遗民诗题，八大山人的《白茉莉》诗采用间接修辞，一种深曲委婉、不直接提及所咏事物的手法。首先，八大山人采用了绝句体，而绝句之为诗，往往余音绕梁，不绝如缕。[③] 这首诗的道德与美学意识，则产生于“文际相交”（intertextuality）——确切地说，是产生于本诗与遗民诗写作阅读传统之间、本诗与其题画

---

① 《文选》，第229—230页。

② 参见Kang-i Sun Chang, *The Late-Ming Poet Chén Tzu-lung: Crises of Lave and Loyalism,* p.103。

③ 参见Yu-kung Kao and Tsu-lin Mei, “Ending lines in Wang Shih-chen’s Chíchueh”, in *Artists and Traditions:Uses of the Past in Chinese Culture*, edited by Christian F. Murck (Princeton:Princeton University Press, 1976), pp.131-135。

之间的相互作用。那么这首诗的含义又是怎样依赖于《白茉莉图》所创造的视觉意象的呢?

是通过观察画本身，我们才得以了解茉莉花在诗中的核心位置。正如班宗华所说:“画家作花的技巧耐人寻味：潮湿的纸面上，修长的花茎蜿蜒伸过中央，形成一种微妙的浴血效应……”[①]花儿的这一微妙“浴血”意象，正呼应了题诗的第二行:“南内花已晚。”图画意象与诗歌描述的并列，促使我们把全篇读作咏物诗——以白茉莉作为所咏之物，而整首诗遂成为一种引发联想的表达，能够激起象征（symbol，即物）与被象征（the thing symbolized）之间的共同特性。

作为象征，白茉莉究竟意味着什么?传统上，茉莉以其花儿的甜美馨香著称于世，并因此常被用作发饰。[②]在中国文化中，茉莉是美好女性的象征。从这个层面来看，八大山人这首诗可看作对情人的哀悼。然而，当我们看到诗中的另一关键意象“南内”，便不得不把思绪导向这层诠释之外，因为“南内”是明代（也是从前的南宋）皇帝寝宫的名称。“南内”提供了重要的背景环境和文际联系，它把（画面中的）花儿和（诗中的）其他有关细节与政治意义紧密结合起来。遵循咏物传统的规则——这种规则要求诗中一切典故与意象服务于主导象征，八大山人建立起以白茉莉为主的复杂象征主义网络。

八大山人以一种晦义手法，把隐秘的感情转成象征语言结构。

---

① Bamhart, “Reading the Paintings and Calligraphy of Bada Shanren”, in Wang and Bamhart, *Master of the Lotus Garden,* p.154.

② 参见 C. A. S. Williams, *Outlines of Chinese Symbolism &Art Motives*, 3rd ed. (New York : Dover, l976), p.238。

一向作为女性情人气质象征的白茉莉，在这儿成为联系浪漫情爱与忠君情怀的密码，因为忠君也可看作爱的一种形式。自《离骚》以来，便存在这样一种传统：如果我们要以托喻法（allegory）来表现忠君爱国的情感——既要揭示它又要掩饰它，最有效而又包容最广的意象，莫过于浪漫情爱了。[①]而且，最重要的是，爱与忠都为无常与失落所支配——这种情况最宜以娇弱春花为象征。于是，10 世纪词人南唐后主李煜这样抒发他的亡国之痛：

> 林花谢了春红，太匆匆。[②]

明诗人陈子龙也于明亡后写道：

> 满眼韶华，东风惯是吹红去。[③]

而现在，明遗民八大则在他的《白茉莉》诗中说：

> 西洲春薄醉，南内花已晚。

上述诗人以情诗手法写其忠悃，恰恰是因为他们懂得，已逝

---

① 参见 Kang-i Sun Chang, *The Late Ming Poet Chén Tzu-lung*, p.101 ; Chia-ying Yeh Chao, “The Gháng-Chou School of Criticism” , in *Chinese Approaches to Literature from Confucius to Liang Chǐ-chao*, ed. by Adele Austin Richett(Princeton:Princeton University Press, 1978),p.186。

② 林大椿编《汇编》，第 224 页。

③ 施蛰存、马祖熙编《陈子龙诗集》，上海：上海古籍出版社，1983 年版，第 596 页。

的恋情和沦丧的家园，所带来的遗憾均给人一种失落感，而这种失落感正可以短暂的春花为象征。这也说明了为什么在中国传统中，情诗与遗民诗之间的界限是极其模糊不定的。这条充满流动性的界限，又反过来为读者提供了经由作品文字、意象和背景资料来解读隐晦含义的手段。值得注意的是，诗与画在这里并非单纯并列，而是相辅相成。八大山人的间接参照手法把我们从诗引向画，然后，经由一连串的视觉典故，回到前辈诗篇的文字中，从而丰富了视觉意象的含义。

为了说明在我们的诠释过程中背景资料的重要，读者只需要看看八大山人另一幅题为《双鸟图轴》的作品。这幅画也作于1694年——而且，十分有趣的是，画上也题了同一首《白茉莉》诗。显然八大山人极爱此诗，故而要再次把它题在另一幅画上。不过，在《双鸟图轴》中，《白茉莉》诗只占了题诗的前半部分：

西洲春薄醉，南内花已晚。
傍着独琴声，谁为挽歌版？

横施尔亦便，炎凉何可无。
开馆天台山，山鸟为门徒。

我们的注意点现在从《白茉莉》转向了《双鸟图轴》，而我们必须在第一首诗（绝句）的背景资料上来读这两首组诗。从组诗的下半部分，我们知道这图中“双鸟”并非常禽——它们深居佛道圣地天台山。正如六朝诗人孙绰在《天台山赋》开篇一段中写道：

天台山者，盖山岳之神秀者也。涉海则有方丈蓬莱，登陆则有四明天台。皆玄圣之所游化，灵仙之所窟宅。①

很清楚，这组诗描述了从失落到超脱的进程②——前半部分（也就是《白茉莉》诗）暗写诗人对故国的悲悼，后半部分则意味着对新旧世界交替的逐步接受。也许在诗人的想象中，崇祯皇帝业已飘然成仙，逍遥自在地云游天台，而他的忠臣们现在则做了他的门徒（见下半首三、四行）。把鸡、鸟视为遗民的象征绝非牵强——事实上，这正是许多明清之际的诗人的主题。以诗人吴伟业为例，当他试图表达自己对明朝不渝的忠诚时，他借用历史典故把崇祯帝比作仙人，而他自己则是皇帝遗留下的一只孤雏：

浮生所欠只一死，尘世无繇识九还。我本淮主旧鸡犬，不随仙去落人间。③

然而，值得注意的是，《双鸟图轴》组诗的下半部分，也可解作是八大山人以天台山人自居。当清兵入关，天下纷纷，世间炎凉无可逃避之际，八大山人愿筑隐庐于天台，驯山鸟为门徒。④依

① 《文选》，第 163 页。

② 李慧淑曾撰文讨论八大的艺术如何“超越时空甚至形体，自由地翱翔于宇宙之间”，她把这种特质比之于庄子的《逍遥游》。见 Lee Hui-shu, “Pa-ta Shan-jen’s Bird and Fish Painting and Chuang Tzu：The Art of Transformation” (paper, 1988), p.20。

③ 吴翌凤编《吴梅村诗集笺注》，香港：广智书局，1975 年版，第 378 页。

④ 感谢王仲兰在一次私下交谈中为我提供了这一种读法。

照这样的解释，这首诗便成为八大山人自况，显示了他重建生活于艺术“桃花源”的决心。他决心把自己的忠诚从政治活动上（以伯夷、叔齐为典范）转向准道家式的对孤峰仙踪的搜求。不过，无论怎样诠释，这一诗组都表达了超脱的观念。

八大山人的《双鸟图轴》完成于重要的1694年，《白茉莉图》大约也作于此时。同一年他开始画山水。以某种激情的方式，八大山人试图建立新的生活方向，而山水画意外地成为他的重要表现形式。在他晚期的山水作品中，八大山人开创新的章法、构形和色调，以意味一种新的平衡感。在他的山水画题诗中，他特别注重宁静、平和的观念。例如，八大山人在一幅大约作于1698—1700年间的山水画上题道：

春山无近远，远意一为林。未少云飞处，何来人世心？①

诠释八大山人的诗（与画）充满了似非而是的矛盾和惊异。如果我们以其绘画的创新来评价他的诗，或反之，以他的诗歌创意来评价他的画，我们将会享受到直接面对八大山人作品中道德与美学价值的快乐。八大山人的“暗码”（hidden signs）在我们的仔细考察下将最终变得明白易懂，而我们也能在相互矛盾的意义中选择正确的或最有价值的诠释。

（钱南秀译，原载于《中外文学》，1991年12月号）

---

① Barnhart, “Reading the Paintings and Calligraphy of Bada Shanren” , in Wang and Bamhart, *Master of the Lotus Garden*, p.184.

陶潜的经典化与读者反应

著名文学批评家哈罗德·布鲁姆（Harold Bloom）曾说，伟大的作家总是那些“简直就是压倒传统并包罗它的人们”。[①] 陶潜这位曾多少个世纪以来激发起文学史家研究兴趣的中国传统中最早的诗人之一，正是这样的一位诗人。陶潜一生才写了约150首诗、10篇文与赋，在当时的文坛上又是一个边缘人物，他后来在中国文学史上居然能占有如此重要的经典位置，这真是一个引人注目的事实。在文学史上他的经典化的一个关键时刻，就在于苏轼宣称陶潜是一位空前的大诗人，以及方回称赞陶潜和杜甫为两位中国文学传统中的至圣先师[②]。在清代，顾炎武和朱彝尊等人也都啧啧称赞陶潜的成就。王士祯在其《古诗选》一书中还特别指出“过江以后，笃生渊明，卓绝先后，不可以时代拘限矣”，可见其评价

① ［美］哈罗德·布鲁姆《西方经典》（*The Western Canon*, New York: Riverhead Books, 1994），第27页。

② 见方回的组诗《诗思》中的一联：“万古陶兼杜，谁堪配飨之？”

之高。[①] 后来20世纪初期著名散文家朱自清则将苏轼也列入了这个伟大作家的行列，同时梁启超遴选出陶潜和屈原（第一位有名有姓的中国诗人）为两位发出诗人最强音的文学巨擘，王国维也在同时发表了类似的观点。在他的《文学小言》中，王国维说："屈子之后，文学之雄者，渊明其尤也。"[②] 确实，不管这些经典作家的名单包含哪些人，陶潜的名字总会被列入。多少个世纪以来，有关陶潜的学术研究汗牛充栋，以至于一个特殊的术语"陶学"也被炮制出来，与"诗经学""楚辞学"和"红学"遥相呼应。[③] 直至今日，读者阅读陶潜的热情丝毫不减，都在声称重新发现了诗人真正的声音。

然而，究竟是什么造成了陶潜的不朽，而事实上我们对于诗人却又知之甚少呢？甚至在今天，我们仍无法确认他的本来的姓名。不幸的是，最早的有关陶氏的传记都各自给出不同的名字——或是陶潜字渊明；或是渊明字符亮；或者就是元亮，又名深明。其中最有趣的是，《晋书》的编者干脆就略去"渊明"这个陶氏所为人耳熟能详的名字。[④] 至于陶氏的生日，则更是扑朔迷离，正如1996年出版的一本题为《陶渊明悬案揭秘》的书一开头所问的："出生哪一年？"[⑤] 尽管事实上大多数学者都赞成公元365年为其生年，仍

---

① 钟优民《陶学史话》，台北：允晨文化实业股份有限公司，1991年版，第136、139、155页。

② 参见梁启超《陶渊明》，1923年首版；台北：商务印书馆，1996年重印。近来叶嘉莹也对此表示赞同，见叶嘉莹《陶渊明饮酒诗讲录》，台北：桂冠图书股份有限公司，2000年版，第137页。

③ 钟优民《陶学史话》，第7页。

④ 有关这一点，王国璎有一段极富洞见的讨论，见其《史传中的陶渊明》，载于《台大中文学报》第12期（2000年5月），第200页。

⑤ 王定璋《陶渊明悬案揭秘》，成都：四川大学出版社，1996年版，第3—6页。

有一些学者（如梁启超）坚持372年应为定论。[①]还有一些学者给出了376年或369年等等，全在宣称他们的理论都是建立在研究的基础之上的。[②]具有反讽意味的是，正因为陶氏生平事迹的确切日期的付之阙如，才会有如此多的年谱应运而生，都在试图将陶氏的生平与作品予以精确化。有关这些年谱的种类之繁多，戴维斯（A. R. Davis）——陶潜研究最知名的学者之一——这样说：

> 这一奇特的中国治学法有着内在的过于精确的倾向……我所要反复说明的是这是不正确的，而且我之所以在此指出这种广为人知的论点的缺失，并提出研究年代精确性的不可能，乃是因为我相信这样做会为陶潜研究带来一定的好处。[③]

不管怎样，这一“系年确定性”之阙如凸现出陶潜研究中最棘手的问题之一：诗人的名微反映了他在魏晋社会中的地位之无足轻重。在我的《六朝诗研究》一书中，我已经解释了陶氏作品不为时人所赏且为后人所误解的部分原因在于他的平淡诗风，从他那时代的风气来衡量，缺乏华艳的词藻。[④]不过，我以为陶潜的名微也可能是因为他在时人眼里基本上是一位隐士，在仕宦生涯中是一个边缘性的人物。在六朝时代，正如左思所言：“世胄蹑高位，

---

① 见梁启超《陶渊明》，第45—77页。

② 据古直的说法，陶潜生于376年，终年52岁。见古直《陶渊明的年纪问题》，载于《岭南文史》1983年第1期。

③ A. R. Davis, *Tao Yuan-ming (A. D. 365-427); His Works and Their Meanings* (Cambridge: Cambridge University Press, 1983), Vol.1, p.2.

④ 见 Kang-i Sun Chang, *Six Dynasties Poetry*, pp.3-14。

英俊沉下僚。”于是乎那些与朝中官宦殊无瓜葛的人士便注定了难以扬名。虽说陶潜的曾祖父陶侃也是建立东晋的有功之臣，但早在陶潜降世以前其家境便久已式微。当然，陶潜一生中的最后20年也是在隐退中度过的，这也难以为他的社会地位增添荣耀。诚如陶潜在其传记素描《五柳先生传》所言：“先生不知何许人也，亦不详其姓字。”

遗憾的是，颜延之的《陶征士诔》一文——那是仅存的由当时人所写的有关陶潜的篇什——很少留下有关陶潜生平的确切年代或事实资料。正如戴维斯所提出来的，这些人物逸事“或多或少有几分夸张，有时刻意追求逼真的效果，反失之于可疑”。[①] 同样，王国璎也注意到某些被保存在正史中的有关陶潜的重要逸事——包括有一则提到陶潜不愿为五斗米折腰，都是基于一些不牢靠的记载。[②] 在多数情况下，这样的逸事只不过是传闻而已，而沈约——《宋书·隐逸传》的作者，拿它们主要用来增强戏剧效果。后来，《晋书》编者房玄龄和《南史》编者李延寿都在他们有关陶潜的传述中沿袭了这种说法。事实上，他们又擅自在自己的篇目中添油加醋，也许是意在将陶潜塑造成一位高士。

应当指出的是，所有这些陶潜的传记都出现在“隐逸”类目。也就是说，传记编者自己更关注陶潜作为隐士的“公众”形象（与《隐逸传》中的其他人物一致），而不是陶潜作为诗人的“私人”的一面。[③] 例如沈约的《隐逸传》，对陶氏的文学成就只字未

① Davis, *Tao Yuan-ming*, Vol.1, p.2.

② 王国璎《史传中的陶渊明》，第207—208页。

③ 同②，第216—228页。

提。陶氏作为一个诗人这一事实不知为何给遗忘了。显然，陶潜的道德人格及其作为一个隐士的政治角色是这些官修史书的关注焦点。作为“浔阳三隐”之一，陶潜被拿来代表隐士的典型，代表坚贞不渝地拒绝出仕、弃绝世俗价值的典范人物。由此可见，通读断代史的《隐逸传》，我们可以发现无数个遭遇和心态与陶潜相仿的个人事例。[①]事实上，陶潜家乡邻近地带素来以隐士称誉，世代相传。[②]特别是陶潜在《桃花源记》中所称颂的刘遴之，在《晋书》中几乎与陶潜齐名。[③]刘遴之也像陶潜那样，在原则上毫不妥协，拒绝出仕。刘氏的生活起居俭朴自立，不慕名利而怡然自乐，也颇似史传中的陶潜。如此完美的隐士形象对传统的中国人来说，具有特殊的价值，因为他们反映了中国人所面临的人生出处的大问题，也就是：如何来看待正直的精神和污浊的官场之间的关系？解决这一问题的一条途径，自然是炮制出在污浊的世界中始终能寻求心地平和、能体现历史人物风范的这样一个榜样。于是，在史书记载中所发现的陶潜，充当了一个模范人物，其个体性与传统隐士的典型性正相吻合。正如颜延之在追怀陶潜的《陶征士诔》中所云：陶氏“廉深简洁，贞夷粹温”。这就说明了为什么陶潜只被当作道德楷模而其文章却鲜为人知——至少在他身后一百年里还是如此。

然而，一旦阅读陶潜的诗作，就会发现另一个略有不同的陶潜，他绝非传统史书编纂者所塑造出来的单一人物。有好几位现

---

① 王国瓔《史传中的陶渊明》，第 216—228 页。

② 曹道衡《南朝文学与北朝文学研究》，南京：江苏古籍出版社，1999 年版，第 151—155 页。

③ 房玄龄等《晋书》，北京：中华书局，1981 年版，第 2477 页。

代学者指出了这一点。例如，戴维斯提到人们“从陶氏作品中所获得的印象很不同于从早先史书传记的逸事中所得出的印象”，因为在后者中诗人自己的“矛盾不一的姿态”常被扭曲。[①] 宇文所安（Stephen Owen）也注意到陶氏的诗歌“充满了矛盾，而矛盾出自一个复杂而富有自觉意识的人却渴望变得不复杂和不自觉”。[②] 近年来，台湾著名学者王国璎凭其细读陶潜，“发现”了远比先前所体会到的更复杂而有趣的人格。她进而观察到，尽管陶氏为他当隐士的慎重抉择而引以为豪，但他绝非没有片刻怀疑过这个抉择。[③] 最显著的是，在他的《与子俨等书》（据说是陶氏的遗嘱）中，陶潜为他的子辈在孩提时代饱受饥寒表达了相当的内疚。诗人还痛心于他的妻子未能像老莱子之妻那样全心支持她丈夫的隐士理想，甚至劝阻他出仕。[④] 陶潜的自白全然不同于萧统的《陶渊明传》将其妻描绘成陶氏的良伴。[⑤] 而这样富于洞见的比较始终未能引起关注，直至近来学者才开始细读陶潜的作品。诚然，所有这些现代新读法都在促使我们挖掘陶氏诗中的更深层次的意义，明了人性的复杂。我们发现，与常规传记所描绘的简单化的陶潜形象有所不同，陶潜自己却有意向他的读者传递众多有关他自己的信息——包括他一生中重要事件的具体日期、朋友的名字、他解甲归田的

---

① 参见 Davis, *Tao Yuan-ming*, p.4。

② Stephen Owen, “The Self’s Perfect Minor:Poetry as Autobiography”, Shuen-fu Lin and Stephen Owen eds., *The Vitality of the Lyric Voice: Shih Poetry from the late Han to the Táng* (Princeton: Princeton University Press, 1986).

③ 王国璎《史传中的陶渊明》，第 214 页。

④ 参见王国璎《古今隐逸诗人之宗：陶渊明论析》，台北：允晨文化实业股份有限公司，1999 年，第 245、264、323—350 页。又见陈永明《莫信诗人竟平淡——陶渊明心路新探》，台北：台湾书店，1998 年版，第 75 页。

⑤ 参见萧统《陶渊明传》，陶澍笺注《陶靖节集注》，台北：世界书局，1999 年版，第 17 页。

动机、个人的忧惧与困扰、自嘲的性情等等。最重要的是，诗人内心世界的丰富多样，就其诗歌所能把握的而言，总是将我们导向诠释陶潜的不确定性。当现代学者钟优民说“陶渊明说了1500多年，迄今仍是长议长新，永无止境”时，他所指的正是这种诠释的不确定性，而这也构成了陶潜研究的一个特征。[①]然而，这样的认识，是经过了相当长的一段时间的解读之后才达成的，它喻示了从单纯的道德评判向陶氏作品的文学性和整体性欣赏的逐渐转型的完成——它包含了美学的、道德的和政治的解读。

正是在这个意义上我们才说陶潜是为他的读者所塑造出来的；如果我们采纳哈罗德·布鲁姆有关大作家影响力的理论，[②]或许我们甚至会说在某种程度上陶潜塑造了中国人。在过去的数世纪以来中国人通过解读陶潜来塑造他们自身，以至于他们常常拿陶潜的声音来当作他们自己的传声筒。而且，在陶潜身上有如此多的“中国性”，尤其是在漫长的解读陶潜作品的过程中，以至于我们可以宣称陶潜对于文化史的总体影响是难以估量的。无须说，要追溯陶潜经典化的漫长历史以及陶潜作为一个经典化的诗人在中国文化中所扮演的角色，这超出了本文的范围。在本文中我只想强调陶诗解读史中几个有助于揭开诗人面具的方面。诚然，假如我们把早期的传记作品当作一种“面饰”——有鉴于它们倾向于过分强调陶氏作为一个隐士的单纯——那么我们也许会说后起的陶诗读者在其根本上是揭开陶氏的面具。他们通常渴望发现陶氏的真正的

---

① 钟优民《陶学史话》，第382页。

② 参见布鲁姆所著《莎士比亚：人的创造》(*Shakespeare:The Invention of the Human*) (New York: Riverhead Books, 1998)。在该书中他说在一定程度上莎士比亚“创造了我们”。

自我——揭露他作为一个有隐情和焦虑的真正的个体，以便使他们更好地了解自己。毫无疑问，其中某些解读并不完全牢靠，然而正是透过这些解读（无论其正确与否），所谓的“陶学”才得以成形，最终构成了陶潜之谜。

陶潜最为人所喜爱的形象之一便是嗜酒之士。传说每有宾客来访，陶潜必邀之共饮。确实，据沈约的《宋书·隐逸传》，若陶潜已醉在先，他便会直言告诉宾客：“我醉欲眠，卿可去。”沈约《宋书》所录的另一则脍炙人口的逸事（可能是源于檀道鸾的《续晋阳秋》）则进一步说明了陶氏的饮酒以及他与江州司马王弘的交谊。这则故事说陶潜于九月九日重阳节无酒，便出门在其宅附近的菊花丛中久坐。有顷王弘携酒而至，两人饮至酩酊大醉。[①] 这些逸事只是谣传而已，编造出来也许只是要强调陶潜作为一个隐士的任诞的性格。然而，正是这些不很可靠的来源才成了最重要的背景，被后代的批评家拿来解读陶潜作品。其中最引人注目的则是《九日闲居》一诗，批评家在笺注该诗时几乎一致地援引王弘一事。这样的一些解读方法会被质疑，可是仔细对照陶潜自己的作品，我们当然也会产生一种诗人是酒徒的印象。在其自传白描《五柳先生传》中，陶潜不仅把自己描绘成嗜酒之士，而且在《拟挽歌辞》中他还表达了已不能再饮的遗憾。确实，这也就是为什么陶潜作为一个嗜酒之士和“无忧无虑”的隐士为人仰慕的道理。唐代诗人王维称颂陶潜性格的任真及其与酒的关系（“陶潜任天真，其性颇耽酒”）。宋代诗人欧阳修自称“醉翁”，也显然是受了陶潜

① 沈约《宋书·隐逸传》，北京：中华书局，1974 年版，第 2286 页。

的影响。偶尔有些批评家如清代的冯班等人，批评陶潜的嗜酒癖。不过，总的来说，陶潜作为一个淳朴的饮酒者的形象在中国诗的读者心目中已牢固树立。值得一提的是，传统中国诗歌中所说的酣醉并不一定意味着酒鬼的贪杯，而更像是灵感的激发。

然而，与这些陶氏饮酒诗的字面阅读相并行的是一种更强的隐喻诠释的传统，它最终有助于巩固陶潜的经典地位。早在六朝时代，萧统在他编辑的《陶渊明集》序中便已指出："有疑陶渊明诗篇篇有酒。吾观其意不在酒，寄酒为迹也。"[①] 究竟这"寄酒为迹"是指什么，萧统语焉不详，但在萧氏影响之下，后代的批评家开始将陶潜视作不是单纯爱喝酒的诗人，而是某个以饮酒为面具掩饰深意的人。陶氏有名的20首《饮酒》诗的情形便是如此，它并不真是关于饮酒本身而可能是意在政事，正如组诗的结句所传达的信息：

终日驰车走，不见所问津。
若复不快饮，空负头上巾。
但恨多谬误，君当恕醉人。

这里，诗人明显是在以醉为借口来传递某种严肃的意味。正如詹姆士·海陶尔（James Hightower）所指出的，这些诗句一直是"儒家诠释者所乐于称道的"，因为诗人宣称即使他放纵狂饮，"那也显然只是对时代之险恶的绝望，而不是对礼教本身的弃绝"。[②]

---

① 萧统《陶渊明集·序》，李公焕《笺注陶渊明集》，台北：故宫博物院，1991年版，第4页。

② 参见［美］海陶尔《陶潜的诗》［*The Poetry of Táo Chíen* (Oxford: Clarendon Press, 1970)］，第115页。有关这几行诗的讨论，参见叶嘉莹《陶渊明饮酒诗讲录》，第225—233页。

鉴于中国的笺注者多爱将诗“时代背景化”这一事实，可以想见他们多么热衷于将陶潜的《饮酒》诗在历史事件中予以坐实。对于许多笺注者来说，陶潜诗中所暗示的所谓“时代之险恶”一定是指他拒绝出仕的刘宋王朝。在某种意义上，这样的解读可以被视作是沈约将陶潜塑造为晋朝忠贞不贰之臣的延伸。沈约在其《宋书·隐逸传》中点明，尽管陶潜在晋安帝义熙年间（405—418）之前采用晋代年号来纪年，而自刘宋王朝之后便改用天干地支（甲子）来纪年——一个似乎为诗人之忠贞作见证的机关。[①] 虽说沈约的话自有其偏见及自身的意识形态，并因此在某些笺注者看来并不牢靠，然而它自宋代以来成了诗评家解读陶诗的基本依据。对于中国的批评家来说，再没有其他的阐释方式更令人信服的了。确实，后来此类隐喻解读对于新朝的遗民来说是特别有效的阐释手段。其中最有力的佐证是宋代爱国主义者文天祥，他在《海上》一诗中称赞陶潜以醉为其忠君的幌子（“陶潜岂醉人”）——在当时文天祥自己也为王朝变迁这同样的问题所迫。对文天祥而言，陶潜之饮代表了一种理想的手段或面具，使他在说某一事情时却暗指另一件事；萧统所说的陶氏之饮另有所指，在文天祥的反馈中找到了圆满的答案。当然，也不是所有的批评家都同意这样的隐喻解读，然而在陶潜之饮的背后寻求深意的总的努力方向却鼓动了多少代学者将陶潜视作一个更复杂的人物，一个知道在其诗中如何在自我亮相和自我隐藏之间做出抉择的人物。例如，现代作家鲁迅在他的《魏晋风度及文章与药及酒之关系》中，强调宁静的超越与积

① 参见陶澍笺注《陶靖节集注》，第 16 页。

极的政治参与两者在陶潜身上并存。同样，著名美学家朱光潜以为陶氏之饮对于当时腐败的政局来说，既是逃避又是抗议。[①]然而，与此同时，许多现代学者——诸如梁启超和朱光潜——开始对将陶潜看成是晋代遗民这种说法提出质疑。[②]某些学者甚至强调陶潜曾在刘裕（刘宋王朝的开国者）手下任过职这一事实，而这一事实排除了陶潜乃晋室忠贞不贰的遗民之可能性。[③]而另一些人则发现一些被当成政治隐喻来解读的陶潜诗作居然作于晋室倾覆之前，这样一来，它们就不能算作遗民之作了。[④]所有这些对陶氏的新解读都会使得人性的复杂性和艺术与现实间的沟壑明朗化。

另一个陶潜之谜是那个从不沾染女色的正人君子形象。也许是这个道理，陶氏挖掘性爱主题的《闲情赋》对许多传统和现代学者来说便成了一个问题。问题之一便出自萧统，陶潜作品的第一位编纂者，也是第一位批评《闲情赋》"白璧微瑕"的批评家。[⑤]尽管道德方面的考量在萧统的褒贬中占了很大的比重，但我想这篇赋本身就像淫靡的宫体诗那样包含了女性化的话语这样一个事实，也可能因此导致了他的评价。不管怎么样，由于萧统的批评，在长达数百年间无人敢再对此妄议，直到宋代的苏轼（被公认为陶潜最大的追随者），才开始重新审视这篇长期遭人冷落的作品。与但愿《闲情赋》不曾存在的萧统有所不同，苏轼将它视作卓绝

---

① 参见朱光潜《诗论》第13章。

② 参见梁启超《陶渊明》，第5—6页。

③ 例如宋云彬《陶渊明年谱中的几个问题》，载《新中华副刊》6卷3期（1948年2月），引自钟优民《陶学史话》，第183页。

④ 例如李辰冬《陶渊明评论》，台北：东大图书公司，1991年版，第2页。

⑤ 萧统《陶渊明集·序》。

的篇什，其价值可与《诗经》和屈骚相比拟，于是苏轼在他为《文选》所作的跋文中写道：

> 《闲情赋》正所谓《国风》好色而不淫，正使不及《周南》，与屈、宋所陈何异？而统乃讥之，此乃小儿强作解事者。[①]

苏轼的见解后来博得了清代著名学者陈沆的首肯，后者也称陶氏的《闲情赋》是晋代最伟大的篇什。[②]苏轼以为在《闲情赋》中最可贵的是“真”，这在苏轼看来是陶潜诗艺的秘诀。[③]诗中求“真”意味着传达心声，虽说它也是通过假面的设置来达成的。而正是因为有了这份“真”，陶诗才能开启人的情感，它既真切又费解，既静穆又狂放。确实，有了《闲情赋》，陶潜似乎才达到了一个练达的新境界，因而也就是一个高难成就的新境界。这样一个“成就”包含了各种主题和风格实验的成功糅合。也许这也就是为什么苏轼说陶潜之诗“质而实绮”，[④]这对常见的讥贬陶诗“质朴”之词是一个绝妙的驳斥。好在许多现代学者都能领会苏轼对《闲情赋》的重新评价，并继续提供新的解读方式。例如，梁启超曾如此称赞陶潜的“言情”技巧：

---

① 苏轼《题文选》，见钟优民《陶学史话》，第 61 页。

② 参见陈沆《诗比兴笺》，北京：中华书局，1965 年版；钟优民《陶学史话》，第 151 页。

③ 参见苏轼《书李简夫诗集后》，见钟优民《陶学史话》，第 46 页。

④ 参见苏轼《与苏辙书》；李华《陶渊明新论》，北京：北京师范学院出版社，1992 年版，第 231 页。

集中写男女情爱的诗，一首也没有，因为他实在没有这种事实。但他却不是不能写。《闲情赋》里头，“愿在衣而为领……”底下一连叠十句“愿在……而为……”，熨帖深刻，恐古今言情的艳句，也很少比得上。因为他心苗上本来有极温润的情绪，所以要说便说得出。[①]

此外，朱光潜在《诗论》的“陶渊明”一章中也为陶潜以传神之笔状“一个有血有肉的人”而深为折服。同样，鲁迅在《题〈未定草〉》中也褒奖陶潜有勇气挖掘性爱各层面，使之读上去几乎像一篇自白。所有这些现代学者的评语都代表了一种轨迹：逐步扬弃隐喻解读——包括扬弃苏轼那种诉诸《诗经》的道德权威——而趋向更变幻莫测、更深入人意、更丰富、更实在的解读。结果是，当我们欣赏文本本身时，一个更具人情、更可信的诗人陶潜的形象便浮现出来。不过，我在这里应当补充的是，事实上，早在明朝，钟惺之类的批评家已经开始探测陶潜诗艺的复杂性。[②]尤其是孙月峰声称陶诗“真率意却自练中出，所以耐咀嚼”，[③]因而其平易的印象也只不过是假象而已。

与陶氏平淡诗风之谜紧密相连的，是一个为自己的小庭院和田园生活所陶醉而怡然自适的隐士。陶潜是否曾为他决定退居后悔过？他是否有时候也想过另外一种生活？我们已看到自清代以降，批评家开始质疑陶潜作为一个隐士的单纯性——例如19世纪

① 梁启超《陶渊明》，第13页。
② 参见钟惺《古诗归》中对陶潜《癸卯岁始春怀古田舍》一诗的批语。
③ 孙月峰《文选瀹注》卷13。

诗人龚自珍在《舟中读陶诗·其二》中把陶潜当成有经世之抱负的豪杰之士，可与三国时代的诸葛亮相比：

陶潜酷似卧龙豪，万古浔阳松菊高。
莫信诗人竟平淡，二分梁甫一分骚。

很显然龚自珍并没有把陶潜当作一个平淡的人。对龚氏及其同时代人而言，陶潜代表了一个典型的知识分子，有出仕的凌云之志却扼腕而弃之——都是因为生不逢时。他们相信在陶潜身上有一股孤立无援之感，尽管很微妙，却是报效无门的中国传统士大夫的典型特征。而这一微妙的落寞感正是陶潜对鲁迅如此有魅力的地方。

有一点几乎所有的陶学学者都忽略了——直到近来学者李华才提醒我们，那便是这样一个事实：早在唐代，诗人杜甫便已对陶潜作为一个恬然自乐的隐士形象提出质疑。但不幸的是杜甫之言多少个世纪以来一直被误读，而他对于陶氏的见解也遭误解。这也就是杜甫在其《遣兴五首·其一》中所说的有关陶潜的话：

陶潜避俗翁，未必能达道。
观其著诗集，颇亦恨枯槁。

据李华所说，杜甫在这几句中要传递的是这样的信息："陶渊明虽然避俗，却也未能免俗。何以知之？因为从陶的诗集来看，其中很有恨自己一生枯槁之意。”[1]这里，李华将杜甫诗中的“枯槁”解作“穷困潦倒”是很有理由的，因为陶潜在他自己的第11首《饮酒》诗中用了同一个词来形容孔子的得意门生颜回之窘迫：

颜生称为仁，荣公言有道。
屡空不获年，长饥至于老。
虽留后世名，一生亦枯槁。
…………

李华以为，陶潜在指出颜回为其身后浮名付出了高昂代价的同时，或许也在针对他自身的潦倒做自嘲。这也自然可以联想到杜甫在提到陶潜时，也会有一副自嘲的口吻。因此，当杜甫在试图揭开陶潜的面具时——以一个甘于清贫的理想隐士的面目出现的所谓“陶潜”，杜甫实际上也在做自我曝光。确实如此，杜甫终其一生穷愁潦倒，也自然而然会自比陶潜。有鉴于此，浦起龙在评解杜甫《遣兴》时指出：“嘲渊明，自嘲也。假一渊明为本身像赞。”[2]这也就解释了为什么杜甫在他的诗作中一再提到陶潜，而实际上，正是杜甫第一个将陶潜提升到文学上的经典地位。[3]

然而问题是，正如李华所指出的，在过去的数世纪内批评家一直在误读杜甫，实际上这是对杜甫解读陶潜的误读。由于批评家常将“枯槁”解作“风格上的平淡”，他们自然而然会认定杜甫

① 李华《陶渊明新论》，第227—228页。
② 浦起龙《读杜心解》，引自李华《陶渊明新论》，第228页。
③ 邓杜梁《唐宋诗风——诗歌的传统与新变》，台北：台湾书店，1998年版，第18页。

以其《遣兴》一诗来批评陶潜的诗风。这种误解导致明代学者胡应麟在其《诗薮》中以为“子美之不甚喜陶诗，而恨其枯槁也”。[①]后来，朱光潜也沿袭了胡应麟的说法。直到1992年李华出版其专著《陶渊明新论》，学者才开始重读杜甫。这一有趣的误读实例证实了我们的想法，即经典化的作者总是处于不断变化的流程中的读者反馈的产物。

据我们所知，陶潜其实是很在意读者反馈的那样一种人，正如他在其《饮酒》组诗序中所言，他让朋友抄录其诗作（“聊命故人书之”）。尽管陶潜在说这话时用了一副谦逊的口吻——不过是为博得朋友的“欢笑”而已，毫无疑问他还是很在乎他作品的流传。而且，正如戴维斯所指出的，陶潜同其他许多中国诗人一样都在“营造自我的形象”。对读者而言，陶潜自我形象中永葆魅力的一个侧面就是他对自己的诚实，即便在他惶惑的时候他也没有违拗自己的良心——甚至是在他饥寒交迫时：

> ……何则？质性自然，非矫厉所得。饥冻虽切，违己交病。
>
> （《归去来兮辞并序》）

正是靠这份自我的挖掘，陶诗的读者才使得他们自己与诗作间有亲密无间之感。故而许多读者在窘迫之际便自然而然地转向陶诗求助，为他们个人的困苦找寻一个满意的答案。于是，梁启超抱病在身时所读的不是别的，而正是陶诗，因而抛出了他的著

① 胡应麟《诗薮》，引自李华《陶渊明新论》，第227页。

名的《陶渊明年谱》。20世纪30年代抗战期间，李辰冬在自家田舍间勤勉地研究陶诗，结果完成了发人深思的陶学著作《陶渊明评论》。当然，也有读者只是把读陶诗当作消遣，诸如丁福保以日诵陶诗而自娱。丁氏为陶集编订了20多个版本，最终据宋珍本作《陶渊明诗笺注》而知名。[①] 诚如宋代词人辛弃疾在《水龙吟》中所言："须信此翁未死，到如今凛然生气。"

不错，总的说来读者对陶潜的生平颇感兴趣，不过更准确的说法也许是，有更多的读者着迷于陶潜对自己死亡的思索。事实上，没有作家能像陶潜那样带着一份自觉意识来关注现实、达观和死亡——像他的《挽歌诗》及《自祭文》。下面一段话应为陶氏临终前不久的绝笔，它只能是出自这样一个人之手，即他对人的有尽天年虽有疑惑，却又找到了终极的答案：

> 乐天委分，以致百年……识运知命，畴能罔眷。于今斯化，可以无恨。
>
> （《自祭文》）

像这样的一副笔墨，写来为自己作"挽歌"，在陶潜那个时代恐怕是史无前例的。正如梁启超所说：

> 古来忠臣烈士慷慨就死时几句简单的绝命诗词，虽然常有，若文学家临死留下很有理趣的作品，除渊明外像没有第二

① 丁福保《陶渊明诗笺注》，1927年版；台北：艺文印书馆，1989年重印，第3页。

位哩。[①]

当然，陶氏之言，是否可做字面理解，即它是否确系他的临终绝笔，恐怕永远也无法肯定。但毫无疑问许多读者仍然相信这是陶氏的绝笔。据信也正是在陶潜的影响之下，日本诗集《万叶集》收录了《挽歌》部以及其他一些像是模仿陶氏预见自己死亡的歌谣。[②]

有趣的是，也许正是在陶潜的临终篇什中，读者才发现修史者对诗人的传记描述与陶潜的自我描述正相吻合。颜延之在《陶征士诔》中所描述的陶潜的"视死如归"也印证了诗人为自己所做的描绘。[③] 这正是陶氏希望为后人所记取的他的自我形象。然而，他在这篇绝笔祭文的篇终还是禁不住向读者流露出他的无奈感：

> 人生实难，死如之何，呜呼哀哉！

确实，陶氏最后这番话是一位经典诗人复杂而隐秘的自我告白。

（陈磊译，原载于刘东主编《中国学术》，2001年第2卷第3辑）

---

① 梁启超《陶渊明》，第38页。

② 参见王定璋《陶渊明悬案揭祕》，第244页。有关陶潜对《万叶集》的影响的实例，见《万叶集》，第486页。

③ 参见王国瓔《乐天委分，以致百年——陶渊明〈自祭文〉之自画像》，原载于《中国语文学》34辑（1999年12月），第323—340页。

女子无才便是德？

中国文学史上不乏专擅诗词的扫眉才子，仅以明、清两朝而论，刊刻所著者即达3500人之多。此事学界知之者固鲜，多数人却深谙袁枚与章学诚为妇女文化地位所展开的争辩。袁枚称得上是开明派，他力排众议，以为闺秀支机天巧，力可创新简篇。章学诚则保守卫道，意中女辈皆从礼贞烈。两造各执其词，但是今人难免倒向袁枚，盖其鼓励女弟子创作与刊布所著，吾人闻之即心有戚戚焉。相反，章学诚泥古守旧，居然要求女流自限闺中，谨守正道礼法。这在今人听来，哪能心服口服？

虽然如此，袁、章争议所在的妇女才德观却有其文学史上的承传，源远流长。才德问题不仅关乎闺闱，实为男女共具，虽则多数争辩往往亦因前者导发。[①]明清之际乃历史变革的关键，诗媛辈出，史无前例，看待才德两极的角度从而多样翻新。事实上，早在袁、章之前200年，才德之争即已甚嚣尘上，乃晚明妇教的议

---

① 参见刘咏聪《中国传统才德观与清初四朝关于女性才与德之比论》，刊于香港大学《东方文化》（*Journal of Oriental Studies*,1998），第95—128页。

论焦点。当然，时人所论并未演变成为人身攻击，而其火网之密亦不如章氏发表《妇学》后所引发的激辩。《妇学》完成于1797年，矛头直指袁枚及其一班女弟子，因为就在此文面世前数月，后者合刊了《随园女弟子诗选》一书。章氏之文不曾对袁枚指名道姓，但含沙射影三斥之为“无行文人”——门下女众败礼坏德、视古传女训如粪土皆其过也。[①] 易言之，章氏以为世之无行文人往往“带坏”才女，《诗经》颂扬的“静女”典型不再。章氏最后为自己圆场道：他并非皂白不分，一味攻击闺秀诗词，像六朝诗苑巾帼就深获其心。依章氏之见，这些女诗家“非仅能调五言七字”，亦“自诩过于四德三从者也”。章氏甚至对唐代女校书心仪不已，尝谓其时“名妓工诗，亦通古义，转以男女慕悦之实，托于诗人温厚之辞”。然而，降至当代，人称的“才女”唯有慧无学，尤其不学三从四德，唯汲汲于“炫女”而已。她们以为其时“无行文人”慕其才，殊不知对方提携奖掖之乃因“怜其色”。

当代文人——不论男女——或许“败德坏行”，而章学诚严词抨击袁门弟子，更可能有鉴于此。不过，显而易见的是：二十八袁门女弟也因此悻然不悦，骆绮兰从而刊行《听秋馆闺中同人集》以对抗之。骆氏孀居持家，乃袁门女弟锋芒最露的“女性主义者”，所撰《听秋馆闺中同人集》集序以为闺秀诗家熏染不易，其卓然有成者才调当在须眉之上。[②] 换言之，骆氏反对女中诗才“不务正业”，自囿于米盐琐屑。

---

① 参见章学诚《章氏遗书》，刘承幹编《章学诚遗书》，北京：文物出版社，1985年版，第48页。

② 胡文楷《历代妇女著作考》（增订本），上海：上海古籍出版社，1985年版，第939页。

尽管如此，力足以一驳章氏之评者终非骆氏一类论调，而是闺闱家推出诗集、词集，以才傲世。袁门女弟深信“性灵”乃诗词正音，所刊合集或别集无不多方护卫。袁枚更誓言“性灵”的重要，谓作诗填词应先蕴蓄于胸臆。他进而夸夸言之：诗词自有其偏重，非说教之工具。就他而言，诗词固不必为道德所役，亦应超乎学行之上。可想而知，章学诚不会容忍这种观念。

袁枚百般回护闺秀，力陈其作诗填词之权，又提醒大众《诗经》各篇多出诸妇人之手，不可小觑：

> ……《三百篇·葛覃·卷耳》谁非女子之作？迂儒穴际之见，诚不然也。[①]

当然，《诗经》多经纤纤素手谱成之论，明末即有学者提出，150年后的袁氏固非其首议者也。明人此见，实为其提升闺诗的主要策略，明告世人闺才绝非异端。不用多说，章学诚不会屈从这种论调。至于袁枚，方之明人，至少在某方面已大大超越之：他以为著作权非关紧要，重要的是经典中充满女性的肺腑之言。袁枚为异性代言，其时闺秀益知向上，以寻求自己的文学和社会地位。

袁枚对“才”的看重常人罕见，所以清代诗媛和他特别投缘。他尝谓：“作诗如作史，才、学、识三者兼宜，而才为尤先。”他甚至以为不论出身，凡巾帼诗才都应加勖勉，令其畅抒胸怀，刊布所作，充分发挥禀赋。在某种程度上，袁枚大力提携闺秀实则在

① 袁枚《小仓山房文集》卷32，《随园三十八种》（1992年）卷4，第8页a。

延续晚明开明传统。这一点，后文会详予再探。

章学诚斥责袁枚为闺派首脑，助长女流气焰。如此说词，实为误解，只要浏览相关书目，不攻自破。明清闺秀编纂合集，刊行所作，实已逾200年，而令章学诚深感不快的，正是她们拟板镌诗稿以获致肯定的欲望。在所著《诗话》中，章氏指出此点，大加挞伐。依其所见，妇女出书意在“私立名字”；同门虽和，眉批互捧，亦然。当然，露才也是士君子大病，盖晚明道学家吕坤早已从儒门正统如是补充。章学诚所以对沽名钓誉的闺秀严词抨击，乃因古来妇德皆以“内言不出阃外”为准。袁门二十八女弟刊布合集，章氏深感不悦，于此可知师出有名。

或许也是因此之故，章氏觉得有重厘“女人无才便是德”之意涵的必要。按此语首先流行于明末，句前另有“男子有德便是才”一语，反映出重男轻女的长久史实，也重挫了闺中志气，令其有才难使。然而，章学诚自有一套翻案本领，他重新诠解此语，认为首议者并非厌恶“才女”，而是希望借此警醒炫才惊俗的女流，免得她们为人利用而不自知。章氏继而解释道：“女子无才便是德”实指贤媛不以炫才为能事。

现代读者或许会大吃一惊：终有清一代，肯定章学诚观念的人，女性所占的比率可能大过男性。王贞仪乃大家闺秀，写给某白夫人的信上，就曾痛斥当代妇女，尤其是急于刊布所作以沽名钓誉者。[①] 王氏的例子乃上述史实最佳说明，也显示清闺阁深受儒门影响，相信刊刻所著有逾身份。从王氏的例子来看，清代闺

① 钟慧玲《清代女诗人研究》，台北：里仁书局，2000年版，第289页。

禁文才的社会定位，和18世纪英国女性确有巧合，十分有趣。费雯·琼斯（Vivien Jones）观察道：其时英伦极端派妇女认为，女人出版作品“形同失去贞操”，因为这样做不啻“把隐私赤裸裸呈现在大众目前；白璧蒙尘，有违闺内女诫”。[①]理查森（Samuel Richardson）长篇名著《帕梅拉》（*Pamela*）里的女主人公还说过：女人有亏操守，恶于丧命。[②]就像这句话所形容的，清代许多“闺中道学家”都认为“贤妻良母”才是懿德令誉之所系。

倘要了解清代妇女坚持此见的原因，我们得注意其时在道学圈内逐渐流行的一个观念：“才可妨德。”孟子有“才本善”之说，宋代理学家的新见是才可以为恶为善，而后者的补正可能正是“才可妨德”一语的渊源。王贞仪受到宋儒浸染，难怪会认为“才非闺阁之正务”，抑且“足以淆其德也”。[③]此亦所以王氏——如同前文所示——怒控当时某些闺秀求名失“节”。

我们由此更可了解何以许多清闺秀一发现自己“蠢蠢欲动”，亟思刻印诗集，便干脆焚稿自律，黄宗羲的夫人叶宝林就是最明显的例子：叶氏当闻悉闾内闺秀作诗结社，又和男士举杯唱和，大叹“此伤败俗之尤也”，乃焚其手稿寄慨。[④]另一个类似例子是钟韫。她在谢世前自焚诗稿，好在公子查慎行及时抢救，凭记忆还原并梓行原作。俞绣孙的事例也相去不远。她英年早逝，33岁即成

① 参见 Vivien Jones, “Writing”, in *Women in the Eighteenth Century:Constructions of Femininity*, edited by Vivien Jones (London: Routledge,1990), p.140。

② 这一点我乃承南希·阿姆斯特朗（Nancy Armstrong）之启迪，参见所著 *Desire and Domestic Fiction: A Political History of the Novel* (Oxford:Oxford University Press,1990), p.5。

③ 参见王贞仪《德风亭初集》，《金陵丛书》本，台北：力行书局，1970年重印，卷10，第9页a。

④ 梁乙真《清代妇女文学史》，台北：中华书局，1979年版，第283页。

北邙乡女。临终前数日开始焚稿，虽然乃父曲园老人仍就其未焚者镌板结集。俞曲园当时是有数的闺秀知音，奖掖襄赞不遗余力。不管如何，上举例证在在显示：清闺秀所为大半是章学诚之说的根据或再现，言谈举止与操守德行都若合符节。由此可知何以《妇学》变成章氏名作，何以其深入人心的程度在章著首屈一指。

事实上，今人钱穆早已指出，中国古来皆"重德不重才"，而且蔚为传统，深入人心。[①]举例言之，孔子掂秤才德轻重时便曾如此说过："有德者必有言，有言者不必有德。"[②]宋人司马光进而以彩笔对比才德，认为："德胜才谓之君子，才胜德谓之小人。"[③]

这些言论道出章学诚一类道学家的"文化轻重感"（cultural priority）渊源斯在，也说明了章氏何以不齿袁枚单单重才。追根究底，才德问题都关涉到传统男性社会的价值观，例如访贤求才的标准与道德教训在瞬息万变的社会里的角色等等。牵动观念变革的因素包括教育程度的提高、都市化走向加剧与社会日益重商等等。对重才者而言，他们应可坦然接受这些巨变；至于重德者，则无时不在对抗之。然而，道学家的成见固深，袁枚也不是孤军奋战。他把"才"捧上了天，也说尽了好话，果然大儒戴震就站在他这一边。戴氏极思重振《孟子》古义，曾发出"性善则才亦美"的议论。[④]虽然如此，我们仍得待乾隆皇帝提出"才德"说，方能见到"才"晋升为主流，和"德"并驾齐驱。弘历名臣朱珪曾撮述

---

① 参见钱穆《中国思想通俗讲话》，香港：求精印务公司，1955 年版，第 45—46 页。

② 《论语·宪问》。

③ 司马光《资治通鉴》，北京：中华书局，1956 年版卷 1《周纪》，第 14—15 页；另参见刘咏聪《中国传统才德观与清初四朝关于女性才与德之比论》一文。

④ 戴震《孟子字义疏证》，北京：中华书局，1982 年版，第 39 页。

乾隆圣旨，其《御制才德说恭跋》谓：

（皇上鸿文渝启，）务使臣下不敢以无德之才自欺欺人，亦不敢以无才之德拘墟自安于无用。……皇上于用人行政之间，深知其难而发为才德之说。[①]

由此可知，对袁、章及其同代人而言，才德之辩非唯见诸妇女问题。而尽管如此，我仍然相信研究女性地位乃解决袁、章歧见的叩门砖，更是了解自古迄清才媛在似此争论中角色的入门钥。我认为中国妇女的文学文化生发于才德合一又互斥的吊诡中，要了解她们认同和消释吊诡的方式，也唯有由才德问题下手。但是才／德之辩并非一日之寒使然，相关问题与思想牵连甚广，我们必须走访在历史的脉络中才能拨云见日，澄清来龙去脉。

事涉女性的才／德问题演变史，当从班昭的《女诫》数起。实际上，章学诚的《妇学》一开始就提到班昭，并论及同文“妇行”一节拈出的妇行四目：德、言、容、功。章氏虽由此下手谓妇女身负道德大任，实则在称颂班昭垂训，以《女诫》所晓谕的大义为万世妇德的象征：“德”者“力”（power）也。

班昭所作率皆道德教训，她又如何确保永垂不坠、万世景仰？有趣的是，乍见之下，《女诫》的行文策略仍为惯套，坚持女性柔弱，先天不足的立场。此所以班《序》开篇即摆出低姿态：“鄙人

① 朱珪《进呈文稿》卷2，《知足斋集》（学海堂刊本），第3页a至第3页b。另见刘咏聪《中国传统才德观与清初四朝关于女性才与德之比论》一文。《才德说》的作者问题，我仍承余英时教授赐函指正（1992年8月16日）。此文重要无比，然就我所知，似已佚亡。

愚暗，受性不敏。”措词够谦逊了，但也正因卑降以求，《女诫》才能为后人开说女范。世所周知，班昭曾为乃兄班固续补《汉书》，集学者与史家令誉于一身。然而，她虽博学多闻，却也不让须眉，具有儒士虚怀若谷的风范。职是之故，能在闺阁万世为人师表者，舍班昭不做他想！据说班氏妯娌曹丰生性倾于开明，曾撰文批驳《女诫》的妇德观，然而不卑不亢晓世人以大义的“妇德之力”，却也是史不绝书，广受赞誉。不管如何，班氏《女诫》已经登堂入室，成为文学史的一环，而曹氏评文反而逸失在时间的洪流里。

班昭自谓《女诫》之作意义重大。她语调坚定，以所出诸女为劬心悬念，命意则遍寄宇内女身，强调妇行不可不慎，其沦启亦不可疏违：

> 男能自谋矣，吾不复以为忧也。但伤诸女方当适人，而不渐训诲，不闻妇礼，惧失容它门，取耻宗族。吾今疾在沉滞，性命无常，念汝曹如此，每用惆怅。间作《女诫》七章，愿诸女各写一通，庶有补益，裨助汝身。

班昭对道德礼法的力量深信不疑。后世宋若华、宋若昭姐妹（著称于约公元 790 年）也认为道德乃人生最高指导原则，故此序其合著之《女论语》曰：妇家若依文中所言，“是为贤妇，罔俾前人，独美千古”。[①]“女诫”二字所指不仅指戒律，也包含守戒的好处。《女诫》能深入闺禁，并经阃内许为力作，其所高论之守戒报

① 胡文楷《历代妇女著作考》，第 22 页。

偿无疑是主因。

我们也必须注意，班昭的“戒律”不一定囿于妇道琐事。所谓德、言、容、功等妇谊，当然源自《周礼》相关章节，[①]但班昭的说词其实更让人想起《左传》。据后者，立德、立功，与立言乃人生三不朽。汉及后世“学而优则仕”的统治阶级，对此说法无不拳拳服膺。所以在某种意义上，我们可谓班昭试图把妇德大义附会到《左传》的生命不朽观。传统儒士视“德”重于“功”与“言”，班昭认为这是不朽的第一要义，故在赋写东征的《东征赋》里反复思索其感人之力：

> 惟令德为不朽兮，身既没而名存。
> 惟经典之所美兮，贵道德与仁贤。

正因此故，在后出的《女诫》中，班昭对定义“德”字就持谨慎态度，务求诸女尽其妇道所宜。其时班昭显然也陷入才德抉择的窠臼，不过对她而言，所谓“妇德”当以贤淑贞洁为重，“不必才明绝异也”。

话虽如此，班昭对德的强调却也不过是其时一般思潮。到了汉末，“才”方才变成中国文人的主要关怀，究其缘由，曹氏父子的推动当系主因。他们笃好斯文，建安彬彬之盛于焉形成，一时俊才云集。曹操乃邺下文学沙龙的掌舵者，他用人的标准是不拘品行，唯才是求。操子丕名作《典论·论文》则堂皇公认文学为

① 见《周礼注疏》卷 7,《十三经注疏》本，北京：中华书局，1980 年版，第 687 页。

“不朽之盛事”，建安时代因而特重文才，众望之殷史无前例。班昭故去后两百年，中国历史进入六朝初期，时人如何断定诗才呢？下引有关谢安侄女谢道韫的逸史，最足以提要钩玄：

（谢宅）……尝内集，俄而雪骤下。安曰：“何所似也？”安兄子朗曰：“散盐空中差可拟。”道韫曰：“未若柳絮因风起。”安大悦。[①]

谢安系名相并儒将。他“大悦”乃因道韫诗才出众，连同堂兄长都不敌。显而易见，谢安阅人的依据是美学原则而非道德考量，道韫句特具诗意，故而深受赏识。换言之，谢府其时人才辈出，非唯文坛奉其男俊为主流，如今又锦上添花，瓦砖之中奋起扫眉诗才，谢安安能不睥睨自豪？道韫后果以文名诗才见重于世。

谢道韫的例子确实特出，但非孤例，因六朝时闺秀诗才深受敬重，论之者不乏其人。钟嵘以“品”字为男诗人定高下，时人亦以此评比闺秀、梳理等第。此所以刘宋孝武帝请鲍照论其令妹令晖时，鲍氏鉴于六朝典型的品才论人之法，亦即方令晖于名诗人左思之妹左芬：

臣妹才自亚于左芬，臣才不及太冲尔。[②]

同样，也有人拿谢道韫并比同时女杰顾氏：

---

① 《晋书·烈女传》，引自胡文楷《历代妇女著作考》，第10页。

② 陈延杰《诗品注》，香港：商务印书馆，1959年版，第69—70页。

谢遏（玄）绝重其姐（道韫），张玄常称其妹（顾氏），欲以敌之。有济尼者，并游张、谢二家，人问其优劣，答曰："王夫人（道韫）神情散朗，故有林下风气；顾家妇清心玉映，自是闺房之秀。"①

济尼评比二人的话甚有意思，大抵触及其时新"才"观与旧"德"说的基本分野。道韫"散"而不羁，拟之"林下风气"甚是；顾夫人娴慧尽职，宜乎"清心玉映"之美誉。然而，更有趣的是说道韫才配"竹林七贤"，有"林下"之风。在中国诗史上，"竹林七贤"素以徜徉自适、不随俗同久负盛誉。道韫则任性使才，雅尚清言，颇类七贤风范。最紧要的是她有主见，好论人。《世说新语》载，她甚至黜薄其夫王凝之，以其才不及同门长上兄弟。凡此种种，当不类传统妇贤媛所为。她目无余子，想是恃才傲物使然。

到了唐代，"妇才"观更为普通。《全唐诗》辑有百余诗苑名媛600首左右的作品，其首要特色在种类繁多，不一而足，包括宫闺、青娥、名媛、后嫔、弃妇、歌伎与女冠所作。②有趣的是，唐代以大诗人自期的才女多属歌伎与女冠。她们也颇有刊刻诗集、垂芳后世的雄心。无论是生活方式或职业要求，歌伎、女冠受到传统

① 刘义庆《世说新语·贤媛》，见杨勇《世说新语校笺》，香港：大众书局，1969年版，第528页。

② 值得注意的是，据学者陈尚君的研究，"在今知有名录记载的近150位唐女诗人中，可以确认唐代实有其人的女性作者为76人，在传闻疑似之间者凡19人，可以确认虚构、误认或后出者为42人"。参见陈尚君《唐女诗人甄辨》，《文献》第2期（2010年4月），第10—25页（孙康宜补注，2015年6月）。

的规范都较少，难怪素行也异于凡妇。她们打破男女界限，常与男诗人或儒官往还。

环境与风气既然如此，歌伎薛涛、女冠李冶及鱼玄机等人出类拔萃，乃相继变成有唐一代诗名最著的秦楼粉黛。她们也是当时少数刊刻过诗集者，和男诗人又互有往来，每每定期酬答，像薛涛和元稹或鱼玄机与温庭筠就时常赠诗唱和。易言之，这些女诗人皆因文才而深受敬重；王建曾奖誉薛涛为“扫眉才子”，而李冶诗名籍甚，当时皇帝闻其名甚至诏请入宫。最重要的是，她们开始注重形象，刻意以“才女”的面貌周旋在“才子”阵中，酬诗唱和常见得很。然而，她们虽可以“才”和男性平起平坐，却不能以此晋身，因为科举仍有闺闱之限。鱼玄机为此深感不平，故有“自恨罗衣掩诗句，举头空羡榜中名”之句。辛文房《唐才子传》推许鱼氏拟与男子相埒的雄心，认为真妇才会舍此无他。鱼氏在豆蔻年华即因故身受极刑，多少朝士同声一叹，此皆因唐人重才有以致之。

校书女冠不为“四德”所羁，赢得许多男士赞赏。虽然如此，斥之“败德”者也不少。卫道之士认为逾越“四德”必无好下场；他们人多势众，从之者逐渐认为“才”就是“无行”的代名词。传说李冶髫发即具诗才，乃父知悉后惧其及长必成“失行妇”。同样，薛涛也是幼善缀句，父闻之怃然良久。事实上，许多歌伎甚耻于受封为“才子”，徐月英就是例子。她曾在一首诗里自叹命乖，无缘效常人恪守“三从”之德。[①] 徐月英的自怜是意料中事，盖歌

① 参见《全唐诗》，第9033页。

伎生涯付出的代价甚高：她得忍受知音难觅之苦，还得像同行诗中每见自况的落絮一样漂泊在天地之间。前及六朝谢道韫的“柳絮因风起”一句，不就是唐代校书的最佳写照？

方之歌伎，唐宋大家闺秀比较安于针线女红，不过也因此不能纵情诗赋。薛涛和徐月英随时都可以咏月吟风，管笛笙歌，但大部分的闺秀不然，只能在织造之余寻章摘句。班昭《女诫》指出织机唧唧是妇功法门，古来女训、女则亦时时强调之，多数妇女认为织室劳作乃家务本分。对她们来讲，勤于织机可以累“功”，写诗就算于德无妨，亦无益妇德。这种看法已经变成共识，唐宋闺秀的意识形态就此塑成。

异调歧见不是没有，朱淑真就不信这一套。她当着时人的面委婉讽刺：“磨穿铁砚非吾事，绣折金针却有功。”[①] 朱氏吐尽苦水，我们却也因之想起美国殖民地时期女诗人安妮·布莱德斯特里特（Anne Bradstreet，1612—1672）的两行诗：“妇家长短烦透了／谁谓我手只合针？”[②] 像布氏一样，朱淑真坚称写诗才是本分，最后也变成诗作最丰的闺秀大家。朱氏出身书香门第，自幼工诗，只可惜嫁了个市侩！更糟糕的是，去世后她父母把她多数诗稿一焚之，唯恐其中情诗落人口实，诬之为不守妇道。好在半个世纪后，有魏仲恭者搜其残稿为一帙，合郑元佐笺注别刊《朱淑真集》。朱氏

---

① 张璋、黄佘校注《朱淑真集》，上海：上海古籍出版社，1986 年版，第 154 页。

② Anne Bradstreet, “The Prologue” in Katharine M.Rogers, ed. , *The Meridian Anthology of Early American Women Writers:From Anne Bradstreet to Louisa May Alcott,1650~1865* (New York: Meridian, 1991), p.13.

心血自此公诸于世，而她也博得大诗人之名。[①]

和朱淑真相形之下，另一宋代闺秀诗词大家李清照无疑幸运得多，族内男亲对其文学大业多半勖勉有加。她和丈夫赵明诚更是后代“夫才妇巧”的典型。同侪闺秀，罕见匹敌。实际上，李清照从不认为自己是“阃内”诗人词客，也不觉得妇行和妇女艺文有何抵牾。她反而在文“士”中找到自己的定位，而且胆敢挑战他们，评比高下。覆案所作《词论》，上文不虚。从她独一无二的行文看来，李清照倒是很像“神情散朗”的谢道韫。后者非但敏于论人，抑且自觉才高八斗，足以抗衡男性传统。惜乎，李清照到底是异例，同代女辈举不出第二人。

逮及明代，“才女”演成生活理想，是俗众注目的焦点，也是此刻许多文化思想的指标。明代歌伎系其滥觞，而歌伎又是唐代青楼唱和的校书的隔代翻版，虽则其所强调的“情观”有异前朝。明初有才伎张红桥（著称于 14 世纪），她和闽中十大才子之一的林鸿是一对神仙眷侣，和诗无数，互诉不渝衷情，佳话流传至今。明代中期，武陵春（即齐慧贞，又名齐锦云）崛起北里，鹤立鸡群。她对所爱之情至死不移，时儒徐霖感佩之余赞不绝口。[②]到了明末，才伎并起，史无前例。她们刻印诗集，书画双绝，还是宫

---

① 近年来有不少美国汉学家怀疑朱淑真此人的真实存在，以为她的故事可能是男性文人的想象和虚构。见 Wilt Idema, “Male Fantasies and Female Realities: Chu Shu-chen and Chang Yu-niang and Their Biographies” ,in *Chinese Women in the Imperial Past:New Perspectives*, edited by Harriet T. Zurndorfer (Leiden: Brill, 1999), pp. 19-52。并参见 Ronald Egan, *The Burden of Female Talent: The Poet Li Qingzhao and Her History in China* (Cambridge, MA: Harvard University Asia Center, 2013), pp. 32-36（孙康宜补注，2015 年 6 月）。

② 参见周晖《续金陵琐事》（1610 年完稿）卷 2，重刊于《金陵琐事》（北京：文学古籍刊行社，1955 年版）“刘锦云”条，第 157 页 b 至第 158a。

征善才。她们可与男士一比，但彼此敬重。在生活上，她们宁为才子妾，不为俗人妻。后一点恰和唐代校书遭遇相反。薛涛之流虽曾与名士公卿游，却从未得人眷顾而迎娶之，诗中故而幽怨连连。唐伎鱼玄机曾有“易求无价宝，难得有心郎”[①]的感叹。晚明金粉却多能觅得如意郎，找到好归宿。她们一方面福星高照，另一方面也是晚明才子佳人说曲的实况借镜。后者里的女主人公率皆才貌双全，最后也都能访得才子归。此外，“成双配对”的观念在才子佳人说部的鼓吹下，也反映在晚明社会里，于是出现了一对对的“文士歌伎配”，例如侯方域与李香君、冒襄与董小宛、龚鼎孳与顾媚、杨文骢与马娇、葛征奇与李因、钱谦益与柳如是等等。就像说部中的才子佳人一般，这些明末绝配都有某种浪漫的一厢情愿，以为他们的因缘不但前世注定，而且还是一出出“传奇”的好材料，足可传唱千秋万世，垂范后代。他们的情史确实也令中国人着迷，后世诗人、批评家与读者无时不回头细味。后人甚至评论这些绝配是否够“绝”，例如袁枚爱徒席佩兰就曾对柳如是下嫁钱牧斋失望不已，认为她应该和善诗词的晚明英烈陈子龙共效于飞：“当时若嫁云间婿，偿许贞魂配国殇。”[②]

有待细索的一个更重要的问题是：明末文人何以垂青于其时歌伎，不吝月旦品评？首先，我们得了解，明末人士对“才”情有独钟，视之为生命理想，而歌伎能诗善画，时而精于曲文扮相，焉能不令人为之倾心?! 话说回来，许多歌伎也都有人从旁导启，独

---

① 《全唐诗》，第 9047 页。

② 席佩兰《陈云伯大令重修河东君墓纪事》，《长真阁诗集》，上海：扫叶山房，1913 年版，1920 年重印，卷 6，第 11 页 a。

树诗风，更因鼓励者不乏其人而得刊刻所作。当代诗词合集通常会收录歌伎之作，而卓然有成的诗媛如王微（修微）与柳如是等，更已经人公认是其时大家。竟陵派诗人钟惺甚至独美王微，誉之为不世出之才："其诗娟秀幽妍，与李清照、朱淑真相上下。"[①]另一时儒陈继儒续谓王氏之词"无类粉黛儿，即须眉愧煞"。稍后到了17世纪50年代，邹漪（又作邹斯漪）则独称柳如是，以其为斯时诗苑魁首，尊为"诗博士"。[②]明清之际的中国文人确实敬重当代歌伎，甚至爱屋及乌，连"声名狼藉"的唐校书鱼玄机都获平反，而且水涨船高，赢得"才媛中诗圣"的美誉。[③]

然而，明末在诗苑力争上游的歌伎并不以才炫人，强调的反而是"德"。这是她们晋身的策略，唐代校书就没有想到。"德"相对于"才"，而且更难兼具。考明伎耀德，可能因其对自己之"才"深具信心。柳如是不仅是名伎，也是其时闺秀的言行表率，当然深知"德"字的重要。钱谦益《列朝诗集·闰集》乃柳氏所纂，所收皆闺秀杰作，对才德问题亦有独到之见，甚至据之为评比的标准。举例言之，晚明歌伎王微与杨宛皆经柳氏评为诗才出众，但柳氏最后以其德盖棺论定之。王微和杨宛是女兄弟，分别委身儒官许誉卿和茅元仪，但二人之行则大异。王微有胆识，有妇德，事夫忠心不贰。杨宛恰好相反，不但举止轻佻，而且常闹红杏出墙的丑闻。柳如是细察人品，对她们的断语形同天壤：

① 胡文楷《历代妇女著作考》，第88页。

② 见邹漪编《诗媛八名家集》（序于1665年）中的《柳如是集》序。

③ 参见钟惺编《名媛诗归》卷11，第6页b。钟惺是否真是《名媛诗归》的编者，曾引起一些清代学者的争论。

道人（引者按：指王微）皎洁如青莲花，亭亭出尘；而宛终堕落淤泥，为人所姗笑，不亦伤乎！

柳如是的王微《小传》进一步印证王氏之德曰：其人亦晚明忠魂也！据柳氏所言，明亡以后，王微偕夫婿许誉卿矢志讨满，"相依兵刃间，间关播迁，誓死相殉"。柳氏以志士仁人之身说明王微之德，不啻在暗示明清之际歌伎形象演变的一大关目。对 17 世纪中叶的中国士子来讲，才伎绝非有德者避之唯恐不及的红粉骷髅（femme fatale），相反，她们和随后委身的男友都曾献身民族大义，许多人甚至为国捐躯。柳如是勇而有湖海豪情，类如其人的巾帼英雄则在亡国后潜入地下，随义军奋战多年。就在此刻，中国文人圈突然对慧而有义风的歌伎特感兴趣，相关的说曲纷纷出现，足资佐证的是讲史传奇《桃花扇》。这一出戏里的歌伎李香君智能双全，不断对抗政治上的恶势力，最后还力阻所爱侯方域变成奸臣阮大铖的羽翼。相形之下，唐代校书虽然才华横溢，但每有素行不良之识，是以才德一体的最佳范例仍得俟诸明代歌伎出，唐人万万不能望其项背。

有趣的是，晚明才伎纷纷以妇德自期之际，大家闺秀却汲汲自许为"才女"。她们一有所作即付之剞劂，女作家的人数因而暴增。17 世纪初期可谓闺秀合集的年代，各方所布纷至沓来。凡此都可想见闺闱新潮为何。魏爱莲（Ellen Widmer）早已指出文才与家务的新结合可见诸此时的世学家女，[①] 包括文名籍甚的商景兰与

---

① 参见 Ellen Widmer, "The Epistolary World of Female Talent in Seventeenth-Century China", *Late Imperial China*,10.2 (Dec.1989), pp.1-43。

王端淑。她们“内与诗书为伍，染翰濡毫”，外则结社吟咏，刊布所作，或另有所学。不过值得细玩的是，这些闺秀识字原是为读女训列传，最后反因此而得以作诗填词。不论她们读的是班昭《女诫》或吕坤的《闺范》，她们更常是言情说曲的信徒，必然以为才子若乏才女伴，生命一定残缺不全。“才女”这种固定角色对当代读者的冲击相当大，连吕坤一类的腐儒都要畏惧三分，恐其有害嗜读白话小说的女读者。章学诚亦因此而戒慎异常，干脆宣布才子佳人的死刑，剔除相关说曲于自己的“文学共和国”之外。

虽然如此，才子佳人等理想化的人物类型并不能完全解释明清之际名门闺秀的创作行为。她们朝严肃的文学领域迈进，实则都经过漫长的探索与仔细的考虑。像陆卿子与吴绡等闺秀大家就都赋有宿世诗才，而且经众所公认，自己亦觉高人一等，所以陆氏敢于发出“诗固非大丈夫职业”的豪语，也勇于自任，谓诗“实我辈分内物也”。[①] 吴绡谈到诗词大业更是意气昂扬，毫无忸怩之态：

> 余自稚岁，僻于吟事，学蔡女之琴书，借甄家之笔砚，缃素维心，丹黄在手二十余年。冬之夜，夏之日，驩虞愁病，无不于此发之。窃以韩英之才，不如左嫔；徐淑之句，亚于班姬。假使菲薄，生于上叶，传《礼》经，续汉史，则余病未能；一吟一咏，亦有微长，未必谢于昔人也。[②]

吴绡等思想进步的诗媛，同时也受到当代文士的赞誉，取而

① 胡文楷《历代妇女著作考》，第 176 页。

② 同①，第 106 页。

比诸六朝颇得“林下风气”的谢道韫，名儒邹漪即在所纂《诗媛十名家集》弁言谓：吴琪、吴绡姐妹皆负奇才，“潇洒淑郁，有林下风致”。同样，陈维崧《妇人集》也用“林下之风”形容才智出众的闺秀素草，而周铭甚至迳采《林下词选》以题其才媛集。周编意在颂扬谢道韫开启的闺秀诗风，而尤侗认为这种历经数代的风格大异于《女论语》《女孝经》一类著作，盖后者“未免女学究气”也。[①]

由于文士对诗媛敬重有加，蔚为潮流，闺诗奇才叶小鸾之父叶绍袁乃觉得有必要重新定义《左传》之“三不朽”。其所辑《午梦堂全集》收其妇及千金共4家多数作品，尝于自序谓是时认同的闺闱三不朽应推“德”“才”与“色”。不过，他也感叹以“德”名世者虽然多，却只有少数能发挥天赋，以文名著称于时。她们甚至连《诗经》里的闺派都不如，后者可是深受孔夫子敬重！当代文士同情叶氏者甚伙，包括沈荃在内的某些人还辩称女性生而宜于诗词：“妇人之不可……无才也，譬之于山，凝厚首固其质，……譬之于水，澄泓者是其性。”[②]类如葛征奇与赵世杰等儒士，则以为诗有“灵秀之所”，适为“妇女表征”，[③]所以赵氏序其所纂《古今女史》云：

> ……海内灵秀，或不钟男子而钟女人，其称灵秀者何？盖美其诗文及其人也。[④]

---

① 胡文楷《历代妇女著作考》，第896页。

② 邹漪编《诗媛八名家集》，沈荃序，第2页a。

③ 同①，第887页。

④ 同①，第889页。

应该顺便一提：闺闱独占天地“灵秀之气”的观念，在18世纪时演变成为《红楼梦》的大主题，小说亦以此称颂貌美而绰约的才媛。

毫无疑问，此一新的闺秀观在晚明首次出现时，确实牵动了许多妇女的创作欲，对既存的社会文化势力也是大挑战。各家闺秀首先攻击其时流传甚广的说法：“女子无才便是德。”她们穷追猛打，毫不留情；她们认为作诗填词与刊刻所著都是天理所容，再也不愿以家庭顺民自满，或变成社会上“没有声音”的一群。像徐媛就是显例，她汲汲追求诗名，宁可为诗而摒绝女红，《七夕》一诗更放言道：“机丝隔断须抛掷。”[①]志大才高的闺诗评选家王端淑也约略如是：她认为过往诗媛之所以文名不彰，全因自囿于“内言不出阃外”的迂见使然。远古以来便由《周礼》封圣的传统妇德，自此受到强烈的质疑。然而，最重要的是，对妇女问题有兴趣的男女也已开始意识到文才不但不会妨德，抑且益德。他们提出这个观念，当然是要扫除古来惧才、疑才的心理。

旧式闺秀的生活不外米盐琐屑与女红织绣，但徐媛与王端淑一类的诗媛却交游广泛，并常与异性交友互赠诗词。此外，这些挣脱束缚的妇女恰好也都同属一代——这一代的特点是产生了不少鬻画为生或写诗营生的女强人。她们独立性强，孀妇或失宠的妻妾尤然，最著名的两位是黄媛介与吴山。她们皆可谓“职业艺术家”，而对许多闺秀来讲，她们更是妇女寻求自由的成功典范。她

① 钟惺编《名媛诗归》卷33，第16页a。

们不为居家俗务所羁，闯起事业来更是不让须眉。黄媛介有竹林风韵，令人心折。她更是世学家女和北里校书的沟通桥梁，与双方诗才如王端淑与柳如是都称莫逆。这个现象重要无比，反映出名门余绪与歌伎传统渐有统合之势，也显示曩前对立的才德两极如今确有妥协之可能。正因两相浃洽，新传统从而生焉。

最后，到18世纪，袁枚的一班女弟子变成开明闺秀的发言人。她们踵继明末清初的才女，名正言顺，各有所长。此时闺秀总数更胜前代，在袁枚等人影响与鼓励下，纷纷走出闺房，和公卿名士往来谈艺。由于思想进步，闺秀甚至取代了晚明校书的文化地位，结果是当代歌伎沦为边缘人，她们的诗词不再受到重视。此外，这些闺秀自视甚高，也自觉道德优于秦淮金粉。出乎我们意料的是，清初盛世的文君、相如数量真多：袁枚爱徒席佩兰、金逸与吴琼仙都贵为才子妻，是最令人艳羡的几对。这些“才子才女配”也会互相切磋诗艺，琢磨书画金石，我们如见晚明文士歌伎配对的才子佳人再世。此时才媛一面步武晚明余韵，一面侧开创新猷，视之如至宝。这个时代确是闺秀自信满满的时代，是她们继往开来振兴妇学的时代。

正因随园女弟个个神采飞扬、信心饱满，章学诚才按捺不住，强烈攻击当代“才女”，甚至暗示她们应退回家园，日与针织、油米为伍。章氏之见似乎代表18世纪末中国腐儒的道学观，但是类似态度在其生前即已嚣张跋扈，受其荼毒者不知凡几，《红楼梦》第42回薛宝钗的话足可印证：“连作诗写字等事，这也不是你我（女流）之分内事。”前文提过，某些闺才甚至焚稿表明未曾忽视家务，所以题其诗集词集为《绣余草》《红余草》或《织余草》等等。

胡文楷《历代妇女著作考》一书，便载录了不下 170 部的明清类例。当然，如此择题也可能因社会上以虚为尚使然，用以谦称所作乃操持家务之余的小玩意，自己算不得诗人。然而，众闺秀的自我谦抑往往却造成欲虚反实的效果：闲情偶寄都这么杰出，专心矻矻岂不成就更大？不管答案为何，事实显示：这些闺秀确有道德顾虑，为免逾矩骂名，干脆虚怀处世。虽然如此，孔门的浸染力到底不小，许多清诗媛都像儒生一般，打心底相信诗词优劣系于道德见识，创作力弱反而不是考虑重点。某些闺儒进而倡言：女性贵在可以德化人。我们初闻此说，奔到心头的即是章学诚的论调：相夫教子才是女辈应为！清代同持此见的闺儒，最具代表性者或许应推“女中之儒”恽珠。她所修纂的《国朝闺秀正始集》（1831）开宗明义就指出：是书之编选概以道德为原则，冀可为人蒙训。袁枚认为性灵重于诗的说教功能，恽珠所为适相抵牾。她从先贤之说，以为《诗经》“不斥阃内之作”，所见虽与袁枚略同，然就其重诗教而轻巧思者观之，却与儒门正统一般无二。颇值得注意的是：恽珠所用集题中的“正始”二字实采自《风》《雅》二编的《诗·序》。当然，“正始”乃《关雎》别名，后者所重系“后妃之德”，所以恽珠和章学诚一样，都是从托喻风教的角度诠释《诗经》情诗。虽然袁枚以诗论诗，不多做道德联想，恽珠却反其道而行，拟借“正始”寓意以鼓吹贤妇挚而有别的性情。

此一态度的结果是：恽珠变成史上对歌伎最不宽容的编纂家，认为她们乃“失行妇人”，是妇德杀手，罪莫大焉。她因此关起大门，不让她们进入《正始集》内，并为此扬扬自得（《例言》）。唯一例外是几位来得及“改邪归正”的才伎，诸如力振“晚节”的柳如是、王微与卞玉京等等。即使如此，恽珠还是贬诸人于附编，而且仅收柳诗2首、王诗2首以及卞诗1首。不错，在恽珠的时代，歌伎已是纯文学圈内的弱势团体，但她也不应忘记她们在清初乃“才女”表率的史实。虽然如此，恽珠严斥歌伎失行却也显示了清朝中叶闺秀道德观之一斑。这些闺媛甚至比道貌岸然的章学诚还要迂，盖章氏虽一介丈夫，至少懂得尊重唐代校书，称许其传扬妇女古学所用的心血。

和卫道派并世而立的，还有许多开明派诗媛。她们反对道学家之见，像19世纪初的夏伊兰就觉得重德轻才是闺闱桎梏，挥之不去。她写了一首诗大表不满：

人生德与才，兼备方为善。
独自评闺材，持论恒相反。
有德才可赅，有才德反损。
无非亦无仪，动援古训典。
我意颇不然，此论殊偏浅。
不见《三百篇》，妇作传匪鲜。
《葛覃》念父母，旋归忘路远。
《柏舟》矢靡他，之死心不转。
自来篇什中，何非节孝选？
妇言与妇功，德亦借此阐。
勿谓好名心，名媛亦不免。

夏伊兰年仅14就撒手人寰，是闺秀奇才的典型，也是我们在明清说曲与社会上常可闻见的人物。她们给人的印象好恶兼有，而我们除了佩服外也觉得亲近不易。她们总有沉鱼落雁之貌，而且才如江海，只可惜个个命如游丝，都仿佛误入凡尘的天人，注定不久就得“驾返瑶池”。从晚明实有其人的叶小鸾到《红楼梦》里的林黛玉，我们看到“闺秀奇才红颜薄命”闺派镜鉴，既能使人见贤思齐，也令人有棋逢对手之感。她们通常出身大户，正好取代了才伎的文化地位。明清之际，闺秀奇才不断在历史现身，以诗名世者人数空前，社会上因此兴起一股澎湃热潮，虽然随之而来的焦虑也不少。叶小鸾式的才女常被刻画在小说、传记或批评文献中，和袁枚、章学诚之争的文化环境也有特殊的关系。尤具意义的是：随园女弟中甚得袁枚喜欢与同情的金逸不仅是薄命红颜（24 岁即见背），而且是天赋奇才，简直就是小说里的林黛玉。事实上，金逸也爱自比才高伤感的潇湘妃子。我们由所作诗《寒夜待竹士不归读〈红楼梦〉传奇有作》可以看出此点，也难怪袁枚《金纤纤女士墓志铭》开篇即目之为闺才典型：

苏州有女士曰金纤纤，名逸，生而婀娜，有天绍之容，幼读书辨四声，爱作韵语，每落笔如骏马在御，蹬踝不能自止。[①]

金逸死非其时，袁枚伤而悼之曰：

……余阅世久，每见女子有才者不祥，兼貌者更不祥，有

① 袁枚《金纤纤女士墓志铭》,《小仓山房文集》卷 32，收于《随园三十六种》卷 4，第 7 页 b 至第 8 页 a。

才貌而所适与相当者尤大不祥。纤纤兼此三不祥而欲其久居人世也，不亦难乎？余三妹皆有才，皆早死。女弟子中，徐文穆公之女孙裕馨最有才，最早死。……今纤纤又死，方知吉耦永谐，福比将相王侯，天犹靳惜。此固造物之结习故智，牢不可破者也，而又奚言？

在袁枚的想象中，多才多艺的金逸最后羽化登仙，“去九疑而访英皇”——或者说，她到了传说中“诗骨所藏”之地。袁枚的奇想煞似叶绍袁，后者在小鸾去世后也安慰自己道：她实则“仙归”去也——这倒让人想起《红楼梦》里林黛玉的生前生后事。种种事例又显示：史上闺秀奇才显然都已被涂上神秘色彩，甚至托喻化为诗魂表征。我们或可另谓：不论实际生活与当代批评意见如何“书写”之，这些女中异禀早就在设法走出定命，重寻定位。在某种意义上，她们已经冲破才德之限，翱翔乎各方辩舌之上。

虽然如此，才德之辩仍然是明清文化上悠悠众口之所系，只要有人谈起闺秀作家或妇教问题，就不可能不提起。清代这种现象尤其明显，有关妇女文学与社会地位的争执故而层出不穷。打开一部中国闺秀诗史，我们发现明人、清人在讨论“女性”问题时，虽然语言仍然不出旧套，但说词的意涵却变得很诡谲：读者若心念唐代校书、明代才女或清代的闺秀诗媛，就会发现不论重德轻才或重才轻德都会大大改变妇女的形象。现代学者多半习焉不察，老以为男人自古就认定“女子无才便是德”，从而相信自己才是反“男性欺压”这个老掉牙的问题的发难者。且不说别的，如果有所谓“欺压”的话，这个问题也是男女共同造成，彼此营塑传下。这种现象，覆案前文，不辩自明。

“欺压”乃相对于“自由”或“自主性”，然而清闺秀每坚持自己才德兼备，意味着可以随兴写诗或刊布所作。由此益发可知，今人应审慎检讨往昔女性文学，切莫以偏概全。现代女性主义者尤应注意：所谓“男女分野”的观念，不一定吻合明清文化实情，更何况其时种种意识形态也不是用“男女问题”即可概括。就才德观念而言，古人——不论男女——之见因人而异：有人认为才德对立，有人觉得此说有待补正，更有人以为两不相悖。不管孰是孰非，我们目前亟须一探的问题应该是：各种论调的立足点与触媒为何？我有鉴于此，乃有本文之作，希望历史能站出来讲话，廓清古来妇才妇德之争的来龙去脉。

（李奭学译，原载于《中外文学》，1993年4月号，今稍做更正）

阴性风格或女性意识

柳如是（又名柳是）和徐灿是中国明末清初两位具有代表性的杰出女词人。两人的身世背景极端不同，所受的教育亦各有差异，但她们在诗文的成就上却难分高下。在许多方面，她们为当时女性的文学事业树立了一个与先前截然不同的范式。在当时，女词人大致可区分为以柳如是为代表的青楼伎师传统，以及以徐灿为代表的名门淑媛传统。这二人在词的发展史上之所以受到特别的关注，主要是因词这一文类在17世纪初已没落了近300年。而青楼女词人柳如是，则协助她的情人陈子龙创立了云间词派，促成了词风的再兴。有趣的是，虽然许多明代男性的文人并未受这股运动的影响，词似乎是在顷刻之间成了许多明末妇女抒发情感的主要工具——徐灿是最著名的例子，她主要是以词而非诗著称，许多学者赞誉她是中国帝制末期的最佳女词人。显然，柳如是和徐灿这两位女作家为17世纪的中国丰富了色彩，同时大大地提升了词在文学上的地位。

欲了解词的复兴运动中妇女所扮演的角色，首先我们必须先了解何以在晚明会出现前所未有的众多女性文学人口（单就词而言便有超过 80 位女性的作品被收录于现有的文集中）。一个明显的原因是自 16 世纪以来妇女识字率的不断提高，无疑地提供了女性从事文学创作的知识和工具。随着人数的增多与信心的增强，女词人开始在作品中展现各种不同的风格，她们作品的流传亦造成了当时女性诗词选集的大量出现。不过，我认为更重要的一个原因是当时“男性的女性主义者”所做的努力：他们不单是许多女性词选集的主要编辑或指导赞助者，同时他们更借着寻找这些作品与《诗经》和《离骚》等古代经典之间的传承关系，意图将女词人的作品纳入典律（canonize）。许多男性的诗词选集编者——著名的如邹漪和赵世杰——认为女性是由“灵秀之气”所构成，故女性的作品优于男性的作品。[①] 有些学者甚至认为，由于女性的作品创自于纯洁无染的灵气，无任何政治上的喜好与偏爱，故对明代文学流派各种纷乱争执具有匡正的效用。或许是这种对女性作品之矫正改良功能的信念，大部分明清的诗词编辑者往往强调收录“当代”女性的作品，这种看法与传统上认为选集必得收录不同于时尚，甚至与时尚相抗衡之作品的观念大相径庭。[②] 特别值得一提的是，周之标曾收录 14 位晚明女性词人的作品，结集成两本词选集，而这两本词选均题名为《女中七才子》——显然编者意图将当时的女词人拿来与明代文学史中著名的“前七子”与“后七子”

---

① 参见赵世杰《古今女史》（1628 年）；邹漪《红蕉集》，见胡文楷《历代妇女著作考》，上海：上海古籍出版社，1985 年版，第 889—897 页。

② 参见 Pauline Yu，“Poems in Their Place”，*Harvard Journal of Asiatic Studies* 50. 1 (1990), pp.188-194。

相比拟。[①] 这些都说明了柳如是和徐灿这类的中国女性文人，至少有一方面是极其幸运的：不同于英美的女诗人，她们在文艺创作上并未受到男性文人与评论者的排斥。事实上，如柳如是和王端淑等晚明女性便是在男性的鼓励下从事诗集的编纂，进而对各个作家的作品提出她们的论评——宋代的李清照可说是第一位（不论男性或女性）对词作以自信的口吻进行评述的文人，而这些女评论家显然自信于承袭了李清照的传统。李普金（Lawrence Lipking）抨击西方文学批评中性别主义之倾向的论述——以为在历史上男性对女性的诗艺从未显露丝毫的兴趣——似乎不适用于中国的文学传统。[②] 各种资料显示，明、清两代的男性对女文人的作品充满了研究的兴趣。如魏爱莲（Ellen Widmer）所述："当时的女作家努力使自己的作品跻身女性的诗词选集中，而这类的选集在当时同受男性和女性读者的阅读欣赏。"[③]

一、柳如是和青楼伎师传统

男性对女词人作品之热衷支援与研究，主要乃是基于传统中对"才"之尊重。中国女性，虽在社会中或遭受压抑与歧视，她们所创作出的文学作品（特别是诗与词）仍总被认真严肃地看待。唐代以来"才女"的概念，正说明了文坛诗人有意塑造之女性特定形

---

① 参见胡文楷《历代妇女著作考》，第 844 页。

② 参见 Lawrence Lipking, *Abandoned Women and Poetic Tradition* (Chicago: University of Chicago Press, 1988), p. 211。

③ Ellen Widmer, "The Epistolary World of Female Talent in Seventeenth China", *Late Imperial China* 10.2 (1989), p.22.

象。青楼中的伎师正是这类“才女”的夙型。她们容貌姣好，兼擅诗词歌赋，令青楼中的男客感受犹如置身绮丽仙境——所以唐代之后妓女被泛称为“神女”。白居易和元稹在诗作中便刻画了青楼女子感动人心的神秘感，[①]而他们诗中所述的女子薛涛，不单仅是诗人笔下的象征人物，本人亦是一位女诗人。晚唐与宋代的诗人往往将自己的作品交给伎师们吟唱，因而作品内容充满了瑰丽艳情。在17世纪时，青楼伎师的社会地位大大地提高，主要是因这行业中许多人真正成了在书画、诗词或是戏曲方面有所专精的艺术家。这些伎师是值得尊敬的才女，而她们的作品也常结集成册或是被收录在当时的诗词选集中，[②]她们出入于江南各大城中各个文人荟萃之所，亦常与男性的文人结下浪漫的姻缘。当时流传的小说和戏曲中，伎师的角色往往是与才子们结成良缘的佳人——尽管在现实生活里她们常不过是男性的情妇或小妾。

柳如是在许多方面都符合一般人眼中才女的形象。她10多岁便以书画诗词而知名，江南许多文士对她的文学造诣均极为推崇。她的第一本诗集《戊寅草》（1638）出版时她年方二十，而她的文才与容貌使她成了名闻遐迩的名妓。她与年轻诗人陈子龙的情谊，及后来与文坛大师钱谦益的婚姻，更使她成了文坛上的一位传奇人物。更重要的是，她为陈子龙所作的多首情词（及陈子龙为她作的词），为词这个特别强调浓烈情感与凝练文字的文类，开拓了新的格局。传统上，词曲的创作便与青楼文化有着密切的关系，故我们不难想象柳如是对词风的复兴有着巨大的影响力——不仅是

---

① 康正果《风骚与艳情》，郑州：河南人民出版社，1998年版，第216—219页。
② 参见胡文楷《历代妇女著作考》，第844页。

因着她的作品，也因她本人已成了一种象征。

柳如是和陈子龙振兴填词的风气，正发生在晚明在文化上对“情”的概念进行重新评估的时候。这两件事发生在同时并非偶然。晚明小说和戏曲中，才子与佳人互相馈赠诗词往往被寓意为受情欲折磨的恋人因为彼此不渝的至爱奉献而终成良人美眷。情成了击溃死亡和时间的最高力量（如《牡丹亭》）；它赋予情人德行（如《紫钗记》），晚明词人创先在作品中将寓意式爱情（allegorical love）转化成建立于男女相互施予奉献基础上的真情实爱。汤显祖在《紫钗记》开头便提到：“人间何处说相思？我辈钟情似此。”正说明了当时对“情”的新看法。[①]

柳如是与陈子龙的作品清楚地反映了晚明认为情爱应是相互交流施予的看法。柳与陈互赠的词有如私人书信的形式，两个各具文采的诗人彼此诉说他们感受到的不易为人知的情绪。柳如是不再如宋代歌伎一般，只是为男性顾客表演吟唱。她本身具备才华，以自己的声音吐露出“灵秀之气”——同时，以平等的地位献词给她的恋人。在她最优秀的作品《梦江南》（共20首）中，她诉说她与陈子龙之间的动人故事，叙说狂爱激情所带来的折磨苦楚，亦描述了恋爱时如置身梦境的感受。在最末一阕词中她明白地揭示了自身的情爱：

> 人何在？人在枕函边。只有被头无限泪，一时偷拭又须牵，好否要他怜。

① 钱南扬编《汤显祖集》，上海：上海人民出版社，1973年版，第1587页。

在其他作品中，她也用了同样平直而洋溢情欲的文字分析自我如浪漫之戏曲之女主角般的景况。事实上，自我表意铺陈正是柳如是词艺创作的核心。在《金明池·咏寒柳》词中，她借用了汤显祖《紫钗记》剧中梅树和月光的意象，刻画出个人对情爱的梦想：

> 待约个梅魂，黄昏月淡，与伊深怜低语。

如此真挚且充满情感的词，自然地也需要一个感受到情爱渴望之苦的人——她的“男性对应者”（male counterpart）做出回应。陈子龙在他的《江城子·病起春迟》词中亦坦承了他所受的相思之苦。显然，柳如是和陈子龙借着运用当时戏曲中格式化的文学规例（literary convention），将自身转化成了作品中互赠情诗的男女主角。这在词的传统中是一项大胆的创新。同时，柳如是与陈子龙亦可说是挽救了词这个没落的文类，而他们所创的云间词派亦成了当时文士所类比的范例。

我个人认为明末柳如是这类的伎师词人可以视为词文学的终极象征——因为词之本质乃情感之自我定义。对青楼伎师而言，爱情即是力量；个人之意义取决于亲密的男女关系。因此，伎师王微（修微）与郑妥（如英）在词中描述炽烈的激情，誓言不灭的真情与恒久的等待；杨宛在词中塑造如梦似真的幻境，梦想与情人携手同行的喜悦；马守贞回想离去的恋人所赠瑰丽的词，继续在孤寂中等待情爱；赵彩姬的《长相思》则述说情爱所予人的折磨，运用“相思”和“情”等字来强化温柔、贞洁、奉献等情感。[①]

无疑，词作中浓烈情感的描述使得词成了一个阴性的文类。不过，阴性并非即代表女性。[②]在中国诗词里阴性是具凝练优雅与温柔感受的美学价值——如宋代婉约风格之男性词人所具备的特质。词的阴性属性并非女性所创，而是由男词人所创。因此，词虽长久被视为阴性的文类，在明代之前，除了李清照与朱淑真两个著名的特例之外，大部分的重要词人均为男性。但到了17世纪男性文人热切期望提升女词人的地位之时，他们便试图论证女性因具有女性特质而有创作出更好的作品的能力。[③]“女性”与“阴性”两种观念的混淆（或说结合），无疑地鼓动了更多明清的妇女从事词的创作，也因此再促成了填词风气的复兴。

然而，大部分17世纪的女词人都了解到词的阴性属性仅是它在文类上的特色。因此，她们的词虽多以凝练意象和秀丽的词藻见长，她们的诗作中却多述及儒家道统、社会不义、政治危机以及历史事件。特别是在柳如是的作品中，我们可清楚辨识出作者文类分野的意识——她的词作多强调个人的真挚感受与热切的情爱，而她的诗作则带有悲壮的色彩与哲学的沉思，有时她的诗作甚至因带有男性的豪放风格而受到称誉。[④]这类文类的意识正好适切地

---

① 郑妥、马守贞、赵彩姬的词被收录于17世纪的选集《秦淮四姬诗》之中。参见胡文楷《历代妇女著作考》，第844页。

② 卡米拉·帕格利亚（Camille Paglia）在其 *Sexual Personae: Art and Decadence from Nefertiti to Emily Dickinson* (New Haven: Yale University, 1990) 中对“阴性”（femininity）与“女性”（femaleness）做了明确的分野。

③ 如尤侗在《林下词选》（一部成于1662年之后的女性词选）序言中便以诸多明代文人为例说明女性词作的优越性，参见胡文楷《历代妇女著作考》，第895页。

④ 陈寅恪《柳如是别传》，上海：上海古籍出版社，1980年版，第712页。

融入了较早的文学批评传统。如宋代文人沈义父在《乐府指迷》中便曾道："作词与诗不同，纵是花卉之类，亦须略用情意，或要入闺房之意。"①

二、徐灿与名门淑媛传统

词的每一个重要成分都是"闺阁"的主题。不同于青楼伎师们通常是透过身旁的名士友人来建立自我意识，晚明的闺阁词人往往视女性为一个群体，具女性相互依属的观念。这些女性经常和家族中的亲属共组诗会，彼此互相提升文学的兴趣和造诣，而成员往往仅限于女性亲属或亲友——相对于青楼伎师们常穿梭于"复社""几社"等男性文人的文学会社显然有明显差异。这些士绅阶级的闺女们往往互为师徒的关系，援用相同的词牌来填词。徐灿便是浙江当时最著名的女性文社"蕉园诗社"中的"五子"之一。②男性文人对于名门淑媛的诗词作品是否应出版印行似乎有着矛盾的看法。在这一方面，晚明女性的诗词选集数目之众多可谓前所未有，似显示闺阁诗人们受到男性亲友的鼓励而将自己的作品印行，最好的例子是叶绍袁（1589—1648），他为自己的妻子沈宜修（1590—1635），及他 3 个各具才华的女儿叶纨纨（1610—1632）、叶小纨（1613—1657）和叶小鸾（1616—1632）出版了诗词选集。但在另一方面，亦有一些男性不愿见他们自己的女儿、妻子或母

① 唐圭璋《词话丛编》，北京：中华书局，1986 年版，第 281 页。

② 其他 4 人是柴静仪、朱柔则、林以宁、钱云仪。参见钟慧玲《清代女诗人研究》，第 136 页。

亲在文学上有过高的成就——尽管这些男性乐于见到青楼的伎师们享有文学的声名。[①] 再者，在传统上——虽然到晚明已是一个近乎过时的传统——名门的闺女习惯将自己的作品焚毁，以避免自己的文才外显于世。不论如何，与同时代的伎师们相比，名门的闺女在教育上似乎受到较多的限制——她们必须先学习一些指定的古籍如《女四书》以便了解如何“进德”和“治家”。或因这缘故，著名的闺阁诗人徐媛（亦是徐灿的姑婆）便因“好名无学”而遭批评。一个有趣的现象是，性情温厚且才华超卓的伎师柳如是，虽试图为徐媛辩护，但对于文人对徐媛的严苛指责却也抱持着几分赞同的态度。[②]

不论如何，受父亲宠爱的徐灿，自孩提时代的教育便享有不同于一般人的特权。她在明末的文化重镇苏州成长，年少便精娴于诗词和艺术。有良好的身世背景与教育环境，因此有理想的婚姻（她的丈夫陈之遴出身海宁的望族，后来曾在朝为官），徐灿可以说是当时众多女性所钦羡的对象。

但是不幸的是，徐灿也须面对中国自古以来名门仕女所经常遭受的苦恼。在约 17 世纪 40 年代初期，她的丈夫陈之遴纳了一位新妾。当徐灿回到南方家中时，陈仍与他的小妾同住在首都北京。中国女性在这种情况下，往往被要求做一个贤惠宽容的妻子。在明末我们可发现许多这类典型的妻子，冒襄（当时人称“四公子”之一）的妻子可能是其中最为现代读者所熟知的例子。冒襄在《影

① 参见 Ellen Wilmer, “The Epistolary World of Female Talent in Seventeenth Century China”, *Late Imperial China* 10.2 (1989), pp.29-30。

② 参见胡文楷《历代妇女著作考》，第 433 页。

梅庵忆语》中谈到他德行美好的妻子甚至为他而将董白（一位冒襄所深爱的名伎，后来成了他的妾）接回家中，以便让他们能在名分上正式地结合。不同于冒襄之妻，徐灿并不愿默默地接受这种命运。在许多词作中她直率地表达了她内心的怨懑，这在强调女性必须含蓄婉约的中国文学传统中是极罕见的。徐灿将自身比拟为“弃妇”，因妒忌、失望与无助退让而饱受心灵创痛，这种叙述可上溯至《古诗十九首》的传统。在写给丈夫的《忆秦娥·春感次素庵韵》一词中，徐灿怨悔自身遭“抛别”心中充盈苦痛：

凄凄似痛还如咽，还如咽，旧恩新宠。

具讽刺意味的是，在徐灿词选集《拙政园诗余》序中，陈之遴却援引前人对《诗经》的评述，赞美他妻子作品中表达了“温柔敦厚”的特质。显然，和所有传统文人一样，陈之遴似过于急着要找出包括他妻子作品在内的所有弃妇诗中那种“哀而不怨”的情韵。传统中的中国女性总是被要求做一个宽大而体贴丈夫的妻子，如著名的《关雎》一诗便阐明贤明的王后因她温柔地为丈夫寻觅合适的年轻伴侣而受赞扬的故事（这是一些儒学的注释者可能的读法）。事实上，最有趣的一点是，陈之遴似乎全然未能理解到徐灿的词中抗议与反抗的语气。

一般而言，将作品以弃妇诗视之而予以评价时，首先我们应研究其文字究竟是个人式自发的表现，抑或是公式化的衍承效仿前例。这个问题之所以如此关键，主要是因为自屈原、曹植以来的中国诗人，当遭受罢黜或放逐时，已习于通过弃妇这种女性的口吻来说话，意图被解读成寓意于政治的诗作。事实上，中国诗词中弃妇主题之风行主要仍靠男性的诗人。那么，当女诗人以弃妇为主题来作诗填词时又会是什么情况？大致来说，自鲍令晖（5世纪）以降的女诗人都试图摹效男性诗人的作品（因为女性诗艺传统尚未建立所必然造成的现象）。但是女性诗人的弃妇诗，受个人经验与女性特有之敏锐感受能力的引导，往往为中国诗词开展出一片新的向度——它们更为具体地吐露了个人内心感受，同时经常充满了日常生活的细节描写。最重要的是，她们是以本身自发式的、真诚的、不蕴含其他寓意的语言所写出。特别是在词作中，我们可发现如李清照等女词人，其作品往往可达到文学传统与个人原创力，以及女性传统和男性传统之间诗艺的美妙融合，而这也正是徐灿与其他几位明清女诗人所试图做到的——尝试着融入男性的文学传统之中，同时致力表达女性真挚、个人而直接的感受。

徐灿和其他闺阁词人作品中多强调弃妇的哀怨和自怜，这与柳如是等青楼伎师以浪漫情爱为词之基本主题成了尖锐的对比。显然，青楼伎师必也常是遭男性抛弃的对象，但在她们的词中所描述的往往是爱情的伟大力量与昔日恩宠的鲜明回忆。与此相对，闺阁名媛则强调她们处身景况的无奈及被抛别的感受（甚至当她们严格说来并未遭弃，仅是与丈夫分离）。这种诗词风格的强烈差异有其真实生活上的基础：不同于青楼的伎师，已婚的名媛淑女并不能自在地填写描述激切情爱的词，否则她们会被视为与其他男性有染而受责（而未婚的闺女亦须维护自己的名节）。自古以来便有不成文的规矩，当丈夫远游时，贞洁的妻子就不应该过于装扮自己，或是佩戴各种华丽的饰物。[①] 再者，女性在感受遭抛弃时往往亦会忽视自己的外貌。这解释了何以在弃妇诗中常见的主题是女性审视自我年华老去的容貌（透过镜中的映射而察觉）及她们无心梳理头发（在较早的李清照词中亦常见此主题）。透过这些行动，她们可以揭露自身所受之不平等待遇以及她们对于礼法的执着。

这里应附带说明一点，随各种社会压力和诗文中节制的要求加诸中国的传统妻子身上，明清时期的闺阁女诗人似乎寻得了一个受抑情感生活的抒发管道。她们以浪漫爱情的方式在作品中陈述了女性之间彼此的友谊。在她们致献女性友人的词作中，经常可见“相思”“断魂”“恋”等字眼。同时，她们也常引用《诗经》中男女彼此爱慕的文字典故，表露与相爱之人分离时的沮丧。在这类作品中，往往充斥着盈溢情欲的词汇，现代读者可以很容易将它们解读成表达同性恋情爱的作品。[②]

然而，徐灿却是以另一种方式表达相思苦痛的感受，因为她似已将个人情爱转移到对国家的忠诚：

故国茫茫，扁舟何许，夕阳一片江流去。

---

① 参见康正果《风骚与艳情》，第42—43页。

② 显然传统中国女性之间的同性恋并非罕见（参见陈东原《中国妇女生活史》，台北：商务印书馆，1977年版，第212、300页），然而，同性恋的爱情虽曾出现在17世纪之后的小说和散文中，却并不是诗词创作的一个主题。到了19世纪，女词人吴藻首先打破禁忌，在词作中颂扬女同性恋并引录性行为的坦率描写——她写给一位名叫青林的妓女的词便是最好的例子（参见《词学小丛书》册9，第41—42页。亦可参见钟玲与王红公（Kenneth Rexroth）合译的《中国女诗人诗选》（*Women Poets of China*），该书中译者称吴藻为“史上最伟大之女同性恋诗人”，第135页）。

这几行词很容易让我们回想到李煜的词作中对南唐故国沦陷所表达的悲歌。不过，更有趣的或许是在徐灿的词中，她有意将两种情感——个人的失落与亡国的悲愤——并置。巧合的是明朝的沦亡与陈之遴的纳妾约发生在同一时期。同样是遭弃的感受，却有两样的失落，双重的悲歌。女词人同时感到自己遭国家与丈夫的遗弃。在《少年游·有感》里，徐灿先是表达了对“前朝”的思慕眷念，而随后更巧妙地转移成描述自身令人悲怜的弃妇命运。而她另一首意境更精妙的词《满江红·将至京寄素庵》中，也是以类似手法，先描述山河勾起她对国土沦亡的痛楚（“满眼河山牵旧恨”），随后又转而责怪丈夫的背弃誓约（“又还负却朝来约”）。

而徐灿的丈夫所背弃的并非仅是私人的盟约：陈之遴投降了清朝，并自1645年起在清廷的北京朝中任官——这显然是令妻子不齿的背叛行为。在《青玉案·吊古》词中徐灿写道：

> 烟水不知人事错，戈船千里，降帆一片，莫怨莲花步。

这几行词说明了徐灿的词风已然超脱了闺阁词人的格局，这在过去的女性文人作品中是极少见的。在徐灿感怀故国的词作中，她原本的阴性文风已经融入了豪放派词作的阳性、雄壮语调。宋代李清照在诗作中亦曾表露个人爱国之情，但她的词则纯然与诗作有着泾渭分明的不同风格。至于柳如是，虽然在明朝沦亡后致力于反清复明的运动，个人并以勇敢且具侠义精神而知名，但她的词作则未曾涉及过有关爱国的主题。徐灿和这些女作家形成强烈的对比，她运用不寻常的策略，试图弥合词作中婉约阴性与豪放阳性两种风格之间的鸿沟。如此一来，她似乎已打破了诗词创作中文类与性别的界限。正如词的阴性风格并不专属于女性，徐灿似意图说明豪放派词人的阳性风格亦仅是一个词艺上的策略，而非专属于男性。就此点而论，徐灿这类女性或可称是词中的女性主义作家[①]，而柳如是和其他青楼伎师的作品则代表了婉约的阴性风格——尽管在实际生活中她们所扮演的角色正好恰恰相反。

在徐灿的爱国词作中，她有意选择在传统上易与忠君爱国思想产生联想的词牌来填词，诸如《满江红》（因抗金英雄岳飞而知名）及《永遇乐》（爱国词人辛弃疾的典型风格）。在这些主题的探索过程中，徐灿达到了阳性与阴性之间的调和，因此她的词似是加入豪放风格的女词，较原本的阴性风格更为自由且更加具体。例如在《满江红》里，她同时提到了“英雄泪”与“断肠悲”，将极阳性化的意象以阴性柔情的文字表达出来，至此，女性（femaleness）几已等同于具有创造力的自我解放。在徐灿的爱国词作中，她往往在第一段先运用豪放的风格，而随后在第二段则转成较温柔婉约的私人情感表达。《永遇乐·舟中感旧》便是其中的例证，在第一段里她谈道：

龙归剑杳，多少英雄泪血。千古恨，河山如许。

---

① 某些现代的批评家会认为徐灿援用隶属于男性文学传统中的豪放风格，并不足以使她被称为女性主义者，因为女性主义（就现今我们所理解的定义）似寓意着对男性之权力结构之挑战，而非单是参与其权力结构之中。不过，就历史的角度观之，无疑徐灿的诗艺代表了17世纪女词人的妇女解放运动。她的作为确实是超越当时既定之价值系统的瞻望，这正是女性主义的意义所在。

但第二段又回归到较小而较为精致的意象：

> 世事流云，人生飞絮，都付断猿悲咽。

徐灿的词作似全然未获得陈子龙（云间词派的领导人）的注意，因为对陈子龙而言，婉约风格远比豪放风格更适于词的创作，陈子龙甚至认为爱国词亦应从头至尾如情词一般，以精致瑰丽甚至流露情欲的意象来表达激切的眷慕。不过，或许正由于徐灿的文才已超越了闺阁词人婉约秀丽的格局，故后来以豪放风格见长的文人陈维崧对她推崇备至，誉她为“本朝第一大家”。[①] 徐灿的丈夫陈之遴亦认为，徐灿与另一著名女词人徐媛二人之间最大的差异，在于徐灿曾是亡明遗民的经验，以及她在词中准确地刻画此一经验的能力。就此点而言，徐灿可说为当时的名媛词人创立了一个供追寻效法的范例——例如吴山便自称是“女遗民”，并在词中流露出她思念故国的情怀。值得玩味的是，正是17世纪这些女词人“阳性”风格的部分，对清末秋瑾等女诗人产生了重大的影响。

结语

我们在此是否可以下断语，判定17世纪青楼伎师们与名门淑

---

① 参见陈维崧《妇人集》集74，第1833—1844页。

媛两个文学传统之间有绝对明确的分野？下断语之时会牵涉到的问题是，明清女性在生命历程中，她们在婚姻中的地位与在社会的依属关系并非一成不变。举例来说，柳如是在1643年与钱谦益结婚之后，已成了士绅阶级的女子，而她与其他的名门淑媛（如黄媛介）和著名的伎师（如林雪）都维持良好的友谊。同样的情况亦发生在原是秦淮名伎与书画家顾媚身上，她后来与著名的文人龚鼎孳成婚。正如魏爱莲所指出，青楼伎师在文学艺术方面的成就，常使她们达到与文人士绅成婚这个令人渴望的目标。[①] 不论如何，我们仍可纯粹就诗词的风格来对青楼伎师与名门淑媛的传统做出大致的分野——这是本文所欲力陈的看法。阴性婉约与女性意识这两种风格，是建立于17世纪词学中两种不同的文学结构，它对后世女性的词曲作品仍有关键性的影响，研究此两种词风差异的过程中，一个令人讶异的发现是，不论就文类或主题而言，青楼伎师都远较名门淑媛的女词人更加含蓄而内敛。

最后仍须讨论的一点是，青楼伎师与闺阁词人的作品在17世纪似享有同等重要的地位，但到了18世纪，青楼伎师却基本上全然被隔绝于文学界之外。她们的词作往往不被收录在比较重要的文学选集。这与晚明如周之标等男性诗词编者热衷收录伎师的作品，并尊她们为“女才子”的做法，成了尖锐的对比。[②] 清代对伎师文学的压抑显然与当时新理学的兴起有关。对大部分男性诗词编辑者而言，编印这些“放荡”女子的作品是不合道德的事。很自

① 参见Ellen Wilmer, “The Epistolary World of Female Talent in Seventeenth Century China”, *Late Imperial China* 10.2 (1989), p.30。

② 参见胡文楷《历代妇女著作考》，第844页。

然，一些男性文人对明末陈维崧等人“倡楼佚荡、漫与谈诗”的行为说开始提出抨击。[①]更有甚者，女性们也开始沿用这类的道德观（显然是不可避免的，因为大部分女文人多有丈夫可能被青楼女子迷惑吸引的威胁感——这与同性之间对立或团结的问题无关）。举例来说，编辑重要的诗选集《国朝闺秀正始集》的女文人恽珠，便宣称她单就这道德上的因素而将所有伎师的作品排除在她的选集之外（该选集收录了近千名名门女子的作品）。而文人许世溥的妻子，则因担心自己的词作若被收录在选集中，自己可能被误会为青楼女子，因而意图要焚去自己的作品。[②]不难理解的是，柳如是这位17世纪最受尊崇的青楼女词人，而今已被排除于大部分的诗词选集之外。

具讽刺意味的是，虽然柳如是被18世纪的理学家贬抑排斥，她的作品却在私下风行，并成了具诗词才华的名门女词人所摹效的对象。例如女词人叶宏湘便以柳如是《望江南》为模板，使用几乎完全相同的文句结构和意象来填写她自己《望江南》的作品。就实际而言，青楼伎师的文学传统并未死亡，不过是被纳入了名门淑媛的传统之中。同时，有几个因素使18世纪的士绅阶级女子成了晚明伎师们正统的继承者。第一，在袁枚等文人的影响下，许多名门的女子也开始外出并与其他男性文人有社交上的往来，这种自由原本仅局限于青楼的伎师或是女道士。第二，对守寡或与丈夫离异的名门女子而言，她们开始能靠自己的书画或诗词才华来维持生活，而在过去这类有才学而自力更生的女子往往沦为青

① 参见胡文楷《历代妇女著作考》，第844页。

② 参见康正果《风骚与艳情》，第326页。

楼的娼妓。[1]第三，丈夫和妻子之间如才子佳人般彼此互馈诗词的情形愈来愈寻常，夫妻之间不论在文学或情感上都有相互提携的作用，这种关系近似于晚期文士与伎师配对的模式。[2]到了这个时期，士绅阶级的女子开始有信心可以宣称本身已同时承继了两种不同的女性文学传统，同时她们也试图保存晚明的诗艺，并评价自身对诗艺的创新与改良。

在这种多元化的趋势之下，终于促成了女性词人由原本的边际角色跻身入正统的地位。愈来愈多由女性编纂的女性词人选集无疑是这种发展的一个助力。事实上，在柳如是与徐灿去世不久，四位清代著名的女词人便合编了一部工程浩大的词选集《古今名媛百花诗余》(1685)，她们将自宋至清的女词人，依四季时令加以编排，象征着女性正如春、夏、秋、冬四季时节所开放的"百花"。[3]这四位编者(归淑芬、沈栗、孙惠媛、沈贞永)本身亦代表词的各种不同特质，如"高雅""清华"等等，这些特质使词成了女性寻求自我表现的最精粹工具，正如评论者云:"词韵而人韵者也。"[4]回顾柳如是和徐灿，虽有明显不同的差异，但两人俱是词文学丰富而不竭的资源中重要的女性人物。

(谢树宽译，原载于《中外文学》，1993年11月号，今稍做更正)

---

① 参见 Ellen Wilmer, "The Epistolary World of Female Talent in Seventeenth Century China", *Late Imperial China* 10.2 (1989), p.33。

② 参见康正果《风骚与艳情》，第 341 页。

③ 参见胡文楷《历代妇女著作考》，第 899—900 页。

④ 同③，第 900 页。

柳是对晚明词学中兴的贡献

前言：

欠陈幼石教授这篇稿子已经有好些年了，心中颇感惭愧。这些年来我一直在研究陈子龙及柳是（柳如是）的诗词。当《女性人》创刊之时，陈幼石就催促我撰一篇有关明末女诗人的文章。但因为忙于赶写陈、柳一书（英文书稿），却无形中疏忽了中文写作。有负陈幼石之期许，衷心遗憾。现已完成英文书稿，仍念念不忘欠稿一事。姑且将暑假期间参加缅因词学大会宣读英文稿之中文摘要改订重录于此，[1] 以就教读者。

---

① 缅因词学大会系加州大学余宝琳教授（Pauline Yu）向北美高等研究基金会（ACLS）申请专款而组成的一个北美研讨会。被邀请之学者除去本人之外，尚有高友工、宇文所安（Stephen Owen）、林顺夫、魏世德（Tim Wixted）、杨宪卿（杨泽）、方秀洁（Grace Fong）、白润德（Daniel Bryant）、萨进德（Stuart Sargent）、艾朗诺（Ronald Egan）、叶嘉莹诸位教授。此外，另从中国大陆邀请了3位词学专家——上海古籍出版社的陈邦炎先生、中国社会科学院的施议对博士及苏州大学杨海明教授。

当明代词学衰微之际，陈子龙与几社诸名士致力为词，形成云间词派，因而使那被忽视了300年的词学重新见中兴之盛。在这期间，女词人的成就尤为突出，诸如王凤娴、陆卿子、沈宜修、叶小鸾、王微（修微）、徐灿、柳是等都是词中之佼佼者。这些女词人对文学的贡献颇被当时学者们重视，即如《四库全书总目提要》中所言："闺秀著作，明人喜为编辑。"实际上，不论是闺秀诗人或是名妓（如柳是及王微等）均得到时人之支援与鼓励。例如，冒愈昌曾辑《秦淮四姬诗》，其中包括马守贞（月娇）、赵彩姬（今燕）、朱无瑕（秦玉）、郑妥（如英）诸位名妓的作品。而周之标更是竭尽毕生之力，勤搜当时妇女别集，其所编之《女中七才子兰咳集》颇能并重名妓及闺秀诗词——例如其中卷2及卷3乃是收集名妓王微的《未焚稿》《远游篇》《期山草》等。[①] 又支如琀在《女中七才子兰咳二集》序曰："予谓女子之文章，则月之皎极生华矣。"[②] 足见当时男士颇能欣赏妇女之才气，而明清之际妇女普遍识字，更加强才女的自信。虽然妇女的社会地位低落，但其文学地位不可抹杀。据胡文楷先生考证，仅只清朝一代，妇女之总集及别集数逾3000。我个人研究心得所获之结论是：不是明清男士忽视女性之作

① 王微是扬州人，原是秦淮妓，后流转至松江（与柳是生平经验颇似）。最后嫁松江名人许誉卿，入清后才下世，自称"草衣道人"（关于王微之生平事迹，有赖上海施蛰存教授供给宝贵资料，在此特别申谢）。

② 见胡文楷《历代妇女著作考》（上海古籍出版社，1985年增订本），第846页。有关后来清代妓女诗人逐渐稀少的原因，我已另撰一文说明（英文稿）。一般学者认为这是因为理学之兴起，使得18世纪以来的文人及闺秀才女对妓女产生歧视。姚品文所云颇有见地："就是在明末，秦淮河畔也还有一批文学修养很高的名妓，如马湘兰、郑如英等。到了清初她们当中如顾横波、董小宛、柳如是等成了名人侍妾的，诗名也很响亮，但后来以诗名传名的妓女就很少了……由于理学的压制，妓女们即使有作品也难以流传。"［见姚品文《清代妇女诗歌的繁荣与理学的关系》，《江西师范大学学报》（哲学社会科学版）1985年第1期，第57页。］

品，而是近代20世纪以来学者们（无论是男是女）普遍忽视了传统女诗人的地位。以至于使一般研究中国诗词者得不到全面的认识，也导致许多重要妇女选集的亡佚，殊为可惜。[①]

限于篇幅，拙文只从柳是词作的艺术性来看一般明末女词人创作的梗概。关于柳是不凡的生平事迹，陈寅恪先生在《柳如是别传》中已详细讨论过。故拙文只专重于柳是的艳词，拟从柳是“和”陈子龙的词作中进一步探讨女词人的艺术成就，并肯定其在云间词派中的重要地位。

首先必须指出的，就是柳是与陈子龙在模拟前代词人（Poetic models）一事上互相影响，故在宗法方面，二人的选择十分一致。例如，在古诗方面，陈、柳共同推崇曹植；而在词作方面，则都力学秦观，因此在婉约词派的推动上起了积极的作用。这都说明陈、柳二人对云间词派之建立有着同等的贡献。而柳是以一青楼才女精通音律，对陈子龙的影响自不待言。个人以为陈、柳所以偏好秦观词风，除了二人一致推许秦观词的婉约格调之外，乃因他们亦赏爱秦观对“情”的专注。而晚明正是情的观念特别流行的时代，加以冯梦龙所辑有关秦观的一段爱情佳话《苏小妹三难新郎》适在晚明期间风行一时，欣然自比为才子、才女的陈、柳也自然对秦观之词更深为推许。尤可注意者，陈、柳二人对情这方面的重视则无形中促成了词之中兴及发展，因为词之为体，实以“情

① 就词而言，徐乃昌所辑之《闺秀词钞》（小檀栾室刊本，1906）尚还完整易得，但其他选集大都已不全（甚至亡佚）。如《众香词》有20世纪30年代的大东书局影印本，《名媛诗归》有20世纪20年代有正书局石印本，但除了少数图书馆以外，已不易看到。而《名媛诗纬》（文人王思任之女王端淑编，收辑明末清初女诗人作品，皆不见于其他种选集者）现在只剩原刻本，北京图书馆及台湾“中央图书馆”各有一部。

致”为主。

但是，陈、柳最大的贡献，乃是一方面在形式上追求婉约派的复古，另一方面又吸取了明传奇对情之戏剧性描写。因此他们都能在思想感情上表达出一种传奇式的深情爱恋。例如，柳是的《金明池》不但效法秦观词（与秦观《金明池》同一韵），而且广采汤显祖《紫钗记》及《牡丹亭》剧中之用语及意象，盖女词人实以剧中女主角自比也。仅从这些爱情词观之，称柳是为明末词学中兴之一员大将，洵非过誉。

后记：

以上仅为我在会中演讲之摘要。词会结束以后，我立即将此摘要邮寄上海的施蛰存教授，请他批评指正（我很感激施教授的不断教诲，自1986年以来，凡涉及明末清初的文学研究，我一直请教他，自以为有如入室之弟子一般）。不久施教授即来信，他在信中说：“我觉得你对柳如是评价太高了，她的诗词高下不均，我怀疑有陈子龙改润或捉刀之作。”阅函至此，我暗自心想，莫非施教授也是个大男人主义者，故意贬低柳如是的文才？但当我把全信阅毕，才了解施教授的评语终是有其莫大的启发性的。他说：“当时吾们松江还有一位草衣道人王微（修微），文才在柳之上。”关于王微的诗词，我一向读得不多。[①]经施教授一指点，我开始细心追查。其《期山草》惜已亡佚，但我零碎找到数首，有二首小词

---

① 从前唯读过谢无量先生《中国妇女文学史》书中所录王微作品（中华书局，第3编第9章，第60—62页）。其中一首七律《舟次江浒》早已有英译（见钟玲教授及王红公合作之 *Women Poets of China,* New Directions，1982年，第65页）。

我特别赏爱，今录于此[①]：

捣练子

心缕缕，愁蹁蹁，红颜可逐春归去。梦中犹是惜花心，醒来又听催花雨。

忆秦娥

多情月，偷云出照无情别。无情别，清晖无奈，暂圆常缺。

伤心好对西湖说，湖光如梦湖流咽。湖流咽，离愁灯畔，乍明还灭。

听说明末施子野特别赞许王微诗词，而尤喜以上所录《忆秦娥》之首二句："多情月，偷云出照无情别。"以为其风流蕴藉不减李清照。从各方面看，王微确是一位具有特殊才华的女诗人。最近施蛰存教授告诉我，他已辑得王微诗词各一卷，皆有百篇，附二卷为各种记录资料，书名《王修微集》，希望明年可印出。这消息颇令我喜出望外。

将来我拟撰文比较明末名妓柳是与王微二人之词。我以为二妓均堪称难得之才女。在来日之研究中，我希望强调柳是是一位象征性人物（symbol），她的生活范例代表中国文人所向往之才女——既缠绵痴情又敢于赋诗明表钟情之意。例如其《梦江南》

---

① 裔柏荫《历代女诗词选》，台北：当代图书出版社，1971 年版，第 154 页。

（共 20 首）可谓此方面之代表作，末阕尤为大胆：

人何在？人在枕函边。只有被头无限泪，一时偷拭又须牵。好否要他怜。[1]

这一首陈寅恪先生以为是《梦江南》全部词中"警策"之作。[2]我认为他所以如此看重此词，并非词中语句优雅（从语句看，倒有些粗俗），而是因为女诗人之无限钟情。另一方面，王微词中则表达一种较为超越的清才，盖王微自号草衣道人，颇致力于词之雅化，即便是艳情，也以淡雅之意表出。关于这一方面的思考，尚有待于进一步的探讨。

（原载于《女性人》，1991 年 9 月号）

编者按：孙康宜所撰有关陈子龙和柳如是的英文本于 1991 年 2 月由美国耶鲁大学出版社出版，中文译本由李奭学翻译，于 1992 年由台湾允晨文化公司出版。中译本修订版于 2012 年由北京大学出版社出版，题为《情与忠：陈子龙、柳如是诗词因缘》。

① 《戊寅草》（1638 年），第 38 页，见浙江图书馆存本《柳如是诗集》。

② 陈寅恪《柳如是别传》，上海：上海古籍出版社，1980 年版，卷 1，第 265 页。

一位美国汉学家的中西建筑史观

最近，由于准备一门有关中国文化的课程，我又把恩师牟复礼（Frederick W. Mote）教授有关中国传统城市建筑的理论，重新做了一番思考。[①] 自表面观之，牟教授的立论颇不切人生，亦不合时宜。然明察其根由，咀嚼其意味，则如倒吃甘蔗，最能发人深省。盖他所关注者非建筑本身，而是中西文化之根本差异，其内涵颇有涉及中国知识分子之前途与命运者。故本文拟将牟教授的观点简略陈述，以飨读者。

1973 年牟教授发表了一篇有关苏州城的文章《千年来之中国都市——苏州城的建筑构型与时空概念》[②]，又于 1977 年发表《南京的沿革，一三五〇至一四〇〇》一文[③]，文中尤重中国传统城市之象征意义，而于其历史沿革又多方举例发凡。首先，牟教授指

① 牟复礼教授已于 2005 年逝世（孙康宜补注，2015 年 6 月）。

② "A Millennium of Chinese Urban History: Form, Time, and Space Concepts in Soochow", *Rice University Studies*, Vol. 54, No. 4, 1973, pp. 35-66.

③ "The Transformation of Nanking: 1350-1400", *The City in Late Imperial China*, ed., by G. William Skinner, Stanford University Press, 1977, pp. 101-153.

出中国建筑的一个最显著特色，那便是：不求外形之恒久性，不重材料之坚固性。建筑之为物，尤自知识分子眼光衡之，并非不朽文化之象征。因此，传统国人绝少倾注一生所有于峻宇雕墙者。即便为之，亦不以此为永恒价值之所在。中国史料除宋朝的《营造法式》及清朝的《工部工程做法则例》外，几无片文只字记载建筑技巧。反观中古欧洲，建筑之威势却为百物之冠。据历史记载，欧洲自始视建筑之辉煌为人生价值之表征，历史之地位、个人之成就皆似由建筑之实物得以不朽。

自表面看来，这种立论似乎隐含着一种结论，那便是：在内涵上中国建筑不如西方发达。其实不然。牟教授特别指出，中国建筑技巧自古有极高之成就，其城市发展亦较西方为早，规模更大。譬如，13 世纪的苏州比维也纳大 3 倍。又据城市专家之考察，于 1800 年以前，全球三分之一以上的大都会皆在中国。马可波罗东游时，对中国城市之繁华及其建筑技巧之高超尤表惊异。

然而事实上，有许多人误以为中国建筑自古落后，此或由于中国建筑于外在形式（style）上历千年而少有变化之故。牟教授以为此“缺乏变化”一现象实与我国人不视建筑为不朽象征一点有关。中国之诗文潮流，代代格式标新立异，诗人文士争长竞短，尤求时代精神之彰显；而于建筑格式却不重时代之变化，不论唐式也罢，宋式也罢。一旦年久未修，便着手从事翻修。建筑物遂因此失其时代性，然而日久天长而全形结构少变。以南京城为例，除那道著名的坚固石墙外，今日之南京几难找出一座“外壳”足以代表明朝之建筑，然全城基本架构自明以降却无巨变。

相形之下，中古欧洲则特重建筑格式之时代精神。譬如，哥特式建筑一望即知不同于罗马式拱门建筑。自其外观，极易看出时代之流转与变迁，欧洲都市史权威刘易斯·芒福德（Lewis Mumford）在《城市文化》（*The Culture of Cities*, New York, 1983）一书中曾说："城市是时间的产物"——因为建筑较诸文字显明易见，故更能明示时间之变化，城市建筑尤能代表历史之足迹。以此来说明中古欧洲城市建筑之特色，最恰当不过。

中国人对建筑之看法特殊，故古来中国城市之发展自有别于西方。中国历代建筑格式既少变化，故城市构型亦因之日久不变——此点是牟教授最感意味深长的。他以 1945 年之苏州城全图和 1229 年之旧图比较，发现 700 年间，城池构型仍大略依旧——外城墙、街道、运河、壕沟一切未变，桥梁大都保持原形，连建筑物名称亦因仍旧制。唯一显著的不同是：原有的一道"内城墙"已被拆除。根据史实，该城墙于 1368 年由明太祖朱元璋下令毁去。盖明太祖初平天下，于劲敌张士诚统领过之苏州内城居民尚具戒心，故有此决定。然数百年间，时过境迁，而苏州城外观仅此一变更，若自西方人观之，不可不谓之奇迹，但岂知这本是中国城市发展之一大特性！在中国，历史有如百代之过客，不愿于城市建筑上永留痕迹。

此外，牟教授又指出另一点中西不同之处，那便是：中国传统之城市不似欧洲城市之绝对独立。中古欧洲大城多为一国之行政、宗教、经济、文化中心。一座城池宛如一条独驶的船，其行政机体、宗教组织等皆与乡间迥异。城里居民同舟共济，与城外界限分明。一般规模宏大之教堂多设在城内，城市之地位亦建立在宗教的基础上。易言之，中古欧洲基本上是"城乡分明"的。然而，中国传统之城市与乡间界限不清，城里、城外建筑格式少有差异。中国无圣城一类之宗教中心，乡间庙宇及祭坛多较城内者为大。譬如，南京的天坛、地坛均在城郭之外，皇陵亦远在乡间。即以文化、经济著称之苏州城，也是“城乡不分”——其商业据点多集中于城外之运河沿岸，棉织工业分散四处，专售蔬菜、鱼虾之特别市场亦在10余里外，城内居民非全然独立，乃必然之势。

中国之“城乡不分”有其特殊的历史背景。据牟教授分析，此现象实与中国知识分子的活动有密切之关联。一般规模较大之图书馆多为乡绅私有，印刷业则始终以盛产纸墨的乡间为基地。尤自宋朝以降，以知识活动为主的书院皆设于荒山僻野间。直至清朝中叶，文人始渐聚集于城中，然多于城、乡两地轮住。诚如何炳棣《明清社会史论》（*The Ladder of Success in Imperial China*, New York, Columbia University Press, 1962）一书中所述，明清之际，凡有抱负者皆随城市商业之兴起而迁往城内，以求进身之阶，然一旦功成名就即回乡间居住。这样看来，中国城乡界限不明，乃必然之理。

牟教授探索中西城市之差异，又有进一步的领悟。他以为中古欧洲大城原借中央集权政治之产生而勃兴。罗马、君士坦丁堡诸大城之演成一国的文化中心乃缘此而起。但中国之集权政府始终未能发展出一个总括全国文明的都城。譬如，明太祖竭尽30年之心力方将“龙蟠虎踞”的南京建成“顺应天命”的帝王之宅，但在伊之政权下，首都南京并未形成中国的文化中心。而后明室北迁，南京降为陪都，却一跃而为江南之文化基地，成为明末文人、艺术家、藏书家的地盘。此“反常”现象如何解释？牟教授以为南京后起之繁荣与政治因素息息相关——当初明太祖对文人施以高压手段，有志之士及文人多隐逸他去，致使南京陷入文化不振之现象。待永乐皇帝迁都北上，南京以一陪都之地位，始渐远离中央集权之势力，成为知识分子之天堂。一般诗人名士既可拥有南京之官职，又可免于卷入北京宫廷里的政治旋涡，何乐而不为？故南京从此雅人群聚、文风乃盛。

由此观之，以“立言”为不朽的知识分子乃主宰中国历史潮流者。虽然城市建筑与文人生涯并无显著的关联，但探本穷源，牟教授的观点却深刻地阐明了中国文化精神之价值所在。20世纪60年代牟教授曾著《诗人高启》[①]一书，其匠心匠意，惨淡经营者，乃为表扬中国文人以立言为不朽的精神境界，盖诗文足以使人名垂后世。纵是生前潦倒，死后萧条，若能立一文名，则必流芳百世。古来文人于“立德”“立功”“立言”三不朽中，独爱立言，故值命运多舛、家破人亡之际，尤能发愤著作，以为千载不朽之道。高启乃此传统下得以独善其身之一诗人。他是明初最富才情之诗人，与宋濂并称“诗文二杰”。可惜一生宦途坎坷，时运不济，在朱元璋集团统治下他受到无数次迫害，39岁时即被斩腰处死。[②]但他很早就已看破人间荣辱得失，毅然退隐苏州。故高启终究“以诗言志”。

牟教授描写高启自苏州赴金陵一段最能感人肺腑——一日高启夜过枫桥，舟上忽闻远处寒山寺钟声，顿然离情别绪难耐，不禁忆起唐人张继“月落乌啼霜满天”一首绝句来。时隔600年，然

---

① *The Poet Kao Chì: 1336-1374*, Princeton University Press, 1962.

② 1374年，高启因赠诗苏州太守魏观而遭诬受刑。

诗人心灵相通，如倾心知己，高启遂取张诗原意，撰诗咏情，写尽一段千古羁愁：

乌啼霜月夜寥寥
回首离城尚未遥
正是思家起头夜
远钟孤棹宿枫桥

苏州300余座石桥中，独此枫桥名闻后世。牟教授认为此点耐人寻味——盖枫桥本身于建筑史上并无重大意义，然其名著皆因历代流传之“枫桥诗”而起。据考证，枫桥屡经改建，已失原貌。又，《苏州方志》有关枫桥一节，于桥之构形全无记载，唯于张继诗百代传闻一事特加说明，并辑录唐人以来所有的“枫桥诗”。然历来“枫桥诗”皆为游途感怀之作，竟无一首直咏桥形之美的。推本溯源，是诗不朽，非桥不朽，其理甚明。

枫桥一事令牟教授更加肯定诗歌在中国文化中所占之首席地位——建筑外观纵易改貌，诗歌却历千百年而不坏。中国人寓精神价值于诗的态度自与中古欧洲之偏重建筑外形的恒美绝然不同。如何善用我国文化的优点而对传统的失败处加以改正，乃是我们当前知识分子最重要之任务。

（原载于《文学杂志》季刊，1982年12月）

《剑桥中国文学史》简介

——以下卷 1375—2008 年为例[①]

一、有关《剑桥中国文学史》的宗旨

《剑桥中国文学史》(已于 2010 年 4 月出版)当初是由剑桥大学出版社向我约稿，考虑到卷头浩繁，我进而约哈佛大学的宇文所安(Stephen Owen)与我共同主编该书，同时邀请其他 10 多位欧美汉学家分别撰写书中各章，前后历时共五六年之久。大致说来，宇文所安负责主编上卷，我则负责下卷，但在编撰过程中两人不断讨论并随时互相参照，其过程十分琐碎。不用说，对于两位编者和其他作者们，这是一件极其辛苦的大工程。大家之所以愿意任劳任怨地为这部新的文学史努力耕耘，主要因为在西方的

---

① 本文乃根据本人所负责主编的《剑桥中国文学史》下册之序文增补改写而成[参见 Kang-i Sun Chang and Stephen Owen, eds., *The Cambridge History of Chinese Literature*, Vols 1 & 2 (Cambridge: Cambridge University Press, 2010); Volume2: *1375 to the* Present, edited by Kang-i Sun Chang.]本文初稿的写作承耶鲁同事康正果先生大力协助，在此表示感谢。

中国文学研究的发展史上，这几年算是一个非同寻常的时刻。哥伦比亚大学出版社于2001年刚出版了一部大部头的、以文类为基础的中国文学史。[①] 而且，最近荷兰的布瑞尔（Brill）公司也计划出版一部更庞大的多卷本。那么，为什么我们还要撰写一部剑桥中国文学史呢？《剑桥中国文学史》到底有何特殊性？

首先，《剑桥中国文学史》乃属于《剑桥世界文学史》系列之一。与该系列已经出版的《剑桥俄国文学史》《剑桥意大利文学史》《剑桥德国文学史》相同，其主要对象是受过教育的普通英文读者（当然，研究文学的学者专家们也该会是本书的读者）。但不同的是，《剑桥世界文学史》的"欧洲卷"均各为一卷本，唯独《剑桥中国文学史》却破例为两卷本，这是因为中国历史文化特别悠久的缘故。巧合的是，《剑桥中国文学史》的下卷在年代上正好大致与《剑桥世界文学史》的欧洲卷相同，且十分具有可比性。

同时必须强调的是，《剑桥中国文学史》的主要目的不是作为参考书，而是当作普通的书来阅读。因此该书尽力做到叙述连贯谐调，有利于读者从头至尾地通读。这不仅需要形式与目标的一贯性，而且也要求撰稿人在写作过程中要不断地互相参照，尤其是相邻各章的作者们。这两卷的组织方式，是要使它们既方便于连续阅读，也方便于独立阅读。上卷和下卷的引言也就是按照这一思路设计的。

所以，除了配合在欧美世界研究中国文学的读者需要之外，《剑桥中国文学史》的目标之一就是要面对研究领域之外的那些读

---

① *The Columbia History of Chinese Literature*, edited by Victor H. Mair (New York: Columbia University Press, 2001).

者，为他们提供一个基本的叙述背景，以使他们在读完之后，还希望进一步获得更多的有关中国文学和文化的知识。换言之，《剑桥中国文学史》要利用这个凡事追求全球化的大好机会，来质疑那些长久以来习惯性的范畴，并撰写出一部既富创新性又有说服力的新的文学史。

此外，《剑桥中国文学史》还希望呈现以下一些与众不同的特点。首先，它尽力脱离那种将该领域机械性地分割为文类（genres）的做法，而采取一种更具整体性的历史方法，即一种文化史或者文学文化史（cultural history or the history of literary culture）。这种叙述方法，在古代部分和汉魏六朝以及唐、宋、元等时期还是比较容易进行的，但是，到了明清和现代时期则变得愈益困难起来。为此，需要对文化史（有时候还包括政治史）的总体有一个清晰的框架。易言之，唐朝那一章不被机械分割为“唐诗”“唐散文”“唐小说”，甚至“唐词”；相反，将有“玄宗统治时期的文学文化”，或者“9世纪早期的文学文化”，以处理诗、散文、传奇（anecdote books）、故事等等。当然，文类问题是绝对需要正确对待的，但是，文类的出现及其演变的历史语境将首先澄清文类所扮演的角色，而这在传统一般以文类为中心的文学史中是难以做到的。

分期是必要的，但是也必然问题重重。《剑桥中国文学史》并非为反对标准的惯例而刻意求新。但最近许多中国学者、日本学者和西方学者也已经认识到，传统的按照朝代分期的做法有着根本的缺陷。但习惯仍常常会胜出，而学者们也继续按朝代来分期（就像欧洲学者按照世纪分期一样）。在此，《剑桥中国文学史》却以一种不同的方式进行分期，并且以不同的方式去追踪不同时期思想所造成的结果和影响。[①]一般来说，人们早已认识到，唐太宗的统治是6世纪传统的继续，是一个更大的历史进程的一部分，在这一进程中，北方（北齐、北周、隋以及初唐）吸收了南方那种复杂精制的文学、文化。按照这一思路，《剑桥中国文学史》在撰写时就特别认真参考几个世纪以来批评家们的意见——尽管现存的文学史还是不可避免地要以隋朝或者唐朝建立之时作为断章之处。此外，《剑桥中国文学史》不是将“五四”置于“现代性”的开端，而是把它放在一个更长的进程中。这是认真参考最近学术成果，并重新阐述“传统”中国文化在遭遇西方时的复杂转化过程的一种方法。在每一卷的引言中，对分期的理由都做了说明。

另一个随着文学文化的大框架自然出现的特点是：《剑桥中国文学史》尽力考虑文学过去是如何被后世所过滤并重建的（Chinese Literature is a constant rereading of the past）。这当然要求各章撰稿人相互之间进行很多合作。重要的是，过去的文学遗产其实就是后来文学非常活跃的一部分。只有如此，文学史叙述

---

① 比如说在第1册里，宇文所安写的是唐代文学文化史，但那章所涵盖的时期则是650—1020年，与一般以朝代的分期法不同。此外，普林斯顿大学的柯马丁（Martin Kern）所写的是古代一直到西汉。西雅图华盛顿大学的康达维（David Knechtges）写的是东汉到西晋。哈佛大学的田晓菲写的是317—649年。加州大学的艾朗诺（Ronald Egan）写的是1020—1126的那段。另一位加州大学的米恰尔·富勒（Michael Fuller）和密歇根大学的林顺夫合写第12—13世纪那章（包括那段时期的南北文学史），亚利桑那大学的奚如谷（Stephen West）则写1230—1375的那段。在第2册里，我写的那一段就是明代的前中期，大约从1375—1572年。我的耶鲁同事吕立亭写的是从1572—1644年。哈佛大学的李景仪（Wai-yee Li）写的是清初到1723年。哥伦比亚大学的商伟写的是1723—1840年。哈佛的王德威写的是从1841—1937年。加州大学的奚密（Michelle Yeh）写的则是由1937—2008年的文学，其中还有耶鲁的石静远（Jing Tsu）和英国伦敦大学的贺麦晓（Michel Hockx）个别撰写的篇章。

才会拥有一种丰厚性和连贯性。当然，将“文学文化”（literary culture）看作是一个有机的整体，这不仅要包括批评（常常是针对过去的文本），也包括多种文学研究成就、文学社团和选集编纂。这是一种比较新的思索文学史的方法。正是从这一关注出发，我们决定什么东西可存留下来以及如何与为什么将其存留下来。同时，也要讨论为何许多文学作品（尤其在印刷文化之前的时期）都流失的原因。

总之，这个两卷本的《剑桥中国文学史》既要保持叙述的连贯性，又要涵盖多种多样的文学方向。

二、以下卷1375—2008年为例

如上所述，《剑桥中国文学史》共分两卷，仅就下卷所跨越的年代而言，即相当于该系列欧洲文学史中任何一卷的长度。迄今为止，几乎所有的中国文学史都采用按朝代分期的方式，本书自然也难能免俗。若按照常规，本应以明朝的开国年1368年（明洪武元年）划分上下两卷，但本书选择了1375年。这是因为相比之下，1375年更引人注目，更有历史意义。截至1375年，像杨维桢（1296—1370）、倪瓒（1301—1374）和刘基（1311—1375）等生在元朝的著名文人均已相继去世。更为重要的是，这一年朱元璋处决了大诗人高启（1336—1374），开启了文禁森严、残酷诛杀的洪武年代，从元朝遗留下来的一代文人基本上被剪除殆尽。

直到永乐年间，明成祖开始奖掖才俊，重振宏业，明朝文学才在一度禁锢后有了起色。这样看来，以1375年作为本书下卷的

开端，不只显得分期明确，而且也确立了一个具有本书特色的分期原则，可作为沿用于其后的惯例。比如，在第六章王德威所编写的现代文学部分，“现代”的开始便定于1841年，而非通常所采用的1919年五四运动。我们写的是文学史，而非政治史，一个时期的文学自有其盛衰通变的时间表，不必完全局限对应于朝代的更迭。

本卷的编写特别重视从明清直到今日的文学演变。在目前常见的大多数文学史著作中，往往表现出重唐宋而轻明清的倾向，而对于现当代文学，则一概另行处理，从未与古代文学衔接起来，汇为一编。中国的传统文评大都重继承和崇往古，因而晚近年代的作家多受到忽视。本卷的编写一反往常，在作家的选择及其作品的评析上，力图突出晚近未必就陷于因袭这一事实，让读者在晚近作家的优秀作品中看到他们如何在继承传统的同时有所创新和突破。读完了本卷各章，你将会看出，从明清到现在，文学创作的种类更加丰富多彩，晚近的文学已远远超出了诗词歌赋等有限的传统文类。

与上卷的原则一样，本卷的着重点不以个别作家或人物为主，而是偏于讨论当时写作形式和风格的产生和发展，特别是对文学多样性的追求。当然，我们仍然坚持叙述方式要按时代先后（即所谓historical的）来决定各章的先后顺序。唯一的一个例外是伊维德（Wilt Idema）所写的有关弹词宝卷那一章，其中所收多为通俗文学的材料，时间跨度较长，有些作品，很难判定属于哪一个具体的历史时期。此类作品较晚才出现在文献记载中，且多数均无明确的作者，即使极少数有作者署名的作品也难以断定创作和出版的时间和地点。基于这个理由，伊维德所写的那一章并不按时代先后顺序来排列。但由于伊维德很照顾到其他各章的内容与其相互间的关联，所以在很大程度上，他的那章对其他章节起了相辅相成的作用。

此外，凡在日本、韩国和越南出版的中文作品，一般均不予讨论。一因受限于本书的编写体例，二因已有其他书籍——如《哥伦比亚中国文学史》——提及相关的信息，无须本编再做重复。但我们的《剑桥中国文学史》下卷的第一章（由我本人执笔）则有所例外。从明初到明中叶，某些作品在中国本土与东亚各国间流传甚为频繁，这与当时的文禁（ceonsorship）及作者本人的有意回避（self-censorship）有一定的关系。也只是在此一特殊情况下，中国与邻近各国的相互影响才成为中国文学史应予关注的一个问题。例如瞿佑的《剪灯新话》曾被明朝政府查禁，但该书却在韩国、日本、越南广泛流行，并引起很深刻的跨国界文化影响。借研究此一文学交流的现象，可看出作家的生花妙笔的确有跨越国界的感染力。也就是在这一时期，随着中国与东亚各国交往增多，不少作家写起了异域游记之类的作品。直至清代中叶，如商伟在他所写《文人时代及其衰退：一七二三至一八四一》一章中所叙，中国及其邻国在书籍的出版和流通上仍维持着密切的关系。

地缘文学（regionalization）的现象也饶有兴味，但本书所谓“地缘文学”的内容则大都只限于中国本土的范围之内。在本卷的每一章中，均讨论到重要的地域性文学团体或流派，特别是那些在全国范围内深具影响的团体或流派。例如在我所执笔的那一章所指出，原来在明代中叶，由李梦阳和号称“复古派”的“前七子”（即李梦阳、何景明等人），其文学活动范围主要集中在北方，但到了16世纪初期，文学中心则渐渐转至江南一带。这一转变是随着江南地区早在15世纪末就成为经济文化中心的情况而突现出来的。尤其值得关注的是，与北方的复古派文人都在朝廷位居高官的情况完全不同，江南——特别是苏州——的诗人和艺术家则多半是靠卖诗文和书画为生的。此后，苏州更以女诗人辈出和文人扶持才女的持久传统而著称于世。苏州文化的阴柔气质体现了风流唯美的特征，与北方文学的阳刚风格形成迥然不同的对比。

印刷文化也是本卷另一个特别关注的内容，诸如文本制作与流传的方式，乃至读者群的复杂成分，均在各章的讨论范围之内。特别是在吕立亭（Tina Lu）所写的《晚明文学文化》一章中，对万历年间印刷业飞速的商业化发展做出了专门的描述。仅在此一时期，所印制的商业印刷品比前50年就要多6倍。因此，文学作品的读者在当时不只人数剧增，而且成分多样。正如吕立亭所解释，墨卷、曲本和内训等出版物前所未有地充斥书肆。也正是在这一时期，大量的青楼女子赋诗填词，与文人聚会酬唱。与此同时，像臧懋循（1550—1620）《元曲选》之类重新编排的元杂剧也大量出版，尽管在此前剧作家李开先（1502—1568）改编的很多元杂剧文本已出版问世。由这些晚明的事例即可看出先前的文学作品在后来被赋予新解和加以创新的情况。

虽然本书基本上不采取严格的朝代分期，但明清之际的改朝换代不同以往，在此应予以特别的关注，因为清初的文学深受世变的影响，而且具有浓厚的晚明遗风。在这一江山易主期间，涌现了很多悼念前朝的作品。因而尽管有关清朝起始之年的记载众说纷纭，本卷还是以 1644 年，即顺治元年作为第二章和第三章的划分。按照李惠仪（Wai-yee Li）在第三章《清初到一七二三年》的说法，“晚明”这一标签基本上是个“清人话语”，如果说清初的作家“发明”了晚明，那正是因为他们一直要“确认他们所遭遇的历史时刻”。在这一重新确认身份的压力下，清初作家常常面对着以明遗民自居还是归顺新王朝的艰难抉择，尽管两个阵营之间的区划尚有诸多含混不清之处。因此，这一时期以政治和地区归属为取向的文学团体空前繁多，从而也导致了文学形式的新变。比如曾作为复社名流大本营的江南地区，后来就成为清代戏剧文化——特别是政治性的戏剧——的中心。

晚明的名媛传记——特别是其逸事多与朝代兴衰相关的名妓，同样盛传于清代。从余怀《板桥杂记》和冒襄《影梅庵忆语》等作品的流传不但可以看出晚明风流佳话入清后的流风余韵，而且通过艳传风尘女子的本事，文人也寄托了他们对先朝的怀念之情。与之相反，像李渔（1611—1680）这样的作家则致力于创新，不再以怀念晚明为主。可以说，在其标新立异的小说中，李渔大都以“明哲保身和世俗的实用自利”为主题，即李惠仪所谓的“compromises, pragmatism, and self interest”。

在清朝统治下的汉人特别面临着文禁森严的问题，从康熙年间（1662—1722）开始，严酷的文字狱一直威胁着舞文弄墨之士。在这一时期，忠于先朝的诗人只好以婉转幽深的比兴手法寄托自己的抱负，以免招惹文祸。然而，即使如此曲笔隐晦，也未必能避过文祸，比如两位《明史》编修即因触犯禁条而在康熙初年被判处了死刑。在康熙末年，戴名世因《南山集》语涉违碍而遭到满门抄斩一案更为骇人听闻，成为清代文字狱最血腥的案例。

乾隆年间（1736—1796）的文字狱甚至更为惨烈，讽刺的是，这位制造文字狱的皇帝同时又最热心于编纂图书，中国最大的图书集成工程——《四库全书》的编纂——就是他在位期间完成的。漫长的乾隆盛世尽管文采斐然，却也不无矛盾冲突。在商伟所写的1723—1840年一章中，重点讨论了吴敬梓《儒林外史》和曹雪芹《红楼梦》的成书及相关问题。与成书于明朝的《三国演义》《水浒》《西游记》和《金瓶梅》的商业营利取向截然不同，这两部在乾隆年间那种特殊环境中成书的文学名著则完全与出版赢利无关。当然，这一现象并不意味着商业性的出版在清朝不重要，而是表明像吴敬梓和曹雪芹这样的边缘文人既远在官场之外，又与当时的书肆和地方戏曲文化无缘，因而他们在世时寂寞无闻，他们的作品埋没多年后才为世所知，只是19世纪以降才产生了巨大的影响，经过现代读者的推崇，这些成书于18世纪的文人小说才成为经典之作。这一有趣的接受史个案不只涉及接受美学的问题，也关系到文化和社会的变迁。

在18世纪后半叶，女作家人才辈出，在文坛上群星灿烂，成为中国文学史上引人瞩目的景观，被视为妇女文学史中的第二次高潮。与17世纪的第一次高潮相比，18世纪的女作家在写作种类上更加多样，除了传统的诗词创作，还有不少人从事叙事性弹词和剧本的创作。她们大都出身仕宦人家，与晚明时期青楼才女独领风骚的情况已有所不同，及至18世纪末，所谓的“名妓”在文坛上已声价大减。

但这并不意味着青楼才媛此后便永离文坛，再也与文人无缘。

在王德威所写的《一八四一至一九三七年中国文学》一章中，我们可以看到，歌伎在现代文学作品中依然是一个常见的人物原型，很多晚清作家的小说都大写特写这些花街柳巷里卖笑的尤物。其中最有代表性的作品就是韩邦庆的《海上花列传》，该书先是由张爱玲译为英文，后来又经孔慧怡（Eva Hung）修订，已于2005年由哥伦比亚大学出版社出版。据王德威所见，晚清时期有关妓女的叙事作品与前此的同类作品有着根本的区别：晚明文人写风尘香艳，多含有象征意味，而清朝的狭邪小说则实写嫖客与婊子的调笑狎昵之私，标志了现实主义文学新方向的滥觞。

诚如王德威所说，现实主义的实践和话语构成了“现代中国文学主体最引人注目的特征之一”。因为反映现实的需求已被提上了议事日程，特别是在那个国难当头，而文人群体也面临生存危机的年代，像《官场现形记》之类的谴责小说已预示了鲁迅、老舍和张天翼等作家在他们的新小说中写实传真的追求。正是在这一方向上，现实主义为这些现代作家提供了观察生活的新角度，而与此同时，随着女作家走上新文坛，更以她们女性的新声扩展了现实主义的领域。需要强调的是，除了现实主义的范式，现代中国作家还尝试了各种各样的体裁和风格，诸如表现主义、自然主义和抒情主义，在不同作家的作品中都有所涉猎，蔚为大观。即使是在现实主义的旗号下，不同的作家也风格各异，均以各自独特的声音而取胜。正是这一众声喧嚣的动力在晚清到“五四”后几十年间促使了中国文学的现代化发展。

中国文学有一个生生不息的特征，那就是现在与过去始终保持着回应和联系。即使在现代文学创作中，作家也没有切断他们与以往文学的关联。从某种意义上说，中国的“现代性”就是从重新读解汉魏乐府、唐诗宋词和古文开始的。正如王德威所说，中国人今日所理解的“文学史”是直到晚清才出现的一个新的概念。1904 年，随着第一部中国文学史的出现，文学史的研究和编写才被列入学术的范畴。正因建立了文学史这一新的学科，在现代作家和读者的眼中，文学的源流才如一江春水滚滚而下，将往古的生命输送到了未来。

现代中国文学另有一必须一提的方面，那就是 19 世纪至今对西方文学及其话语的译介。之所以特别要提说这一方面，是因为这一诱人的课题一直为文学史编写者所忽略，我们有意要填补这个学术空白。随着各种翻译作品——从基督教经文到文学作品——的重新发现，不仅修正了我们对现代中国文学规模的理解，也增进了我们对印刷文化的认识。正如贺麦晓（Michel Hockx）在其《印刷文化和文学社会》一文（见第六章第四节）中所说，最早的现代印刷出版是由传教士从西方带入中国的，而且首先是用于出版翻译作品的，其出版物的内容以宗教和文学为主。只是到后来，中国的商业性书局才采用了洋人带来的新技术。为迎合城市中新读者群日益增长的需求，正是此类文化交流的新方式丰富了世纪末的文化景观。

最后必须一提的是，与大多数常见的中国文学史不同，本书的编写更偏重文学文化的概览和综述，而不严格局限于文学体裁的既定分类。体裁的分类固然很重要，但应置于文学文化宏大的系络中予以通观。因此，奚密（Michelle Yeh）在其所写的一章（即《剑桥中国文学史》的最后一章）中并未沿用“现当代小说”

和“现当代诗歌”这类通行的分类，而是以“全面抗战（1937—1945）及解放战争”和“战后和新时期（1949—1977）”这样的标题统领全章的内容，将各种文学景观按不同的地域分别介绍和讨论。按地域分述的方式显然更为生动，有助于读者理解当时的文学景观，由于战争造成的分割——如国统区与解放区之分，以及大陆与台湾等地之分，中国文学再也难以笼而统之地讲解给读者了。战争造成的分裂使中国作家陷于日益离散的复杂境地，同时也催发了新的文学形式。在这一过程中，各种危机致使不同区域的作家做出了各不相同的选择，特别是在中国大陆的“文革”期间和台湾的白色恐怖期间。

本书最后一部分综述了1978年至今的文学。就如奚密所述，这一时段标志着中国文学研究领域的新方向。这一时期所关注的一个重大问题是作家们在对区域和全球的变化做出反应时如何界定他们自身以及他们的创作。在这一时期，由于中国作家愈来愈多地移居国外，因而出现了作家国籍归属的问题［见石静远（Jing Tsu）为本卷所撰写的《后记》（Epilogue）部分］。此外，台湾的二二八事件后，更出现了身份认同的分化现象，如有人被视为“外省人”，有人则以“本省人”自居，更有人高举反殖民旗号。香港的身份归属则更为复杂，在外国人眼中，香港乃中国人的天下，但在某些中国人的眼中，那里不啻为外国。诸如此类的问题使得我们在论及新文学时不能不考虑到如何划界和归类的纷争。

最近10多年来更有网络文学的兴起。正如贺麦晓（Michel Hockx）在他所写的章节“印刷文化最近的变化和新媒介的来临”

（见第七章第四节）中所述，由于互联网登陆中国大陆为时略晚，最早的中文网络文学是在大陆以外制作的，中国台湾的网络文学就比大陆领先 10 年之多。早在 20 世纪 90 年代中期，在美国和其他西方国家，就已出现了各种中文的网络文学作品，由此也导致文学网站于 1997 年左右在大陆出现。但诚如贺麦晓所云："要控制网络文学，得在很大的程度上依靠作家的自我审查，并假定那些发表文学作品的网站因怕招惹麻烦而履行严格的管理。"

时至今日，尚无任何通行的中国文学史讨论网络文学，本书可谓早鸟先鸣，开启了此一最新的研究领域。我们的首要目标是对中国文学史做出包罗万象的综述，在当今日益全球化的年代，为具有文化教养的普通读者提供对口的读物。

（原载于北京大学国际汉学家研修基地编的《国际汉学研究通讯》第 2 期，北京：中华书局，2011 年版）

汉学研究与全球化

最近20多年来，全球化的趋势已使美国传统的汉学研究受到了极大的挑战。有关全球化，有些汉学家从一开始就十分赞同，但也有人持批判的态度。在这篇文章里，本人不想做任何理论上的判断，只想从自己的亲身体验出发，发表一点我个人的意见。

我是20世纪80年代初开始在耶鲁大学执教的。在耶鲁，我发现“汉学”的系科归属有别于美国的其他大学。在其他学校里，“汉学”（sinology）研究及教学大都笼统纳入一个“区域研究”（所谓的area study）的系中——一般说来，在美国，有关中华文化的课程（无论是中文和中国文学，还是中国历史和人类学）全部归东亚系；它有时被称为“东亚语文和文明系”（如哈佛大学），有时被称为“东亚语文和文化系”（如哥伦比亚大学），有时被称为东亚研究系（如普林斯顿大学）。独有耶鲁与众不同，这里不以“区域研究”划分系科，而是按“学科研究”（disciplines）瓜分所谓“汉学”。这就是说，教中国文学和语言的人，如傅汉思（Hans Frankel）及本人都属于东亚“语言文学系”。教中国历史的人，如史景迁（Jonathan Spence），及余英时（1980年初余教授仍执教于耶鲁）属于历史系。教社会学的戴慧斯（Deborah Davis）属于社会学系。而教人类学的萧凤霞（Helen Siu）则属于人类学系。同时，耶鲁图书馆中书籍的排列也大都反映了这种按“学科”区分的归类方式。比如，只要是有关陶渊明的书，各种语言的版本都摆在一处，而在哈佛燕京图书馆和普林斯顿葛思德图书馆，则把所有的中文书籍单另编目和上架收存。

记得初到耶鲁，对这种以“学科”分类的方式，我还不太适应。这是由于从前在普林斯顿大学博士班受了正统的“汉学”教育，一直把“汉学”看成一个独立的领域，而现在得重新调整“领域”的界定，颇有离散孤立之感。从前在母校，东亚系的大楼里积聚了各种汉学科目的教学研究人员，文史哲不分家，经史子集，教授们各显其能。但到了耶鲁，我走出自己的办公室，只见到少数教中国文学的两三位同事，走廊上所遇者多为英文系、俄文系、阿拉伯文学系等其他语种的教授。若要找研究中国人类学和社会学的教授，还得找到校园的另一角，实在让人感到不便（当然，耶鲁设有一个“东亚研究中心”——称为Council on East Asian Studies，那是让不同科系的老师和学生们申请有关东亚研究方面的经费，以及举办各种活动的大本营；但它并不是一个所谓的系）。

后来在耶鲁教书久了，才逐渐发现，这种以“学科”为主的教学方式也有它意想不到的好处。就我个人的体验来说，首先有益于广泛了解其他语种的文学。许多不同领域的新朋友都不断给我新的启发，而我从前又学的是英国文学和比较文学，本来就有基础，如今正好更上一层楼，更加扩展了视野。后来，我应邀加入比较文学的“文学科目”（literary major）讲座，更热心投入“性别研究”（gender studies）的跨系活动，与校园里许多不同科系的人都常有见面讨论的机会。

不知不觉中，才开始意识到自己的学术道路已迈向“全球化”的方向。与此同时，我也注意到其他许多美国大学的东亚系——虽然并没改变它们原来的结构——也慢慢发展出不少跨系的新研究领域了。当然，我并不是在说，耶鲁那种以“学科”为主（而不以“区域研究”为主）的倾向直接造就了美国汉学的新方向；但耶鲁的特殊教育结构显然与美国汉学这20多年来的全球化趋势不谋而合。

据我个人的观察，从前美国（和欧洲）的传统“汉学”是把中华文化当成博物馆藏品来钻研的。在那样的研究传统和环境中，凡用中文写的文本都成了解读文化“它者”的主要管道，所以早期“汉学”大都以译介中文作品为主，“音韵学”（philology）尤其是汉学家们的主要研究科目——因为他们想知道从前唐人是如何朗诵唐诗的，宋人是如何吟唱李清照词的。总之，那是一种对“过去”的东方抱着猎奇的求知兴趣。可想而知，当时汉学家们的学术著作只在汉学界的圈子里流行，很少打入其他科系的范围。但随着美国比较文学范围的扩大，约在1980年间，美国汉学渐渐成了比较文学的一部分；因此有些汉学家一方面属于东亚系，一方面也成了比较文学系的成员。尤其是，一向享有盛名的“现代语文学会”（Modern Language Association，简称为MLA）开始设立“东亚语文分部”（Division on East Asian Languages and Literatures）。

这样一来，“汉学”也就进入了比较文学的研究领域。然而，刚开始时，所谓中西比较还是以西方文学的观念为基础，因此有关这方面的研究大都偏重中西本质“不同”的比较；例如研究中国文学是否也有西方文学中所谓的“虚构性”（fictionality）、“隐喻”（metaphor）、“讽喻”（allegory）等课题。另外，有些年轻的比较文学兼汉学家，他们则向这种“比较”的方法论提出挑战，因为他们认为，强调本质差异很容易以偏概全。

自从20世纪90年代以来，全球化促使中西文化交流日渐频繁，许多美国大学所举办的国际会议都开始邀请来自中国海峡两岸暨香港与日本等国家和地区的学者。而来自这些东亚地区的长期“访问学者”（visiting scholars）也逐渐在美国校园里多了起来。他们在美国的图书馆藏书中看到了许多国内已失传的资料，因而大开眼界，在学术研究上多有创获。他们也对美国汉学家们的崭新视角发生了兴趣，把大量的汉学论著译介到母国。其中来自中国的学者编辑出版了一系列“海外中国研究丛书”之类的译丛（其中《北美中国古典研究名家十年文选》由乐黛云、陈珏主编，江苏人民出版社1996年出版）。同时，在海峡两岸暨香港等地则开始了一连串的汉学会议，陆续邀请国际汉学家参加。不用说，这些会议文章出版后，对文化交流都十分有用。此外，这些年来，在美国出版的许多英文汉学专著也先后被译成中文，在东亚各地流行。值得注意的是，也就在这同时，美国汉学家们开始踊跃地到东亚地区做研究，屡次和中国及中国台湾等地的同行有深入交流的机会，于是就有了共同的语言（当然这也跟美国政府和基金会逐渐增加这一方面的研究经费有关）。事实上，东亚地区同行的研究成果在近年来已成了美国汉学家们的必要参考资料，所以著名的刊物——如《东亚研究学刊》(*Journal of Asian Studies*)，也开始登载有关汉语著作的书评。在这一方面，耶鲁大学出版社和西雅图的华盛顿大学特别做出了贡献，因为它们先后将中国学者的著作翻译成英文出版，使得中国学者的研究成果能开始在西方汉学界中以英文的形式流传(当然，这种英译的中国学术作品，在美国的读者群还是极其有限的。相较之下，国人对于英文汉学著作的中译本更加看重，甚至到了争相出版和购买的程度)。

但无论如何，近年来由于中西方深入交流的缘故，人们所谓的欧美"汉学"，已与海峡两岸暨香港的中国文学文化历史研究愈走愈近了——可以说，它们目前已属于同一学科的范围(field)。特别是这10多年来，美国各大学的东亚系的人员组成更发生重大变化，华裔教授的比例愈来愈多(必须附带一提的是：二三十年前，当笔者开始在美国执教时，华裔教授只是教授群中的少数之少数，而且大都是来自中国台湾的移民。但这几年来，来自大陆的杰出年轻学者，在获得美国"汉学"的博士学位之后，经常成为美国东亚系争取应聘的对象)。这无疑反映了中国人逐渐走向世界舞台，以及西方人更加看重东方人的新趋势。尤可注意者，在《剑桥中国文学史》(*Cambridge History of Chinese Literature*)的17位执笔人中，就有8位是移民自中国海峡两岸暨香港的华裔"汉学家"，另有一位则是土生土长的美国华人。这在二三十年前，是绝对无法想象的事情。

然而，从不久前《南方周末》的"汉学"专辑中(2007年4月5日)可以看出，国人(至少是中国大陆的读者们)对于美国汉学的新趋势似乎所知甚少。他们仍然是以一种仰视"洋人"的态度来评价美国的汉学家，以为美国汉学"无论是方法论还是结论"都与中国国内的研究"不一样"，似乎二者有着本质上的不同。其实，如上所述，今日的全球化已使我们进入了一个多元的时代，同是研究中国文学文化和历史，每个学者（不论在中国海峡两岸暨香港地区或是美国）都代表着各自不同的声音，中西之间固然还有区别，但同时也在出现新的融合。对于西方的"汉学家"，国人只须以平常心对待，不必特别抬高他们的身价，也不应出于自卫的排斥心理而妄加轻视。

（本文初稿原载于台湾"中研院"的《中国文哲所通讯》，"二十一世纪的汉学对话"专辑，2007年12月，第95—98页）

试论 1333—1341 年元史阐释的诸问题[①]

孙康宜撰 孙保罗译

近来重读达第斯（John Dardess）所著《征服者与儒家：中国元末政治变迁》（*Conquerors and Confucians*）一书，[②]其中讨论1328年武宗（Qaishan）皇统恢复元室继承之事，并就顺帝年间伯颜与脱脱之间的关系，提出新颖的见解，这使笔者再次想到元史本身的特殊性格，并且认为站在求真的立场上，对这一时期的历史记载有重新查考的必要。最早的元史资料当推权衡编辑的《庚申外史》，本文拟取其中1333—1341编年纪事部分，以伯颜、脱脱为中心，参校其他元史著作，检讨历史阐释的各种可能性。

公元1333年是顺帝即位之年，因而代表伯颜政治生涯的起点，1341年则是伯颜失势与脱脱抬头的转折点。《庚申外史》虽常被认为是民间传说之类，但有关顺帝在位一段史实，该书提供了重要的原始资料。在叙事技巧上，《庚申外史》似乎特别着重其戏剧性

① 30多年前，家父孙保罗将此文的英文稿译成中文，最近终于得到赵鹏飞女士的帮忙，将父亲手稿整理打印出来，特此纪念。

② John W. Dardess, *Conquerors and Confucians: Aspects of Political Change in Late Yuan China*, New York: Columbia Univ. Press, 1973.

的效果；这一点，与其他元史材料相比，是该书的一大特色。关于本文所研究的这段时期，作者权衡以小说笔法，自文宗临终的吐露隐情开始，写到元朝覆亡为止，一气呵成，引人入胜。而对其中重要纪事稍加研究，学者即不难窥见后世元史深受其影响的蛛丝马迹。以下节录《庚申外史》有关各段，以为印证。

（一）

癸酉元统元年。先是岁壬申秋，文宗车驾在上都。八月，疾大渐，召皇后及太子燕帖古思、大臣燕帖木儿，曰："昔者晃忽义之事，为朕平生大错，朕尝中夜思之，悔之无及。燕帖古思虽为朕子，朕固爱之，然今大位，乃明宗之大位也。汝辈如爱朕，愿召明宗子妥欢帖木儿来，登兹大位。如是，朕虽见明宗于地下，亦可以有所措词而塞责耳！"言讫而崩。晃忽义者，乃明宗皇帝从北方来饮毒而崩之地。燕帖木儿大惧，为之踌躇者累日，自念晃忽义之事，已实造谋，恐妥欢帖木儿至，究治其罪。姑秘文宗遗诏，屏而不发，因谓文宗后曰："阿婆权守上位，安王室，妥欢帖木儿居南徼荒瘴之地，未知有无，我与宗戚诸王，徐议之可也。"是时，燕帖木儿以太平王为右相，礼绝百僚，威焰赫赫，宗戚诸王，无敢以为言者。逗遛至至顺四年三月，上位虚摄已久，内外颇以为言，燕帖木儿始迎明宗皇帝幼子懿璘只班登宝位，不发诏，不改年号，逾月而崩，庙号宁宗。继而燕帖木儿建议，欲立燕帖古思，文宗后因辞曰："天位至重，吾儿恐年小，岂不遭折死耶？妥欢帖木儿在广西静江，可取他来为帝，且先帝临崩云云，言犹在耳。"

于是燕帖木儿知事不能已，遂奉太后诏旨，遣使去广，取妥欢帖木儿太子来京。太子行至良乡，以郊祀卤簿礼迎之，盖燕帖木儿欲以此取悦太子之意。既而燕帖木儿驱马与太子并行，马上举鞭指示，告太子以国家多难，遣使奉迎之由。太子讫无一言以答之。燕帖木儿心疑惧，留连至六月，方始使登位，改元元统元年，尊文宗后为皇太后，丞相燕帖木儿加太师、左丞相，撒敦为右丞相，伯颜为枢密院知院，唐其势为御史大夫。撒敦者，燕太师之弟也。唐其势者，太师之子也。

（二）

甲戌元统二年。太师太平王燕帖木儿，自帝即位以来，不复留心政事，惟日溺于酒色，收晋邸后为妻，诸公主嫁之者四十余人。……由是酒色过度，体羸溺血而死。太尉伯颜升为右相。当帝自广西来京师，宿留汴梁，心方不测朝廷权臣意。其时，伯颜适为汴梁省左平章，提所有蒙古汉军扈从入京，帝深德之，既以扈从功封太尉。至是一旦为相，居唐其势上。唐其势忿曰："天下者，本我家天下也。伯颜何人，位居我上！"或时裹甲带刀至伯颜家，或夜入都人家饮，然猛憨无术，实无异谋也。

（三）

乙亥至元元年。四月。右丞相伯颜奏曰："御史大夫唐其势，与其弟答剌海，为文宗义子者，谋为不轨，将不利社稷。"有诏捕之。唐其势攀槛不肯出，答剌海匿皇后袍下。右丞相复

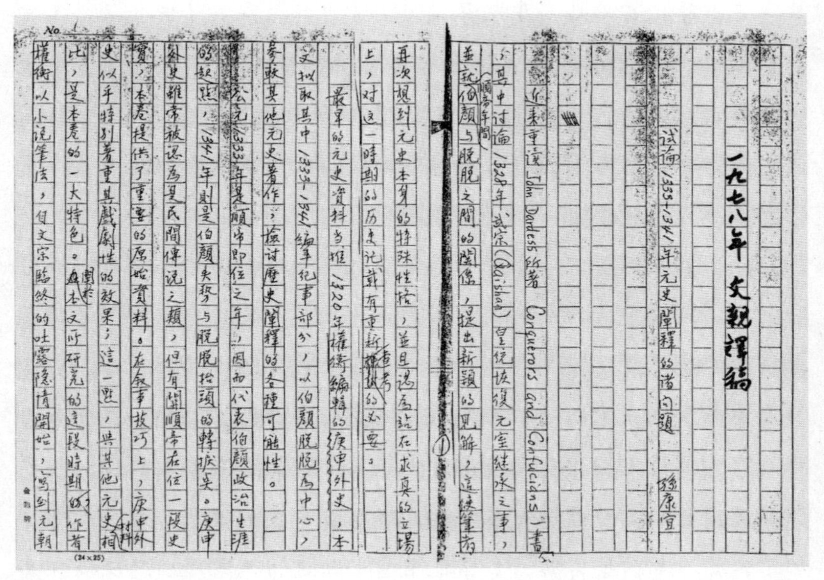

一九七八年 父親譯稿

试論1333-1341年元史闡釋的諸问題

孫康宜

近来重读John Dardess所著Conquerors and Confucians一書，其中讨論1328年武宗(Qaishan)皇統恢復元室继承之事，並就(順帝年間)伯顏与脱脱之間的關係，提出新頴的見解，這使筆者再次想到元史本身的特殊性格，並且認為站在求真的立場上，对这一時期的历史记載有重新查考的必要。

最早的元史資料当推1320年權衡編輯的庚申外史，本文拟取其中1333-1341編年纪事部分，以伯顏脱脱為中心，参較其他元史著作，檢討歷史闡釋的各種可能性。

公元1333年是順帝即位之年，因而代表伯顏政治生涯的起點，1341年則是伯顏失势与脱脱抬頭的轉捩点。庚申外史雖常被認為是民間傳說之類，但有關順帝在位一段史實，本書提供了重要的原始資料。在叙事技巧上，庚申外史似乎特别着重其戲劇性的效果；這一點，與其他元史材料相比，是本書的一大特色。關於本文所研究的這段時期，作者權衡以小說筆法，自文宗臨終的吐露隱情開始，寫到元朝

孙康宜之父孙保罗于1978年为《试论1333—1341年元史阐释的诸问题》所作的译稿。

奏曰："岂有兄弟谋不轨，而姐妹可匿之乎？"并执皇后以付有司。后呼曰："陛下救我！"帝曰："汝兄弟欲害我，我如何救得你？"亦绞死于东门外。唐其势既死，命撒迪为御史大夫，立翁吉剌氏为皇后。后乃世祖后察必之曾孙也，性庄严，寡言笑，号正宫皇后，复立祁氏为次宫皇后，居兴圣宫，号兴圣宫皇后。二宫并为后，自此始。伯颜奏曰："陛下有太子，休教读汉儿人书，汉儿人读书，好生欺负人。往时我行有把马者，久不见，问之，云：'往应举未回。'我不想科举都是这等人得了。"遂罢今年二月礼部科举。

（四）

丁丑至元三年。以伯颜为太师，答剌罕左丞相，封秦王。伯颜本郯王家奴也，谓郯王为使长，伯颜至是怒曰："我为太师，位极人臣，岂容犹有使长耶？"遂奏郯王谋为不轨，杀郯王，并杀王子数人。……时天下贡赋多入伯颜家，省台院官皆出其门下，每罢朝，皆拥之而退。朝廷为之空矣。禁汉人、南人不得持寸铁。……伯颜数往太皇太后宫，或通宵不出。

（五）

戊寅至元四年。……伯颜与太皇太后谋立燕帖古思而废帝，其侄脱脱颇闻其谋。

（六）

己卯至元五年。冬，皇太子生，名爱育失黎达腊，实兴圣宫祁氏之子也，乳脱脱家，呼脱脱为奶公。其后脱脱因奏令正宫皇后子之。十二月，伯颜请帝飞放，帝疾不往。伯颜固请燕帖古思太子同往，遂猎于柳林。脱脱窃告帝曰："伯颜久有异志，兹行率诸卫军马以行，往必不利于社稷，帝幸不与之俱往，无奈太子在柳林何？"其夕，即召高保哥、月怯察儿，与之谋讨伯颜，卸其军权。于是，先令月怯察儿夜开城门，星驰往柳林，窃负燕帖古思太子入城……使只儿瓦及平章沙只班赍诏向柳林，先卸其军权。天明闭大都，诣城上开读诏书毕，御史大夫脱脱踞坐城门上，传圣旨曰："诸道随从伯颜者并无罪，可实时解散，各还本衙，所罪者惟伯颜一人而已。"伯颜养子詹因不花知院、答失蛮尚书，谓伯颜曰："拥兵入宫，问奸臣为谁，尚未晚也。"伯颜却之曰："只为汝辈尝时与脱脱不和，致有今日，尚欲误我也！情知皇帝岂有杀我之心，皆脱脱贼子之所为也。"言未既，又有诏到柳林，命伯颜除河南省左丞相。伯颜请入辞帝，使者不许，曰："皇帝有命，命丞相实时起行，无入辞。"伯颜至河南，又有诏，令伯颜阳春县安置。初，伯颜过真定时，父老捧献果酒。伯颜谓父老曰："尔曾见天下有子杀父之事乎？"父老曰："不曾见子杀父，但见奴婢杀使长。"盖暗指伯颜杀剡王之事。伯颜闻之，俯首不语，殊有惭色也。台臣奏曰："太皇太后非陛下母也，乃陛下婶母也。前尝推陛下母堕烧羊炉中以死，父母之仇，不共戴天。"乃贬太后东安州安置，太子燕帖古思沈阳路安置。乃遣云都赤、月怯察儿押送沈阳。太子忽心惊，知其将杀己矣，飞马渡河而走。月怯察儿追之，拉其腰而死。云都赤者，带刀宿卫之士也。初，太后每言帝不用心治天下，而乃专作嬉戏，尝忤帝意。故此举虽出于权臣，实亦帝心之所欲也。尚书高保哥奏言："昔文宗制诏天下，有曰：'我明宗在北之时，谓陛下素非其子。'"帝闻之大怒，立命撤去文宗神主于太庙……

（七）

庚辰至元六年。伯颜行至江西豫章驿，饮药而死。殓以杉木棺，置棺上蓝寺中（一云北塔寺），尸水流出户外，人皆掩鼻过之……命脱脱为左丞相……

以上所引各段便是权衡笔下元室（1333—1341）的写照，从他对伯颜惨遭失势与脱脱幸运得势的戏剧性描写中，我们很难看出有任何迹象，足以支持达第斯（Dardess）所提"儒教的—非儒教的"对立观。伯颜之所为不能说没有"反汉人"的一面，何况他又曾决意废除象征汉族文化传统的"科举"，不过，即使如此，也似乎没有充分理由，认为脱脱是"儒教的"。据兰德璋（Langlois）的意见，伯颜垮台后，脱脱所行"儒教"措施，很可能是为了保持元人对汉人的优势，而图促进政府效能之一方策。[①] 其实，元室1333—1341年间政情的真正症结，乃在于"继承"与"夺权"斗争。一连串的阴谋与杀害似乎永无止息，而且愈演愈厉，卒致不可收拾。同时继承问题与当时政治社会诸般事件互相纠缠，错综复杂无以复加，局外人实难以窥其全貌；在这种背景之下，伯颜

① 见兰德璋（Langlois）在《亚洲研究》期刊［*Journal of Asian Studies* (34, No.1, 1974, pp. 218-220)］中对达第斯（Dardess）该书的评语。

的形象深受个别史家不同观点的左右，自是理所当然。此外，史书作者对一个人物或事件，有意无意地加以重视或予以贬抑，乃是作者本身文化背景和所处的时代环境之强烈反映。

因此，关于本文所论的这一时期的史实，我们必须就各种史料，参照其治史方法，对各个史家的不同观点加以探讨。以下按《庚申外史》《元史》《元史纪事本末》《续资治通鉴》《新元史》之顺序，就笔者管见所及，稍加论列。

一、关于《庚申外史》

（一）

在中国历史小说里，奸臣当政、祸国殃民之类的情节一向是最引人入胜的故事主题，在这一点上，《庚申外史》充分表露了其“外史”的特性。为了把奸臣弄权描写得更淋漓尽致，作者不惜穿凿附会，节外添枝，其结果颠倒事实，张冠李戴，遂成为不可避免的缺点。例如：《庚申外史》记载燕帖木儿在顺帝即位之年（1333）才升为太师；但按《元史》，燕帖木儿在文宗朝（1331）即已位居太师，而且燕帖木儿死后，顺帝才有登极的机会，[①]其他各“正史”也都以顺帝即位为燕帖木儿一派失势的标记。又，伯颜当权，据《元史》为1333年（顺帝即位之年），[②]《庚申外史》则记在1334年燕帖木儿因荒淫无度致死之后。《庚申外史》之作，主要不在历史事实的精确记录，而是强调作者对奸臣的深恶痛绝，于是伯颜成

① 《元史》卷138《燕帖木儿传》。

② 《元史》卷138《伯颜传》。

为作者口诛笔伐的大好对象，塑成燕帖木儿般穷凶极恶的奸臣典型，加以作者多方利用民间流传虚构故事，对人物事件予以渲染，于是“国之将亡，必有妖孽”的气氛更跃然纸上了。

当然，把伯颜刻画为乱臣贼子的，并不只权衡一人，此外如长谷真逸（笔名）所著《农田余话》，[①] 陶宗仪的《辍耕录》，都有类似的看法。《辍耕录》作者并忆歌词一首，以示伯颜身后为人讥讽之一斑，词曰：

百千万锭犹嫌少，
垛积金银北斗边。
可惜太师无运智，
不将些子到黄泉。[②]

（二）

中国历史上一脉相承的一个重要传统，乃是史家把朝政紊乱国势衰竭的责任，一概归罪于当时权臣的写作态度。在这个背景之下，《庚申外史》也不例外。元末以皇室继承问题为中心的一切明争暗斗，互相倾轧，以致公开谋杀，可能多为皇帝所默许，甚或其本人与谋其事，权臣只是下手执行而已。但在《庚申外史》之中，一切罪过既诿之于奸臣，皇帝是毫无责任的。若说顺帝也有缺点，也不过是他对宫廷大臣主使的仇杀充耳不闻而已；何况作者偏袒顺帝显而易见，即连贬太后、除太子一事，顺帝的行动也

---

① 见《农田余话》，百部丛书集成本，卷 1，第 9 页。

② 见《辍耕录》卷 27。

被叙述为“合理”的（理由是顺帝获悉太后曾谋害其亲母），而对于明宗遇害的原委，作者又规避不提，以致在《庚申外史》中的顺帝，便显得比一切正史都更加有理了（根据《元史》，顺帝曾颁诏以贬太后、太子，理由是文宗有杀明宗之罪；顺帝使太后负亡夫之罪责，显然是无理的）。[①] 在这种意义上，《庚申外史》正是传统思想左右历史记载的一个明证。

二、关于《元史》

（一）避重就轻的含蓄叙事法

《元史》作者或许由于“正史”意识过于强烈，以至于对历史叙述的态度，显得过分拘谨。决定作者采取这种态度的因素，主要是由于作者们个人的背景（曾在元顺帝朝为官）和时代的环境（当时为明太祖的禁忌所限），其结果，《元史》作者一方面不愿做违心之论，另一方面又格于环境，不得不避免对人物做公开褒贬。在这样进退维谷的处境之下，他们似乎选择了妥协的中间路线。（《元史》“列传”的序言中说：“历代史书纪、志、表、传之末各有论赞之辞，今修元史，不作论赞，但据事直书，具文见意，使其善恶自见，准《春秋》及钦奉圣旨事意。”）例如《元史》中一方面有所谓“奸臣”“逆臣”的类别，显然带有浓厚的传统伦理意味，而且对脱脱其人，推崇备至，甚至视之为除伯颜、定安危的英雄式人物（“设使脱脱不死，安得天下有今日之乱哉”），可是

① 见《元史》卷40《顺帝本纪》。

另一方面，伯颜的传记却未排在“奸臣”“逆臣”之列。当然，当我们发现《元史》作者竟把伯颜与脱脱归入同一列传（卷25）之中的时候，其诧异是不言而喻的。而且，在列传的《伯颜传》里，作者也未曾提起“反汉人”行动一节。不过，因此若谓《元史》作者不辨是非，却言之过早，当读者翻读脱脱传记时，忽欣然发现作者贬抑伯颜之意，竟隐寓于此（例如“反汉”政策，在脱脱传中才成为主要论点），字里行间，暗示二人之贤佞。

又，《燕帖木儿传》（“类传”卷25）中，对燕帖木儿曾与闻明宗命案一节，也仅仅有极简略的暗示（“明宗之崩实与逆谋”）。此外，明宗遇害之事，在《文宗本纪》《明宗本纪》中均不得见（提到文宗时只说：“皇太子入哭尽哀”）；但在《顺帝本纪》中却毫无掩饰地，借顺帝诏书揭发了文宗罪状，关于此点，赵翼在《二十二史札记》中特别提出，认为系元史作者“回护”之一例。

可见，这种对传记人物的劣行败绩讳莫如深，对人物性格影射暗喻的技巧，乃是《元史》的独特笔法，也是其他若干传统史书治史方法的一大特征。

（二）外史也有可取，正史不尽可信

《元史》之受当代各种资料与传闻的影响，是不容置疑的，《庚申外史》之作早于《元史》，试就二者加以比较，可知《庚申外史》对后来各种元史材料的影响，是不能抹杀的。而且《庚申外史》中有些记载反令人觉得更合情理；例如，文宗死后，顺帝之弟懿璘只班登帝位一事，在《庚申外史》说是出乎燕帖木儿，而《元史》则以为主其事者为伯颜，但因此事发生于燕帖木儿较伯颜尤为显赫得势之际，我们有理由相信，《庚申外史》关乎这件史实提供了比《元史》更可信的史料。总而言之，外史的价值不容忽视，正史也不可尽信。

三、关于《元史纪事本末》

（一）道德至上的观点

《元史纪事本末》的编排穿插与叙事方式，又显出一种截然不同的作风。在这本史书中，明显地强调善恶对比的观念，随处可见。例如，论脱脱之事，先从伯颜失败叙起，接着说："脱脱既秉政，悉更伯颜所行，复科举取士，行太庙四时祭，雪剡王之冤……"（卷 23）关于本书，最令人注目的，莫过于明学者张溥在每卷之后所加的赞语。依张氏看来，元朝的覆亡，基本上是一种不道德的、"夷狄的"统治之结果，一切奸臣（包括伯颜在内）都不过是这种反道德的、夷狄入主之必然表现。张氏在论《易经》时曾指出，一家一国之沦亡，俱有其"不道德"的原因在，他说："盖自古亡家覆国，反道败德，无所不至，其源起于一念之微，不能制遏之尔。"[①] 在他看来，甚至《元史》之无"赞""评"，也是以表明作者粗漏以及"非道德"的态度。

（二）文化主义的色彩

这样的"善恶""道德、不道德"的对比思想，并非限于绝对的伦理概念，而是与"文化主义"直接相关的。"华夏""夷狄"这类字眼，是张氏在纪事本末中所常用的，我们可以说，"道德—不

① 见张溥《易经注疏大全合纂》卷 24，"复卦"。

道德""华夏—夷狄"这一双相对应的论点，是张氏评《元史》的总纲。在《宋史纪事本末》的评语中，张氏以为，不道德的外贼（元人）加上不道德的内贼（宋室奸臣），卒使宋室河山变色。张氏这种内奸外贼的断然划分，是他奉之不渝的信条，也是中国历史上悠久的传统。张氏这种强烈的文化主义观念，在宋元史的题材上正好畅所欲言："中国之所以失，则夷狄之所以得，夷狄之所以失，则中国之所以得也。"[①]

四、关于《续资治通鉴》

《续资治通鉴》的作者毕沅，生于清代，因为清代本身也是异族统治，所以在本书中没有"华夏—夷狄"二分法的色彩。毕氏著《续资治通鉴》，全循客观方法，效法司马光，以伟大史家为己任，因此这本编年史的特色，在于小心求证与建设性的质疑。

因《元史》在论明宗被害与继承问题，含糊其词，毕沅怀疑《元史》记载的可靠性。[②]关于明宗遇害之事，他以为外史资料似更可信。关于元朝的"反汉政策"，毕氏并未归罪于伯颜一人，他的看法认为是元代政权的一般国策，从这一点可以看出，史学家之免于传统偏见束缚者，毕氏可当之无愧。

① 《宋史纪事本末》序言。

② 《续资治通鉴》卷 206，1332 年纪事。

五、关于《新元史》

在史学方法上，《新元史》的特点在于借综合、分析之法，求得条理系统。例如：在《元史》中，对所论人物之过非，概行规避；《新元史》恰与相反，于各人功过各节，一一罗列。作者生于晚清，故小心避免“华夏—夷狄”对比的观点，此与张溥之坚持文化主义的态度大不相同。在另一方面，《新元史》的作者柯劭忞却也是位坚定的道德主义者，因此，伯颜在《新元史》中遂被列入奸臣传记之中（卷 24）。此外，柯氏因受传统观念的影响，也将帝王之过，一概诿诸奸臣，在作者心目中，皇帝是整个正统的化身，因此在《新元史》中，顺帝被称为“惠宗”，[①]充分流露其正统主义的思想。同理，作者将世情紊乱与官场败德，一概归咎于权臣与太后，是不难理解的。

不过，值得一提的，是作者凡事均详查因果，记其原委，因此即使关于脱脱这样的理想人物，也不漏略细节：“元统以后，宰相互相倾轧，成为风气，虽以脱脱之贤，亦不免于任爱憎、售恩怨，此其所以败也。”（卷 209）又如懿璘只班登帝位一事，在《庚申外史》以为是燕帖木儿之所为，《元史》则认为伯颜主使，但按《新元史》所记，燕帖木儿与伯颜两人均曾参与其事（卷 224），其审慎研究的态度，于此可见。

以上走马观花，对元史各种现存资料，做一鸟瞰，深觉元史

---

① 盖元室“世祖”以下诸帝除泰定帝（Yesün Temür）外，均有“宗”的称号：成宗（Temür）、武宗（Qaishan）、仁宗（Ayurbarwada）、英宗（Shidebala）、明宗（Qoshila）、文宗（Tugh Temür）、宁宗（Irinjibal）。

与其他时代历史相比，显然有其特殊性格。我们既乏一手的资料可资凭信，各种史书之间，主要脉络固有踪迹可寻，记述又多龃龉，因此学者于某人某事的论断，最多只能提出假说而已。例如，关于伯颜与脱脱的关系，笔者感觉事实上恐远比达第斯（Dardess）的观点复杂甚多。

总之，由于史料的限制，时代精神与环境的影响，以及作者个人文化背景、哲学思想、治史方法各不相同，加以各个写作动机与目的的差异，一偏之见又所难免，种种因素互相作用，遂使元史呈现出特殊的困难。历史可有不同的阐释，元史尤然。至于如何以客观方法剖析元史宫廷的真实面目，当属今后元史学者的重要课题。

中国文学作者原论

儒家经籍的作者问题

现代汉语之“作者”（author）一词源自古汉语“作”字，含义为写作、实施、参与等，皆涉权力（power）、权威（authority）之观念。若将有关“作”之语义学诸端绪集合起来看，莫不在支撑一个行世已久的观点：中文著作之有作者，自孔子始。孟子（前390—前305）最先指出《春秋》的作者是孔子：“世衰道微，邪说暴行有作。臣弑其君者有之，子弑其父者有之。孔子惧，作《春秋》。”（《孟子·滕文公》）[①] 汉代史家司马迁（约前145—约前86）承之，称“孔子厄陈蔡，作《春秋》”（《史记·太史公自序》）。[②] 不仅如此，司马迁还首先提出孔子编定《诗经》，谓其从3000余篇作品中删定为305篇；[③] 又称孔子作《易》传。[④] 其后2000多年来，

---

① *Mencius*, translated by D.C. Lau (London: Penguin, 1970), p.114.

② 司马迁《史记》，全10册，北京：中华书局，1982年版，卷130，第3300页。

③ 司马迁《史记》，卷47，第1936页。

④ 同③，第1937页。

中国人一直沿承司马迁之说，皆深信孔子编订《六经》之说。但自20世纪初，一些学者开始质疑孔子的经书作者身份及在经籍编订中之角色。①

然而考古学家及古文字学家依然继续考证经籍的传承，近年来多聚焦于20世纪90年代初期中国出土之简帛书；西方汉学家则尤关注《孔子诗论》(大约写于公元前375年)、②《缁衣》(据信是孔子之孙子思所作)③之类新发现的文献。与此同时，一些年轻学者，如胡明晓(Michael Hunter)，亦在质疑《论语》成书之旧说，认为《论语》之成书不早于西汉初期(即前150—前130)，乃是其时代"政治、思想及文献条件之产物"。④以上之研究皆表明，学界之新兴趣波澜已成，直指古代儒家典籍的作者问题。

现代学者尽管观点各异，然大都认为，西汉以前，作品之流传多是口头。⑤然而，正如现代批评家苏源熙(Haun Saussy)所言，口头之传统自有其存在的道理，乃另一形式的刻之金石，非

① Wai-yee Li, *The Readability of the Past in Early Chinese Historiography* (Cambridge, MA: Harvard University Asia Center, 2007), p. 31; Edward L. Shaughnessy, *Before Confucius: Studies in the Creation of the Chinese Classics* (Albany, NY: State University of New York Press, 1997), pp. 1-2.

② Alexander Beecroft, *Authorship and Cultural Identity in Early Greece and China: Patterns of Literary Circulation* (New York and Cambridge: Cambridge University Press, 2010), pp. 177-178.

③ Edward L. Shaughnessy, *Rewriting Early Chinese Texts* (Albany, NY: State University of New York Press, 2006), pp. 63-64.

④ Michael Justin Hunter, "Sayings of Confucius, Deselected," Ph.D. dissertation, Princeton University, 2012. See also Hanmo Zhang, "Models of Authorship and Textmaking in Early China," Ph.D. dissertation, UCLA, 2012.

⑤ David Shaberg, "Orality and the Origins of Zuozhuan and Guoyu," in his *A Patterned Past: Form and Thought in Early Chinese Historiography* (Cambridge, MA: Harvard Asia Center, 2001), pp. 315-324; see also Li, *The Readability of the Past in Early Chinese Historiography*, p. 49.

如书写之传统，形于文字，载之竹帛，已成陈迹。[①]总体说来，大多数西方汉学家以为，早期中国著作之传，积思聚智，往往非止一代，故其作者概念变动不居，难以确陈。一些现代学者，如史克礼（Christian Schwermann）和施泰内克（Raji C. Steineck）称此类作者为“复合作者”（composite authorship），谓其著作之成，乃出众手，各有其用，譬犹织锦，分工协作，共成锦绣。[②]无独有偶，毕善德（Alexander Beecroft）称《诗经》之作者为“表演作者”（authorship in performance），因在古代，诗之本质意义非以写而显之，实以演而出之。[③]

尽管如此，中国古代典籍之经典化仍肇始于孔子之权威，圣人之地位。例如，尽管一些现代学者，包括《诗经》的英译者理雅各（James Legge）质疑孔子编订《诗经》之贡献，[④]然《诗经》选本在文化上的合法性，长期以来端赖孔子之解释传统得以确保。柯马丁（Martin Kern）说：“孔子编诗，无论是否确有其事，然孔子解诗——载于公元前300年之楚简（指最近的古文字发现，上博简《孔子诗论》），对于《诗经》选本之进入早期帝国，具有决定性之作用。设若无此，则‘诗三百篇’恐如前帝国时代之所有其他诗

① Haun Saussy, *The Ethnography of Rhythm: Orality and Its Technologies* (New York: Fordham University Press, 2016). Quoting from the synopsis on the back of the book.

② Christian Schwermann and Raji C. Steineck, “Introduction,” in *That Wonderful Composite Called Author: Authorship in East Asian Literatures from the Beginnings to the Seventeenth Century*, edited by Christian Schwermann and Raji C. Steineck (Leiden and Boston: Brill, 2014), pp. 20-22.

③ Beecroft, *Authorship and Cultural Identity in Early Greece and China*, p. 3.

④ James Legge, *The She King*, Vol. 5 of *The Chinese Classics* (Oxford: Clarendon, 1871), p.4.

歌，早已湮没无闻。”[①] 此论可谓精当。

史传与诗歌的作者问题

在古代中国，汲汲于作者观念者，司马迁可谓第一人。他相信，书写的力量对于个体作者来说，具有终极救赎之作用。在《太史公自序》及《报任安书》中，司马迁论证个体作者如何通过写作既见其个人之患难，亦证其文章之成功。他说：

> 昔西伯拘羑里，演《周易》；孔子厄陈蔡，作《春秋》；屈原放逐，著《离骚》；左丘失明，厥有《国语》；孙子膑脚，而论《兵法》。[②]

重要的是，司马迁以为享有著作权的作者皆生于忧患，此一观念实源自他个人的亲身体验。公元前 98 年，司马迁由于为其友人李陵将军辩护而触怒武帝，下蚕室，受宫刑，此种屈辱足使司马迁舍弃生命，然其最终含垢忍辱以生者，全为完成其《史记》之写作。

中国最早之诗人乃屈原（约前 340—约前 278），而司马迁则是为其作传之第一人，此事殆非巧合。尽管贾谊（前 200—前 168）最早在其作品中提及屈原（《吊屈原赋》），刘安（前 179—

---

① Martin Kern, “Early Chinese Literature, Beginnings Through Western Han” , in *The Cambridge History of Chinese Literature*, edited by Kang-i Sun Chang and Stephen Owen (Cambridge: Cambridge University Press, 2010), Vol. 1 (edited by Stephen Owen), p. 39.

② 司马迁《史记》，卷 130，第 3300 页。

前122）最早为屈原《离骚》作传，但正是司马迁，才确立了屈原作为中国第一个诗人之地位。司马迁在屈原与贾谊二人合传中，叙述屈原之故事，充满同情；他申明，正是悲剧式的环境使得屈原惨遭放逐，乃至沉江自杀。[①]依司马迁之说，屈原被谗，遭楚王疏远解职，继之放逐，于是“疾王听之不聪也，谗谄之蔽明也，邪曲之害公也，方正之不容也，故忧愁幽思而作《离骚》”。司马迁又称，屈原自沉汨罗江之前，写下了绝笔之作《怀沙》。在整个中国历史中，屈原《离骚》都一直被视为放逐文学及殉道话语之典范。中国的最早诗人成为永远的文化英雄；即便是在当代，中国人也视屈原为“人民诗人”。[②]几乎所有中国读者都认为自传体诗歌《离骚》是屈原本人的作品，不过也有一些现代学者认为，司马迁列为屈原作品的《招魂》《哀郢》《怀沙》实非屈原所作，乃出后人模仿。[③]直至最近，一些学者，尤其是西方汉学家，还在质疑屈原作为《离骚》作者的真实性，也在质疑“传记式阅读其文本的方式”。[④]但是，对于这些被质疑的作品，绝大多数中国读者宁信其真出屈原，而不愿致疑乎旧说。此种态度诚可理解。因为屈原在中国，乃是第一位有姓名可称的诗人，为后来诗人确立了可供仿效的文化典范。不唯如此，当今读者也愈来愈接受作者概念的变动性。对他们来说，“作者”并不必然意味着仅是一个人，同样

① 司马迁《史记》，卷84.

② David Hawkes, trans., *The Songs of the South*: *An Ancient Chinese Anthology of Poems by Qu Yuan and Other Poets* (Harmondsworth, Middlesex: Penguin, 1985), p.64.

③ Hawkes, trans., *The Songs of the South,* pp. 36-51.

④ Kern, “Early Chinese Literature, Beginnings Through Western Han,” in *The Cambridge History of Chinese Literature*, edited by Chang and Owen, vol. 1 (edited by Owen), p. 79.

可以被视为“假定的身份”（posited identity）。作者寒山之名（约7—9世纪）乃是若干匿名作者的合称，正是如此。①

司马迁阅读屈原作品的方式，为后来中国读者和批评家创造了阅读范式：诗歌作品应被作为自传解读。刘勰（约465—约522）在《文心雕龙》中解释了这种阅读方式的原理，他说：“夫缀文者情动而辞发，观文者披文以入情，……世远莫见其面，觇文辄见其心。”②而早在刘勰之前数百年，孟子就说过“以意逆志”。③此种读者反应理论与中国的诗歌写作观念“诗言志”密切相关。诗言志之观念代代相续，因而作者总可寄期望为未来读者所理解，无论是地隔万里之遥，还是时距千年之久。故古代诗人屈原尽管不为其同时人所赏，然而刘勰作为一个知音的读者，却能够“见”屈原之“异”。④

中国作者常常推崇前代之典范，尤其通过用典，事关前贤，汲取精华。其所以如此者，前引刘勰之论述乃是最好的解释。作者相信，当其为后来读者所知，其作品被未来读者用以界定自己的作品时，其便可获文学上之不朽。与此同时，中国诗人也培养出一种作诗习惯，相互分享其“诗言志”，借以建立友情，确立文

① Paul Rouzer, *A Buddhist Reading of the Hanshan Poems* (Seattle and London: University of Washington Press, 2016), p. 10.

② Stephen Owen, *Readings in Chinese Literary Thought* (Cambridge, MA: Council on East Asian Studies, Harvard University, 1992), p. 290. For the complete translation of *Wenxin diaolong*, see Vincent Yu-chung Shih, trans. and annotated, *The Literary Mind and the Carving of Dragons: A Study of Thought and Pattern in Chinese Literature* (Hong Kong: The Chinese University Press, 1983).

③ *Mencius*, translated by D.C. Lau, p. 142.

④ Owen, *Readings in Chinese Literary Thought*, p. 291.《文心雕龙·知音》:“见异唯知音耳。”

学身份认同。[①]

前现代的中国作者常常会采用各种角色扮演的模式写作。屈原运用譬喻的形式以女性口吻抒发其政治牢骚，千百年来已成为文士竞相仿效的极为重要之传统。正如李惠仪所指出，“当《离骚》中的诗人‘我’称‘众女嫉余之蛾眉兮，谣诼谓余以善淫’之时，大多数读者就已然译码为屈原意在表达一种哀叹：嫉妒的政敌阻碍其接近君主。”[②]自此以降，中国男性诗人莫不学习屈原，用弃妇之语以抒己情。陈思王曹植（192—232）在其《弃妇篇》《七哀诗》等诗作中描写弃妇之悲状，读者即可以视为政治隐喻，意在表现作者受到其兄曹丕（魏文帝）排斥、“被逐出宫”之悲哀。[③]其后无数男性作者同样用运命不济之美人隐喻其政治之失意。

在充满惨痛的明清易代之际，一些男性诗人甚至借用女性之名，伪作女性作者身份以叙写女性之苦难。其显例之一，便是吴兆骞（1631—1684）。他曾以女性身份写作组诗，分署不同女性之名，以诗之形式见证受难的女性，其中多人在易代之际的战乱中被掳。他将这些诗作张贴于苏州及河北涿州等地附近的城墙，其中一张包括上百首绝句。[④]无论男女读者，都相信这些诗作出自女作者之手，反响强烈。[⑤]吴氏的墙头诗借用女性的声音，包括假借

---

① Anna M. Shields, *One Who Knows Me: Friendship and Literary Culture in Mid- Tang China* (Cambridge, MA: Harvard University Asia Center, 2015).

② Wai-yee Li, *Women and National Trauma in Late Imperial Chinese Literature* (Cambridge, MA: Harvard University Asia Center, 2014), p. 13.

③ Lawrence Lipking, *Abandoned Women and Poetic Tradition* (Chicago: University of Chicago Press, 1988), p. 133.

④ Li, *Women and National Trauma in Late Imperial Chinese Literature*, pp.14-24.

⑤ Li, *Women and National Trauma in Late Imperial Chinese Literature*, pp.17-24.

女性之名，固可视为易代之际边缘化士子试图掩饰其沮丧之心情，然更可看作跨越性别的绝佳范例。总体而言，传统中国的男性作者，尤其在帝国后期，并不视女性为“他者”（other），他们乃是借用女性声音创造出超越性别界限的男性的偶像。

在前现代的中国，作者的角色扮演并不限于借用女性声音。一些诗人常至设身为前代著名人物，尤其是那些曾为后人留下若干作品的“名人”。《汉书》所载描写李陵、苏武离别的诗作最为人熟知。题为李陵所作（约前74年归入李氏名下）的《与苏武三首》过去一直认为是李陵告别苏武时（前60年）所写，但绝大多数现代学者都认为，此三诗乃后人冒题，很可能出自东汉作者之手。

女性诗人与作者

论作者问题，若不及女性作者，便不完备。女性作家（尤其是女诗人）自古以来就是中国文学之十分重要的组成部分。千百年来，人们持续不断地阅读、引用及品评女作家之作品。[①] 古代中国产生如此众多之女性诗人，任何其他文明都难与匹敌。单是在明清两代，女作家别集与总集（包括古代及当代女性作家作品）的增长令人震惊，竟达3000种以上。所可惜者，其中三分之一已经散佚不存。在传统中国，很多知识女性与男性共享同一世界；她们不是男人世界之附庸点缀，而是翔集文苑，成为文学传统的有力

① Haun Saussy, “Introduction: Genealogy and Titles of the Female Poet,” in *Women Writers of Traditional China: An Anthology of Poetry and Criticism*, edited by Kang-i Sun Chang and Haun Saussy (Stanford: Stanford University Press, 1999), pp.1-14.

参与者，乃至定义了更大范围的文化、社会脉络。若干类型的卓越女性作家——即所谓“才女”——成为后来女性甚至男性的典范。东汉的传奇人物班昭乃以史家、教育家及宫廷诗人著称。她被召入宫之后，依然续写《汉书》，以完成其兄班固（卒于公元 92 年）未竟之业。在宫中，她教授男性学生以及邓皇后。其作品如《东征赋》《女诫》，成为教育儿女的“家训文学”的典范，作为官方认可的工具，推进了道德教育。[①]李清照（1084—约 1155）乃以最杰出的女诗人见称，在《词论》一文中，她更充满自信地评论了北宋时代主要的男性作家，而暗示自己之词作何以得词之体，远过男性作家之作品。[②]王端淑（1621—1685）在其所选编的著名女诗人集《名媛诗纬》(1667）之序中称：“(诗纬）可羽翼三百以成经，可组织六经而为纬”。[③]正如班昭与李清照，王端淑及其选集中之入选作家皆是因文不朽的女性典范。

这些女性与其时男性一样接受古典教育，其诗中往往引用故实，以与前代文学典范建立关联。班昭之祖姑母班婕妤（约前 48—约前 6）因失宠于成帝，而作《自悼赋》，其开首之意象便立刻引人联想到屈原《离骚》开头的诗行。屈原开头先述祖德：“帝高阳之苗裔兮”；班婕妤则云：“承祖考之遗德兮，何性命之淑

---

① Wilt Idema and Beata Grant, *The Red Brush: Writing Women of Imperial China* (Cambridge, MA: Harvard University Asia Center, 2004), p. 26.

② Ronald Egan, *The Burden of Female Talent: The Poet Li Qingzhao and Her History in China* (Cambridge, MA: Harvard University Asia Center, 2013), pp. 75-90.

③ Haun Saussy, trans., “Wang Duanshu and her anthology Mingyuan shiwei,” inWomen Writers of Traditional China, edited by Chang and Saussy, p. 693.

灵。”① 但屈原的音调是反抗，而班婕妤的音调则是节制、认同和坚守。她的诗作叙述道德之力量，追忆自我修进之阶段历程。作者的权力允许她叙述本人以道德之态度对待被弃之境遇，而这最终将她经典化了。在传统中国，儒家之妇女教育的标准教本乃《列女传》，而班婕妤之被载入其中，此其故也。有德性之美与又能忍辱负屈，班婕妤的弃妇故事赢得了后世读者的广泛同情，竟至有一位读者（大约生活在班婕妤后一个世纪）冒用班婕妤之名，写了一首《怨歌行》。在此诗中，弃妇自比于皎洁如雪的纨扇，当夏热已过，秋凉既至，便被弃之不顾。尽管此诗应归入“无名氏”之列，但却一直被列为班婕妤的作品。作者之真确与假托之功能，两者之间具有一种紧张关系。宇文所安（Stephen Owen）说：“读者虽然确信此诗非班氏所作，但依然期待在历代诗集目录中，其时有其名，其名下有此诗。”② 此言正道出了以上所说的微妙关系。换言之，按照时序，以人编诗，此种方法力量强大，既是存诗之机制，亦为经典化之途径。

中国文学文化之另一突出现象是男性文士普遍支持女性诗人。尤其在明清时期，随着男性作者日益不满于政治制度，便逐渐从政治世界抽身，无心仕宦。这些“边缘化”的男性往往以经典化女性作家为己责，刊行女作家的著作，数量空前。众多女性作家的著作集由男性文人编辑或出资印行，他们甚至付出毕生精力以支持女性创作。当然，女性出版热潮也是明清女性自身造成。“她们

---

① David R. Knechtges, trans., “Rhapsody of Self-Commiseration,” in *Women Writers of Traditional China*, edited by Chang and Saussy, p. 19.

② Stephen Owen, *The Making of Early Chinese Classical Poetry* (Cambridge, MA:Harvard Asia Center, 2006), p. 2.

渴望保存自己的文学作品，热情空前。通过刊刻、传抄、社会网络，她们参与构筑了女性文苑。”[①] 不过，男性文人们热衷于阅读、编辑、搜集、品评女性作品，确实有助于创造“女性研究”之第一幕，若缺少这些，“中国作者”概念的基础会薄弱很多。男性文士经典化女性作品的策略之一是将女性著作集与《诗经》相比；他们亦同样视屈原《离骚》为女性作品之典范。蘧觉生甚至名其所编女性诗集为《女骚》(1618)。

明代妇女作品出版之兴盛亦有其他因素：印刷的传播，女性及商人阶层文学圈的出现，商业出版的需求等。高彦颐(Dorothy Ko)在其《内庭的教师》(*Teachers of the Inner Chambers*)一书论到，在明代后半期即16世纪中期，“书籍的供需骤升”，出现了空前的商业出版热潮，以及新的阅读公众。[②] 在此背景下，商业出版借由大量印行女性作品而使女性作家得以流行，从而将女性作品之阅读提升到空前的水平。

另一方面，女性著作集的选编标准也失之松弛，遂致后来学者质疑明人所编某些作品的真实性。由于商业出版的竞争，很多书商或感到有必要在编辑作品中加添新的材料。即便是宋代著名词人李清照，生活在明代中期以前400年，一旦明代学人无法确定其某些词作的真伪，其作品也经历了戏剧化的文本重建过程。原有版本的李清照作品集到明俱已亡佚，确认出自李氏的作品仅23首。然自明代始，书坊一直增补李氏作品。其故正如现代学者艾朗诺

① See Saussy, “Introduction: Genealogy and Titles of the Female Poet,” in *Women Writers of Traditional China*, edited by Chang and Saussy, p. 8.

② Dorothy Ko, *Teachers of the Inner Chambers: Women and Culture in Seventeenth Century China* (Stanford: Stanford University Press, 1994), pp. 34-41.

（Ronald Egan）所指出者，“若作品集中有李清照的‘新’作，则必然引人注目，亦会吸引潜在的买者”。[①] 职此之故，“在现存南宋词文献中，李清照名下的作品共36首，到清末，则达到75首，膨胀了两倍以上”。[②] 直至今日，李清照一些作品的真实性依然受到质疑。

当整个书籍出版业沉溺于“女性著作”这种新题材，归入当代女性名下的诗作也时时出现。例如，钟惺（1574—1624）《名媛诗归》收有一些冒题诗作。[③] 钟氏以标举女性之“清”著称，在该书中，钟惺特别强调读者要注目于女性诗作之独特力量——“清”。[④] 在他看来，女子天赋此性，而当代男诗人追求工巧，欲名满天下，已失去此一诗性感觉。其后，另一明代作家邹漪（《红蕉集》编者）竟称：“乾坤清淑之气不钟男子，而钟妇人。”[⑤] 这些有关女性的评论，尤其是出自像钟惺之类著名的诗人学者之口，当会激励书坊搜求刊印更多女性诗作，即便诗人的作者身份成疑，也在所不顾。

---

① Egan, The Burden of Female Talent, p. 99.

② Egan, The Burden of Female Talent, p. 92.

③ Kang-i Sun Chang, “Literature of the Early Ming to Mid-Ming,” in *The Cambridge History of Chinese Literature*, edited by Kang-i Sun Chang and Stephen Owen; Vol. 2(edited by Kang-i Sun Chang), p. 49.

④ Longxi Zhang, trans., “Zhong Xing’s Preface to *Mingyuan shigui*,” in *Women Writers of Traditional China*, edited by Chang and Saussy, pp. 739-741.

⑤ Kang-i Sun Chang, “Gender and Canonicity: Ming-Qing Women Poets in the Eyes of the Male Literati,” in *Hsiang Lectures on Chinese Poetry*, vol. 1, (Montreal: McGill University, Centre for East Asian Research, 2001), p. 5.

戏剧小说作者的新概念

在明末清初，戏曲与小说之重写与重新包装成为常态，因而相较于诗歌的作者问题，戏曲、小说的作者问题更加变动不居，幅度亦更大。夏颂（Patricia Sieber）在其《欲望之剧场》（Theater of Desire）一书中讨论了明初以来学者与编者如何重写戏曲文本，造就了其所谓“再生产作者”（reproductive authorship）。[①] 此类作者并不强调“原创性”（originality），不像当今作者那样因为版权及智慧产权之故珍视原创。例如明代作家李开先（1502—1568）几乎毕生都在改写前代的“北曲”，并刊行所改写之16种——《改定元贤传奇》。[②] 明代读者都认为李氏是这些改编作品的部分作者。至于李开先本人，则自以为“改写”元曲乃其一生最重要的贡献之一，并以自己被视为当代最伟大的戏曲文本专家而自豪。其所挂怀者，并非“原创性”，而是其在文本传承上之贡献。

金圣叹（1608—1661）乃是小说领域之例。金氏改写了《水浒传》，将原来的120回本改编成70回本，并在明末刊行他评点的“新”《水浒传》，若干评点文字甚至长过“原来的”（original）文本。同样是金圣叹，第一次将原本小说《水浒传》的作者变为单一作者施耐庵（生卒年未详）。此前，这部小说同样标为复数作者，包括罗贯中（生活在1330—1400年间）。依现代学者吕立亭（Tina Lu）之说，“金圣叹的评点在各种意义上都是创造性写作活

---

① Patricia Sieber, *Theaters of Desire: Authors, Readers, and the Reproduction of Early Chinese Song-Drama, 1300-2000* (London: Palgrave Mcmillan, 2003), p. 84.

② Kang-i Sun Chang, “Literature of the Early Ming to Mid-Ming” , in *The Cambridge History of Chinese Literature*, edited by Chang and Owen, vol. 2 (edited by Chang), p.57.

动”。[1]金氏不仅在评点中直书己名，而且将其增补内容视为原来文本的“复归”，如此一来，他的评点就成为“有意的写作”。[2]近来，安如峦（Roland Altenburger）呼吁关注金圣叹改写与评点的商业性之面向：“（金氏）将《水浒传》作者单一化，乃是一种将其据为己有以赢得学术声名的策略，或许更重要的是获得商业上的成功。”[3]鉴于金氏乃苏州人，苏州乃书籍出版的主要中心之一，此说金氏有“商业的”企图，是有说服力的。

《红楼梦》的作者问题

如果说金圣叹以公开的商业的方式印行《水浒传》，与之形成鲜明对比的是，18 世纪小说《红楼梦》（又名《石头记》）的作者却偏爱以私密的、非牟利的方式，在亲友之间传抄其作品。直到作者去世 30 年后（假定后来建构的作者曹雪芹没错），此书被出版商与编者刊印，这部小说才得以广泛流传，并被认定为中国最伟大的小说。[4]

---

① Tina Lu, “Literary Culture of the late Ming (1573-1644),” in *The Cambridge History of Chinese Literature*, edited by Chang and Owen, vol. 2 (edited by Chang), p.113.

② Lu, “Literary Culture of the late Ming (1573-1644),” in *The Cambridge History of Chinese Literature*, edited by Chang and Owen, vol. 2 (edited by Chang), p.114.

③ Roland Altenburger, “Appropriating Genius: Jin Shengtan’s Construction of Textual Authority and Authorship in His Commented Edition of *Shuihu Zhuan* (The Water Margin Sage),” in *That Wonderful Composite Called Author: Authorship in East Asian Literatures from the Beginnings to the Seventeenth Century*, edited by Christian Schwermann and Raji C. Steineck, p. 78.

④ Cheow Thia Chan, “Readership, Agency in Mass Distribution and Fiction as a Literary Field: The Case of the Story of the Stone,” unpublished paper, pp. 9-21.48 David Hawkes, trans., *The Story of the Stone: Volume 1*, by Cao Xueqin (London:Penguin), p. 20.

《红楼梦》第1回楔子暗示，此小说在某种程度上乃是个人化的自传式作品，意在记录年轻时认识的几个“异样女子”之行止：

> 今风尘碌碌，一事无成，忽念及当日所有之女子。一一细考校去，觉其行止见识，皆出我之上。我堂堂须眉诚不若彼裙钗，我实愧则有余，悔又无益，大无可如何之日也。……知我之负罪固多，然闺阁中历历有人，万不可因我之不肖，自护己短，一并使其泯灭也。①

这部小说的作者是谁，是谁用这种自白式的口吻？尽管作者在第1回中提到了曹雪芹，其在悼红轩中批阅十载，但人们并不能确定曹雪芹是否就是作者的真名，因为依其语气，曹雪芹只是转述了故事。那么，作者的真正身份如何？

1792年，高鹗、程伟元刊印了120回本，程伟元序称“究未知出自何人”，而读者则疯狂探究作者之身份。②直到135年后的1927年，随着一个重要的脂砚斋本的发现，前80回的作者问题才算大体解决。此本明载脂砚斋的批语：“壬午除夕（1763年2月12日），书未成，芹为泪尽而逝。”③脂砚斋之名亦出现在小说第1回，其人与作者关系密切。在前80回本中，脂砚斋与另一评点者畸笏叟，时而忆及作者生平，甚至要求作者改动情节以宽恕某一亲戚。

---

① David Hawkes, trans., *The Story of the Stone: Volume 1*, by Cao Xueqin (London: Penguin), p. 20.

② Haun Saussy, “Authorship and the Story of the Stone: Open Question”, in *Approaches to Teaching the Story of the Stone (Dream of the Red Chamber)*, edited by Andrew Schonebaum and Tina Lu (New York: Modern Language Association,2012), p. 143.

③ Hawkes, trans., The Story of the Stone, vol. 1, p. 35.

评点者与读者可视为“共同作者”（co-authors），这部小说恰是其例。事实上，在小说的开头部分，就以作者的身份暗示了这种观念，作者叙述了读者包括他本人如何连续改变小说的书名，从《情僧录》到《风月宝鉴》，再到《金陵十二钗》。最后，“当脂砚斋重抄此书，补入第二部批点”，[①]又改回其原名《石头记》。这些说法虽然出现在虚构的内容中，却明确显示出，有一个亲密的读者群（或者说共同作者）一起推敲小说的题目与内容。

直到今天，小说后40回的作者依然成迷。迄今为止，已发现的所有脂评本都只有80回。最令学者头痛的是，120回本在曹雪芹死后近30年才刊行，高鹗自称做过编辑，若是按照脂评中有关原书结局的说法，后40回的情节严重偏离了原书的构想。那么，高鹗的后40回究竟是伪作，还是按照高鹗120回本序所说，他只是在友人程伟元所得残稿基础上加工？[②]因无明确的证据，我们或许永远无法解开这一作者之迷。或许这些问题也是作者的虚构设计之一部分。整部小说当中，作者非常清楚地运用“小说”的设计，将记忆的事实与虚构的框架融合起来。他说：“假作真时真亦假，无为有处有还无。”他已经引我们进入到一个亦真亦幻的境界了。[③]

① Hawkes, trans., The Story of the Stone, vol. 1, p. 51.

② Hawkes, trans., The Story of the Stone, vol. 1, p. 41.

③ Hawkes, trans., The Story of the Stone, vol. 1, pp. 44-45.

西方汉学家对于作者问题的检讨

或许受到“真”与“幻”这对概念的启发，西方汉学家热烈关注并究心于中文著作的作者问题，并运用历史主义的方法加以检讨。罗溥洛（Paul Ropp）即其一例。其兴趣在史震林（1692—1779）之《西青散记》。此书追忆农家才女诗人双卿，罗溥洛乃探寻双卿故事之演变，从史氏之书出版的1737年直至今日。在研究过程中，他逐渐对双卿其人的真实产生了怀疑，因为史震林在《西青散记》中有关才女诗人的回忆，其人与史氏的互动，以及与史氏友人之间的关系，不太令人信服。甚至史震林所引双卿之诗究竟是否真出本人，亦有疑问。

罗溥洛并非质疑双卿身份之第一人，早在20世纪20年代，胡适就称双卿其人或是史震林伪造。[①] 20世纪90年代前期，另一中国学者康正果深入研究了有关双卿形象之曲折的文本演变。但在现代的中国文学史中，双卿依然是一文化偶像，被称为中国唯一的伟大农民女诗人，亦是18世纪最伟大的女诗人，广受赞誉。与此同时，双卿也频繁出现在各种女诗人选集当中，就连美国诗人王红公（Kenneth Rexroth）与钟玲（同译者）所编的现代英语诗集也收录了其诗作。[②]

罗溥洛感到双卿问题依然未有定论，遂于1997年，同两个中国学者杜芳琴、张宏生一道，对双卿所应生活的地区——江苏金

---

① Paul Ropp, *Banished Immortal: Searching for Shuangqing, China's Peasant Poet* (Ann Arbor: The University of Michigan Press, 2001), pp. 252-256.

② Kenneth Rexroth and Ling Chung, *Women Poets of China* (New York: A New Directions Book, 1972), pp. 66-67, 124-125.

坛、丹阳乡村，展开了历时3月的探寻之旅。其主要目的在于探求双卿究竟是一个真实的历史人物，还是史震林虚构的人物。为达成目标，罗溥洛甚至依据史震林的描述画出了书中所提及金坛各地的地图。在探访金坛、丹阳两地期间，他与两位中国学者走访了多位当地人士，搜集有关双卿的口头传说。罗溥洛的著作《女谪仙：寻找双卿，中国的农民女诗人》（2002）大都依据其探访之旅的所见所得。最终，对于是否实有双卿其人，罗溥洛更加怀疑。在罗溥洛看来，其足迹所至，无一处地方，其搜求所得，无一个传说，能够证明双卿其人乃是一个真实存在的历史人物。

相反，中国学者杜芳琴却得出了完全不同的结论。杜氏是中国有名的双卿研究专家，编有《贺双卿诗集》（1993）。与罗溥洛不同，杜芳琴在探访之旅后，愈发强烈地感到双卿乃是真实的历史人物。按照她的说法，即便农民女诗人的名字不是双卿，其作为才女诗人的形象一定基于某一真实的人物，因为教育发达的金坛地区产生了众多的当代女诗人。[①] 杜氏并不怀疑那些归入双卿名下的诗作之真实性。她根据史震林回忆的写作风格判定，史氏没有能力写出双卿那些高水平的作品。杜氏受此次金坛、丹阳之旅的启发，写出《痛菊奈何霜：双卿传》。此书颇受欢迎，1999年在中国互联网上连载，2001年出版。

双卿作者身份重建的故事让我们联想到中国文学中众多相似的例子。中国人认为朱淑真（约1135—约1180）是宋代两位最伟大的女诗人之一（另一位是李清照）。其诗作一直在中国读者中流

① Ropp, Banished Immortal, p. 255.

行。但近年，西方汉学家艾朗诺（Ronald Egan）与伊维德（Wilt Idema）做了许多“考古”的工作，因而质疑朱淑真的历史真实性，指出“朱淑真名下的诗作，若非全部，至少大部分都可能为男性所写”。[①] 西方汉学家有关作者问题的洞见与质疑，其勤勉研究之成果受到当今很多中国学者的欣赏。但是，质疑中国文学传统中占有重要位置的作者之存在，大多数中国读者难以接受。对他们来说，关键的是与“作者”相关的声音、人格、角色及能量。即便是作者问题充满悬疑，但有个作者依然是重要的，因为作者的名字乃是促使某种“组织”之动力。福柯（Foucault）的“作者”具有“分类的功能”（classificatory founction），允许人们“类聚一定数量的文本，界定它们，将它们与其他文本区别开来，加以对照”。[②] 此一观念恰好可以完美诠释中国传统的“作者”观。

（张健译，原载于《中国文学学报》，2016年12月号）

① Egan, The Burden of Female Talent, p. 35.

② Michel Foucault, “What is an Author,” *Textual Strategies: Perspectives in Post-Structuralist Criticism*, edited by Josue V. Harari (Ithaca, NY: Cornell UniversityPress, 1979), p. 147.

辑三　汉学研究序文、书评、赠诗

序卞东波《中国古典文学研究的新视镜——北美汉学论文选译》

能为卞东波编译的这本《中国古典文学研究的新视镜——北美汉学论文选译》的集子写序，令我甚感欣喜。

前些时候有朋友告诉我，南京大学有位卞东波教授，他把苏源熙（Haun Saussy）的第一本专著 *The Problem of a Chinese Aesthetic*（《中国美学问题》）译成了中文。听到这消息，我不由得发出惊叹。早在 20 多年前我就对苏源熙说过："阅读你这本书是一种持续的探险，因为你的理论知识浩瀚如海，思路也十分艰深细密，不知将来有谁能把这本书成功地译成中文。译你这本书，译者不但要中英文俱佳，还得知识渊博，理解力强，否则，很难用精彩的中文准确传达你那些精深的见解。"

也许正是存在着上述的困难，20 年过去了，苏源熙的书一直没有中译本。现在卞君居然把该书译出（于 2009 年出版），而且听说大陆的读者反应甚佳。我因此感到好奇：卞东波真的把那书译好了吗？

最近，我终于有机会把卞君的中译本《中国美学问题》认真从头阅读了一遍。令人赞赏的是，尽管这是一本理论性很强的书，读起卞君的中译本，我觉得不但语言生动，文笔顺畅，而且原著中很多深奥的理论问题都能明白准确地传达过来，足见卞君在信、达、雅上功夫还是很到家的。

现在，卞东波又编译了这部题为《新视镜》的论文集，真乃可喜可贺。卞君的目的是要译介北美的中国古典文学研究，特别是明清以前文学研究的最新成就。以前出版的汉学研究选集（例如乐黛云教授编选的《北美中国古典研究名家十年文选》，于1996年出版）多偏重收录某些老一代“名家”，卞君这本选集则大量选入了晚辈汉学家见解新锐的论著。虽然卞君的选集中仍收有几位“老当益壮”的汉学家之作品（如宇文所安、艾朗诺和本人的作品），但其重点已经从讨论中西文学本质的“不同”（如“虚构性”“隐喻”的不同）转移到有关文学文化（literary culture）的全面阐释——如抄本文化、注释文化、边缘文化、空间文化、性别文化等。清代作家赵翼曾说：“诗文随世运，无日不趋新。”又曰：“江山代有才人出，各领风骚数百年。”套用赵翼的名句，可以说今日北美的汉学界是“学院代有学人出，各领风骚三十年”了。

一本选集的编订首先基于编者的主观选择，其次也受限于编者所处的客观条件。有不少研究中国古典文学的北美汉学家们都在不断发表“新”的作品，但因为有些汉学家的作品早已有人翻译过——例如康达维（David R. Knechtges）教授的作品已由苏瑞隆先生译出——所以我猜想，卞君的选集也只得割爱。有时，或许因为卞君的时间和精力有限，无法翻译更多的文章，因而也只好给自己做出一个限定的范围。与其他许多选集不同，卞君这本选集只收他自己的译作以及与其他人合译的作品。这样更能体现编译者自己的关注和取向。因为卞君是研究宋代文学的专家，著有《南宋诗选与宋代诗学考论》（2009）和《宋代诗话与诗学文献研究》（2013）等书，所以他的《新视镜》选集就特别精选了不少有关宋朝文学文化的文章。尤其是，此书收有两篇蔡涵墨（Charles Hartman）所写有关苏东坡的文章（同时必须一提的是，这里存在着一个有趣的巧合——卞东波的名字与苏东坡有些相似）。

因为我自己也研究宋代文学，所以自然对这本书有所偏爱。盼望读者在阅读的过程中，也能以同样偏爱的心怀来欣赏卞君所编译的这部选集。

2015年3月10日

写于耶鲁大学

序卞东波编译《中国古典文学与文本的新阐释——海外汉学论文新集》

南京大学文学院卞东波教授是我所见过最好学的年轻学者之一。他对欧美汉学的热情，及其对汉学研究的持续努力，令人感佩。两年前他才出版了一部北美汉学译文集，题为《中国古典文学研究的新视镜——晚近北美汉学论文选译》（安徽教育出版社，2016 年版），现在他又完成了该书的续集:《中国古典文学与文本的新阐释——海外汉学论文新集》。从这部“新集”的书名看来，“文本的新阐释”乃是此书的重点。

其实“文本的新阐释”也是目前欧美汉学的新趋向。一般说来，海外汉学家所处理的文本大多是学者们早已熟悉的材料，但如何能在细读中发现新的含义——就如宇文所安（Stephen Owen）所说的，“在阅读中，我们应当学会注意令人惊奇的东西”（见该书所译宇文所安《桃花源的长官》一文）——那才是真正功力所在。

在此我应当说明一下有关卞东波教授编辑两本汉学论文集的

缘起。当初他之所以开始努力研究北美汉学，而且从事这一方面的翻译工作，乃是受了哈佛大学东亚系宇文所安教授的引导和启发。最近卞东波在一封给我的电子邮件中就很感慨地提起他当时“得益于宇文所安教授两次邀请去哈佛访问”的往事，以及他如何从宇文所安问学，并受他极大影响的学习过程。

宇文所安是我是数十年来的老友，正巧他即将于今年退休，我刚写完一首祝贺他荣休的七言诗，[①]兴奋之余也就发给了卞东波，请他暂时保密（因为该诗要等到哈佛大学为宇文所安召开的退休会上才正式发表，希望给宇文先生一个惊喜）。诗云：

祝贺宇文所安荣休

吐雾吞烟吟剑桥，
唐音北美逞风骚。
痒搔韩杜麻姑爪，
喜配凤鸾弄玉箫。
舌灿李桃四十载，
笔耕英汉万千条。
感君助我修诗史，
恭贺荣休得嬉遨。

可喜的是，此诗已由我的一位耶鲁学生 Yvonne Ye 译成英文：

---

① 有关此诗的写作和翻译，我要特别感谢康正果及 Yvonne Ye 的帮忙。

Congratulating Stephen Owen on a Glorious Retirement

[He] exhales clouds, inhales smoke, chanting poetry in Cambridge

Tang tones [in] North America—literary excellence manifesting

Like Magu soothing irritation, [he turns to] Du Fu and Han Yu

Like Nong Yu playing the flute, [he enjoys] the match of paired phoenixes

Forty years of eloquence scatters students all over the world

A hundred thousand lines seeded by his pen, in English and Chinese

I thank him for collaborating with me on a literary history [of China]

and congratulate him on a glorious retirement, to find joy in his roaming.

Translated by: Yvonne Ye

我以为拙诗的末尾“得嬉遨”（to find joy in his roaming）的概念似乎与卞东波编纂他这部《海外汉学论文新集》的本意不谋而合。我猜想卞东波编纂此续集的目的之一，很大成分是为了向他的合作导师宇文所安致敬，书中不但收录了他 3 篇论文，而且书中的很多作者都是他的弟子（如郑文君、陈威、洪越、胡秋蕾等）。即将荣休之际，看到他的弟子已然成为北美汉学界的中坚，宇文先生的喜悦之情可想而知，这也是孟子所说的“得天下英才而育之”的快乐，相当于我诗中所谓“得嬉遨”的心境。

我也猜想这大概就是为什么卞东波特意（或有意无意之间）在这本续集里收进了宇文所安撰写两篇有关“快乐”的文章：（1）《快乐，拥有，命名：对北宋文化史的反思》，（2）《桃花源的长官》。第一篇文章的译者是卞东波本人，第二篇文章则由卞东波和叶杨曦合译，足见编者卞东波的用心。在《快乐，拥有，命名》那篇文章里，宇文先生讨论欧阳修在《六一居士传》中所表达的欢愉之感（即好读书、好饮酒，加上拥有周围物件的欢愉），同时又把欧阳修那种“拥有”的愉悦与陶渊明《五柳先生传》中所描写的自得其乐做了一番比较。《桃花源的长官》那篇也注重两种不同“快乐”境界的比较——欧阳修的“快乐”总是“附着在世间某种物品、建筑和地点之上”（见欧阳修《丰乐亭记》），而苏轼则宣称“快乐”乃来自其本身（见苏轼《超然台记》）。换言之，对宇文先生来说，欧阳修有如“桃花源”世界的长官，经常有众人聚集在他周围，使他不断享受“与民同乐之乐”。相较之下，苏轼则喜欢自得其乐，并喊他那喜雨亭为“吾亭”。宇文先生这两篇文章可谓活泼而具有生命力，娓娓道出了他数十年来阅读中国古典文学的深刻感受和体会。

重要的是，宇文先生在他的文章里提醒我们有关“文本家族”(family of texts) 的概念——那就是，文本不能被孤立地解读：

> 我们通常孤立地阅读这些文本或将其作为“宋文”的代表，但它们最好被当作一个“文本家族”来理解，这个“文本家族”对于理解其中的单一篇章非常重要。我们知道苏东坡《喜雨亭记》的结尾有点戏谑的意味，但我们需要联想到欧阳

修的《丰乐亭记》，才能完全理解东坡的幽默。有很多纵横交错的“文本家族”。这许许多多的文本背后都有文学上的祖先存在，比如陶渊明……

宇文所安的话正好见证了卞东波这部“文本的新阐释”选集的特点。例如，在田晓菲教授那篇有关《古诗十九首》的文章中，她就通过“文本家族”的分析而意会到《古诗十九首》诗意的不确定性（虽然那组诗歌的语言极有透明性），进而肯定了胡应麟的说法，“意愈浅愈深，词愈近愈远”。同理，胡秋蕾的文章（《解读矛盾的话语——〈汉广〉诠释传统之考察》）通过三家诗对《诗经·周南·汉广》的注释之比较得到了当时女性颇有“优越性”的解读。康达维（David R. Knechtges）通过对应璩其人其诗的研究，对《文选》选集进行了一番批评（因为《文选》只选了一首应璩的《百一诗》，因而使后世人无法得知当时应璩的文学地位），这就是所谓的“选集的缺憾”。陈威（Jack Chen）在他的《闻驴鸣：中国中古时代的友谊、礼仪与社会常规》一文中，更是从《世说》有关曹丕用驴鸣吊王粲的文本一直读到苏轼的“路长人困蹇驴嘶”的用语，因而阐释了“知音”的多种含义。吴妙慧（Meow Hui Goh）则从永明诗歌的新探索说明了有关“知音”概念的转变。裴凝（Benjamin Penny）以细读《神仙传》的方法发现有关葛洪的作者问题，进而从事有关版本的考证。郑文君（Alice W. Cheang）通过《东坡八首》的细读解读了苏轼在黄州的心路历程——那就是从疏离寂寞的心境转向与世无争、乐天知命的自我调适之过程。洪越从细读敦煌的11件离婚文书（9—11世纪）发现当时的离婚与佛教因缘前定的思想息息相关。蔡涵墨 (Charles Hartman) 细读陆游的《中兴圣政考》，仔细分析陆游如何在 1163 年（即金人入侵宋朝领土，宋高宗匆匆禅位，由宋孝宗继位的次年）突然接到修纂高宗《圣政》的诏命后，如何重构高宗形象，又如何建构孝宗新政纲领的经过。陈婧则阅读了无数明代“古诗”总集的副文本（paratext），终于发现了许多有关当时副文本（如序、跋等）如何决定了书籍的接受（reception）等真相。苏源熙（Haun Saussy）以 1935 年梅兰芳（以“中国公主”的戏剧形象）在莫斯科之旅为起点，剖析了现实主义与自然主义等艺术标准的矛盾性，进而阐释了极其复杂的现代主义历史过程，以及所谓“现代性”的多元性。吊诡的是，苏源熙发现：欧洲从前的戏剧传统正是现代中国人“孜孜以求”的，而中国古老的戏曲传统却正是欧洲人现在想要得到的。

值得注意的是，卞东波这部《中国古典文学与文本的新阐释——海外汉学论文新集》所收的作者已经突破《中国古典文学研究的新视镜——晚近北美汉学论文选译》的局限，不但收了美国汉学家的论文，而且还收入了欧洲汉学家［如魏希德（Hilde De Weerdt）教授］、澳大利亚汉学家（如裴凝教授）的大作，某种程度上体现了“海外汉学”的广度。同时，这本论文集充分表现了海外汉学界“文史不分”的跨学科研究方法。除了以上所提到的诸位研究古典文学的汉学家以外，这个选集也收录了数位闻名国际的宋史专家的作品，如蔡涵墨教授、包弼德（Peter Bol）教授及魏希德教授的文章。蔡教授论文的要旨已见前述，魏希德的文章介绍了 1990 至 2006 年之间美国出版的宋代历史学术论著中的两种新趋向：(1）撰写有关地方宗教的风潮（以耶鲁大学韩森教授的《变迁之神——南宋时期的民间信仰》为代表）;（2）研究政治史的新趋势（以戴仁柱的《山下有风：13世纪中国政治和文化危机》和伊沛霞的《宋徽宗与北宋晚期中国：文化政治和政治文化》为代表）。至于包弼德的两篇文章——《王安石与〈周礼〉》《寻求共同基础：女真统治下的汉族士人》——在"补白"的方面尤其起了关键性的作用，因为这两个课题都是从前汉学家们所忽视的。所以在《王安石与〈周礼〉》那篇文章里，包弼德一开头就说道："令人惊讶的是，很少有著述探讨王安石对《周礼》的理解。"在《寻求共同基础》那一篇，他更是提出了十分崭新的观念——那就是女真皇帝之所以提倡文学和大规模的从事书籍和礼乐器物的收集，其实并非为了"汉"化，而是为了渴求"文"化。

我要特别感谢卞东波教授，因为他在这个续集里也收了我的两篇近作。其中一篇《中国文学作者原论》乃由香港中文大学张健教授翻译成中文，在此一并致谢。另一篇文章则是介绍耶鲁大学图书馆中文部主任孟振华先生所编的第一部耶鲁中文古籍目录。因为这部古籍目录正好涉及许多与耶鲁大学的历史和美国早期汉学的兴起有关的资料，所以现在知道卞东波所编的《中国古典文学与文本的新阐释——海外汉学论文新集》也能收录此篇，令我特别感到高兴。

在此我衷心希望国内的读者们也能以充满快乐的心怀来欣赏本书中对各种文本的新阐释。今日匆匆写来，是为序。

（原载于《中国文哲研究通讯》，2018年3月号）

介绍一位新一代的历史学者

李纪祥教授告诉我，他的大作《时间、历史、叙事》一书将有再版。[①] 我有机会把这本书介绍给读者，感到十分荣幸。

我第一次遇见纪祥是2000年的一个8月天，地点在台北南港“中央研究院”的咖啡厅。那次我专门到台湾去开国际汉学会议，想顺便认识一些新朋友，所以熊秉真教授特地把纪祥请来——那天老朋友王德威教授和王瑷玲博士等人也在场。记得，我们每个人都叫了一杯冰咖啡，就天南地北地聊起来了。我正巧坐在纪祥的身旁，就开门见山地问道：

“李教授，你平常除了教书以外，还有什么嗜好？”

“啊，”他微笑道，似乎对这个问题很感兴趣，“我的嗜好就是咖啡和写作……”

他的回答顿时令我感到惊奇，因为我知道他是一个专攻历史

① 李纪祥教授，现任“中国历史学会”会长、佛光大学人文学院院长；李教授毕业于中国文化大学史学系并获东海大学历史所硕士、中国文化大学史学所博士。为国学大师钱穆先生最后指导之博士生。

的杰出学者；在我印象中，一般的历史学者都不会如此回答。然而，也正因为他这个不寻常的答复，引起了我的好奇心。我发现，他的文学功力很深，颇有“文人”的气质。在短短的两个钟头之内，我们从明末才子陈子龙谈到吴梅村，再从清朝的文人袁枚谈到龚自珍。我们同时也互相交换了个人读书和写作的心得和计划，觉得许久以来已经没碰过这样有“趣”的学者了。

纪祥的“趣味”使我想起了晚明文人所提倡的风气——那是一种“才”和“趣”融合在一起的非功利的人生品味。张潮就曾在他的《幽梦影》一书中说过：“才必兼乎趣而始化。”意思是说，一个人的才华一定要兼有率真的“趣味”才能达到“化”的高境界。

另一方面，我发现，纪祥对咖啡和写作的爱好几近于“痴”。我告诉他，这样的偏好也很有晚明的特质，因为当时的文人相信，唯其有“痴”，一个人才有性情。张岱曾说：“人无癖不可与交，以其无深情也。”其实，那个“癖”字也是“痴”的意思。因此，我提醒纪祥，他既然对写作有那么大的兴趣，就必须努力坚持下去。有很多人以为研究历史就不能从事写作，但我认为那是错误的想法。能用生动的笔调把历史再现出来，并能写得引人入胜，才是高明的历史家，我特别举出我的耶鲁同事史景迁（Jonathan Spence）作为范例。

不久之后，我和纪祥成了笔友，也随时交换写作的成果。第二年春天，我们又一同在加州斯坦福大学开过一次学术会议。散会后几天，我就接到了他的来信：

会议结束后，一个人在旧金山又留了三天，天天喝咖啡，看来往行人，写行远笔记；街边也喝，阳光下更是不能少，晃到海边，遥遥对着恶魔岛、天使岛，也不能不喝；喝了就可思可想可念，懒洋洋的笔下，随着年纪，天空的蓝也多层次起来……望着天使岛，竟不知不觉想起您文章中已表出的华人华工华史，中间已是多少映照……

后来，纪祥转往佛光大学执教，在学术上进了另一个阶段。接着，他又来了一封信：

今纪祥已至宜兰，小朝在山，心可以远，意可以收，可以望海，可以依山，可以细思量……于是知人之生命经历，皆是文章笔下自返而原心之运动……

这些年来，我发现纪祥是我所认识的新一代历史学者中比较富有文人气息的人。我特别欣赏他把学问和生命融合在一起的态度。他曾说：“无论是哪一门学问，如果与自家不贴切，也终是枉然。”“唯有生命的‘跃出’自己，才能‘呈示’自己，才能在大化与时间的迁逝之流中，继续领略文字与书写。”此外，他在信中时常谈到历史形上学，也谈到亚里士多德的“诗学”；不但有议论，而且字里行间总是充满了诗意。我特别喜欢他这种富有“诗意”的人生观——对他来说，诗即人生，人生即诗。但他绝不是一个把自己关在象牙塔里的人，他广泛涉猎，充满了好奇；而且对于所读到的新理论和形象思维，总是设法用自己的语言再现出来。他有关这一方面的想法，有时流露在学术文章里头，有时流露在信件中。作为一个文学研究者，我一向精读海德格尔、保罗·利科、托多罗夫、福柯、伽达默尔、哈贝马斯等人的作品，总觉得这些理论大师的声音有如磁铁一般地吸引着我。现在看见新一代的历史学者李纪祥居然能用一种富有诗意的语言把这些理论和生命衔接在一起，怎么不令我感到兴奋呢？

在纪祥着手撰写《时间、历史、叙事》这本书的那段期间，我有幸先看过其中的几章，因而特别感到欣慰。我认为，他书中的章节，不管是内涵或形式都相当突出，为历史的“书写”写下了一个重要的里程碑。其中，他一个最大的成就就是把“历史叙述”和“文学叙述”的关联做出了深刻的探讨，此外还把传统意义上所谓史实之“真、假”进行了令人十分信服的“解构”。记得当初刚接到《赵氏孤儿的“史”与“剧”》那一章时，我就衷心佩服纪祥的功力，觉得那是重新检视“历史”定义的一篇难得的佳作。这篇文章主要在讨论历史上“赵氏孤儿”的故事之演变，全篇写得十分生动而有趣。原来，根据《左传》的记载，这个故事本来只是有关赵氏家族由于私通乱离而产生的流血事件。一直到太史公司马迁的笔下，该主题才渐渐涉及赵氏孤儿的复仇故事。但最后真正把焦点变成“赵氏孤儿”而又开始关注女性角色赵庄姬者，却是元代的剧作家纪君祥。可以说，“赵氏孤儿”的故事后来之所以在中国民间占有如此重要的位置，实与纪君祥的《赵氏孤儿》剧本不断被搬上舞台一事息息相关（请注意，这里存在着一个有趣的巧合——李纪祥的名字与元代剧作家纪君祥颇为相似）。重要的是，纪祥在此利用了“赵氏孤儿”的故事演变来说明历史“真相”的无法捕捉——事实上，任何叙述都是一种更动，一种新的解释。即使作为第一个“文本”,《左传》并不一定比《史记》来得更接近历史真相。所以，其关键“并不是史实真假的问题，而是本事与新编的对待”。换言之，既然历史都是由人一再叙述出来的，它已经无所谓真假了，历史本来就充满了某种“诗性”。

我认为纪祥的书中所处理的主题就是今日西方文学批评界里最为关切的“representation”（再现）和“performance”（演述）的问题。本来，“再现”和“演述”既然都涉及语言的叙述，它们就无可避免地会产生歧义和“漏洞”（gap）。据著名文学批评家W. J. T. 米切尔（W. J. T. Mitchell）所说，这种“漏洞”其实说穿了就是所谓的“文学”。

在这里，我必须强调的是：纪祥一直所希望做到的，就是把这种充满“漏洞”的文学叙述性推广到历史的研究领域中。而这也就是他撰写这本《时间、历史、叙事》的主要目的。有趣的是，这本书的缘起涉及作者个人的一种“困惑”，一种对历史研究本身的困惑。于是，他就把书写本书的经验形容为一个“惑史的心路之旅”，他希望他的书能终究“贯穿其间之‘惑’，撑开来说其所惑之世界”。

纪祥以“不惑”之年而能进行他的“惑史”之旅，也算是性情中人了。盼望读者在阅读本书的过程中，也能以充满情趣的心怀欣赏本书中的言外之旨。

2006年10月26日

写于耶鲁大学

介绍一部有关袁枚的汉学巨作

——施吉瑞《随园：袁枚的生平、文学思想与诗歌创作》

袁枚是一个令人瞩目的文学主体。作为一位生活轨迹几乎贯穿了整个18世纪的文人，他拥有惊人的创作力：他创作了多达数百卷的文学作品，其中包括律诗、古体诗、诗话、散文，乃至鬼故事等多种体裁。即使花上很多年，我们也未必能读完他的全部作品。幸运的是，袁枚的文风相当明白晓畅，而且他的很多作品中体现了一些我们当下仍然关心的问题。也许正因如此，阿瑟·韦利（Authur Waley）的那本《袁枚：18世纪的中国诗人》虽然篇幅不长且内容简略，但直到今日仍在西方读者中激起一种特殊的共鸣。[①]

施吉瑞（J. D. Schmidt）关于袁枚的新著，则与韦利那本简明扼要的著作截然不同。它的篇幅很长（共758页），在内容上则无

① 阿瑟·韦利《袁枚：18世纪的中国诗人》，伦敦：乔治·艾伦和昂温有限公司，1956年初版；斯坦福：斯坦福大学出版社，1970年再版。

所不包。除此之外，虽然一些普通读者可能会认为这部书颇具新鲜感乃至挑战性，但它的主要受众是学者型读者。施吉瑞是不列颠哥伦比亚大学的中国文学教授，他对袁枚的诗歌有着深刻而全面的了解。不仅如此，他还几乎将所有相关资料都收集殆尽，这也是一项前无古人的工作。因此，在阅读施吉瑞的这本著作时，我们可以知道袁枚究竟是怎样一个人。正如施吉瑞所说，袁枚生活在一个“以政治稳定、社会普遍繁荣为特征”的时代（第 429 页），袁枚历经了康熙、雍正和乾隆这 3 位皇帝的统治，而这几十年，正是清朝最为重要的一段时期。[①]

从某种角度来讲，施吉瑞的这本书让人联想到詹姆斯·鲍斯威尔（James Boswell，1740—1795）的《约翰逊传》，因为他对袁枚的一生似乎具有一种无所不知的掌握。总体来说，他对细节的详尽描述和事无巨细、无所不包的写作原则，都令人联想到鲍斯威尔的写作方法。然而，在本书，尤其是第一部分，即袁枚传记章节中，施吉瑞那种按年代先后记录袁枚生平事迹的方式，又与中国古代所常见的年谱极其相似。在我看来，这种形式虽然比较传统，却是重新审视袁枚一生的最佳管道。它将这位诗人置于时代大背景之下，为我们提供了新的思考角度。于是，我们得以了解袁枚的经历：1739 年，24 岁的袁枚在考中进士后不久，与妻子王氏成婚；1743 年，他纳陶姬为妾，陶姬日后生下一个女儿，并在此后不久便不幸离世；1748 年，他在小仓山附近买了一处园子，命名

---

① 袁枚出生于 1716 年，其时康熙在位。雍正皇帝于 1724 年即位时，袁枚年方 8 岁。而在乾隆元年（1736），袁枚恰巧年满 20。乾隆在其统治的第 61 年（1795）逊位，这时袁枚虚岁 80。袁枚去世于 1798 年，当时的皇帝是嘉庆，但乾隆仍以太上皇的身份掌控着朝廷大政。袁枚的生活时代与乾隆皇帝（1711—1799）相差无几。

为“随园”；1751年，乾隆皇帝南巡至苏州，袁枚向他呈上一组诗歌；1753年，袁枚辞官归随园，并立誓不再仕宦；1759年，袁枚极具才华的胞妹袁机去世，他写了一系列诗文哀悼她，其中包括著名的《哭三妹五十韵》；1762年，乾隆皇帝再下江南，袁枚于淮上接驾；1765年，袁枚在南京郊外的一艘船上庆祝了他的50岁生日。但是，在此之后不久，不幸便接二连三地降临在这个家庭：首先，深得袁机钟爱的外甥陆建去世，随后，袁枚的两个女儿也相继离世。1767年，在当时尚较为年轻的诗人蒋士铨的协助下，袁枚开始编纂自己的诗集。1772年，被视为袁枚一生挚爱的宠妾方聪娘去世，对这位诗人来说，这几乎是压断骆驼背的最后一根稻草（不过，在随后的几年中，袁枚又纳了其他4位妾室）。1784年，袁枚游历九江一带，在此谒靖节先生祠，作诗赞颂陶渊明。1790年，袁枚完成了他的不朽著作《随园诗话》，并为自己写了一首很长的挽诗，这可能同样是因追慕陶潜而作。1795年，袁枚17岁的儿子阿迟娶苕溪沈氏为妻，沈氏能诗，这使得年已80的袁枚感慨道："岂吾家诗事，将来不传于儿，要传儿妇耶？"（第120页）。1796年，他继续为自己编纂诗集，此时集子里的诗作已经多达4480余首。不久之后，袁枚患病，并于1798年离世，享年82岁。他随即被葬于位于小仓山的家族墓地中。

如此看来，这种逐年纪事的关键在于，袁枚所做的每件事都具有相当重要的意义。虽然从本质来讲，这种手段可以被称为“中国传统方法”，而在当今的西方读者眼里，这也许是有点老套过时的。然而，考虑到袁枚漫长的一生和丰富的经历，施吉瑞所做的彻底搜罗材料的工作是非常重要的，因为只有这样，才能为重读袁枚的作品打下基础。

在本书的第二部分，施吉瑞详细论述了袁枚的文学理论和文学创作。可以想见，袁枚的诗话是这一部分所讨论的主要问题，不过，书中同样涉及袁枚以续写司空图《二十四诗品》为目的而作的《续诗品》和仿照元好问《论诗绝句》而作的一系列《论诗绝句》。[①] 袁枚最为人所熟知的文学理论是其“性灵说”。长久以来，研究者一直认为所谓“性灵”，指的是不受拘束，自然地表达真情实感，而施吉瑞却指出，这种观点是存在误解的。施吉瑞有力地挑战了这个存在已久的观点，而我认为，他最大的贡献，正在于他提出了一个新的观点，强调了袁枚对修辞手段的重视。实际上，虽然袁枚提倡自然清新、平易流畅的诗歌语言，但他其实相当重视诗人对诗歌创作技巧的培养，并提出遣词造句对于诗歌创作至关重要：“诗宜朴不宜巧，然必须大巧之朴；诗宜淡不宜浓，然必须浓后之淡。”[②] 可见，对袁枚来说，所谓的“朴”只是运用必要修辞手段所达到的效果，而这些手段则与修订文本的艺术密切相关。就这一问题，施吉瑞引用了《漫斋语录》中那句著名的“诗用意要精深，下语要平淡”（第 211 页）。需要附带说明的是，《漫斋语录》的作者至今不详，不过大部分研究者认为这部著作成于宋代，最

---

① 过去人们，包括袁枚，都认为《二十四诗品》是晚唐的司空图所作。但近年来有不少学者提出，作者不是司空图，或许是明代人怀悦；但张健曾发表论文，考证《二十四诗品》非明人所作，其产生当在元代，作者可能是虞集，待考。请参见张健的两篇论文：《〈诗家一指〉的产生年代与作者——兼论〈二十四诗品〉的作者问题》，载《北京大学学报》1995 年 9 月，第 5 期，第 33—44 页；《从怀悦编集本看〈诗家一指〉的版本流传与篡改》，载《中国诗学》第 5 辑，南京：南京大学出版社，1997 年版，第 31—40 页。

② 袁枚《随园诗话》卷 5，第 43 条，见王英志编《袁枚全集》，南京：江苏古籍出版社，册 3，第 145 页。

先引用其内容的是宋代文学批评家何汶的《竹庄诗话》。[①]

那么，为什么当代学者往往过分强调袁枚的性灵说，却忽视他的文学理论中对诗歌遣词、形式乃至修辞等问题的关注呢？在施吉瑞看来，原因大概在于这种“自然地流露性情”的观点看起来“与他们受西方影响的浪漫主义观点一致”（第227页）。然而，我却认为，这更可能是因为当今的读者往往将袁枚的“性灵说”与晚明诗人袁宏道的“性灵说”混为一谈，而正像施吉瑞在书中已准确指出的那样，袁宏道对诗歌技巧是不甚措意的。这个理由同样可以解释为何人们往往错误地认为袁枚不重视学养。实际上，袁枚始终认为，学问对诗人来说是必不可少的，一位完美的诗人，必须要饱读儒家经典、历代史书，以及先人的诗作（第175页）。在18世纪，中国的很多文学批评家只关注前代诗歌，而袁枚与他们不同，他更着意于当时的诗歌，并不认为它们劣于前代。同时，他也反对囿于派别偏见，而认为作为诗人，应该熟悉各个不同体裁和派别的诗歌（第244—245页）。因此，我同意施吉瑞的主要观点，很明显，很多研究者没有整体把握袁枚的文学思想，而是夸大了其中关于“性灵”的部分。不过，我也希望施吉瑞可以参考一些目前中国学者们的研究成果，例如严迪昌、王建生及张健等学者的著作，他们都重新审视了袁枚的性灵说，并提出了一些有趣的观点。[②]

---

① 何汶《竹庄诗话》册1，北京：中华书局，1984年版，第1页。

② 严迪昌《清诗话》，台北：五南图书出版公司，1998年版，册2，第711—793页；王建生《袁枚的文学批评》，桃园：圣环图书股份有限公司，2000年版；张健《清代诗学研究》，北京：北京大学出版社，1999年版，第726—781页（按，此处的张健为北京大学原中文系教授，现香港中文大学教授，并非台湾大学中文系张健教授）。

在诗歌创作方面，袁枚对于多种体裁和题材都非常擅长。因此，施吉瑞将袁枚的诗作分为6类，即：普通体裁的诗作、说教诗、叙事诗、怪异诗、政治诗，以及咏史诗。不得不承认，我曾认为这一分类甚为牵强。因为这6种类别，并不是基于同一个标准而划分出的。例如，叙事诗所对应的是一种文学类别（与其相对的应为抒情诗等），而“说教诗”之名所针对的则是诗歌的主题。然而，在对施吉瑞这一分类所特有的系统性逐渐熟悉之后，我便开始欣赏其中多层面的含义。我觉得怪异诗这一类作品尤为有趣。所谓“怪异”，并不是仅仅指这些诗的形式独特，也是因为其内容中的一些奇特的意象。一个典型的例子是袁枚在苏州虎丘见到一个巨大的死鱼头，因而所作的《虎丘悬一鱼头，长三丈，询其被获情节，为作巨鱼歌》一诗，诗中写道“巨鱼骑浪游人间，意欲来吞一城去”云云（第479页）。另一首题材罕见的怪异诗《草鞋岭观仙蜕，手按之，头尚摇动》所描写的则是一个去世已久却肉身尚在，仍旧“魁踽坐”的“仙人”。这首诗的末尾写到了这具“仙蜕”如木乃伊一般的头颅：“仙虽不言如解语，风吹颈动摇头颅。”（第480页）

袁枚的另一类诗作，称得上感人至深，但是却往往被当代研究者所忽视，那就是他早期创作的一些关于家庭生活的叙事诗。他在33岁那年创作的《归家即事》就是一个很好的例子。诗中写道：“阿母留儿子，一日如千场。……人生天地间，哀歌殊未央！”（第570—571页）

袁枚具有一种准确把握其所处时代精神的能力，而这一能力最明显的表现就是他被称为“政治诗”的诗作。这一类作品中很大一部分都与当时的文字狱事件有关。施吉瑞分析了袁枚的一首五言绝句体政治诗《避暑》，这首诗中“红日”的意象巧妙地影射了乾隆皇帝：“避暑无他法，安身有秘方。只离红日远，自觉碧天凉。”（第 371 页）袁枚的这种远离皇帝的能力，使得他的命运与沈德潜大相径庭：沈德潜原本是乾隆皇帝最为敬重的诗坛耄宿，但最终却被削夺了所有官职、封号以及死后的赠官与谥号。而与沈德潜不同，袁枚几乎得以从政治危险中全身而退。人们也许会认为，袁枚正值盛年便辞官归隐随园之举，为他提供了必要的保护。然而，在当时的时代环境中，即使是隐居在野者，有时也难逃文祸——徐述夔的悲惨经历正可证明这一点（第 370 页）。由此看来，袁枚也许只是分外幸运，因为他其实并非从始至终都谨小慎微。例如，袁枚的朋友齐周南因被牵连进齐周华的文字狱而遭清廷处死，而在 1782 年，袁枚竟然敢于为他编纂文集并撰写碑文，且在碑文中描述了齐周南所遭受的不公正待遇，这本可能会为袁枚带来极大的麻烦（第 369 页）。更有甚者，正如施吉瑞所指出的那样，当袁枚以 70 余岁的高龄撰写《随园诗话》时，他已经“不惮于赞扬那些因抵抗满族统治者而殒命的文人”（第 381 页）。

施吉瑞书中最为有趣的章节，是附录中名为“随园之行”的一部分。在这一章中，施吉瑞假托王管家之名，带领读者在袁枚的这座著名的私家园林中进行了一次虚拟之旅。虽然也许会有人质疑说，这次旅行的具体内容主要来源于蒋敦复的《随园轶事》，[①] 但最终赋予它壮美睿智之感的，却无疑是施吉瑞（这个旅行只可

① 蒋敦复《随园轶事》为王燕志编《袁枚全集》附录 4，见《袁枚全集》册 8，第 1—99 页。

能在虚拟中进行。正如施吉瑞已经在书的前文中所提到的，在1853年左右的太平天国起义中，随园就已基本上被夷为平地。袁枚及其家人的墓地直至20世纪60年代仍存，但在“文革”中不幸被毁）。施吉瑞的博学多闻给人留下很深印象，而他对袁枚那种包罗万象的生活方式的喜好则成为这一次虚拟旅行的主要特点。在完成了这次旅行之后，读者们将永远不会忘记小仓山房里所陈放的几张方丈高镜，以陶潜的名句命名的“悠然见南山阁”，以及用来陈列全国各地的名士诗人所赠的数千首诗的“诗城”。

施吉瑞这部著作的内容已经非常详尽完备，想要对这样一本书吹毛求疵，无疑是很困难的。不过，如果我有幸可以为未来的修订版提出一二浅见的话，我建议作者首先在袁枚与其女弟子的关系这一问题上增补一些材料。袁枚在后半生中将女诗人金逸视为他的“十一知己”之一（见袁枚《后知己诗》[①]），这便是一个具有代表性的例证。甚至可以说，在其生命的最后几年中，与女弟子的诗歌唱和往来成为袁枚日常生活的一个重要内容。尤为值得注意的是，在1796年，也就是袁枚80岁这一年，他为他的女弟子们所编纂的诗集《随园女弟子诗选》最终完成，而他也一直为这一工作倍感骄傲。

另一个值得关注的问题，是在袁枚诗作中频繁出现的“病”这一主题。袁枚经常会对他的病进行描绘，频繁得仿佛他一直在缠绵病榻。而对他的诗歌创作来说，病的症状通常是一种不同寻常的诱因。疾病似乎为这位诗人提供了重要的心理空间，我们可

① 袁枚《小仓山房诗集》卷37，见《袁枚全集》册1，第925页。

以从《姑苏卧病》《病中谢薛一瓢》《病中不能看书，唯读〈小仓山房诗集〉而已》等一系列作品中看出这一点。而在另一首卧病诗《病中赠内》中，袁枚表达出了一种微妙的愧疚感，而愧疚的原因可能是他与众多女子的韵事。[①]总之，在病中作诗，似乎是袁枚反省自身的一种方式。

另一个值得重视的问题是袁枚的科举考试经历。施吉瑞在书中已经论及这一点，但我认为有必要针对它进行更为透彻的进一步研究。正像施吉瑞所写到的那样，袁枚在1735年参加博学鸿词科预考，考试内容是以《春雪十二韵》为题创作诗歌。而在第二年的博学鸿词科考试中，虽然这门考试旨在考察应试者的诗歌创作能力，袁枚却不幸落第。在1739年，袁枚终于通过朝考，登进士第（第12—15页）。确实，上文所概述的这段经历对于熟悉清代科举制度史的专家来说已经足够清楚，但是对于在中国文学这一学科刚刚入门的学习者来说，却容易造成困惑。有一些第二手材料［例如商衍鎏的著作和本杰明·艾尔曼（Benjamin Elman）的论文］曾经提到，在1757年乾隆皇帝重新恢复试帖诗这一考试项目之前的近700年岁月里，诗歌都被摒除在中国科举考试的内容之外。[②]看过这些材料的初学者会尤为感到困惑：在18世纪30年代，诗歌尚未被恢复为科举考试内容，为什么袁枚却参加了以诗歌创作为试题的考试呢？我希望施吉瑞能够借本书的契机，对袁枚参

---

① 王建生《袁枚的文学批评》，第77页。

② 商衍鎏《清代科举考试述录》，北京：生活·读书·新知三联书店，1958年版。我要在此感谢余英时教授和我讨论本书中的重要观点。此外，又见本杰明·艾尔曼《诗歌与古典主义：乾隆朝科举考试中的诗歌复古风潮》，发表于2003年5月1至4日在耶鲁大学召开的“传统中国的诗歌思想与阐释学：一个跨文化的角度”学术研讨会。

加这一系列考试的时代背景进行更为详细的论证，并提供更为充分的原始材料。

事实上，袁枚在 18 世纪 30 年代参加的这几门考试，都是非常特殊的，参加这几门考试的文人学者，无不是经过官员提名和精挑细选。因此，它们不能与普通的科举考试混为一谈。博学鸿词科的竞争尤为激烈，其科目中包括诗歌创作，且诗歌的题目和用韵都经严格规定。其实，纵观整个清朝，这一门特殊的考试只是在皇帝的特别授意下举行过两次，分别在 1679 年和 1736 年。袁枚得以参加 1736 年的博学鸿词科考试，可谓是生逢其时。根据他自己的记载，袁枚于 1735 年在杭州参加了预考，并且通过了考试，因此有幸被提名参加第二年在北京举行的博学鸿词科试。[①] 1736 年考试的诗题是“山鸡舞镜”，而袁枚最终名落孙山。[②]在 1739 年，他通过朝考，得以登进士第。所谓“朝考”，也是由清政府举行的一种特殊的科举考试。[③] 这门考试同样包括特殊的诗歌创作科目，这一年的诗题是“因风想玉珂”。由于一些考官认为袁枚的作品失于华丽放浪，“语涉不庄”，他在这一次考试中又险些落第。[④]不过，正如施吉瑞在书中所提到的，一位名为尹继善的满族官员成为袁枚的救星。

我非常能够理解，施吉瑞为何不愿用过多笔墨详论清代考试制度。这本书的主题毕竟是袁枚其人、其文学思想，及其文学创作。总体来说，施吉瑞的这本著作内容非常详尽，且具有非常强

① 《随园诗话》卷 14，第 29 条。见《袁枚全集》册 3，第 459 页。
② 《随园诗话》卷 5，第 73 条。见《袁枚全集》册 3，第 157 页。
③ 在此，我要感谢中山大学的吴承学教授启发我注意到“朝考”的特殊含义。
④ 叶衍兰、叶恭绰《清代学者像传》册 1，上海：上海书店出版社，2001 年版，第 166 页。

的说服力。而他对袁枚诗歌的翻译也可谓兼具信达雅。我真心希望，在当今的汉学研究领域中，能够涌现出更多像本书一样具有很高学术价值的研究著作。

［金溪译，原文为：Kang-i Sun Chang, Review on "Harmony Garden, The Life, Literary Criticism, and Poetry of Yuan Mei (1716-1798) by J. D. Schmidt", *Harvard Journal of Asiatic Studies*（《哈佛亚洲研究学报》）。译文曾刊载于北京大学国际汉学家研修基地主办的《国际汉学研究通讯》第 4 期，2011 年 12 月］

评吴妙慧《声色大开：永明时代（483—493）的诗歌与宫廷文人文化》

永明时代（483—493）是中国古代历史上最辉煌，然而也是极受误解的时代。可惜的是，文学史家长久以来一直忽视永明诗人，而他们可谓中国宫廷文人文化在一个重要节点上的主角，亦是一种全新诗学的先驱。如今，我们记得他们，主要因为他们在“声律”技巧上的实验，然而他们在创新声律时更重要的文化意义则非常遗憾地被忘却了。人们好奇：何以在文学接受史中会有这样的差距？在《声色大开》这本书中，吴妙慧教授解释了这种现象：“很显然，我们无法亲闻永明时代诗人们曾听到的‘四声’或其他韵节”，“永明诗歌的感觉世界并不是以一种自然的方式呈现给现代读者，或经学传统中的古代批评家感知的”。此书也解决了一个问题，即为何永明文化现在“消解于抽象概念中，只在一些‘无声的文本’（mute texts）中留下一丝痕迹”。

吴教授这本书为我们成功揭示了，在南朝前半期那种特别的宫廷文人文化氛围中，永明诗学成了一种感受“声色”的新方式。

在此语境中，“声”意味着人们具有敏感的听觉，而“色”则指敏锐的观察能力。根据吴教授的看法，这种“新”的“声色”诗学是对当时剧烈的社会政治结构转型的回应，甚至直到今天其冲击力还是决定性的。实际上，阅读这本书的愉悦之一就是，学习如何打开我们的耳目去了解永明时代“新”的感受方式，因为它对我们理解长期被遗忘的宫廷文人文化非常关键。这样，吴教授大作的真正意义不在于为我们重现了一段尘封已久及误解多多的历史时刻，而在于将中国中古时期的众多“无声的文本”变得“声色大开”。

吴教授在她的大作中，多次强调她的灵感主要来自佛教思想，因为永明时期的中国宫廷文人文化浸润佛教甚深。当然，吴教授并不是提出“四声”受到佛教影响的第一人，海外汉学家如梅维恒（Victor Mair）与梅祖麟教授数年前已经找到中国的诗律学的梵文来源。[①]不过，吴教授主要关注的不是诗律创造上的特别之处，而更多的是“佛教的观照方式”如何在个体的诗人感知世界时发挥作用。要言之，吴教授观察到，像沈约（441—513）、王融（467—493）、谢朓（464—499）等宫廷诗人以及当时的藩王（他们正好都是虔诚的佛教徒）在佛教唱呗[②]（以及佛教成实宗）的影响下，积

---

① 译者注：参见梅维恒（Victor H. Mair）、梅祖麟（Tsu-Lin Mei）《近体诗学的梵文来源》（The Sanskrit Origins of Recent Style Prosody），*Harvard Journal of Asiatic Studies*，第51卷第2期（1991），第375—470页。中文版可参王继红译本，载张西平主编《国际汉学》第16辑，郑州：大象出版社，2007年版。

② 早在1934年，中国学者陈寅恪就指出了“四声”之创制就是受到佛教唱呗方式的直接影响。但最近中国大陆的学者开始质疑这个观点，他们认为“四声”受到的佛教影响实际上来自佛经翻译的程序，而非佛教的唱呗。他们指出，“四声”之创制也受到建康（今南京）当地吴语的极大启发。参见王小盾、金溪《经呗新声与永明时期的诗歌变革》，《文学遗产》2007年第6期，第25—38页。

极从事“转读”，从而从传统的“对诗歌形式与技巧的轻蔑态度中”跳脱出来。这些诗人非常敏感地从最细微之处感知声音，以至于他们都重新定义了“知音”的概念（“知音”，原来指“懂音乐的人”，现在开始指“真正知道声音”的人）。吴教授援引了许多永明诗人诗歌中的例子来说明，在这种反思声音与形式的氛围中，如何产生一种在诗歌中表现感知力的新方法。最能说明问题的例子是沈约的“声诗”（典型的“知音”），使用了一连串诸如 m、n、ny、ng 这样的鼻音来表现猿的哭声。①

感受声音的同时，永明诗人观察事物的方式也受到佛教观的影响——即所观之物一直处于变动不居的状态中。换言之，这些宫廷诗人们相信，所见之物不是永恒的，因为任何所见之物只属于这个特殊的“时刻”，自然也随这一刻而逝。② 非常有意思的是，吴教授将这种佛教观比作“用慢镜头播放的电影”。另一个引人注意之处是吴教授对谢朓《纪功曹中园》一诗的解读，诗人写道：“永志能两忘，即赏谢丘壑。”③ 吴教授将“两忘”解释为佛教的“空”（sunyata，即一种绝对而完全的空无状态），在“空”的状态中，诗人谢朓在这样的“一瞬”中，既看到了丘壑，同时也是丘壑的一部分。在佛教盛行的时代，这种诗歌确实显现了人们感知方式与

① 吴妙慧（Meow Hui Goh）《声色大开：永明时代（483—493）的诗歌与宫廷文人文化》[*Sound and Sight:Poetry and Courtier Culture in the Yongming Era(483-493)*，斯坦福：斯坦福大学出版社，2010 年版]，第 31 页。

② 亦参见田晓菲关于佛教观念“念”的分析，这个术语也许可以译为“思绪的演进”（a succession of thought-instants）：田晓菲《烽火与流星：萧梁王朝（502—557）的文学与文化》[*Beacon Fire and Shooting Star: The Literary Culture of the Liang (502-557)*，剑桥：哈佛大学亚洲中心，2007 年版]。吴教授关于“念”的评论，见《声色大开》，第 20 页。

③ 参见吴妙慧《声色大开：永明时代（483—493）的诗歌与宫廷文人文化》，第 70 页。

佛教观之间的密切关系。

但并不是吴教授书中所有的例子都同样具有说服力。正因为佛教在当时代表了宫廷文人文化中的一种新力量，所以这并不意味着诗人所写的任何一个字都必须有佛教的意涵。譬如，吴教授从谢朓的另一首诗中看到“空”的观念，就因为这首诗中的一句出现了“空”这个字：“戏鲔乘空移。”[①]确实汉语中的“空”字经常在佛教诗中是 sunyata 的意思，但这首诗中的“空”字更可能形容的是景物的一部分。总之，这个例子向我们提出一个貌似简单实则非常难以回答的问题：我们能将佛教的影响推多远？以及我们怎么知道我们的阐释过度了？

同时，还有一些对佛教思想解读不到位的例子。通观全书，吴教授多次提到早期山水诗创作大家谢灵运（385—433），并将其与年轻一辈的永明诗人比较。总体而言，吴教授令人信服地指出，永明诗人关于“念”的佛教观念迥异于谢灵运“庄子式”的“道”的观念（如《声色大开》第107页所揭示的）。但奇怪的是，吴教授讲到谢灵运时，一次都没有提到谢氏受到佛教之影响，特别是顿悟说的影响。谢灵运是最早研究梵文与汉语语音、韵律等方面比较的中国佛教学者之一。他也曾协助润色佛经译文。实际上，关于“四声”说引用最多的文献就出自沈约所撰的《宋书·谢灵运传论》。很显然，在声律创新上，谢灵运与永明诗人之间应有其延续性。我们期待，吴教授至少也要讨论一下永明诗人的佛教观在哪些方面是有别于谢灵运的。如果能做到这一点，吴教授的这本

---

① 参见吴妙慧《声色大开：永明时代（483—493）的诗歌与宫廷文人文化》，第114页。

书就接近于完美了。总而言之，吴教授致力于为我们呈现对过去历史的新理解，而且她也成功地做到了这一点。

［卞东波译，原载于《东方经济与社会史学刊》(*The Journal of the Economic and Social History of the Orient*)，2013年第56卷，第312—314页］

评艾朗诺《才女的累赘：词人李清照及其接受史》

艾朗诺关于中国最伟大的女词人李清照的新著无疑是一部杰作。本书在各个方面显著扩展了我们关于这个课题的知识。近年来，李清照又成为中国学术界关注的热点，出版了众多研究著作，如陈祖美的《李清照新传》（北京：北京出版社，2001）、诸葛忆兵的《李清照与赵明诚》（北京：中华书局，2004）及邓红梅的《李清照新传》（上海：上海古籍出版社，2005）。但这些著作都没有采用艾朗诺的研究方法，我坚信艾朗诺是在所有语种中，如此彻底而细致研究李清照的第一人。本书在专题研究和宏观论述上都取得了可喜的成绩。

首先，本书对李清照进行了全新的解读，从而将改变我们对女性词人的传统解读。艾朗诺向我们揭示了这位独特的女词人是如何致力于在她的作品中刻录她的经历的，要知道当时的贵族女性只被教习读书认字，而不被鼓励写作。最重要的是，艾朗诺极具洞察力地将李清照的《金石录·后序》（这是李清照为她的丈夫赵明诚所收集的金石铭文题跋集所写的后记）解读为，李清照在短暂改嫁与离婚之后的“重塑自我”，以及“重申自己的作家身份”（第 191 页）。李清照离婚之后，是她作为作家一生中最多产的岁月，这也是艾朗诺为学术界新揭示出来的重要事实。这种新的解读必然改变我们对李清照的认知。中国学者过去习惯性地认为，李清照在她晚年过着漂泊无定的生活，但艾朗诺的研究告诉我们，暮年的李清照在社交场上很活跃，与一些名流接触频繁，甚至还与皇室有联系。

艾朗诺援引大量文献，展示了李清照的形象是如何在中国宋代以降被建构和改造的。他认为，将李清照的文学表达（特别是词）等同于诗人的生平资料，这种惯常的研究理路大有问题。他指出，这种“自传式解读”的最难通之处就是批评家自我推理的循环阐释。更糟糕的是，李清照的文集在后世散佚严重，这也使得阐释变得问题重重。不过，拜艾朗诺精细的研究之赐，我们终于对中国历代所编的词集中收录的李清照写的词（或归于其名下的词）有了概观的了解。在处理作者问题时，艾朗诺常常对讨论的对象提供充分的证据——包括正反两方面的资料。譬如，书中讨论了一些所谓的“调情词”，不少这类词被归到李清照的名下，艾朗诺在评论这种署名如何折射晚明的文学趣味时说：“恰恰因为明清时期产生了一种新的女性形象和偶像，女性受到推崇不仅仅是因为美貌，而更因为才华……李清照就是古代女性诗人中的标志性人物。”（第 360 页）而且，明代的夫妻交流，如黄峨与其夫杨慎之间的互动，可能也鼓励了当时的选家认为类似的词是李清照所写的，这些所谓李清照的词“被想象为写给她丈夫赵明诚的”（第 362 页，顺便说，黄峨的名字在第 362 页被误植为“黄娥”）。另一方面，正如艾朗诺所言，如果我们认为李清照“是对词特别讲究的人”，注重词体“声律的使用”和“风格的多样”，那么她自己也不是“没有可能”写这种词的（第 364 页）。

通观全书，艾朗诺认为，性别建构的观念是解读李清照的关键因素。艾朗诺主要关注的是，李清照作为女性词人如何在男性文学世界取得一席之地的。他特别指出，李清照的词学名篇《词论》不但表达了女性词人奋力克服性别偏见，这也是充满抱负的李清照一直遭遇到的；而且也是为了“她的作品能够赢得某些文学品味和文学成就裁断者的认可”（第 75 页）。这种解读完全不同于传统对李清照《词论》的解读。

每一位中国古典文学的研究者都应该读一下本书，因为本书向读者传递了互文性与重读经典的神奇力量。

［卞东波译，本文原载于《亚洲研究学报》（JAS），第 73 卷第 4 期（2014）］

评艾朗诺《欧阳修（1007—1072）的文学作品》

在中国历史上，欧阳修是最杰出的作家之一，同时也是一位文学上的多面手。他是一位伟大的儒家政治家、历史学家、经学家以及诗人。他在生活与文学中极其成功地扮演了多种角色，这使他得以成为中国传统文化中最出类拔萃者之一。不过，正如刘子健所说的，欧阳修“在某些方面被低估了”，因为“他在不同的领域内都有杰出的成就”，所以学者们无法“展示他的全人”。[1]

如果欧阳修作为“全人”的形象最终被西方读者知晓，这很大程度上要归功于艾朗诺教授这部博学而思深的大作。本书是由一位汉学家、一位一流文学研究者奉献给学界的，旨在将欧阳修这个人（极其活跃于他的文学中）与他的时代更广阔的语境联系起来加以论述。艾朗诺同时描绘了欧阳修生命的各个方面——他的事功、政治、文学、灵感的来源，以此来展示，他理解的“全人”

---

① 刘子健（James T. C. Liu）《欧阳修：11 世纪的新儒家》（*Ou-yang Hsiu: An Eleventh-century Neo-Confucianist*），斯坦福：斯坦福大学出版社，1967 年版，第 173 页。

的形象应该怎么样被重建起来。

本书主要关注于4种文体——文、诗、赋和词，借此4种文体，欧阳修奠定了他在文学史上的地位。这种看似简单的研究方法实际上是经过深思熟虑的，他的想法是，应该试图理解这位具有“独特个性”（single personality）的天才，尽管他作品的文体非常多元，但他的独特个性一定能在他所有作品中被他人强烈感知。因此，作者在本书的导论中说：“每种文体作品之间都有其相关性，我希望这种想法能够渐渐在下面的各章中得到展开，我将会依次讨论每一种文体。”[①]采用了这种分体研究的方法，艾朗诺才能系统而极具洞见地解释了：北宋初年那场极其重要的文学革新与改良是如何发生的？为何欧阳修的贡献值得我们特别关注？他革新文学的资源来自何处？在他各种各样的著作中，我们要找寻何种特质？在多大程度上，我们能将他的文学成就与当时的社会与政治背景联系起来？本书最终表明，分体研究确实解释了欧阳修的一切——在生活和创作上，欧阳修都为自己设定最严格也最高远的理想。事实上，具有多方面天资及成就的欧阳修打破了威廉·萨默塞特·毛姆（W. Somerset Maugham）的著名论断：“中人之资，臻于至善。”（Only a mediocre person is always at his best.）

这本书把我们带到中国的11世纪初，华丽而晦涩的骈文（当时称为“时文”）占据着当时文坛，同时也是科举必考的文体。这种不良的文体鼓励举子强调文辞的华美，而不惜牺牲掉文章的内容，时文变得非常流行，并且决定着所有举子的命运。意识到这

① 艾朗诺（Ronald C. Egan）《欧阳修（1007—1072）的文学作品》[*The Literary Works of Ou-yang Hsiu(1007-1072)*]，剑桥：剑桥大学出版社，1984年版，第2页。

一点后，欧阳修和他的一些朋友开始想办法向这种流行的骈文宣战。欧阳修对抗时文的方法就是搬出长期被遗忘的“古文”。唐代文章大家韩愈（768—824）曾力推古文，这种文体要求用平实的言词来表达个人的思想。欧阳修曾描述，他在做穷学生时，第一次发现韩愈文集时的经历：

> 予少家汉东，汉东僻陋无学者，吾家又贫无藏书。州南有大姓李氏者，其子尧辅颇好学。予为儿童时，多游其家。见其敝筐贮故书在壁间，发而视之，得唐《昌黎先生文集》六卷……读之，见其言深厚而雄博……是时天下学者，杨、刘之作，号为“时文”，能者取科第，擅名声，以夸荣当世，未尝有道韩文者。予亦方举进士，以礼部诗赋为事……徒时时独念于予心，以谓方从进士干禄以养亲。苟得禄矣，当尽力于斯文，以偿其素志。[①]

欧阳修期望将古文作为当时的标准文体，这一理想终于在嘉祐二年（1057）戏剧性地实现了。当时，他任权知贡举，主持当年的科举考试。他黜落了写作时文的举子，或写某种险怪文体（这种文体当时被称为“太学体”）的考生。欧阳修不顾这些落第举子的激烈抗议。他的大胆举措终于扭转了北宋文坛的潮流，使得此后古文成为中国大部分时间占统治地位的表达形式。

当然，艾朗诺并不是第一个研究欧阳修在嘉祐二年（1057）科

① 参见艾朗诺《欧阳修（1007—1072）的文学作品》，第 14 页。译者按：原文见欧阳修《欧阳文忠公集》卷 73《记旧本韩文后》。

考中起关键性作用的学者。[①] 不过，他是第一个揭示如此多细节的学者。艾朗诺讨论了古文家欧阳修的文学理论是如何与他的实际行动联系起来的，如他的文学理论也反映在他主持的科举政策中。[②]

一种流传甚广但却错误的印象认为，欧阳修养成了一种接近于韩愈的文风。与此相反，艾朗诺令人信服地指出，两位作者的风格实际上大异其趣。尽管欧阳修奉韩愈为学习的榜样，但他肯定不会对这位唐代的古文大师亦步亦趋。故而他给王安石（1021—1068）的建议是："孟韩文虽高，不必似之也。"[③] 总之，欧阳修的散文在表意时，其语气是个人化的、抒情性的和高密度的，也与表达日常的感情相一致——与韩愈形式化的以及夸张的文风颇不一致。

艾朗诺讨论了"墓志铭"这种文类，墓志铭占了欧阳修文集很大的一部分，令人印象特别深刻。他解释了欧阳修为他的朋友所写的墓志铭为何如此大地偏离常见的祭文传统，以及为何这类作品对欧阳修也有特殊的自传性价值。值得注意的是，欧阳修经常将他自己融入所写逝者性格的文句中。比较一下欧阳修与韩愈分别为他们的挚友梅尧臣、孟郊所写的墓志铭，就可以明显看出这两位大师在风格上的差异——欧阳修在语调上力图表现出个人化和轻松的倾向；而韩愈的语言在修辞上更加"高雅"。[④] 这种可感

---

① 亦见刘子健《欧阳修：11 世纪的新儒家》，第 150—151 页。

② 陈幼石（Chén Yu-shih）更关注欧阳修古文的理论面向，参见其《欧阳修的文学理论与实践》，载于李又安（Adele Austin Rickett）编《中国文学理论：从孔子到梁启超》（*Chinese Approaches to Literature from Confucius to Liang Chǐ-Chao*），普林斯顿：普林斯顿大学出版社，1978 年版，第 67—96 页。

③ 参见艾朗诺《欧阳修（1007—1072）的文学作品》，第 20 页。译者按：原文见曾巩《元丰类稿》卷 16《与王介甫第一书》。

④ 艾朗诺《欧阳修（1007—1072）的文学作品》，第 62—63 页。

的文风比较，对中国文学的学习者来说特别有帮助。

初看关于欧阳修“诗”那一章似乎没有本书其他章节具有原创性。我之所以肯定我的第一印象，部分因为之前吉川幸次郎似乎都已经讨论过艾朗诺在书中引发我们关注的一些关键性论题了。[①]但更重要的是，这可能是最难写的一章。首先，诗歌在唐代被认为是高雅地表达内心情感的基本形式，但到宋初突然变得平常和普通，正如我们在欧阳修800首诗歌中可以看到的。许多传统和现代的学者都喜欢唐诗的抒情风格，因此就有意低估有点“散漫的”（discursive）宋诗的诗学价值。艾朗诺是否对这种偏见不以为然，我不得而知。但他称欧阳修的诗“是他多种文学遗产中最令人印象不深的”，[②]这一论断并不能说服我。

艾朗诺认为欧阳修诗歌相对不重要可能并非完全不准确。因为欧阳修自己也声称“诗于文章一浮尘”。[③]像中国大多数君子对他们的朋友那样，欧阳修曾谦虚地说，他的友人梅尧臣在写诗上超过他。不过，几乎所有标准的中国文学史都认为欧阳修的诗是这个时代最好的诗之一。[④]许多传统的学者赞扬欧阳修是中国文学史上少有的巨匠之一，他在文与诗上都是第一流的，可称得上“双美”。[⑤]现代学者钱锺书相信，就诗歌语言的使用而言，欧阳修在

---

① 吉川幸次郎《宋诗概说》，伯顿·华岑（Burton Watson）译，剑桥：哈佛大学出版社，1967年版。

② 艾朗诺《欧阳修（1007—1072）的文学作品》，第81页。

③ 参见艾朗诺《欧阳修（1007—1072）的文学作品》，第81页。译者按：原文见欧阳修《欧阳文忠公集》卷4《酬学诗僧惟晤》。

④ 刘子健《欧阳修：11世纪的新儒家》，第132页。

⑤ 江正诚《欧阳修的生平及其文学》（3册，台湾大学博士论文，1978年）册2，第372页。

诗歌上的成就高于梅尧臣。[①]

但实际上，艾朗诺对欧阳修诗歌有着细致而深刻的研究，准确地肯定了欧阳修对中国诗歌独特而重要的贡献。正如他在这一章中令人信服地揭示的，欧阳修新的诗歌风格（在后世被称为“宋调”）的意义应该等同于他在推动古文上的意义。有意识地建立这种新诗风就是为了纠正当时流行的“西昆体”（相当于古文中的时文）。艾朗诺别出心裁地称这些新体诗歌为“古文诗”（“ku-wen” verse），因为它看起来具有古文的许多特质，其中最主要的就是使用直白的语言，描写日常的感情。然而，它也不是真正的古文，也有别于高贵典雅的唐诗，它只是一种新的诗体。[②]

艾朗诺真正的贡献在于，他将欧阳修平和而快乐的诗风与理学思想联系起来。他相信，欧阳修决意“节制写一些哀伤的诗”，就是受到理学要求诗人修养自我心性的直接影响。[③]这个观点为吉川幸次郎的理论增加了一个新的维度，吉川氏认为欧阳修的诗歌风格只是对唐诗哀愁之音，以及“笼罩汉至六朝诗歌之悲哀”的回应。[④]艾朗诺认为，欧阳修在革新诗歌时，考虑更多的是道德与哲学的面向，而非美学的：“欧阳修关心的是，人们在受到压力时是如何表现自我的……悟道的人应该乐天平和，因为他的内心修养让他能够超越世俗的障碍……”[⑤]

---

① 钱锺书《宋诗选注》第2版，北京：人民文学出版社，1979年版，第27页。

② 徐复观《宋诗特征试论》，《中华文化复兴月刊》第11卷第10期（1978年），第27—40页。

③ 艾朗诺《欧阳修（1007—1072）的文学作品》，第95页。

④ 吉川幸次郎《宋诗概说》，第64页。

⑤ 艾朗诺《欧阳修（1007—1072）的文学作品》，第94—95页。

这种新的解释，阐明了欧阳修作为诗人与作为普通人的不同关切——道德与艺术的关切应该是分离的。我们在读完这一章后，发现本章也解释了，为何深藏在文本之后的，诗人的生活与性格叠加在一起的形象会如此明晰起来。

“赋”的那章有点短——仅有 9 页，但他比较恰当地反映了欧阳修赋作在抒情上的自发性。正如本章结尾的部分所写的：“[欧阳修] 用赋这种文体以其自身的方式抓住激烈而又转眼即逝的瞬间。”艾朗诺解释欧阳修赋作的抒情声音时说：“这是他在非正规古文（informal prose）领域革新的余响。”[①] 虽然这一章比较简短，但部分吸引人之处就在于艾朗诺高质量的翻译。正如下面引用的《鸣蝉赋》段落显示的，原赋中大段的铺陈与抒情的强度非常优美地传递到了英文翻译之中：

I sang a single note impossible to name
And embodied the natural harmony of the five pitches.
“I do not know what creature it could be.”
“It is called cicada.”
Cicada, are you not he who
Takes his body from others and metamorphoses?...
Delights in pure seclusion on tall luxuriant trees?
Drinks in the wind and dew and discards his worldly form?...

① 艾朗诺《欧阳修（1007—1072）的文学作品》，第 124 页。

Yet soon the time for transformation comes:

The creature lie silent, singing no more.

Alas!

The enlightened scholar treats as equal

The myriad things of the world.

But man among them

Holds a unique place of honor...

He sings of his adversity and sorrow,

Or he nobly proclaims grand ambitions.

Man dies together with other creatures

But his song echoes for a hundred generations...

（吾不知其何物，其名曰蝉。岂非因物造形能变化者邪？……嘉木茂树喜清阴者邪？呼吸风露能尸解者邪？……忽时变以物改，咸漠然而无声。呜呼！达士所齐，万物一类。人于其间，所以为贵……或吟哦其穷愁，或发扬其志意。虽共尽于万物，乃长鸣于百世。）

如果这一章有什么问题的话，我认为，艾朗诺可能试图有意夸大欧阳修赋作中抒情声音的原创性。他说，“赋向来是高度铺陈且非个人化的”，[①]所以欧阳修赋中的个人声音在打破传统赋学程序上显得令人瞩目。这个观点不能说完全不对，因为汉赋以及唐代的律赋确实是“铺陈”至极且“非个人化的”。不过，也应该注意

① 艾朗诺《欧阳修（1007—1072）的文学作品》，第 123 页。

到从东汉末年开始流行的抒情小赋变得愈来愈重要，在六朝时期，其依旧是一种重要的自我表达形式，我们可以从曹植、陶潜、向秀以及鲍照的赋中看到这一点。[①]

我相信，欧阳修在作赋时，一定会奉陶潜（365—427）为圭臬。这一点可以欧阳修评陶潜之语为佐证：[②]

> 晋无文章，惟陶渊明《归去来兮》一篇而已。

认为陶潜的《归去来兮辞》是晋代（265—420）唯一的文章，当然是一种夸张的说法。然而，这也表明欧阳修对陶潜在赋体文学创作上所达到高度的认可。所以，认定正是陶潜赋中的抒情特质抓住了欧阳修的想象力，并不是空穴来风。正如海陶玮（James Hightower）所言，陶潜“擅于利用传统的体裁作为表达个人独特感情的媒介，他以此取得的成就值得高度赞扬”。特别是在《归去来兮辞》中，陶潜创造了一个综合体，“其中有些地方表现了现世的愉悦，死亡只是另一种自然而发的表现形式”。[③]事实上，我们可以发现陶潜的声音在欧阳修《鸣蝉赋》与《秋声赋》中的回荡。[④]

---

① 伯顿·华岑译《中国律赋：汉代到六朝赋体形式的诗歌》（*Chinese Rhyme-Prose: Poems in the Fu Form from the Han and Six Dynasties Periods*），纽约：哥伦比亚大学出版社，1971 年版，第 52—109 页。

② 见尤侗的引用和评论，载于《读〈东坡志林〉》，《昭代丛书》本，12.13a。译者按：此语原为苏轼转述欧阳修之语，最早见南宋胡仔所编的《苕溪渔隐丛话》前集卷 18。

③ 海陶玮（James Robert Hightower）《陶潜的赋》（The Fu of Táo Chién），载于毕晓普（John L. Bishop）所编《中国文学研究》（*Studies in Chinese Literature*），剑桥：哈佛大学出版社，1976 年版，第 105 页。

④ 艾朗诺《欧阳修（1007—1072）的文学作品》，第 125—129 页。

这里要提出的问题是：陶潜对欧阳修的影响是否也能扩展到其他文体上？我认为是可以的。欧阳修著名的古文《六一居士传》正是一个很好的例证。[①]欧阳修自称“六一居士”，因为他知道如何去享受他的六件所有之物：藏书、金石遗文、琴、棋局、酒，还有他自己。这很容易让我们想到陶潜，他说酒与（无弦）琴给他带来了生活中的至乐。在一篇早年的文章《归田录·序》中，欧阳修流露出陶渊明式的人生态度。[②]

但陶潜对欧阳修的影响可能在诗歌方面更明显。“平淡”的特质是欧阳修与梅尧臣诗学的核心，与陶潜的诗风直接相关。与这两位宋代诗人一样，陶潜也选择以一种简单直白的方式写诗，而与当时流行的雕饰而精致的诗风不同。因此，正如齐皎瀚（Jonathan Chaves）指出的，“特别引人注目的是，梅尧臣两次将陶潜与他自己平淡的诗学理想联系在一起”。[③]比较奇怪的是，艾朗诺在他的书中一次都没有提到陶潜。

让我觉得真正精彩的是本书的最后一章，讨论的是欧阳修的词。正是在这一章中，艾朗诺表现得像一位极好的“文学侦探”（literary detective）。他的研究令人瞩目地改变了我们心目中欧阳修作为词人的形象，而且他的发明之功也是值得信赖的。

关于欧阳修词学研究最困扰学界的是他颇有争议的66首词，这些词都用大胆而直白的语言写艳情。早期的词选家和词学家都相信这些词是伪作，是由一些满腹怨恨的举子写的，他们在嘉祐

---

① 艾朗诺《欧阳修（1007—1072）的文学作品》，第223页。

② 同①，第222页。

③ 齐皎瀚（Jonathan Chaves），《梅尧臣与宋初诗歌的发展》（*Mei Yao-chén and the Development of Early Sung Poetry*），纽约：哥伦比亚大学出版社，1976年版，第105页。

二年（1057）的进士考试中被欧阳修黜落，写这些词就是为了败坏欧阳修的名誉。直到20世纪，才有人指控这些词是伪作，但并没有拿出确实的证据。[①]

谁是对的？为了回答这个重要的问题，艾朗诺开始做起真正的“文学侦探”：他阐明了这些有争议的词写作时可能的文学与政治环境，并根据作者的生平和著作，厘清了这些词的意义和重要性。他的一些观点不可否认是推论性的，但非常具有说服力，很难被推翻。在我来看，他的结论是到目前为止最令人满意的。

根据艾朗诺的观点，真实的情况是：欧阳修确实写了66首词中的大部分，但有些词，如《醉蓬莱》是伪作。他考证的线索来自宋代笔记《湘山野录》中的一则旁证史料，而迄今很多词学研究者都忽视了这条资料。从这条有价值的文献入手，艾朗诺察悉了以下细节：欧阳修的朋友、《湘山野录》的作者文莹曾抱怨“憸人”编造了“淫艳数曲”，并嫁名于欧阳修，而文莹自己在1049—1054年间在都城时就听到有人唱这些伪造的词作了，但20年间“不能为之力辨”。

这是线索，而非答案。对于其整体的意义，应该从一个更深的层次来解释。文莹在京城听到的“淫艳数曲”是什么？这些词有多少？是谁又为何编造了这些词？

下面就是关于伪造问题最有启发意义的答案：其与1045年的一桩公案有关，在此案中，欧阳修是某丑闻的攻击目标，他被控

---

① 刘若愚（James J. Y. Liu）《北宋（公元960—1126年）的主要词家》（*Major Lyricists of the Northern Sung: A. D. 960-1126*），普林斯顿：普林斯顿大学出版社，1974年版，第48页。

告与其张姓外甥女有不正当的关系。这种指控据信是他的政敌释放出来的，但只有在欧阳修的名誉受损之后，欧阳修才最终洗刷了这项指控。根据这条资料，艾朗诺得出结论："如果文莹（欧阳修的朋友）1050 年左右在都城听到这些词（欧阳修 1046 年离京，直到 1054 年才返回），那么最有可能是的，之后有人编造这些词来证明 1045 年欧阳修与张姓外甥女有染的指控。"[①] 因此，他相信这些伪造的，又损害了欧阳修名誉的词，必然包含一些描写男子迷恋年轻女色的字句。他又证明了只有《醉蓬莱》一词符合这个判断——这首特别的词恰好是唯一一首可以被更早的没有争议的史料证明是伪作的词，尽管理由是错误的。还有其他两首词尚有争议，似乎也可以归到这类中。不过，事实证明欧阳修确实填了这 66 首有争议词中的绝大部分。

这些受质疑的词原本收录于欧阳修词的全集《平山集》及《六一词》。然而，后世的词选家，如曾慥和罗泌在编选他们的词选、词集时，[②] 有意选一些更高雅的词，而排除了通俗的艳词，它们被认为有损于欧阳修作为受尊敬的及正直的儒家政治家的形象。因为这个原因，许多真的出自欧阳修之手的艳词连同这些伪作被混在了一起，并被当作伪作。

但真正的问题不是著作权的问题，而是关系到欧阳修词风格总体评价的问题。文学史家关于欧词的主流意见是欧阳修和晏殊这两位宋初词家的词有相似的风格特征——如他们都用意象化的语

① 艾朗诺《欧阳修（1007—1072）的文学作品》，第 169 页。

② 注意：艾朗诺原书第 193 页有一处笔误。曾慥所编的词选《乐府雅词》编于 1146 年，而非 1046 年。

言、含蓄的抒情和典雅的措词。现在，艾朗诺新的发现将改变这一切：它证明了欧阳修的词风很广，也写了一些通俗的小词，其典型风格是直率的抒情和对艳情的直白表达。这种风格被士大夫目为鄙俗。

澄清这些观点花费了数百年时间。好处在于，有了这些新的发现，我们对欧阳修并没有什么负面的看法。事实上，他的声誉还会继续上扬，变成一位更加传奇的人物——一个摆脱虚饰的真正的诗人形象，一个多才多艺的完美象征。艾朗诺的刻画已经非常切近这位复杂的文化巨人的真实形象了，这是极值得称赞的。

［卞东波译，原载于《哈佛亚洲研究学报》（*Harvard Journal of Asiatic Studies*），第 46 卷第 1 期，1986 年，第 273—283 页］

评李惠仪《明清之际文学中的女性与国族创伤》

李惠仪教授这部里程碑式的大著向我们讲述了中国明清易代之际的记忆，并且这些记忆至今依旧鲜活。在经过不断地创造与改编之后，明清之际这悲情时代涌现出来的人物故事，特别是女性故事，“持续地被重塑以适应不同时代的需要和禁忌”。① 关于这本书的写作目的，李教授希望阐明“在探究具有挑战性甚或有时比较悲惨的经验时，性别修辞（gender tropes）为何可以发生作用，以及如何发生作用的”，它们又是如何推动作者“去记忆和遗忘，去想象抗争和屈服，去争取自我的认同和建立社会的联系”的。②

性别的视角肯定加强了本书学理上的意义，但李教授这本书最与众不同之处实际来源于她所利用的另一种学术资源——中国诗学的解释传统。对她书中所引用的每首诗，李教授都极其详尽地

① 李惠仪（Wai-yee Li）《明清之际文学中的女性与国族创伤》（*Women and National Trauma in Late Imperial Chinese Literature*，剑桥：哈佛大学亚洲中心，2014 年），第 203 页。

② 同①，第 580 页。

解释了诗中的历史典故，以及可能的主题出处，这让我们想起陈寅恪先生百科全书式的巨著《柳如是别传》。尽管李教授说她的研究方法不同于陈寅恪先生的，因为她的研究方法在处理文学与历史之间关系时“完全更流动和更开放”——但她讨论书中的作品时援引了大量的原始史料，不管熟悉不熟悉陈寅恪先生的路子，给我们的感觉依旧是，她属于陈寅恪的解释传统。并且，李教授大著讨论的文类跨度极大，包括诗、词、曲（杂剧和传奇）、文言小说、白话短篇小说、长篇小说、说唱文学、回忆录、笔记、方志、传记等等——这与陈寅恪先生竭泽而渔式的研究范式非常相似。

可以这样说，李教授的大著不仅是性别研究之作，而且是一部博学之作。在此书中，对于这个时代复杂而迷人的主题，李教授采用了一种极具雄心和思想深度的研究方法。近年来，在中国研究中，明清时代的女性研究成为一个重要的课题。然而，最近涉及这个课题的专著鲜少采用与李教授相同的方法。李教授前所未有地大量运用了第一手原始资料，结合了文化与美学的分析方法，精心英译数百首明清诗歌，同时细致入微地对文献进行解读。

她没有采用时下通行的学术写作程序，即贯穿全书有一个基本论点，而是在各个章节中呈现了一系列不同的表述，这反而给读者一个机会，去反思明清易代之际有关女性问题的复杂性。要之，本书的展开并不是建立在某种观点的一以贯之的线性延展上，而是章节间的有机联系之上。作者时常提醒我们注意隐藏在文本背后的东西，如诗人“未明言的志向、隐晦的典故、隐藏的政治压力”。[①]我认为，读者一定能从这类著作中得到很多有益的启发，因为它让我们可以注意到：人们是如何运用文学作品作为窥探传统（以及现代）中国各个面向的窗口的，以及人们在改造他们记忆中的过去时，是如何有意识地融合历史与文学的。读者也时常可以在各章中看到各种“界线流动”（unstable boundaries）的实例——例如，英雄与受难者之间界线总是模糊和流动的。我相信，李惠仪这本大著最杰出的部分就是讨论这种“界线流动”的章节。在我心中，第五章、第六章是这本书令人印象最深的两章。第五章《受难与主体性》（*Victimhood and Agency*）讨论的是，在明清易代之时，很多女性被掳掠到北方的诗歌和故事。据说当时有很多题壁诗出自这些受难的女子之手，哀叹她们悲惨的命运。其中一首是宋蕙湘（可能是南明弘光小朝廷中的宫女）所写，她的诗也引发了无数同情她的读者唱和其诗，其中包括著名女诗人王端淑（1621—约1685）。有趣的是，宋蕙湘等人的诗歌被赋予了很多的政治意蕴，以至于晚清时的民族主义者称赞这些贞妇为政治上的英雄。特别是秋瑾（1875—1907）亦视宋蕙湘为英雄，“她的精神将引领中华女儿走出蒙昧与消极”。[②]第六章《判定与追怀》（Judgment and Nostalgia）中，我们又看到另一个更富戏剧性的有关“界线流动”的例子。陈圆圆原来在历史上被认为是导致明王朝灭亡的红颜祸水，但最终在近现代文学中，她变成了一个“受害者、目击者、忏悔者，政治上有先见之明的人和宗教上的超脱之人，英雄以及

① 李惠仪《明清之际文学中的女性与国族创伤》，第580页。

② 同①，第478页。

潜在的复仇者”。[①] 最值得注意的是，在一些晚清民族主义者的作品中，她则完全以前明遗民的形象出现；而在 20 世纪 30 年代的中日战争中，她又被赞为伟大的民族英雄。当然，陈圆圆这种形象的转变，是 17 世纪明清易代以来所形成的历史与文学记载累积的结果。然而，正如李惠仪所阐释的，陈圆圆之所以能够脱离红颜祸水的命运，最主要的原因在于吴伟业（1609—1672）为陈圆圆所写的最著名的文学作品《圆圆曲》“回避了所有针对陈圆圆的指控，而将严厉的批评全部指向吴三桂”。[②] 换句话说，正是吴伟业第一个将陈圆圆刻画为偶然的历史变乱的受害者，而那次历史事件无意中使得陈圆圆成为“红颜祸水”。[③] 正如李惠仪向我们展示的，很多类似的记载、重写的文本、重复的文本以及（不同角度的）判断贯穿于整个明清以及近现代文学之中。到目前为止，李教授在第六章（也是全书最末一章）中的结论，是我寓目的关于历史评判之流动性最具洞见的看法之一：

> ……所有这些形象都排斥简单化的判断——相反它们以不同的方式补充、表达某种需要，以此来尊崇大明或哀悼大明的覆亡，指出假定的历史角色与个体境遇之间的鸿沟，去想象在另一种备选的历史中“可能会发生什么”……[④]

实际上，李教授这本大著所收的故事常常需要读者深入思考。

---

① 李惠仪《明清之际文学中的女性与国族创伤》，第 578 页。

② 同①，第 561 页。

③ 同①，第 563 页。

④ 同①，第 578 页。

在许多例子中，故事本身就能说明问题；但大多数例子中，最扣动我们心弦的则是李教授引人入胜的分析。

如果说我对这本书有什么批评的话，就是对第一章《以女辞作男音》（Male Voices Appropriating Feminine Diction）有点意见。这一章讲的是男性诗人吴兆骞（1631—1684）如何借用女性的角色写了一系列诗歌（并且在这些作品之上署了不同的女子之名），然后他又将这些诗题于壁上——其中一组诗包含一百首绝句，假装这些诗是明清易代战争中一些被掳掠女子命运的诗歌纪实。当时，吴兆骞的题壁诗所引发的各式各样读者的反应也别有启发。吴兆骞借女性的声音作为面具，想象他自己作为一个流放者的命运（后来不幸一语成谶），这件事也非常有意思。李惠仪当然很聪明地利用了吴兆骞生命中这段插曲来展开她大著的首章。不过，如果第五章（这一章讲了无数被掳掠妇人的轶事，她们在壁上题诗以纪实，作为表现她们受难经历的方式）立即接到吴兆骞插曲的后面，可能效果会更好，因为这可以更好地服务于全书设定的基调。毕竟，“性别交错”（“gender crossing”，本书的重要话题之一）意味着跨越性别的界线——例如，男性用女性的声音来写自己，以及女性在写作中采用男性的模式。第五章举出了众多烈女以经典的男性诗人屈原（他被认为是为尽忠而死）为其样板的例子，这可见于谈迁（1594—1657）所序的《辰州杜烈女诗》中。第五章也描绘了诸如黄周星（1611—1680）这样的男性诗人也将这些女性比作屈原，他写了很多有趣的文字来应和这些烈女诗人——尽管没有证据证明这些女性是真实存在的。[①]完全可能是黄周星根据他自己后来的命运，用诗歌唱和的方式来表达他对这些受难女子的认同。无论如何，第五章的内容可以使第一章的内容更完善。

可惜的是，现在第一章的后半部分相较而言显得有点逊色。首先，不值得在这本书中用这么多的篇幅——总共 63 页，对一本书而言也已经显得太多了——重复我们已经习以为常的观念，即中国男性作家程序化地使用“香草美人”作为政治讽谕。某些读者读到这一章可能早就有预感知道要说什么了，因为（基于这一章的特性）一些反复出现的观念在其他更早的研究著作中已经被讨论过了。更糟的是，一些见多识广的读者可能看到书中这部分时就已感到厌倦了。最好的方式就是把这一部分直接从第一章中拿掉，然后将这一部分的主要观点整合到其他有关女性章节必要的部分中去，这样至少可以强化关于性别话题的比较视角。毕竟，这本书是关于“女性与国族创伤”的，比较有策略的做法是，在这本书的一开始就以女性的故事为主。

另外，李惠仪在第一章使用的“feminine diction”这一术语可能也会误导一些读者。一般说来，“feminine diction”与中文术语“婉约”的意思略同——“婉约”这个词我从前曾译作“delicate restraint”，与此对应的是“豪放”（heroic abandon）。[②]当然，方便起见，使用术语“feminine”也没有太大的问题。然而，“feminine diction”一词实指文体上的特性，而不是性别上的

① 李惠仪《明清之际文学中的女性与国族创伤》，第 414—425 页。

② 参见拙作《晚唐迄北宋词体演进与词人风格》（*The Evolution of Chinese Tzú Poetry: from late Táng to Northern Sung*），普林斯顿：普林斯顿大学出版社，1980 年版。

指称。甚至最伟大的女词人李清照（1084—约1155）也充分认识到作为一种阴性风格的“婉约”最早是由男性创造出来的（尽管她严厉地批评他们），她绝不会认为“婉约”是女性专有的书写风格。这样看来，区分“阴性气质”（femininity）与“女性特征”（femaleness）还是很重要的（事实上，在西方文学中，这种区分亦很重要[①]）。中国诗歌中的“阴性气质”是一种美学特质，是指一种精致优雅以及感情纤弱的风格，男性词人写的大多数词都是这种风格。但是到后来，一些女性诗人对所谓的“阴性气质”也拿捏得很好。譬如，李清照著名的《词论》主要讨论的是美学标准：就像男性歌唱家李八郎（李衮）在唐朝比任何女性歌唱家都要杰出一样，她李清照作为词人所填之词在协律和文雅（即理想的婉约词特质）方面都是极好的，也优于男性词人。换言之，李清照争取的是风格上的纯粹性，而不是性别上的优越性。

然而，李惠仪大著的开头部分或许会误导一些读者。首先在《导论》中，李惠仪特别强调了“性别交错”的重要性：“本书一开始就应该探讨性别与边界之间的关系，这是很合适的。”同时，第一章的标题《以女辞作男音》也很容易让读者误以为该章讲的是“性别交错”，但其实更多指的是这一章的后半部分（关于男性作家发出的婉约之音）。如上所述，“婉约”之音指的是一种阴性的文体风格，并不指“性别交错”。相较之下，在该章的前半部，吴兆骞用“女性声音”写他的题壁诗——尽管没有特别用“婉约”的

---

① 参见卡米拉·帕格利亚（Camille Paglia）《性别代言：从奈费尔提蒂到艾米丽·狄金森的艺术与颓废》（*Sexual Personae: Art and Decadence from Nefertiti to Emily Dickinson*），纽黑文：耶鲁大学出版社，1990年版。

风格，却是“性别交错”的一个极好范例。因此，我建议最好是将第五章相关内容（基本关于女性和性别交错的内容）与第一章吴兆骞的部分整合在一起。

尽管我对第一章持保留意见，但李惠仪认为明清易代之际，男性喜欢“男子作闺音”，而女性在同一时代则更喜欢直爽地发出富有英雄气概的声音，这样的总体观点，我也基本赞同。实际上，本书中大部分章节都极其吸引人。李惠仪既是一位扎实的学者，也是一位杰出的作家：她知道如何设置场景，如何吸引读者的眼球。

考虑到此书的篇幅长达 638 页，我发现的错误并不多，这很值得称赞。大部分错误主要是中文转写时的笔误，如：页 ix，“王英志”误作“王志英”；第 504 页，“卞壼”（Bian Kun）误作“卞壶”（Bian Hu）；第 586 页“李丰楙”误作“李丰懋”；第 589 页，《南明史》作者“顾诚”误作“顾城”；第 597 页的“凌蒙初”误作“凌梦初”；第 601 页的“钱锺书”误作了“钱钟书”；第 602 页的“唐圭璋”误作了“唐圭章”；第 634 页，“吴芳华”条的《逆旅题壁》误作了《逆旅体壁》；第 634 页，“吴伟业”条的《琴河感旧》误作了《琴河感就》；第 635 页，“徐灿”误作了“徐粲”。这些小的笔误对于这本故事讲得很漂亮的书来说，当然是瑕不掩瑜，不足称道的。

［卞东波译，本文摘录原载《哈佛亚洲研究学报》（*Harvard Journal of Asiatic Studies*），第 75 卷第 1 期，2015 年］

《剑桥中国文学史》中译本前言

《剑桥中国文学史》的中译本简体字版即将出版。首先，我们要感谢各位作者的努力，同时必须感谢几位细致严谨的翻译者：刘倩、李芳、王国军、唐卫萍、唐巧美、赵颖之、彭怀栋、康正果、张辉、张健、熊璐、陈恺俊。他们的译文大都经过了作者本人的审核校订。此外，对于两位在百忙中还努力坚持自译的作者——李惠仪和奚密，我们也要献上谢忱。当然，还要感谢北京三联书店，是他们的精心筹划使得本书得以顺利在中国大陆出版。

必须说明的是，当初英文版《剑桥中国文学史》的编撰和写作是完全针对西方读者的。因此，其书写的角度和目前国内学者所采用的方法有所不同。而且，我们请来的这些作者也都是同时接受东西方传统教育的人，所以很自然就会用不同的观点来写，跟中国传统的观点也有相异之处。以下，我希望能把原来《剑桥中国文学史》的主要出版构想和原则简单介绍给中国读者。

《剑桥中国文学史》（*The Cambridge History of Chinese Literature*）的最初构想是由英国剑桥大学出版社（CUP）文学部主编琳

达·布里（Linda Bree）于2003年底直接向我和哈佛大学的宇文所安教授提出的。在西方的中国文学研究发展史上，这是一个非同寻常的时刻。当时，美国的哥伦比亚大学出版社刚（于2001年）出版了一部大部头的、以文类为基础的中国文学史。同时，荷兰的布瑞尔（Brill）公司也正在计划出版一部更庞大的多卷本。就在这个时候，剑桥大学出版社邀请我们出版一部具有"特殊性"的《剑桥中国文学史》。正巧，我们当时也正在考虑着手重写中国文学史，所以我们的研究方向与剑桥大学出版社的理想和目标不谋而合。

《剑桥中国文学史》乃属于剑桥世界文学史的系列之一。与该系列已经出版的《剑桥俄国文学史》《剑桥意大利文学史》《剑桥德国文学史》相同，其主要对象是受过教育的普通英文读者（当然，研究文学的学者专家们也自然会是该书的读者）。然而，剑桥文学史的"欧洲卷"均各为一卷本，唯独《剑桥中国文学史》破例为两卷本，这是因为中国历史文化特别悠久的缘故。巧合的是，第二卷的《剑桥中国文学史》在年代上大致与剑桥世界文学史的欧洲卷相同，且具有可比性。

与一些学界的文学史不同，《剑桥中国文学史》的主要目的不是作为参考书，而是当作一部专书来阅读。因此，该书尽力做到叙述连贯谐调，有利于英文读者从头至尾地通读。这不仅需要形式与目标的一贯性，而且也要求撰稿人在写作过程中不断地互相参照，尤其是相邻各章的作者们。这两卷的组织方式，是要使它们既方便于连续阅读，也方便于独立阅读。第一卷和第二卷的导论就是按照这一思路设计的。

所以，除了配合在西方研究中国文学的读者需要之外，《剑桥中国文学史》的目标之一就是要面对研究领域之外的那些读者，为他们提供一个基本的叙述背景，让他们在读完本书之后，还希望进一步获得更多的有关中国文学和文化的知识。换言之，《剑桥中国文学史》的主要目的之一是要质疑那些长久以来习惯性的范畴，并撰写出一部既富创新性又有说服力的新的文学史。

此外，《剑桥中国文学史》还有以下一些与众不同的特点。首先，它尽力脱离那种将该领域机械地分割为文类（genres）的做法，而采取更具整体性的文化史方法，即一种文学文化史（history of literary culture）。这种叙述方法，在古代部分和汉魏六朝以及唐、宋、元等时期还是比较容易进行的，但是，到了明清和现代时期则变得愈益困难起来。为此，需要对文化史（有时候还包括政治史）的总体有一个清晰的框架。当然，文类是绝对需要正确对待的，但是，文类的出现及其演变的历史语境将成为文化讨论的重点，而这在传统一般以文类为中心的文学史中是难以做到的。

分期是必要的，但也是问题重重。《剑桥中国文学史》并非为反对标准的惯例而刻意求新。最近，许多中国学者、日本学者和西方学者也已经认识到，传统按照朝代分期的做法有着根本的缺陷。但习惯仍常常会胜出，而学者们也继续按朝代来分期（就像欧洲学者按照世纪分期一样）。在此，《剑桥中国文学史》却以一种不同的方式进行分期，并且以不同的方式去追踪不同时期思想所造成的结果和影响。例如，初唐在文化上是南北朝的延伸，因此《剑桥中国文学史》把初唐与唐朝其他阶段分开处理。此外，《剑桥中国文学史》不是将“五四”置于“现代性”的开端，而是把它放在一个更长的进程中。这是认真参考最近的学术成果，并重新阐述“传统”中国文化在遭遇西方时的复杂转化过程的一种方法。在上、下两卷的导论中，我们都对分期的理由做了说明。

另一个随着文学文化的大框架自然出现的特点是：《剑桥中国文学史》尽力考虑过去的文学是如何被后世所过滤并重建的（Chinese literature is a constant rereading of the past）。这当然要求各章撰稿人相互之间进行很多合作。重要的是，过去的文学遗产其实就是后来文学非常活跃的一部分。只有如此，文学史叙述才会拥有一种丰厚性和连贯性。当然，将“文学文化”（literary culture）看作是一个有机的整体，这不仅要包括批评（常常是针对过去的文本），也包括多种文学研究成就、文学社团和选集编纂。这是一种比较新的思索文学史的方法。其中一个关键的问题是：为什么有些作品（即使是在印刷文化之前的作品）能长久存留下来，甚至成为经典之作，而其他大量的作品却经常流失，或早已被世人遗忘？

有关过去如何被后世重建的现象，还可从明清通俗小说的接受史中清楚看出。例如，现代的读者总以为明朝流行的主要文类是长篇通俗小说，如《三国志演义》《水浒传》《西游记》《金瓶梅》等等，但事实上，如果我们去认真阅读那个时代各种文学文化的作品，就会发现当时小说并不那么重要（至少还没变得那么重要），主要还是以诗文为主。小说之所以变得那么有名，是后来的读者们喜欢上那种文体，并将之提携为经典作品。有关这一点，北师大的郭英德教授也大致同意我的意见，他认为至少在明代前中期，文人最注重的还是诗文的写作。

还有一个有趣的主题，就是有关文学的改写。人们通常认为，《汉宫秋》《梧桐雨》是元朝作品。但很少有人知道，这些作品的大部分定稿并不在元朝。根据伊维德的研究，许多现在的元杂剧版本乃是明朝人“改写”的。至于改写了多少，很难确定，因为我们没有原本可以参照。当然，西方文学也有同样的情况，比如有人认为莎士比亚的成就，主要来自他能把前人枯燥乏味的剧本改写得生动传神，其实他自己并没有什么新的创造发明。对于这种所谓创新的“改写”（rewriting）跟作者权的问题，我们自然会想问：到底谁是真正的作者？后来改写的作者贡献多大？版本之间的互文关系又如何？这一类的问题，可以适用于不同国家、不同时代的文学。

此外，必须向读者解释的是：我们这部文学史后头所列出的《参考书目》只包括英文的资料，并未包含任何中文文献。首先，“剑桥文学史”乃是一个特殊情况的产物，前面已经说明，当初这部文学史是剑桥出版社特约的书稿，所以有关读者对象（即非专业英语读者）有其特殊的规定，同时出版社对我们的写作也有特别的要求。所以，我们所编写的“英文参考书目”也为非专业英语读者而准备，其目的也只是为了说明有兴趣的读者将来能继续阅读一些其他有关的英文书籍。同时，我们要强调的是：写作文学史首先要参考的是原始文献，其他才是二手文献。当然，这并不表示我们这部文学史的写作没有受二手中文文献的影响。事实上，在撰写每一章节的过程中，我们的作者都曾经参考了无数中文（以及其他许多语文）的研究成果，如果要一一列出所有的“参考”书目，其“浩如烟海”的篇幅将无限增大，同时也不符合实际的考虑，所以当初剑桥大学出版社也完全支持我们的计划——那就是，只准备一个有选择性的英文书目，不包括中文及其他语文的书目。但目前为了出版这个中文版，北京三联书店的编者又向我们提出一个请求，希望每位作者能罗列一些自己觉得比较重要的中文研究文献（包括文章和专著），以方便于中文读者查考。不用说，我和宇文所安先生都慎重考虑了这个建议，但最终还是决定不开列中文参考书目。这是因为，我们认为中文版的《剑桥中国文学史》应当反映英文原著的面貌——我们这部书原来就是为了非专业英语读者而写的。当初，如果我们是为了中国读者而写，我们的章节会用另一种角度和方式来写，同时也会开列很长的中文书目。现在，我们既然没为中文读者重写这部文学史，我们也没必要为中文版的读者加添一个新的中文参考书目。我们很感激北京三联书店的理解，也希望得到中文读者的谅解。

总之，《剑桥中国文学史》的一贯宗旨和理想是既要保持叙述的连贯性，又要涵盖多种多样的文学方向。然而，遗憾的是，由于各种原因，我们这个中文简体字版的下限时间只能截至 1949 年，故原来英文版中所涉及的 1949 年之后的文学文化状况，本书只得割爱了。需要说明的是，台湾的联经出版公司不久将出版“全译本”，这是对简体中译本的很好补充。

2013 年 6 月 6 日

介绍耶鲁第一部中文古籍目录

写这篇推荐序，内心有很多感触。这是因为自从35年前开始到耶鲁大学执教以来，我就一直期盼着这样一部有关耶鲁大学图书馆中文古籍目录的出版。在过去漫长的时光里，每当想起耶鲁大学图书馆是北美最早收藏中文书籍的大学图书馆，却一直迟迟没见它出版过一部中文古籍目录，总是感到十分遗憾。

现在耶鲁大学图书馆中文部主任孟振华先生终于完成了这样一部卓越的古籍目录（将由中华书局出版），令我感到十分兴奋。该目录共有两大册，一册是收大约300幅彩色书影，另一册则是目录文字。《目录》共收录约2600种、36000余册。另有一个320种的《附录》，收录馆藏1912年以前刊印的报纸期刊、碑帖拓本、摄像簿、单张舆图、域外刻本（仅收马六甲与新加坡两地刊印者，无和刻以及高丽刊本）。另外，寄存在耶鲁图书馆内的美国东方学会（American Oriental Society）图书馆所藏中文古籍亦列入《附录》中。从各方面看来，这真是一部杰出的古籍目录。令人佩服的是：孟先生转到耶鲁大学图书馆工作还不到5年，在如此短短的

本书作者摄于耶鲁大学图书馆，背景为 19 世纪末耶鲁第一批女博士生的画像。（画像作者为 Brenda Zlamany）

几年间他居然有如此大的成就，真是了不起。

重要的是，这是一部有别于一般传统的古籍目录。这是因为各书著录款目除了包括书名、卷数、著者时代、著者姓名、刻印年代、行格、册数、馆藏索书号、附注等资料以外，孟先生还特别在附注里说明了书的来源（如有可靠记录可以查考者）——例如有关赠书人、个人收藏、藏书票、书店或是入藏的时间。不用说，这样的写作和编纂方式极其耗时耗力，但却十分值得。那就是说，除了向读者提供“书”的明确“身份”（identity）以外，孟先生还特别介绍了不少古籍的来历以及它们如何被收藏到耶鲁图书馆的背后故事，这些都足以让读者产生共鸣、深思的历史感。这些有关“书”的精彩故事，其实也就是耶鲁历史的缩影。当初1701年耶鲁大学之所以建立，乃是由于10位虔诚的神职人员无私地捐出了40本书。而300多年以来，那个“赠书”的创校故事就不断地被重复，时时提醒耶鲁人有关这段宝贵而悠久的“赠书”历史。

孟振华先生所编纂的这部《古籍目录》正好涉及许多与耶鲁大学的历史息息相关的“书”的故事。在他那篇题为“美国耶鲁大学图书馆中文古籍收藏史”的章节里（该文即将出版于2018年的《中华典籍与文化丛刊》），孟先生很清楚地标示了几个重要的里程碑，例如：（1）1849年，耶鲁大学图书馆成为北美第一个开始收藏中文书籍的大学图书馆；（2）1850年，耶鲁校友梅西（William Allen Macy）亲自从中国带回一批珍贵的古籍（以道光年间版本为主，例如《增补四书人物聚考》），全赠给了耶鲁图书馆，后来他不幸于1859年去世，死时才34岁，他个人的大批遗产也就全部捐给了母校耶鲁；（3）1854 年容闳成为第一位获得北美大学本科学位的中国人，他后来又把大批的个人藏书陆续地赠给母校，包括那部著名的《颜家庙碑集》，其中的部分碑文直至今日仍出现在耶鲁总图书馆（即斯特林图书馆 Sterling Memorial Library）的正门上楣；（4）1871 年，耶鲁图书馆馆长范念恩 (Addison Van Name) 成为第一位在北美大学开授中文课程的教授，在他的任上他特别鼓励中、日文的收藏，甚至把自己大量的中文古籍也捐给了耶鲁图书馆（包括乾隆十三年“1748”龙江书屋刻本《新刻官音滙解释义》），其功非浅，直到今日，他的头部石雕像仍被展现在斯特林图书馆大堂的一侧；（5）1877 年卫三畏 (Samuel Wells Williams) 成为第一位在北美被聘任的汉学教授，但他早在 1849 年就在广州为母校采购为数 90 册的中文古籍（其中包括乾隆刊《钦定四库全书简明目录》10 册），并将这一大批书籍直接从广州运抵纽约，最后又安排转至耶鲁所在的纽黑文 (New Haven)；（6）进入 20 世纪后，耶鲁大学继续得到许多人踊跃捐赠他们珍贵的藏书，其中有不少赠书来自耶鲁日本学会，例如《文选》60 卷［明成化二十三年（1487）刻本］,《康熙帝告身》［清康熙十四年（1673）印本］,《列女传》16 卷［明万历间刻、清乾隆四十四年（1779）印本］等，此外，几乎耶鲁大学图书馆所有的宋、元藏本都来自日本学会所捐赠的佛经零卷；（7）后来，尤以耶鲁大学历史系的两位教授芮沃寿（Arthur Frederick Wright）和芮玛丽（Mary Clabaugh Wright）的赠书数量是耶鲁图书馆有史以来所收过为数最多的赠书，他们的赠书包括 202 种、1253 册的珍贵中国地方志，其中有 32 种山西方志居然是美国国会图书馆所没有的，但他们早已于 1949 年（在来耶鲁之前）将这批山西方志借给了国会图书馆复制成缩微胶卷；（8）20世纪60年代耶鲁东亚图书馆馆长万惟英对于图书馆制度的建立以及馆藏的发展做出了极大的贡献，可惜他只在耶鲁短暂服务3年（1966—1969）。然而虽仅3年，“在万先生的主持之下，耶鲁中文馆通过采购、捐赠、交换等各种途径，先后自中国香港、中国台湾及日本和北美等国家和地区大批入藏中文古籍”。

按理说，这样一个历史悠久又颇具特色的中文古籍馆藏应当早就闻名于世。然而，就如孟先生所指出，编目问题一直是个颇为困扰的问题。耶鲁大学图书馆自1849年入藏中文书籍以来，图书馆员对于如何处理中文书籍编目“一直争论不休，从无定论”。其中尤以20世纪的前半期东亚图书馆馆长朝河贯一与中文馆藏副馆长金守拙（George Alexander Kennedy）在中文书籍编目方面的争论最为严重，以至于“此后近20年间，耶鲁的中文馆藏经历了一个停滞不前的黑暗时期”。所谓“黑暗时期”，其实一直持续到数十年之后。朝河贯一和金守拙都是对耶鲁东亚馆藏特别有贡献的人，但可惜由于两人在编目方面的争论，终于导致了如此不良的影响。所以在很长的一段期间，耶鲁东亚图书馆一直无法提出中文古籍馆藏的实际数量。就以1979年度和1987年度的馆藏中文善本编目清单为例，这两份统计所列出的数字，都与实际馆藏善本数量有着很大的悬殊。难怪耶鲁大学许多珍贵的中文古籍一直不为人所知！（我自己也要到最近几年才发现耶鲁在古籍方面收藏之丰富。回忆80年代初，我还一直依赖普林斯顿和哈佛燕京图书馆的古籍来做研究，后来才发现耶鲁图书馆本来就有许多珍贵的古籍，只是尚未整理出来而已。）

可喜的是，近10年来耶鲁的东亚图书馆终于针对馆藏的中文善本开始进行了有系统的整理。例如，2008年左右，当时中文馆藏的主任萨拉·埃尔曼（Sarah Ellman）陆续邀请了几位来自复旦大学的古籍专家（如杨光辉等人）来到耶鲁大学协助古籍编目的事项，并首先建立了收有439种善本目录的数据库。后来虽然由于经费不足和其他原因而中断，以致于无法完成所有的古籍编目工作，但至少已经开了一个头。

孟振华先生于2013年初开始接掌耶鲁大学图书馆的中文部。他的到来正好给耶鲁中文馆藏带来了新的希望。首先，能聘请到像孟先生那样中英文俱佳，有扎实的学术根底、有深厚的图书馆工作经验（他曾担任过密歇根大学、西雅图华盛顿大学和莱斯大学图书馆中文与亚洲馆长、主任），又是年轻有为的专业人才诚属不易。所以孟先生刚到耶鲁上任，就得到师生们的信任。当时班内基善本图书馆（Beinecke Rarebook Library）正在开始执行悬置多年的善本转藏计划，需要把一批为数超过450种的中文善本从耶鲁图书馆斯特林总馆转移到富有完善保存设备的班内基图书馆里。也就在这段时间，孟先生以其顽强的毅力开始对那历史悠久（有170年历史）的大量耶鲁中文古籍做了一番彻底的研究，其敬业负重的精神令人感动。

同时，孟先生在百忙中（他不但负责中文部的经费预算，也处理与中文馆藏有关的一切事项），还得研究散置在校园各处分馆的中文古籍。一般说来，研究耶鲁的中文古籍最大的挑战之一，就是那些古籍经常分散在耶鲁校园各处的分馆内——如神学院图书馆、医学院图书馆、法学院图书馆，以及美国东方学会寄存的古籍馆藏等。这样的图书馆分散制度其实反映了耶鲁大学与众不同的汉学研究方式。在其他大学里，“汉学”(sinology)研究及教学大多笼统纳入一个“区域研究”（所谓的 area study）的系里。一般说来，在美国，有关中华文化的课程（无论是中文和中国文学还是中国历史和人类学）全部归东亚系；它有时被称为“东亚语文和文明系”（如哈佛大学），有时被称为“东亚语文和文化系”（如哥伦比亚大学），有时被称为东亚研究系（如普林斯顿大学），而这些学校也都有他们独立的“东亚图书馆”大楼。独有耶鲁与众不同，这里不以“区域研究”划分系科，而是按“学科研究”（disciplines）瓜分所谓“汉学”。这就是说，教中国文学的教授（如笔者本人）属于东亚“语言文学系”，教中国历史的人［例如史景迁（Jonathan Spence）］属于历史系，教社会学的人［例如底波拉·戴维斯（Deborah Davis）］属于社会学系，教人类学的教授［例如萧凤霞（Helen Siu）］属于人类学系，而教神学的教授［例如克洛艾·斯塔尔（Chloe Starr）］则属于神学院。我以为耶鲁这种以“学科”分类的方式乃是为了促进汉学的跨学科研究。在某一程度上，耶鲁大学图书馆藏的“分散”制度似乎也反映了这种以“学科”分类的思考方式。

我以为孟振华最大的贡献就在于他“跨学科”的综合能力。他不但照顾耶鲁大学斯特林总图书馆的中文馆藏，也参与神学院图书馆藏的发展，同时还花许多时间研究医学院图书馆、法学院图书馆以及美国东方学会寄存在斯特林总馆的古籍收藏。现在孟先生终于完成了这部有关 1912 年以前耶鲁大学图书馆中文古籍的《目录》，实在令人敬佩不已。这部古籍目录记载了书的历史，也记载了时光。这真是一部值得久等的古籍目录。

2017 年 12 月 29 日

写于耶鲁大学

双喜

——祝贺吾友宇文所安

2018 年确实是宇文所安（Stephen Owen）的“双喜年”。4 月间（4 月 26—27 日）我们才在哈佛大学庆祝他的荣休，恭贺他 40 年来不遗余力地培养无数弟子，以及他在中国文学研究方面的杰出贡献，参与该大会的学者们纷纷从世界各处而来，共有上百人之多，场面之大，不愧为学界盛事。

才两个月之后的今天（2018 年 6 月 20 日），又从台湾传来宇文所安荣获唐奖·汉学奖的大好消息，真令人欣喜万分。

在此，我希望能献上一首祝贺诗，以与读者分享。那是我两个月前在哈佛大学庆祝宇文所安荣休的大会中已经朗诵过的一首律诗，现在特别在诗的标题上添加“并获唐奖·汉学奖”字句，以志“双喜”之意：

恭贺宇文所安荣休，并获唐奖·汉学奖

吐雾吞烟吟剑桥，

唐音北美逞风骚。

本书作者在宇文所安的退休会上朗诵她的赠诗。

痒搔韩杜麻姑爪，
喜配凤鸾弄玉箫。
舌灿李桃四十载，
笔耕英汉万千条。
感君助我修诗史，
恭贺荣休得嬉遨。

必须说明的是：诗中第三句的用典来自唐代诗人杜牧的一首七绝："杜诗韩笔愁来读，似倩麻姑痒处搔。天外凤凰谁得髓？无人解合续弦胶。"这是因为宇文所安尤精于韩愈和杜甫的作品。他在研究中国文学的过程中，用力甚勤，他曾日以继夜，不惜心血，有关诗歌的字句出处，尤其希望能彻底梳理清楚。他的博士论文题目是：《韩愈与孟郊的诗》，最近他还翻译杜甫全集，认为"杜甫在中国文学史上独一无二"。

我还必须声明，我一向不善于撰写律诗。在构思、起草此诗的过程中，我曾经得到耶鲁同事康正果先生极大的帮忙，在此特别致谢。

可喜的是，这首诗同时已由我的一位耶鲁学生 Yvonne Ye 译成了英文，也一并与读者分享：

Congratulating Stephen Owen on a Glorious Retirement and His Tang Prize

[He] exhales clouds, inhales smoke, chanting poetry in Cambridge

Tang tones [in] North America—literary excellence manifesting

Like Magu soothing irritation, [he turns to] Du Fu and Han Yu

Like Nong Yu and Xiao, [he enjoys] the match of paired phoenixes

Forty years of eloquence scatters students all over the world

A hundred thousand lines seeded by his pen, in English and Chinese

I thank him for collaborating with me on a literary history [of China]

and congratulate him on a glorious retirement, to find joy in his roaming.

Translated by: Yvonne Ye

以上仅以拙诗的“双语”版本，聊表我对吾友宇文所安荣获“双喜”的庆贺之意。读者们，请勿见笑，我献丑了。

2018 年 6 月 20 日

于耶鲁大学

辑四 汉学研究访谈

经典的发现与重建

——访耶鲁大学东亚语文系教授孙康宜

采访者：张宏生

张宏生（以下简称“张”）：耶鲁大学和哈佛大学齐名，同为北美汉学研究的重镇。耶鲁大学的汉学研究历史很悠久，一直可以追溯到20世纪的传教士，此后一直备受世人瞩目。作为东亚语言文学系的几位中国文学教授之一，人们对你的名字早已很熟悉，但对你的“半路出家”却可能还不大了解。

孙康宜（以下简称“孙”）：我大学的专业是英国文学，后来到台湾大学上研究所，改为研究美国文学。那些东西很新鲜，为我打开了一扇新的窗户，通向了一个新的世界。后来，到了美国攻读比较文学，就发现自己更喜欢中国文学，这种喜欢完全是发自心灵深处的，而不带一点儿猎奇色彩。英文系的人往往都喜欢做一些比较研究，在我看来，那样可能两方面都只懂一些皮毛，不够深入。有鉴于此，同时也是个人的兴趣所在，我决定干脆完全转过来，于是就在普林斯顿大学攻读了中国古典文学的博士学位。

张：读你的书，觉得你的研究对象跳动很大，而且和美国当代的文化思潮似乎有一定的关系。

孙：我的博士论文本来准备做六朝文学研究，已做了不少材料准备，也写了一些，但自己总觉得不甚满意，相反，似乎对唐宋词更有灵性，因而征得指导教师的同意，改做唐宋，即对晚唐五代词进行研究。当时，美国流行文体研究，我也尝试从这个角度考虑问题，去探索作家怎样在词这种特殊的文体中去发挥自己，建构独特的风格。例如，韦庄多用情态语词，李煜不仅受其影响，而且变本加厉，更不断让否定情态动词在词中出现，这都使他们的创作别具一格。还有柳永，这位开创发展了慢词表现手法的词人，在创作中对“领字”的杰出运用，使得雅与俗在语言上互相渗透，“诗的动作”更加繁复，直观表达和意象呈现有机结合起来，说明把他视为一个划时代的人物，并非偶然。布鲁姆曾经说过，强势诗人的风格经常发展为创作成规，进而转化其特性，而一般诗人则只能在时代的成规里随波逐流。我的这本后来中译名为《晚唐迄北宋词体演进与词人风格》的书，所讨论的实际上就是这个问题。当然，我也没有放弃对六朝诗的研究，不过那已是应聘到了耶鲁以后的事了。我对以往的六朝文学研究一直有一种看法：当然，可以用社会历史的方法去做文学，但那既不是唯一的方法，也不是最终的方法。我感到学者们似乎对政治说得太多了，多到这种程度，以至于文学好像变成了政治史料。文学的魅力果然只是如此吗？所以，我想摆脱人们常走的路子，径直从美学的角度切入。这样做的结果，就能发现原来还有别一种思考问题的方法。比如说，有人认为谢灵运和谢朓的山水诗风格不同，这是由于大谢多游永嘉山水，所以雄浑；小谢居于宣城，所以清秀。这当然也不无道理。但据我看来，与其说他们受山水的影响，不如说他们受所接受的文化资源的影响。大谢的时代玄言诗盛行，屈原一定程度上成为典范，而小谢的时代律诗已经起来了，自然就导向一个比较小的东西。当然，这里也不可忽视性格的因素。文学和人生有关系，但并不能相等，所以王尔德说，与其说艺术受生活的影响，不如说生活受艺术的影响。清代，不知有多少女子，写诗想象自己是林黛玉，这不就是模仿艺术吗？所以，生活和艺术的关系实在是互动的。其实，我关心的，并不是到底生活第一还是艺术第一，而是希望人们不要被某种成见限制住了，就不敢放开思想。另外，还有宫体诗。在激进的女性主义者看来，宫体诗最糟糕，就像是男人在窥视，显示出对弱势族群的权力欲。我不排除里面有色情的东西，但从美学的角度看，宫体诗里的美人实际上是咏物的对象，是一种美感的东西，这是和当时整个时代的审美发展分不开的。所以，我在《六朝诗研究》里就把山水诗、咏物诗和宫体诗放在一个层面来谈，从山水到美人，物愈变愈小，但从美感上属于一个类型。

张： 你在1991年出版了一本书 *The Late-Ming Poet Chén Tzu-Lung:Crises of Love and Loyalism*（中译《情与忠：陈子龙、柳如是诗词因缘》），记得耶鲁大学研究中国历史的名教授史景迁（Jonathan Spence）曾评价它富有创见，“以生动的史料，深入考察了在17世纪这个中国历史上的重要时期，人们有关爱情和政治的观念，并给予了深刻的阐述”。你的研究领域为什么又转到了明末？

孙： 从20世纪80年代初，我就特别注意文学的经典化。儒家的一些典籍如《论语》《尚书》《周礼》等在汉代就已经确立了经典的地位，以后基本上没有什么变化。文学就不一样，各个时代的经典往往不同，而且还有可能创造新的经典。我曾注意到刘勰对《离骚》的看法。他提倡儒家，同时又把《离骚》的地位抬得很高，看得出，他是把《离骚》和儒家结合在一起的，因为若不和圣人连在一起，就不够权威，也没法经典化。但是，在对《离骚》进行评价时，他尊重的是文，而不是道德，这就开辟了一个方向：圣人的东西在文的方面也能经典化。"经典化"是个动词，是把作者经典化，就像西方第一个被经典化的是荷马一样，中国文学第一个被经典化的是屈原。实际上，刘勰是在文学批评的领域中，把自己经典化了。如果说《文心雕龙》是划时代的著作，这是非常重要的一方面。正是从刘勰起，开始了重写文学史。不过，总的来说，到了现代，古代文学的经典也有渐趋定型的势头，人们在文学史的研究中似乎只是要对以往认定的经典进行阐释，有时"重视二三流作家"的呼声，也不过是要填补文学史的某些环节，而不是重新清理文学史。可是文学史要有生命力，就必须不断通过经典化，让它鲜活起来。我所选择的切入点是妇女文学。在我看来，柳如是和陈子龙之间的诗词往还，不仅是个人情观的体现，而且对明清之际的诗词复兴有一定的作用。柳如是诗词的这种作用，是以前人们未能认识或认识不清的。另外，从当时美国的学术批评背景看，一方面是解构主义，一方面是女性主义，我的书是在这个背景中产生的，但却是对解构主义的一个反动。因为解构主义要求打破文体，我则认为文体很重要，诗和词就是不同的。我处在解构主义的大本营，却唱了反调，也算一点小小的不谐和音。

张：你从很早就开始专门研究中国的女作家，还主持编了一本中国历代女诗人的选集，是否也是出于同样的目的？

孙：编纂一部中国女诗人的选集，并把她们的作品译成英文，介绍给西方读者，是我多年来梦寐以求的愿望。所以，差不多从1990年开始，我就和全美许多学者通力合作，进行编纂，现已全部完成，由斯坦福大学出版社出版。整部书分两部分，前一部分是翻译，后一部分是评论。评论也分两部分，前一部分是女人评女人，后一部分是男人评女人。为这些作品作翻译的，差不多包括了全美研究中国古代诗歌的学者。让我非常高兴的是，有的学者本来不是专门研究女性文学的，可是通过这次工作，竟然产生了浓厚的兴趣，专门搞起了妇女文学研究。当然，我请这么多人来干，还不仅仅是需要他们的翻译，更重要的是有一个重新认识文学史的愿望。这本书出来以后，全美不少大学会用它来做教科书，而这些人都是老师，也会带动他们的学生读一些妇女文学。所以，通过这一工作，等于是把妇女作家经典化了。长期以来，明清女作家一直没有得到应有的重视，在各种文学史读本中，基本上没有一席之地，我们对这一作家群体给予再认识，也就是改写了文学史。

张：对于女性作品的经典化，使之从文学的边缘提升或还原为主流，是当今世界文学批评的一个重要倾向。这一过程是以对文本的阐释为前提的，需要用当代的批评意识去理解和重建传统。把中国古代女性的作品融入这一潮流，会得出什么看法？

孙：首先应该提出的是，中国的女作家和西方不同。在西方传统中，诗人向为神职，妇女不可能是神职人员，所以只能被排除在主流之外。有人甚至认为诗人这个词，从它的希腊文来看，本来就是阳性的，如冠以“女诗人”，未免自相矛盾。中国就没有类似的情形，而且中文本身基本上就是中性的。与此相关，在英国的维多利亚时代，如果一个女人出版了作品，那就和出卖贞操差不多。可是在中国，尤其是在明清时代，女诗人大批出现，据现代学者胡文楷统计，仅清代就有2000多家，作品近3000种（这个数字当然是很保守的）。同时，明清女诗人们喜欢出版作品，也喜欢被选。这在19世纪以前的西方是不可想象的。当然，这也和男性社会的鼓励有关。如明清之际叶小鸾的父亲叶绍袁在其《午梦堂全集》自序中曾提出女人的“三不朽”，他认为男人的“三不朽”是德、功、言，而女人的三不朽则是德、色、才。中国的女子德是不用说了，有那么多烈女；绝色和大才却还不够，所以希望借裒结家集时，申明妇才之可贵，应该大力提倡。值得注意的是，为了表彰妇才，这些文人还千方百计地为妇女的创作寻找依据，向上溯源，一直追到《诗经》，指出其中不少篇什出自女性之手，并以此证明孔子删诗，不废女流，因而为女性的创作找到了合法的依据，用心非常良苦。既然女性能在中国诗歌的最权威的选集中占有一席之地，那么继续经典化当然是合情合理的。当然，不是没有人对女作家有非议，比如章学诚在他著名的《文史通义·妇学》中就很有微词。不过据我看，章学诚并不反对女人有学问，否则他为什么那么喜欢班昭呢？他希望女子虽然读书，但要守礼，不要炫才。可他没有想到喜读书，能写作，可能就难免炫才。由此看来，林黛玉或者是清代才女的一个典型，所以薛宝钗告诫她不要炫才，薛宝钗所代表的，正是章学诚之类的观点。

张：除了男性社会的鼓励，恐怕和女性主体意识的张扬也有关系，否则不可能有这样的规模和质量。这实在是一个很有意思的现象，一方面是“女子无才便是德”这一规范的出现，另一方面是众多女性虽然口头上认同、实际上却对这一规范的突破。这不仅是研究文学史，也是研究社会史的一个课题。

孙：“女子无才便是德”这一口号的出现，并不是对妇女尤其是知识妇女的生活状况的反映，而是体现了某些封建卫道士（包括一些女性在内）对原来的阴阳格局被打破之后的恐惧。这一点，随着研究的不断深入细致，将会看得更加清楚。在女性诗人被经典化的过程中，她们本身的主体意识当然是至关重要的，和男性文人的揄扬相辅相成。我们知道，选本是中国文学批评的一个重要方式。在明清时代，女诗人们很热衷于编选女性诗词集，为文学史上的女性作家定位，当然也是为现实创作服务。不仅如此，她们还经常出版自选集，自觉突显其个体形象。在明清以前，虽然宋代的活字印刷为出版事业开辟了新局面，出版物的繁多也是空前的，但基本上未见过女性作家为自己编集子、出集子。明清时代出现的这种新现象说明，女诗人们不仅希望得到当代读者的赞赏，也渴望自己的作品能够永垂不朽。曹丕在《典论·论文》中说：“文章者，经国之大业，不朽之盛事。”自东汉末年文学的自觉意识开始出现以后，文人们无不以传之无穷的不朽自期，专集的出版当是这种意识的集中表现。明清出现的大量女性作品集也不能和这种意识无关。我们这部选集共选女诗人120多家，其中明清以前的作家只有25位。这个统计数字，在比例上未免有点遗憾，但明清女作家所占的分量，也是对中国文学史发展的一个侧面的形象说明。

张： 女性主义批评家一直在不遗余力地把女性的声音从“边缘”向中心或主流地带提升，从你的工作中，似乎能看到其中的某些影响。

孙： 我们做这件事当然不可能和女性主义一点关系都没有，但我不希望人们仅仅这样来理解问题。最近布鲁姆出了一本书，叫《西方的经典》。在这本书的序里，他抨击那些由于自己是女性，就要求人们去读女性作品的女性主义者，进而提出了美学原则，认为是美学而不是性别最重要。书一出版，就引起一些女性主义者的强烈不满，说他漠视弱势族群。但是，既然把作品放在文学史中来讨论，标准就只能是艺术成就，而不是性别。如果仅仅因为女人要求权利，就一定要经典化，从而把女性的作品抬得很高，那实际上并不是提高女性的地位，而是降低了。关键是女性的作品到底有没有优点或特点。以前人们总是喜欢说，女性写的东西最能表现女性，对此，很多男人也同意。但这在理论上有缺陷。他们只是以此作为一种计策，使得自己的地位更高些而已。女人写的东西并不一定就最女性化，有时候，男人写的东西反而更女性化些。但男人写东西，如写爱情，常常要讲寄托，而且认为有寄托才是文学的正道；女人则反过来，不一定寄托，就是写自己的真生活。可是即使认识到女作家的这一特点，也不能否定她们作品中的富有文学性的虚构，那种认为女作家的创作一概是自传体的看法，并不符合文学史的发展状况。例如，武则天有一首《如意娘》，其中有“看朱成碧思纷纷，憔悴支离为忆君”之类的描写。历来学者多从自传的角度去阐释，或说语气浪漫虚弱，不类其女皇身份，因而非其所作；或说是自述其为太宗才人时，与太子李治偷情之情状。其实，都是胸中横亘一个“自传”的概念而导致的误读，正如施蛰存先生在《唐诗百话》中所分析的：“这是写的乐府歌词，给歌女唱的。诗中的君字，可以指任何一个男人。唱给谁听，这个君就指谁。……你如果把这一类型的恋歌认为是作者的自述，那就是笨伯了。”另外，明清以前虽然有女性文学，但基本上没有创造一个文学批评传统。这一传统，到了明清时，就建立起来了，这在有关的选集、总集以及序跋中可以看得很清楚。从这些方面看，中国的女作家，尤其是明清的女作家，确实有值得重视的理由。

张：那么，西方女性主义理论是否适合研究中国古代的女作家呢？

孙：恐怕有许多都不适合。西方女性主义运动的兴起，有其特殊的背景。在西方，特别是在19世纪以前，有些男人不仅看不起女人，而且恨女人，因而女性主义者，尤其是激进的女性主义者就号召女人起来反抗，对男人怀有敌意。这与中国的情形就颇为不同。中国的男人不管怎样以男性为中心，却都很喜欢才女，尤其在明清时期，更为突出。所以，中国没有西方那样的女性主义运动的背景，要把女性主义理论完全拿过来，是并不妥当的。比如说，清代的女诗人吴藻喜欢扮成男人，她的自画像也是男人，有人说她是同性恋，我看未必。而用激进的女性主义恨男人的理论来解释，就更不通。因为吴藻不是恨男人，而是羡慕男人。她不是对自己的自然性不满，而是对自己的社会性不满。她在自己创作的戏曲《乔影》中，自比为屈原，通过“性别越界”（Gender

Crossing），唱出了饱受压抑的心曲，在当时文坛引起极大的轰动，有人写诗赞美道："词客深愁记美人，美人翻恨女儿身。"屈原以美人自喻，吴藻却以屈原自喻，二人都企图在"性别面具"下找到自我的声音。另外，清代有一些女诗人如徐媛、陆卿子等，都是有丈夫的人，可她们写了不少带有爱情内容的诗送给青楼女子，卿卿我我，浓情蜜意。用现在的女性主义理论看，她们应是双性恋。但其实她们不过是模仿男性写宫体诗，是一种喝酒时的游戏而已，是传统的文人习气的一种扩大。这种创作美学也显示了现代妇女追求女性主体性的萌芽，即女性也希望像男性一样，在写作及阅读上，不但有主动虚构的自由，也有跨越性别的幻想。此外，这里还存在一个文体的问题。就像六朝诗，写女人怎么怎么美，好像很性感，其实往往不过是对一种特定的文体的操作。写作者追求的是文体，而不见得里面一定要有什么样的感情。所以，有时是人追求文体，有时是文体带动了人。现在美国学术界对公元前7世纪希腊的女诗人萨福很感兴趣，很多人倾向于把她作为一个同性恋者来讨论。我所关注的问题不在这里。我觉得，萨福身上所反映出来的，是情欲主体的问题。作为一个女人，她敢于发挥自己的主体性，敢于说自己要什么、不要什么。在以往的中国文学中，就像《诗经》里的《蒹葭》所说："所谓伊人，在水一方。"总把所爱的人比作在另外一方，怎么也抓不到；萨福则把所爱的人比作树上的苹果，怎么也够不着。这个苹果的意象很有意思，伊甸园里那个开发人的心智甚至情欲的不就是苹果吗？把这两方面结合起来看，用现在的批评话语来说，就出现了一个"客体"（the Other）的问题。如何看待它，任何时候都涉及主体性。在六朝时，女人明显是客体，所以成为宫体诗的对象，可到了明清，女人就在很大程度上成了主体，她们自己开始写自己，就像萨福一样。我研究明清的女作家，最感兴趣的就是这种主体性。所以，女性主义理论尽管不能硬套，却可以使我们思考一些原来想不到的问题。另外，现在又有一种新女性主义者，不是恨男人，而是要和平共处，要妥协，既要事业，又不愿失去女性的东西。这个放在中国的语境中似乎就比较合适些。

张：那么，具体说来，你现在做女作家研究，主要涉及哪些领域？

孙：我的有关女性作家的写作计划，包括寡妇、早夭的才女、满族女作家、女人对婚姻的感觉等问题，但最想研究的是女人和疾病，及其在文学上的隐喻问题。对这个课题，虽然也有人注意到了，但主要限制在病理上，我则想从文学的角度切入。比如，女作家的忧郁症，明清时代有许多这样的女性，她们借写作来宣泄心中的积郁。另外，还有文体问题。明代有一个女剧作家叫叶小纨，她家里的女性，妈妈和两个妹妹都能文，是写诗词的，死在她的前面。要让心理医生分析，一定会说："当然了，剧作家是站出来看问题的，是客观的诗人；诗词作家是进到里面看问题的，是主观的诗人，这就造成其命运的不同。"究竟应该怎样理解，可能还要有更为仔细的分梳。我想关心的是女作家的病因，以及写作在多大程度上成了她们疗病的动因。这一类的材料，与西方相比，也许中国古代社会特别多，因而也特别令人感兴趣。

张：现在海内外的学术交流愈来愈频繁，但我觉得沟通的工作还要进一步做下去。美国不少学者的论著已被介绍到了中国，说明这个领域愈来愈受到关注。能否从发展的角度，介绍一下美国的汉学研究？

孙：汉学有一种传教士的传统，刚开始主要是对四书五经的注释和翻译。汉学家所追求的，往往是正宗的中国化，如中文要说得好，甚至娶个中国太太、走路像中国人、修身养性、正心诚意等。自从比较文学起来以后，情况就发生了变化。比较文学的发展可以韦勒克为分水岭，在他的时代，还是继承传教士的传统，主要是影响比较；到了韦勒克以后，主要就是观念的比较了。发展到现在，则是各种理论都有，百花齐放。在这一过程中，中国文学也逐渐受到了重视。一方面，美国愈来愈多元；另一方面，华裔也愈来愈多。所以，中国文化也就变成了美国的多元文化的一支，这就决定了我们研究中国文学必须在美国的文化话语中起作用。变化的最显著的标志可以从课程设置上表现出来。以前，在比较文学系，不管是斯坦福还是耶鲁，选择的经典不是柏拉图就是莎士比亚；现在，则中国文学也成了主要课程之一。这样，中国文学就从民族的，变成了世界的。从对中国文学的研究来看，1970年前后是一个重要发展时期，学术界由以往的汉学传统进入了一个新的阶段。现在，哈佛大学教书的宇文所安（Stephen Owen）等人可以说是在转变方向时产生出来的重要人物，他们立足中国文学的特定语境，并融入自己的学术背景，对中国文学进行了别开生面的研究。宇文所安成就很大，他的书写得很有特色，也很有功力。他经常提出一些新颖的观点，从不同的文化背景去看，会有不同的看法，这类现象本身也是富有启示意味的。比如，他在一篇文章中谈《文心雕龙》，认为人文就是天文，文就是道的表征，自然之道就包括了文，所以中国人在写他人和自己的时候，是自自然然的，不需要隐喻，不需要超越，所以也就不重视虚构；西方则不同，人和自然是两个世界，二者要想沟通，就必须超越，所以整个世界观就是隐喻的。这种观点引起一些学者的反对，认为西方也并不是都对立，希腊里的象征比喻也并不一定都是隐喻等。我觉得，宇文所安是在讲读者，讲中国诗“被读作……”；而持不同意见者却是在讲作者。一方面是说批评方式，一方面是说创作主体，讨论的实际上不是一个问题。这在英文特定的语境中，确实容易混淆。评判不同文化背景中的东西，尤须“同情的理解”，否则，就会影响更进一步的沟通。

张：客观地说，中美学者在研究的方法上有一些不同。将这些不同提到方法论的高度，也许不尽恰当，但视而不见也不应该。你对此有什么看法？

孙：我很留意大陆学术界的工作，以前的感觉是和政治结合得太紧了，现在当然变了许多，不过在研究文学方面还是对政治学、文化学的层面关注得太多。比如，研究《文心雕龙》，许多人关心的是刘勰为什么这么崇拜儒家。或者说，当时的人对儒家不那么崇拜，所以他要标榜儒家；或者说，当时皇帝特别喜欢儒家，所以他要迎合上意。还有关于佛教等问题。这些都是需要的，但为什么不多从美学的角度去探索呢？这种话语放在美国的学术界就会有一种疏离感。我不是评价是非，如果谈区别，这也算是一方面吧。另外，在美国用英文写作，也能体现出不同的特色。我自己同时使用中英文，对此体会很深。中国的学者写文章往往很全面，谈一个作家，先要说他是哪里人，爸爸怎么样，老师怎么样等，然后才慢慢讲他的东西。可这样的写法放在英文里就不行。写英文文章，往往一开始就是论辩性的，从头到尾就只有一条线，一个观点接着一个观点，就像演讲一样，如果把许多材料都塞进去，反而会打断思路，所以只好放进注释中。这样的文体是西方的学术传统，也是被普遍认可的学术规范，而文体决定了怎样去选择材料。用中文写，材料多一些，加一些润色的东西都无妨，思路打断了，可以在另一个地方接起来，甚至同时有几条思路也无关紧要，但用英文写论文就不可以。所以，英文翻成中文可能很单调，中文翻成英文可能很散乱。文体的不同到底在多大程度上影响了研究方法，现在似乎还没有人充分注意，我觉得循着这一条线索，是能够发现些什么的。至于在美国由于学术背景的不同，有的学者喜欢用西洋理论去研究中国古代文学，其中也是利弊参半。这样做的前提是应该对两方面都有一定程度的了解，能换一个角度去看中国的东西；否则那就是生搬硬套，结果也就难免牵强附会了。

（发表于《国际汉学》，2002年）

美国汉学研究中的性别研究

采访者：钱南秀

钱南秀（美国耶鲁大学文学博士，现任美国莱斯大学亚洲研究系中国文学副教授。以下简称“钱”）：孙老师，今天的话题，是美国汉学研究中的性别研究。开题之前，是否请您先为“性别研究”做一定义？

孙康宜（以下简称“孙”）：性别研究（gender studies）是西方近二三十年的新兴学科。起源于对女性和男性的研究，并受到后现代主义多中心视角的影响。其前提是视性别为个人的社会属性（gender），而非我们通常理解的自然生理属性（sex）——当然二者之间无法分割。在这一基础上，性别研究分析文学和社会中性别的构筑和认同。当代西方性别研究成为显学，其重要贡献，一是增强了学术研究的跨学科性质，因性别视角必然牵涉到文学、社会，心理、政治、经济等种种层面；二是透过性别含义的棱镜，必然引起对男性社会传统下形成的知识结构与诠释的反思，并重新发现过去忽视的知识产物，比如妇女的著作。这也正是性别研究的汉学之道。

钱：就我所知，美国汉学的性别研究，以明清妇女文学研究成就最为突出。我刚刚参加了方秀洁（Grace S. Fong）、魏爱莲（Ellen Widmer）两位教授在哈佛组织召开的学术会议“由现代视角看传统中国女性”（Traditional Chinese Women Through a Modern Lens，2006年6月16—18日）。此次会议为祝贺麦基尔—哈佛明清妇女文学数据库的完成，共提交论文23篇，均与文库所收作家作品有关。很遗憾您这次未能出席此次会议。方、魏两教授嘱我转达：与会者一再指出，1993年您和魏教授在耶鲁召开的明清妇女文学国际研讨会，是第一次大型美国汉学性别研究学术会议，在总结前此学术成就的基础上，将这一研究引向深入。会议论文集《明清女作家》（*Writing Women in Late Imperial China*, 1997）及您与苏源熙教授（Haun Saussy）主编的《中国历代女作家选集》（*Women Writers of Traditional China: An Anthology of Poetry and Criticism,* 1999），在深入开拓美国汉学性别研究上起了主导作用。其后由您倡议，张宏生教授在南京大学召开的2000年明清妇女学术会议，和这次的哈佛会议，其中间隔均为6—7年。我想就从这3次会议入题，请您就美国汉学性别研究的成就、论题、方法等做一综述，恰好可为近10余年美国汉学的性别研究做一总结。

孙：好的。

一、美国汉学性别研究的成就

钱：首先请您就这3次会议，分别评述它们在汉学性别研究学科建设上的意义。这次有学者将耶鲁与哈佛会议对比，认为耶鲁会议涵盖面广，学科包括文学、历史、艺术，作家身份兼及闺秀、才妓乃至村妇。而此次哈佛会议则仅限于闺秀文集。无论作家作品，从社会阶层来看均嫌偏狭，未能考虑到底层作家如村妇、妓女等，遑论反映底层生活。

孙：1993 年耶鲁会议，其时资料有限，可谓是巧妇难为无米之炊，只能把所知道的女作家资料都尽量包括进来。所谓的涵盖面广，是这个原因。提到村妇，是指贺双卿，但贺到底是实有其人还是出于文人建构？康正果呈交耶鲁会议的文章就指出："双卿的轶事并非具有恒定意义的'历史文献'，而是一种词语与叙事文互相指涉的特殊文体，是真假虚实迭相变奏的'召唤结构'……"[①] 至于妓女的阶级属性亦颇为复杂。幼年孤贫，卖入娼门，绝大多数从此沦落。但也有部分，如秦淮八艳，受到一定的文化训练，往来者都是其时的著名文士。若嫁入豪门，也理所当然成了闺秀。柳如是便是如此。这些才妓，从思维到文风，与上层文人更为接近。

钱：确实如此。至于说闺秀写作反映生活面狭窄，也缺乏根据。社会下层多不识字，我们今天对历史上普通民众生活的了解，主要还是依靠文人学士的记录。当然，中国传统讲究男性主外、女性主内。士绅阶层中的男子，为官求学，走遍天下，笔下所反映的社会人生，相对广阔一些。但这并不意味女子只能描绘闺中的狭小空间。相当数量的士绅妇女，随夫远宦，清末还有随夫出

---

① 康正果《风骚与艳情》(修订版)，上海：上海文艺出版社，2001 年，第 362—363 页。

使远洋者，有见识，下笔广阔。就我个人的阅读经验，明代女作家邢慈静作《黔途略》，记载她由贵州扶亡夫灵柩归乡，万里旅途的艰辛，途中的风土民情，亦多有描写。清末女作家薛绍徽，她的诗作，几乎就是维新变法及其后新政时期的一部编年诗史。[①]

孙：所以，关键还是要大量发现妇女的诗歌，并仔细研读。过去，我们苦于没有资料，麦基尔—哈佛明清妇女文学数据库的建立，收入晚明到早期民国妇女著作90种，而且有词语检索，为专书和专题的研究都提供了方便。[②]在此基础上召开的这次哈佛会议，将明清妇女文学研究引向更多文本研究，在美国汉学性别研究上，又是一大贡献。

钱：那么对于2000年的南大会议，您又是怎么看？

孙：南大会议时我在瑞典，无法参加，是请康正果代读的论文。你在场，何不谈谈你的看法？

钱：我以为南大会议的最大贡献，便是南大中文系以古典文学研究重镇，出面召开"明清文学与性别研究"的国际研讨会。毋庸讳言，国内的古典文学研究，基本还是男性学者的领域，对妇女文学和与之有关的性别研究，尚未触及。南大会议的召开，对国内的性别研究，有极大的促动，南大本身就培养了一批专攻性别研究的年轻女学者，有的已开始任教，有的来美继续深造。这

---

① 见薛绍徽《黛韵楼遗集》（福州：陈氏家刊本，1914年）。《遗集》包括薛氏《诗集》2卷、《词集》2卷、《文集》2卷。

② 见"The McGill-Harvard-Yenching Library Ming Qing Women's Writings Digitization Project"，载：http://digital.library.mcgill.ca/mingqing/english/index.htm。

还得感谢您的倡议。我注意到您在耶鲁会议时就特别注意邀请国内学者参加，为此很花心血。南大会议则进一步促成了中美学者的合作，这次哈佛会议同样，23 篇论文，有 8 篇作者来自海峡两岸暨香港。

孙：今日中国学术已走向世界，当然需要各方的沟通交流。遗憾的是，美国学界本身对汉学性别研究的成果，反而有点视而不见。

钱：那么，您看美国汉学性别研究，就美国性别研究的学术整体而言，贡献何在呢？又为什么受不到足够重视？

孙：这牵涉到美国学术界的性别研究性质。从学理上讲，过去二三十年，美国乃至整个西方性别研究，基本上是遵循由差异观到迫害论的思路，由此探讨性别“差异”所造成的权力关系和文学的传承观念。20 世纪 70 年代初，凯特·米利特（Kate Millett）的经典作品《性政治》（*Sexual Politics*）乃是以西方文学里的压迫者（男）和被压迫者（女）的对立和“差异”为出发点的。又比如 20 世纪 80 年代以来，著名文学批评家芭芭拉·约翰逊（Barbara Johnson）的重要理论著作几乎全是以“差异”（difference）一词作为标题。男女差异观强调男权制是一切问题的开端，而女性则是男权制的牺牲品，是“受害者”（the victimized）。这种由于性别上的“不同”而转为“受害者”的想法后来成了美国性别研究的主要“话语”（discourse）。

钱：这个话语系统是否适用于汉学性别研究？传统中国的女

性是否都是受害者？

孙：问题就在这里！美国汉学家们可以说是首先打破女性为受害者形象的人。在这一方面最有贡献的学者有汉学家高彦颐（Dorothy Ko）和曼苏珊（Susan Mann）。有关这一点，我在《从比较的角度看性别研究》那篇文章里已经详细介绍了。

钱：高彦颐、曼苏珊的研究从实际材料出发，而中国的历史经验和西方不尽相同，所以她们能发西方性别研究者所未发。高、曼而外，美国汉学界近年有关中国古典性别研究方面的书籍，无论从质量还是数量，都有一个飞跃，应当早已影响了西方性别研究的方向，然而事实并非如此。我们那么认真地研读吸收西方理论，为什么西方性别研究者们却不关心我们的研究？

孙：我认为问题就出在人们一向以来所存在的偏见：一般人总以为西方的文化理论可以为中国文学研究带来崭新的视角，却很少有人想过中国文学的研究成果也能为西方的批评界带来新的展望。因此，虽然美国的汉学界有关性别方面的研究，已经有了多方面的突破，但西方性别理论的学者们，对于这一方面的汉学成就往往视若无睹。在这个后现代的时代里，这种普遍的疏忽和偏见的确让人感到惊奇。可惜的是，不仅一些西方人存有这样的误解，就连今日中国海峡两岸暨香港的知识分子也经常有这种偏见。这就是为什么这些年来有不少中国学者只注重西方理论，却忽视了传统中国文化的原因。这种舍近而求远的态度，本来就是20世纪以来中国知识分子的一个严重的盲点。

二、汉学性别研究主题

钱：汉学性别研究主题面很广。我想着重两点，一是您目前比较关注的女性道德权力，二是这次哈佛会议引起争论的妇女文学评价标准。您最近的一系列文章，如《传统女性道德权力的反思》和《道德女子典范姜允中》，[①] 都谈到妇女才德及其权力的内在联系。我非常喜欢这个论题，因为后现代理论忽视道德作用与是非标准，而谈到传统女性道德，又好像都是儒家父系社会对妇女的束缚。其实，道德在中国传统妇女生活中有积极正面的作用，特别是和才能并置的时候。但我不太喜欢"权力"（power）一词，是否用"力量"（strength）较为恰当？

孙：为什么一把"权力"（power）和女人联系起来，便觉得不好？我正是要强调权力在妇女生活中的作用。这也是最近美国性别研究有一种新的研究方向，就是前面提到的，不再罗列女性受压迫的例子，而是开始探讨两性之间的关系互动以及他们在文化、艺术、经济、政治乃至于日常生活的架构下所拥有的实际权力。当然，你也说得很对，我所谓的"道德权力"（moral power）意识其实是指中国古代的女性把痛苦化为积极的一种力量。所以，为了避免误会，我还是决定改用"道德力量"这个词语吧。

钱：可不可以这样看：力量（strength）是内省的，而权力（power）是外扬的，道德则是二者的源泉。魏王弼《老子》第 38

---

① 《传统女性道德权力的反思》，台湾大学法鼓人文讲座（2005 年 5 月 3 日）；《道德女子典范姜允中》，载《世界周刊》2006 年 6 月 25 日。

章注指出："德者，得也……何以得德？由乎道也。"把德解释成依道而行的内在能力，一旦张扬，挟道而行，遂成权势，而能力又和才干直接相关，应该便是您讲的这种才德与权力的关系。还有，虽然明、清两代盛行"女子无才便是德"之说，但才女们则自有其才德观。如清末女诗人薛绍徽便说："才之与艺，是曰妇言，是曰妇工，固四德不能外。"[①] 改变了传统四德中妇言为出语谨慎、妇工为中阃纺绩的定义，言下之意，"女子有才便是德"。这和您在《传统女性道德权力的反思》一文中引述刘勰的"文之为德"，观点是一致的。而薛本人也正是通过她的文才学识，呼应其时的变法形势，在维新报刊上发表文章，重新定义妇道妇德，倡议妇女以才智进入公共空间，为民为国效力。她的主张，受到男女变法志士的支持拥戴。参照您的理论，薛绍徽也正是以其才德建立起权威。

孙：Power 呀！妇女的权力作用这么大，为什么还要说不好？

钱：我想再就妇女文学评价标准请教您的意见。这次哈佛会议，是针对具体材料说话，如何阅读与评鉴妇女著作，也就成为与会者的共同关注。这种关注，也是性别研究进入纵深的必然。比如陈平原教授最近提到，北大有研究生选题为古代妇女诗词，论文答辩时，便碰到这样的问题：你为何选择这一课题？是为了拾遗补阙，以纾解妇女著作遭受忽视的遗憾？还是因为材料真正

---

① 薛绍徽《创设女学堂条议并叙》，《求是报》1897年第9期，第6页下至7上。全文载《求是报》第9期（1897年12月18日），第6页上至7下，和第10期（1897年12月27日），第8页。

具有文学价值？我想，若是前者，则是社会史题目，似无可厚非；但既是面对文学资料，文学价值如何，亦不可忽视。

孙：那么这次哈佛会议有什么具体意见？

钱：有学者说，妇女著作，多被遗忘，是因为甫出时支持者过于吹捧，其后读者发现名不副实，自然也就丢开不提。

孙：（笑）这个理论倒也有趣，发言者显然是想引起争议。

钱：是呀，所以马上有学者批驳道：对男人著作的评价，同样有褒扬过甚之弊。特别是明清文人别集，作序的多为亲朋，言不副实，而作品良莠不齐，比比皆是。

孙：是这样的。即使是大诗人李白、杜甫、苏轼等，作品集中有好的，也有一般的。当然，这也和作品的收集与保存形态有关。李后主留下的词，数量不多，50余阕而已，但篇篇精彩；李清照的词，可靠的也只40余阕，也都好。这或许是原作者对自己苛求，不好的都丢弃了。也可能原来的词集散佚，只有好的流传下来。所以，真难以男女来界说。

钱：我自己的研究中也有如何评价作家作品的困惑，不只是女作家，男性亦然。我目前的研究对象是清末女作家薛绍徽，也包括了她身处的社会文化圈的考察。前些时，偶然发现了薛的夫兄陈季同的手稿诗集《学贾吟》。陈季同是清末维新与新政时期的一位关键人物，而且也是第一位以西方语言介绍中国文化的作家，辜鸿铭、林语堂还是受了他的影响，却也被近代史学遗忘了。现在，关于他的研究开始出现，但仍限于他的外交活动与西文著作。《学贾吟》是迄今发现的唯一中文著作。我在为其上海古籍影印本做前言时颇费踌躇，因为找不到参照，不知如何评价。最后，是在集中发现了他与范当世（1854—1905）的一组唱和，然后又在范集中发现40余首有关季同的诗作，表达了他对季同诗才与人品的敬慕。范是清末著名诗人，同时代诗人对他极其推崇，所以我就沿用了范当世的评语。书出来后，上海古籍请北大的夏晓虹教授写书评。晓虹对我说，实在说来，陈的诗不算好。我同意晓虹的意见，因为比较之下，薛绍徽的诗作要精工得多。但这里也有您所谈到的著作保存形态问题。薛的诗文集基本是她自己在病榻上审定的，当然是把好的保留下来，从少女时期到她46岁辞世，一共只收300余首诗，150阕词。《学贾吟》收诗354首，多为季同1896下半年湘、黔考察途中所作，难免粗糙。[①] 然而，不读、不比怎能知道？所以，哈佛会议对如何评价女性著作的共识，也还是要首先仔细研读。

孙： 这当然是做学者的起码操练，不管是对男作家，还是对女作家而言。不过，以前我们研究女作家没有条件，资料不好找。现在麦基尔—哈佛明清妇女文学数据库为我们提供了方便。至于如何评价，应该相信我们自己，在多年古典文学研究后，具备了一定的眼光和分析能力，是可以做出自己的判断的。

---

① 参阅陈季同《学贾吟》（影印本），钱南秀整理，上海：上海古籍出版社，2005年版。夏晓虹书评《今日黔中大腹贾，当年海外小行人——读陈季同〈学贾吟〉手稿本》，载《文汇报》2006年2月19日。

钱：就这一问题还望您能做更为具体的指导。对妇女写作的评价，牵涉最多的是其题材关怀，诗词是妇女最为擅长的文体，一般则认为女人思想狭隘，吟咏不出小庭深院、日常起居。梁启超在提倡妇女教育的同时，就反对妇女诗词，认为是批风抹月、拈花弄草、伤春惜别的浮浪之作。[①] 王仲闻花大力气研究李清照，但也批评李早年诗词囿于个人情感，中年以后始“跳出了封建时代妇女生活的狭窄天地，发表了对社会、政治的一些见解”。[②] 好似只有写社会、政治，才算好诗词。而我发现您最近谈到张充和的一篇文章，却对她诗词中展现的日常生活状态极为赞赏。[③]

孙：确实，充和可算得是最后一位传统意义上的才女，至今保留着类似的生活方式与诗词关怀，平日除了勤练书法以外，总是以种瓜、铲雪、除冰、收信、喂鸟、写诗、静观松鼠、乘凉等事感到自足。那是一个具有平常心的人所感到的喜悦。难怪我的美国学生们都说，在充和的诗中可以看见陶渊明的影子，诗中充满了春天的气息，代表着一种生命的热情和希望，这正是中国女性诗人最可贵的人文情怀。

钱：这让我想起方秀洁教授此次哈佛会议上的论文。妇女写作中常有病中吟，因此多受讥评。但方教授指出明清妇女诗词，即使对疾病的描述也很美，比如薛绍徽写《海病》呕吐：“有时喷珠玑，淋漓泻飞瀑。”她还特别说，这是南秀的薛绍徽，让我很不好

---

① 见梁启超《论女学》,《时务报》册 23，第 2 页上。全文载《时务报》册 23（1897 年 4 月 12 日）第 1 页上至 4 上、册 25（1897 年 5 月 2 日）第 1 页上至 2 下。

② 王仲闻《李清照集校注》，北京：人民文学出版社，1979 年版，第 363 页。

③ 见孙康宜《美国学生眼中的张充和》，载《世界日报副刊》2006 年 6 月 9 日。

意思，因为我在讨论薛的诗词时，一味强调其戊戌编年诗史作用，忽视了她描述日常生活的作品。

孙：女人诗词中多病中描写，一点也不奇怪，她们整天忙于家务，只有生病静养时才能有些空闲，作诗填词。如果是家人生病呢，伺候汤药也是她们的责任，焦急、期待、伤感也会自然流入诗句，毕竟疾病也是生命和生活的一部分。

钱：因为多日常生活题材，妇女诗词也常被批评为琐屑重复。但您在评论美国电影《时时刻刻》（*The Hours*）的一篇短文中，却从妇女生活经验的所谓琐屑重复中读出了意味。[①]

孙：这部电影改编自迈克尔·坎宁安（Michael Cunningham）的同名小说，而坎宁安又是受了弗吉尼亚·伍尔芙（Virginia Woolf）的意识流小说《达洛卫夫人》（*Mrs. Dalloway*）的影响。伍尔芙写女主人公克拉丽莎·达洛卫（Clarissa Dalloway）于1919年夏季在伦敦的一天之间的活动——从清早出去买花，到准备宴会，一直到子夜宴会散席为止，前后总共24小时的时间。坎宁安则写《达洛卫夫人》作者及其两位读者在不同时空下各自一天的生活经验，反映在银幕上，我们不但目睹了1949年罗拉（Laura）在洛杉矶的生活点滴，也同时看到穿插其中的许多有关1923年伍尔芙在英国乡下写小说时的构思经过。此外，20世纪90年代纽约女编辑克拉丽莎·沃恩（Clarissa Vaughan）身上的种种经验也同样交错其中，让人感到这个世界的确奇异，不同时代、不同地方，

① 见孙康宜《“文字流”与“时间流”：后现代美国女人的读者反应》，载《世界日报·副刊》2003年3月19—20日。

居然可能重复同样事件，有时甚至可以预演后来的事情。我认为整个电影和原著所要阐释的乃是一种后现代的文化现象——那就是“文字流”与“时间流”互相配合、互相衬托的现象。时间的流动与生活的流程，本来就是没有起点、没有终点的，它就像那无始无终的河流。唯一能把那继续流动的时光“固定”下来的，也只有靠文字了。

钱：如此看来，从《达洛卫夫人》到《时时刻刻》，也正如中国古代才女的深闺生活描述，是以文字固定女人貌似琐屑的日常生活中所体现的生命意义。这种描述的重复性体现了妇女生活超越时空的共性。比如从达洛卫夫人到伍尔芙到罗拉到克拉丽莎·沃恩，她们一天的生活都有相同的细节：买花，打鸡蛋做蛋糕，准备晚宴；每人都受到不相干的外人的审视和盘问；每人都曾亲吻自己眷恋的另一位女性；每人都需面对自身或亲人的忧郁症与自杀倾向。然而，恰恰是在这种不断重复之中，生命得到了延续。但她们的生活又各具个性：达洛卫夫人屈服于命运安排；伍尔芙在极度忧郁中自杀；罗拉终于离开了家庭；克拉丽莎·沃恩目睹前男友跳楼，虽极度震骇但并未崩溃，以自身的坚强，为女儿和同居女友保持温馨平静的生活环境。她甚至热情而宽容地抚慰了前男友的母亲，也就是那位抛夫弃子的罗拉——对儿子最终自杀，她多少有责任。女人们对生活道路的不同选择，又体现了生命的跌宕多姿与不断更新。

孙：还是以充和为例，她每一天都忙碌于类似的家务和文化活动，但她迄今 92 年重复的生命历程却流经了现代史上的狂波巨澜，造成她生命的不断流徙，包括移民美国。她“随意到天涯”的人生态度，使她在动荡中得以秉持追求艺术、安于淡泊的准则。而这不变的准则又使她能适应多变的生活环境，且能以丰厚的中国文化修养感染教化异邦学子，把传统才女“闺塾师”的作用扩展到耶鲁这样的美国大学里。所以，我说充和在中国才女文化的悠久传统中扮演了重要角色。

钱：关于妇女文学创作的另一个棘手问题，是到底有无女性诗学？换言之，评论妇女文学作品是否要另立标准？

孙：研究英美文学的学者们或许认为有女性诗学，比如普林斯顿的伊莱恩·肖瓦尔特（Elaine Showalter）教授，写了一本《她们自己的文学》（*A Literature of Their Own*），就主张有女性诗学。这是因为英美文学传统中有“性别战争”（gender war），认为女人写作该与男人分开。女作家要想出头，就得和男人打架。伍尔芙一辈子打得很艰难，她罹患忧郁症，跟处境有关。写作环境影响写作理论，英美女作家们便觉得应该设立自己一套写作标准。中国的情况不同，中国传统的男女一直在分享着一个共同的文化，男女也用共同的文学语言在认同这个文化。中国文学从开头就没有把女性排除在外。所谓诗歌的世界，其实就是男女共同的园地。尤其是，古人那个“温柔敦厚诗教也”的观念，本来就是一种女性特质的发挥，与现代人所谓的“femininity”有类似之处。女作家写作在中国传统中一直受到重视，有男人支持，互相沟通，男女写作并无不同创作理论。所以，我倾向于以同样标准评鉴男女作家作品。但就诗学中的风格论而言，确实有阴阳之别，是指美学上的分野，与作者的性别无关。阴性文风，也就是上面提到的femininity，婉约含蓄；相对之下的阳性文风（masculinity），豪放旷达。男可做阴性诗篇，比如秦观；女也可为阳性文章，比如明末的爱国女词人徐灿；也有阴阳兼具的，比如苏轼、李清照。美国非学院派女性主义学者卡米拉·帕格利亚，在阴性之外，还提到“女人性”（femaleness），主要指女人的性别特征与行为特征，并非女性诗学。

钱：我也注意到中西男女作家关系的异同。比如，薛绍徽隶属同光体中的闽派。这一团体和薛同时的其他女诗人还有陈衍夫人萧道管，沈瑜庆之女、林旭夫人沈鹊应，几位都很得父兄、夫婿的呵护和同里诗人的推崇，是中国文人支援才女传统的延续。倒是维新派出现，反而不主张女人写诗，引起薛绍徽警觉。薛氏于是在戊戌运动失败后，做了两件大事来争取和保护妇女的著作权利：一是协助她的女儿陈芸收集清代妇女诗文集600余种，在此材料基础上陈芸做《小黛轩论诗》221首，涵盖清代才女1000余人，各附小传。[①] 另一是与其夫陈寿彭合作编译《外国列女传》，系统介绍西方古今妇女300余人，其中作家、学者、艺术家有百余之众。薛氏在铺陈西方才女成就的同时，更指出在夫权、王权、教权乃至男性话语权的胁迫下，西方才女处境的艰难。显然，她在译介西方妇女生活的过程中，对西方的“性别战争”有所了解，因此而担忧提倡“西化”的变法志士们，会把这场战争也搬过来。

① 陈芸《小黛轩论诗》，附薛绍徽《黛韵楼遗集》后。

三、汉学性别研究方法论

钱：最后想请您谈谈汉学性别研究的方法。当然，研究方法因学者性向、学术目的和研究对象而各有异同。您是这一领域的领军人物，您的经验会有普遍指导意义。

孙：研究的首要任务是发掘、把握和保存材料。就妇女文学来说，这一点古人做得比我们好。明清男性文人出版各种各样的名媛诗词选集，并为她们撰写长篇序跋，甚至再三强调《诗经》中的许多篇章是女子的作品，以便借此证明孔夫子选诗时特别看重女性。他们的目的，用今日的批评术语来说，就是要把原来边缘性的女诗人选集提升为“经典化的选集”（canonized anthologies）。明清女诗人们并不完全依靠男性文人来提高她们的文学地位。除了编选女性诗词集外，她们还很自觉地出版自选集，以一种自我呈现的精神，在序跋中郑重为自己奠定特定形象。故明、清两代妇女总集、选集、别集，包括保存下来的前代妇女作品，据胡文楷《历代妇女著作考》，竟有3000余种之多！然而，目前通行的文学史著作却只字不提。文学史中的“女性空白”多少受到一种错误观念的影响，“五四”以来的女性主义者常常把传统中国说成一个被“女子无才便是德”观念统治的时代。当然，事实并非如此。我与苏源熙合作编选英文版《中国历代女作家选集》，就是为更正现代文学史学者的偏见，让更多的人能了解世纪的文学现象，进而改写文学史。

钱：是，这部选集已成为欧美各大学的必备教科书。我教中国古典诗词和中国文学中的妇女都要用到。上学期我的一位韩国女学生，依靠其中所选朝鲜女诗人许景樊的作品写论文，还得到了一项莱斯大学人文研究基金。

孙：由于发掘的文本材料太多，我们只精选了120多位才女的佳作，全书近900页，有六分之一的篇幅我们用来翻译介绍有关妇女文学创作的中国传统理论和评论，男女评论家各半。我常说选集有两种功能：一为收集保存之功（curatorial function），明末女遗民诗人王端淑（1621—1706）所编《名媛诗纬》便是这类代表作；另一是批评之用，如柳如是与钱谦益合编的《列朝诗集》，其《闰集》下有《香奁》一目，收唐以来女诗人123人，选录标准苛刻，并各加评点。我们这部选集，可说是保存与批评兼具，此外还有翻译介绍的功用，集60余位美国学者的翻译之功。当然，这个过程容易产生误区。比如，好诗译坏了，而坏诗翻译后反变好了。举个例子：我的学生们都喜欢明末女诗人陆卿子的诗。我说："你们上当了，陆卿子的诗不算好，是雷迈伦（Maureen Robertson）教授译得好。"当然，难题并不止于此。相信随着研究的深入，和选集与专集整理的大量出现，会摸索出更多的研究与介绍方法。

钱：您的近期文章广泛应用了比较方法，比如文化比较，在《美国的"寒山"》一文中，将美国小说《寒山》（*Cold Mountain*）置于古希腊荷马史诗《奥德赛》（*Odyssey*）、中国唐代诗僧寒山以及当地印第安人的乌托邦传说等多重文化参照系中。其中，诗僧寒山的文化蕴意尤为丰富：如您指出，20世纪60年代有不少美国年轻人特别崇拜寒山，以他的诗歌象征及其与众不同的叛逆精神，反抗美国的中心文化。这些美国人把诗人寒山的名字就译为“Cold Mountain”。小说作者弗雷泽（Frazier）以“Cold Mountain”为书名，且多次引用或化用寒山诗句，是借着寒山的意象来反映他个人归隐山林的向往。[①]《断背山与罗浮山》一文中则就著名导演李安的近作《断背山》(*Brokeback Mountain*)，比较中西的断袖之情，指出中国古代传统对于同性恋，比较西方更为宽容。[②]此外尚有文本比较、手法比较、写作对象比较等等。

孙：我确实比较喜欢应用这种方法，直观，易于说明问题。但比较的角度要选好，对所比较的对象应有深入了解，否则会流于表面。总之，研究方法要从实际材料出发，汉学性别研究迄今取得的成就，都是遵循这条平实的路子。对西方理论虽有借鉴，但根本还是在所研究的中国传统中提升理论。还是我们一开头谈到的，一般人总以为西方的文化理论可以为中国文学研究带来崭新的视角，却很少有人想过中国文学的研究成果也能为西方的批评界带来新的展望。所以，汉学性别研究不仅可以帮助我们重构中国文学史、中国历史，也可以帮助西方学者丰富和重建文学、历史，与性别研究理论。其前途正是未可限量。

（原载于《社会科学论坛》，2006年11月。本文为修订版）

---

① 《美国的“寒山”》，载《世界日报·副刊》2004年2月8—10日。
② 《断背山与罗浮山》，载《世界日报·副刊》2006年1月13—14日。

有关《金瓶梅》与《红楼梦》的 7 个问题

e-mail 采访者：张文靖 答复者：孙康宜

问题 1：《金瓶梅》和《红楼梦》，哪个更天真，哪个更世故？为什么？

答：用“天真”和“世故”来形容小说，有点奇怪。我认为每本小说都有世故和天真的成分。例如，若把《红楼梦》里的人物视为天真，把《金瓶梅》中的女性视为世故，则把问题简单化了。有一位清代的评论家（笔名为太平闲人）就曾经说过，一般读者“但知正面，而不知反面”，所以他们经常不知《红楼梦》“较《金瓶梅》尤造孽”。其实,《红楼梦》乃在暗指《金瓶梅》，所以一开头就提到“意淫”。许多其他传统的“《红楼梦》读法”也都说《红楼梦》原本“借径在《金瓶梅》”。如果说,《金瓶梅》在明显地演出一个很世故的世界（因牵涉到酒色财气）,《红楼梦》也照样在演一个世故的世界（书中有关财色的例子，不胜枚举），只是它采用的是含有隐意的章法，有时让读者难以一时看出。所以，有评论家以为读《红楼梦》120 回“若观海然，茫无畔岸矣”。但这两本小说都具有很高明的叙事笔法，同样是脍炙人口的书，至于其个别的意境如何，则见仁见智。

问题 2：《金瓶梅》和《红楼梦》中的女性，在精神气质上有何本质区别？

答：很难一概而论。表面上看来，《金瓶梅》中的女性“反面人物”较多，像潘金莲就为了和西门庆幽欢而狠心毒死自己的丈夫武大郎，而李瓶儿也在丈夫花子虚毙命时尽兴地偷情！一般说来，《红楼梦》里的“女儿们”较为清白，甚至有灵性——虽然凤姐之辣，显然易见。但我以为用这样“黑白分明”（black and white）的眼光来分析这两本小说是很肤浅的做法。我很佩服我的朋友田晓菲教授，她在《秋水堂论金瓶梅》一书中曾经说过：“《金瓶梅》最伟大的地方之一，就是能放笔写出人生的复杂与多元。”应当说，《红楼梦》中的女性也同样具有很复杂与多元的质量。不能一概而论。

问题 3：《金瓶梅》和《红楼梦》是否都包含了对男权的批评，哪一个更彻底？

答：我的另一位好友刘剑梅教授曾在她的文章《红楼梦的女性主义批评》中说过：“曹雪芹是女性主义的先知和曙光。”（见刘剑梅和她父亲刘再复先生的长篇对话录《共误红楼》）虽然曹雪芹并没提出“女性主义”或“女权主义”的概念，但刘剑梅以为，从男主角贾宝玉所经历的“阴盛阳衰”的世界来看，贾宝玉则是一个“男性的女性主义者”。尤其是《红楼梦》一开始就提到“女娲补天”，而宝玉则只是一块多余的石头，他对女性充满崇拜。所以，刘剑梅的结论是，在《红楼梦》里，中国传统中的“男权中心主义”明显地受到了挑战。

但另有西方学者李木兰（Louise P. Edwards）女士［在其书《清朝的男人与女人》（*Men & Women in Qing China*）中］却提出了一个完全相反的论调。她以为《红楼梦》里的诸位女性都只是男主角贾宝玉的陪衬而已，说不上挑战男权。

我自己一向不太喜欢用“权力”的观念来阐述中国的传统文学，因为我认为当时的作者不一定是从那种理论观点出发的。当然，这并不表示我们不能用现代的“女性主义”的眼光来分析从前小说的复杂性。例如，我们可以在《金瓶梅》里读出当时女人的挣扎。她们为了讨好那个握有男权的西门庆，不断在“多角关系”中挣扎，不断地牺牲自己，甚至出卖自己。但我基本上不喜欢用这种“受害者”（the victimized）的眼光来读小说，因为这种读法很像“套公式”一样，得不到什么新意。

问题 4：在众多的明清世情类长篇小说中，只有这两部脱颖而出，成为人们心目中的“名著”，那么在您心目中，它们的可爱之处在哪里？

答：这两部书之所以成为经典名著，主要因为小说笔法都很成功，而且都深入地描写了普遍的人性和人之感情。而且，虽都以闺房和家庭的经验为主，却能写得雅俗共赏，让人百看不厌。对我个人来说，《红楼梦》好像是集中反映中国雅文化精粹的百科全书。尤其是书中的诗词、园林的描写、女子们的万种柔肠，以及其中的悲欢离合，处处都表现了中国文化的特殊本质。至于《金瓶梅》，欣欣子在《词话》的序中早已说过，该书“寄意于时俗”。后来，鲁迅也说它是一部成功的“世情小说”。我之所以特别欣赏《金瓶梅》，主要也因它所描写的“世情”万象。可惜我们不知道《金瓶梅》的作者是谁。但不论作者是谁，我们都必须承认，该书作者的小说笔法十分高明。哪怕是刻画市井真相，或是用口语来写妇女之间的口角，都写得十分生动。

问题 5：放在世界文学史中，这两部小说的地位如何？可以类比英美文学中的哪些作品？

答：在世界文学中，这两部小说都非常独特，不论是《红楼梦》或是《金瓶梅》，都是举世无双。所以，我很难在英美文学中找到类似的作品！至少我们可以说，就小说的地位来说，这两部小说应当都可以和西方最著名的经典名著——例如但丁的《神曲》、托尔斯泰的《安娜·卡列宁娜》等——平起平坐。但《红楼梦》和《金瓶梅》所描写的世界的确很不同，西方读者之所以现在开始懂得阅读这两部小说，也就是欣赏这个“不同”。幸而目前已经有了不错的英译本，可以让西方读者们尽情欣赏阅读。《红楼梦》的英译以戴维·霍克思（David Hawkes）和闵福德（John Minford）的 *The Story of the Stone*（5 大册）最受欢迎。而《金瓶梅》已开始有芮效卫（David Tod Roy）的英译本 *The Plum in the Golden Vase*（已出完 3 大册）。这两部小说在世界文学史的地位，肯定会逐渐增高。

但关于要在西方作品中找可资比较的杰作这一点，我应当就这种自“五四”以来的一种“比较偏执”稍作批判。其实，这是自传教士介绍汉学到欧洲以后，从欧洲早期汉学以来，西方人一直看待中国文化的一个“东方主义”的眼光：凡是他们赞赏中国的某作品或某特征，总是基于哪一点与西方相同。这就是说，西方的比较观只醉心于寻求同于己者，如找不到同于己者便付之漠视。许久以来，西方汉学家基本上是一种克隆眼光的比较观，而这一点在比较文学盛行后也传染了中国学者，使他们只在此圈圈中打转。我以为现在应该突破这样的“克隆观”，应当在比较中求异，大谈中国文化或文学的特质（uniqueness）了。例如，我的耶鲁同事康正果，他在他的《风骚与艳情》一书中，拒绝使用“爱情诗”的概念而探求较为深刻的“风骚”与“艳情”的传统。在另一部著作《重审风月鉴》中，不使用“色情”或“淫秽”等字眼和概念，而独举“风月鉴”。我想他从一开始就朦胧地感到中西比较之间，很难找到百分之百的“等同”（equivalent）。

问题 6：这两部小说是否有为中国所独有而不可取代的气质，您可以具体描述一下这种气质吗？

答：我很欣赏你这个题目，因为它正好呼应了以上我所提到的中国文学的“uniqueness”，但若要谈这两部小说所有“为中国所独有而不可取代的气质”，那可就说不完了！例如，《红楼梦》一开头，空空道人就说出“因空见色”的话，等于点出了这部小说的通体大章法，这绝对是在西方文学中找不到的。而且，曹雪芹喜欢用真真假假、假假真真的隐喻方式来让每个读者自己领会、各有所感。至于《金瓶梅》的写法，表面看来十分直接而大胆，但其实故事中的真正寓意都隐藏在所谓的“细针密线”中。另外有一点是西方文学中所没有的——那就是书中的重要情节都与吃饭连接在一起！吃饭对中国人是很重要的，这点在这两本小说中都表现无遗了。但小说中吃饭的情节绝不仅止于描写“吃喝”的乐趣，所以太平闲人的《〈石头记〉读法》就特别提醒读者：“书中……每用吃饭，人或以为笑柄，不知大道存焉。”至于《金瓶梅》更不必说了；整本小说充满了食谱！回忆35年前，我还在普林斯顿当研究生的时候，普大师生曾举行了一次盛大的“金瓶梅大餐”，共准备了22道菜，全按小说中的食谱来制作。我们一边用餐，一边讨论小说中与各种食物有关的情节，好不痛快！比如说，吃到94回“鸡尖汤”那道菜时，我们都异口同声地说：“一定是西门庆已经过世，家里变穷了，否则他的家人怎么会吃这样寒酸的汤？”我想，西方文学很少会产生这样的读者反应！

问题7：这两部小说中您最喜爱的人物分别是谁，理由是什么？

答：我一直很难从西门庆的6个妻妾中，找到一个自己比较喜欢的人物！如果说，非要找出一个人物，我会想到李瓶儿。与潘金莲比起来，李瓶儿懂事得多，也较为大局着想。但我说不上喜欢瓶儿，因为她还是太世故了。在《红楼梦》里，我最喜欢史湘云，她本性天真烂漫，没有心机，也比较乐观。我无法忍受黛玉的悲观，也不喜欢她经常用口舌伤人！对我来说，宝钗也太圆熟了。但这只是我个人的偏见。当然，作为小说里的人物，她们都是可爱的角色。

关于《剑桥中国文学史》的采访

采访者：石剑峰　答复者：孙康宜

问题 1：《剑桥中国文学史》（*The Cambridge History of Chinese Literature*）的编写，你们把这部文学史定位为“文学文化史”，能否对这个概念做一个解释？

答：必须说明，当初英文版《剑桥中国文学史》的编撰和写作是完全针对西方的英语读者的，因而所谓的“文学史定位”也自然以西方的文学环境为主。至少在西方的文学理论界，从前 20 世纪 60 年代和 70 年代所盛行的结构主义，主要注重的是分析文本的内容，以及个别读者和阅读文本之间的关系。但在那段期间以后，学院派渐渐有一个明显的变化——那就是，文本的意义必须从文化的广大框架中来看，于是问题就变得比较多面化，但也走向“外向化”（如果各位有兴趣，可以参看我的耶鲁同事保罗·弗里（Paul Fry）最近在一个访谈中所谈到的西方文本文化之转变——见访谈“Talking Theory: An Interview with Paul Fry”，*Aura: The Yale Undergraduate Journal of Comparative Literature*，2013 年春季第 1 期；https://www.facebook.com/auracomplitjournal; yaleCLjournal@

gmail.com）目前大家所关心的问题是：一个文本是如何产生的？它是如何被接受的？在同一个时代里，这个文本和其他文本又有什么关系？诸如此类的问题自然就使"文学史"的撰写变得更像"文学文化史"了。总之,《剑桥中国文学史》不再以传统的"文类"分野来机械地探讨一个文本，而是把文本视为"文学文化"中一个有机的成分。

我想中国大陆的读者也会对这种文化现象感兴趣，但不必完全赞同。不久前，著名的北大学者陈平原就在他的一篇文章中说道："作为一个主要从事现代中国文学史／教育史／学术史研究的人文学者，我追求的是'国际视野与本土情怀'的合一。"（见《国际视野与本土情怀——如何与汉学家对话》,《上海师范大学学报》2011年6月）

问题2：《剑桥中国文学史》的编写，是否可以这么理解，通过这些作者的视角重新定义何为经典，哪些作品可以进入文学史？

答：我想，不应当说《剑桥中国文学史》的编写，乃是完全通过这些"作者"的"视角"来"重新定义何为经典"，或者决定"哪些作品可以进入文学史"。当然，这些篇章都是由个别的作者撰写而成，每个作者的写作也都会受主观的影响。但文学中"何为经典""哪些作品可以进入文学史"绝不是某个人的主观意见可以决定。那是需要做一番彻底的原始文献的研究——而且也要弄清楚作品本身的接受史，才能斟酌情况，也才算对历史负责。例如，现代的读者总以为明朝流行的主要文类是长篇通俗小说，如《三国志演义》《水浒传》《西游记》《金瓶梅》等等，但事实上，如果我们去认真阅读那个时代各种文学文化的作品，就会发现当时小说并不那么重要（至少还没变得那么重要），主要还是以诗文为主。小说之所以变得那么有名，是后来的读者们喜欢上那种文体，并将之提携为经典作品。有关这一点，北师大的郭英德教授也大致同意我的意见，他曾经对我说，至少在明代前中期，文人最注重的还是诗文的写作。

所以，应当说：撰写《剑桥中国文学史》的几位作者都很关注“何为经典、哪些作品可以进入文学史”的问题，他们也会思考与接受史有关的问题——例如，为什么有些作品（即使是在印刷文化之前的作品）能长久存留下来，甚至成为经典之作，而其他大量的作品却经常流失，或早已被世人遗忘？但不能说《剑桥中国文学史》的作者只是用自己独特的“视角”来“重新定义何为经典”，或决定“哪些作品可以进入文学史”。

当然，“何为经典”是一个极其复杂的问题。作为主编，我和宇文所安两个人都互相合作讨论，对于有关的问题，总希望尽量取得最理想、最稳当的处理方式。

问题3：这几十年来，中国文学史的著作非常非常多，在你看来，文学史对文学的意义在哪里？在中国文学这样一个语境下，这个意义又如何理解？

答：在我看来，文学史的意义就在于它代表了某个时代（或地域）的特有文化阐释方式。同样，在“中国文学”这样一个语境下，在西方用英文写的“中国文学史”自然会与在中国用中文撰写的"中国文学史"不同。所以，我一直很担心，害怕国内的中文读者会对这部《剑桥中国文学史》的中译本产生某种误解，甚至失望。例如，我们这部文学史后头所列出的《参考书目》只包括英文的资料，并未包含任何中文文献。必须强调的是，"剑桥文学史"乃是一个特殊情况的产物：当初，这部文学史是剑桥出版社特约的书稿，所以有关读者对象（即非专业英语读者）有其特殊的规定，同时出版社对我们的写作也有特别的要求。所以，我们所编写的"英文参考书目"也为非专业英语读者而准备，其目的也只是为了说明有兴趣的读者将来能继续阅读一些其他有关的英文书籍。同时，我要说明的是：写作文学史首先要参考的是原始文献，其他才是二手文献。当然，这并不表示我们这部文学史的写作没有受二手中文文献的影响。事实上，在撰写每一章节的过程中，我们的作者都曾经参考了无数中文（以及其他许多语文）的研究成果，如果要一一列出所有的"参考"书目，其"浩如烟海"的篇幅将无限增大，同时也不符合实际的考虑。所以，当初剑桥大学出版社也完全支持我们的计划——那就是，只准备一个有选择性的英文书目，不包括中文及其他语文的书目。但为了出版这个中文版，不久前北京三联书店的编者曾向我们提出一个请求，希望每位作者能罗列一些自己觉得比较重要的中文研究文献（包括文章和专著），以方便于中文读者查考。不用说，我和宇文所安先生都慎重考虑了这个建议，但最终还是决定不开列中文参考书目。这是因为，我们认为中文版的《剑桥中国文学史》应当反映英文原著的面貌——我们这部书原来就是为了非专业英语读者而写的。当初，如果我们是为了中国读者而写，我们的章节会用另一种角度和方式来写。现在我们既然没为中文读者重写这部文学史，我们也没必要为中文版的读者加添一个新的中文参考书目。的确，不同的语言和文化会产生不同方式的“文学史”。

问题 4 :《剑桥中国文学史》的作者基本上都是在海外生活的中国学者或者海外汉学家，并没有召集中国海峡两岸暨香港的学者，这是一个怎样的选择？

答：这绝不是有意的偏见，而是基于实际需要的配合。《剑桥中国文学史》的最初构想是由英国剑桥大学出版社（CUP）文学部主编 Linda Bree 于 2003 年底直接向我和哈佛大学的宇文所安教授提出的。在西方的中国文学研究发展史上，这是一个非同寻常的时刻。当时，美国的哥伦比亚大学出版社刚（于 2001 年）出版了一部大部头的、以文类为基础的中国文学史。同时，荷兰的布瑞尔（Brill）公司也正在计划出版一部更庞大的多卷本。就在这个时候，我和宇文所安以及几位海外汉学者也正在考虑着手为西方读者重写中国文学史，而碰巧剑桥大学出版社来邀请我们出版一部具有“特殊性”的《剑桥中国文学史》。既然我们的研究方向与剑桥大学出版社的理想和目标不谋而合，我们很自然就邀请我们原来已计划好的“合作者”（他们大都是在美国执教的汉学家，除了贺麦晓是英国伦敦大学的教授）来分别写各个章节。所以，我们从来也没考虑过作者的国籍问题。此外，这是一部用英文写的文学史，每个作者负责的篇幅又长，而且交稿期限也很紧迫，所以我们也不便去重新召集中国海峡两岸暨香港的学者。

问题 5 :《剑桥中国文学史》的读者是西方普通英语读者，这对你们在写作时有何障碍？西方知识阶层普通读者对中国文学史的了解到底处于一个怎么样的层次？

答：当然，从狭义的方面来说，“西方普通英语读者”主要指研究领域之外的那些读者，他们虽然对中国文学没什么了解，但对中国文化有一定的兴趣。所以，如何为他们提供一个基本的叙述背景，以使他们在读完之后，还希望进一步获得更多的有关中国文学和文化的知识，应当是我们的目标和挑战——但绝不是障碍。换言之，我们很想利用这个凡事追求全球化的大好机会，撰写出一部既富创新性又有说服力的新的文学史。但话又说回来，我们所谓“普通读者”并没排除在欧美世界研究中国文学的读者。在英文里，“普通读者”（general reader）就是指所有读者的意思。为了满足所有读者的需要，我们尽量用深入浅出的方式来写。

问题 6 :《剑桥中国文学史》由不同的作者创作，他们国籍不同，理论和研究背景不同。这样的文学史，在编撰中，你们是否设定了一个中国文学史的发展主线和脉络？

答：我们请来的这些作者都是同时接受东西方传统教育的人。虽然他们的国籍或许不同，但他们的理论和研究背景有很多相同之处，他们都是同样受美国或欧洲高等汉学训练的学者，所以他们很容易互相“对话”。但必须说明，在开始撰写此书之前，我们曾经把所有的作者请到耶鲁大学来开会两天，仔细讨论各个章节的主要内容、章节之间的连续、参照，以及翻译词语等问题。同时必须说明，我们的《剑桥中国文学史》基本上是个“接力赛”，所以作者和作者之间都必须不断地互相参照、配合。最难的就是其中提到的每一部作品的英译题目都必须前后一致才行，例如《金瓶梅》必须译成 *The Plum in the Golden Vase*，《西厢记》必须一致翻成 *The Western Wing* 等。这样就需要两位主编十分卖力地不断查看核对！幸亏有 E-mail，我常常会收到一个作者来信问："这个书名怎么翻译？"我就同时要给另外三四个作者发电子邮件，讨论一下该怎么翻译。而我和宇文所安也要同时以电子邮件互相讨论！我们两位做主编的确实相当辛苦，但我们都认为这是为西方汉学界服务，这是我们的义务。但可惜这些努力却是中译本的读者所看不出来的！

不用说，这本《剑桥中国文学史》书写的角度和目前国内学者所采用的方法会有不同，同时也跟中国传统的观点有相异之处。但这也就是所处文化的不同。

问题 7：在《剑桥中国文学史》最后，你们把网络文学也纳入其中，对于这一文学现象进入文学史，你和贺麦晓教授的初衷和理由是什么？

答：我们所谓"文学"指的是广义的文学，当然也包括目前这种无孔不入的网络文学。所有我们的作者（包括该部分的作者贺麦晓）都同意必须要把网络文学纳入《剑桥中国文学史》中。但可惜的是，由于各种原因，北京三联这个中文简体字版的下限时间只能截至 1949 年，故原来英文版中所涉及的 1949 年之后的文学文化状况（一直到 2008 年），这个简体中译本只得割爱了。不过，台湾的联经出版公司将来会出版繁体字的"全译本"。目前有兴趣阅读1949—2008年那段文学史的读者，请见英文版的《剑桥中国文学史》最后一章。

问题8：从目录上也就可以看到，整部《剑桥中国文学史》的体例很多，有围绕人物而写，有断代，有文体，等等，你们怎么尽量减少体例繁多带来的阅读障碍或困扰？这样一种写法，是否也是《剑桥文学史》系列中少有的现象？从这也可以看出中国文学史发展的特殊性在哪里？

答：如果把我们的《剑桥中国文学史》和《剑桥意大利文学史》相比，我并不觉得我们的体例特多。其实，剑桥文学史的每一本“欧洲卷”也同样具有各种不同的体例——有围绕人物而写，有按不同的分期、不同的文体分类来写，等等。我想《剑桥中国文学史》较为特别的地方乃是它所包含的“文学史”的时间长度。因为剑桥文学史的“欧洲卷”均各为一卷本，唯独《剑桥中国文学史》破例为两卷本，这是因为中国历史文化特别悠久的缘故。巧合的是，第二卷的《剑桥中国文学史》在年代上大致与剑桥文学史的欧洲卷相同，且具有可比性。

问题9：宇文所安教授在上卷导言中说道：“所有这些现场都为文学史带来了难题：这些现场清楚表明，作为一项现代工程的文学史，在何种程度上与民族国家及其利益绑缚在一起，为民族国家提供一部连绵不断的文化史。……”这里其实就是涉及一个“语言政治”问题。你认为，你和其他几位学者在编写这部著作的时候，总体上是如何处理这个问题的，即文学与政治的关系？这个关系可能在现当代文学的篇章尤其引人瞩目，因为这涉及国、共两党的意识形态之争。

答：文学史当然会涉及"语言政治"。我想有关这一点，宇文所安教授是同意的。但下册有关现当代文学的篇章，以及"国、共两党的意识形态"诸问题，不会出现在这个北京三联的简体版中（前面已经说明，这个中文简体字版的下限时间只能截至1949年）。幸而《剑桥中国文学史》的英文版早已于2010年出版，读者可以参考。

问题10：《剑桥中国文学史》是否也是一次重新检视白话文运动以来中国文学的机会？哪些固有的范畴通过这次书写，被这部文学史所排斥或者扔掉了？

答：《剑桥中国文学史》肯定是一次"重新检视白话文运动以来中国文学"的好机会。有关这个话题，以及哪些"固有的范畴"被排斥的问题等等，颇为复杂。总之，这些问题不是在这里能用几句话来概括的，故请参照王德威教授的那一章（1841—1937）。

问题11：《剑桥中国文学史》的编写前后整整10年，这10年的编写，能谈谈你个人的感受吗？

答：其实，英文版的《剑桥中国文学史》，前后的编写只花了4年的工夫——从2004年暑假开始，到2008年暑假交卷为止。但此书最累人的地方就是有Index——索引。大约有一年的时间（从2008—2009年），我们一直在奋斗挣扎，就是为了努力在几个月的时间完成索引。而且，为了配合书面和各种电子版的需要，编撰索引的过程要比从前的难度高得多；现在剑桥大学出版社所要求的是一种称为 XML 的 indexing，即使让一个人每日埋头苦干，最快也要花上几个月的时间才能完工。所以，最后我们聘了一位职业编辑顾爱玲（Eleanor Goodman）来为我们做这事。她愿意承担这个编索引的艰苦工作，完全是本着任劳任怨的精神，令我们既感激又感动。总之，这个十分烦琐的工作阶段至少花掉了一年。当然在这艰苦的过程中，我也学了不少东西。

现在这套书又被译成中文，实在不容易。首先，我们要向编辑冯金红和各位作者献上感谢。同时，必须感谢几位细致严谨的翻译者：刘倩、李芳、王国军、唐卫萍、唐巧美、赵颖之、彭怀栋、康正果、张辉、张健、熊璐、陈恺俊。他们的译文大都经过了作者本人的审核校订。但其中有两位作者坚持自译——李惠仪和奚密教授。当然，我们还要感谢北京三联书店的各位同仁，是他们的全力支持使得《剑桥中国文学史》的中译本得以顺利在中国大陆出版。

现在《剑桥中国文学史》的中译本简体字版即将出版。我相信宇文所安和各位作者都有同感：这是一个令人快乐的时刻。

（本文摘录曾刊于上海《东方早报》，2013 年 7 月 19 日）

附录

《孙康宜作品系列》校读后记

李保阳

一、缘起

世间事，往往奇妙得不可以言喻！我为孙老师校读《孙康宜作品系列》（以下简称作品系列）书稿，就是一个奇妙的见证！

2020 年 3 月，当新冠病毒席卷新大陆的前夜，我正在休假，那段时间每天开车跨过特拉华河，到普林斯顿大学葛思德东方图书馆看书。有一天傍晚，我借了几本书准备回家，走出书库的一瞬间，瞥见书架一角有一册《耶鲁潜学集》，因为“耶鲁”两个字，心想作者不会就是孙康宜教授吧。于是就多看了一眼书脊，发现作者赫然就是“孙康宜”。20 多年前，我在陕南读大学的时候，曾经读过孙老师的《情与忠：陈子龙、柳如是诗词因缘》。但是对孙老师印象最深的，是传说中她那 100 平方米大的书房潜学斋，以及斋中那足足 5 张的书桌，这对直到现在尚无一个像样书房和完整书桌的我来讲，是怎样的一种诱惑呢？于是想都没想，顺手就从书架上抽出那本《耶鲁潜学集》一起借出。我要看看孙老师的书房究竟长得是什么样子。

读了书中《在美国听明朝时代曲——记纽约明轩〈金瓶梅〉唱曲大会》那篇文章之后，灯下无言，感慨久久。溯自2016年秋，我到纽约访书10多天，有一天走出哥伦比亚大学东亚图书馆，信步闲走，竟然走到了中央公园旁的大都会博物馆，就进去匆匆忙忙地“到此一游”。说来也是奇妙，在那迷宫样的博物馆里，我竟然上了二楼，歪打正着地闯进了一座精雕细琢、美轮美奂的江南园林。在大洋彼岸的曼哈顿闹市区大都会博物馆二楼，竟然藏着这么一个完全传统中国风的江南园林！我在江南生活过10多年，走过的江南明清时代遗留下来的山水园林，不下什百，但还是被眼前的这座原汁原味的艺术品给惊呆了！那时候我还不知道这座园子叫“明轩”，也不知道在35年前，这里曾发生过一批当时蜚声海外汉学界的汉学家的丝竹雅集。是次雅集，以耶鲁大学傅汉思先生的夫人张充和女士演唱《金瓶梅》小曲为中心，参加的人计有：张充和、傅汉思、夏志清、王洞、浦安迪、高友工、江青、孙康宜、芮戴维、陈安娜、唐海涛、袁乃瑛、高胜勇等数十人，多是当年北美汉学研究界一时之选，极中国传统流风余韵之雅。

20世纪七八十年代，普林斯顿大学的明代研究很是兴盛（我猜那个“明轩”的名字，很可能和当时普林斯顿大学的明代研究之繁荣有某种关联），高友工、牟复礼两位先生勤耕教坛，培植出一众研究明代的高足，如明代叙事文学研究之浦安迪、明代财政研究之何义壮（Martin Heijdra）等，都是杰出代表。关于普大的明代研究，有两个有趣的故事值得一提。

第一个故事是，1975年前后，当时任教于耶鲁大学的张光直教授，要写一本有关中国人饮食文化的书，他找到牟复礼教授，请牟先生写有关明代一章。牟先生思来想去，关于明代饮食最直观的材料就是《金瓶梅》中大量关于宴会细节的描写，于是他发挥了西方学者一贯的实证学风，专门请了浦安迪、孙康宜、高天香等当时普大一众师生到他府上聚餐，让擅长中国厨艺的牟夫人陈效兰女士掌勺，按照《金瓶梅》全书中描写的22道不同菜品谱式，烧制了一席“金瓶梅大宴”。当天还请孙康宜用毛笔把那22道菜谱抄录了下来，一直流传到今天（见《在美国听明朝时代曲——记纽约明轩〈金瓶梅〉唱曲大会》所附图）。

第二个有趣的故事发生在“金瓶梅大宴”后6年，即1981年4月。一次偶然的机会，时任普林斯顿大学葛思德东方图书馆馆长的孙康宜和东亚系浦安迪教授两人建议张充和女士组织一次《金瓶梅》唱曲雅集。充和女士是有名的“合肥四姐妹”中的幺妹，被誉为中国“最后一位闺秀”。她最为人称道的故事之一是当年以数学零分、国文第一的成绩被胡适校长破格录取，进入北大中文系读书。张家世代书香，子弟们自幼浸淫于传统文艺环境中。充和女士少女时代就在苏州接受传统的昆曲训练。1949年，她与夫婿傅汉思教授移居新大陆，一直没有放弃她的书法和昆曲爱好。数十年来，她以这种根植于传统中国的艺术，涵养其高雅的生命气质，并且以耶鲁大学为基地，培植弟子，让英语世界了解这种精致典雅的中国艺术精髓。在孙、浦两人提议之后不久，当时尚未完工的纽约大都会博物馆明轩，就为他们的雅集提供了活动场地。于是就有了1981年4月13日纽约明轩的“《金瓶梅》唱曲雅集”。

上述的两个故事可以作为《1949年以来的海外昆曲——从著

名曲家张充和说起》《在美国听明朝时代曲——记纽约明轩〈金瓶梅〉唱曲大会》两篇文章的背景来读，也可以当作《金瓶梅》海外传播的史料来看。这两个故事，也反映了20世纪七八十年代，中国古典研究在美国的一个繁荣时代的侧影。后来的中国文学研究重心，逐渐向现代研究转型了。对于古代文学专业的我来说，读了孙老师的那篇文章后，遂对那段美国汉学研究，产生了一种“胜朝”的“东京梦华”式的想象和感慨。尤其是孙老师在《在美国听明朝时代曲——记纽约明轩〈金瓶梅〉唱曲大会》一文中，详细记载了明轩的建造过程：明轩是参照苏州网师园的殿春簃异地建造，肇造于1977年，由当时普林斯顿大学教授艺术史的方闻先生，奔走于纽约和苏州之间协调，最后由苏州园林管理处派工27人建造。“那50根楠木巨干是由四川、云南等僻远之处直接运来，那些一寸一寸的铺地砖则全为苏州‘陆慕御窑’的特制精品，此外像那参差错落的太湖石也辗转自虎丘附近一废园搬运来的。”原来我当日所见的那精致的园子，是一砖一瓦地由中国万里跨海而来，于是不由得让人对那一砖一瓦顿生一种“我亦飘零久”的跨时空共情。

读完那篇文章后，我在耶鲁东亚文学系的网页上找到孙老师的E-mail地址，给她写了一封长长的读后感。当时也没有奢望孙老师会回信给我，她那么忙，我仅是她千万读者中默默无名的一个而已（孙老师后来告诉我，当时76岁高龄的她，仍担任东亚语文系研究所的负责人，每天要处理近百封来自世界各地的邮件），我的目的只是把自己当年读她的书，和20多年后在海外再读她书的巧合告诉她而已。没想到过了3个星期，我都快要忘记这事了，突然收到孙老师一封长长的回信（不是一般作者敷衍读者的三言两语式的那种客套）。她除了向我道歉迟复邮件的原因外，在信中还附赠了2018年在台湾出版的《孙康宜文集》五卷电子本全帙。这完全出乎我的意料。于是我有了机会，更加集中地系统阅读孙老师的著作，并有机会就阅读过程中的一些感想，直接和她E-mail分享，她也会及时回应我。大约一周后，当我刚刚拜读完《走出白色恐怖》时，收到孙老师的一封邮件，在那封邮件中，她告诉我，她正在广西师范大学出版社出版中文简体增订版《孙康宜作品系列》，因为她的文章非常专业，她本人一直在海外从事教学和研究工作，希望能够找一位“特约编辑”，为书稿的编辑工作提供必要的学术和技术支持。孙老师告诉我，她经过认真考虑之后，打算请我帮她承担这个工作。我是古典文学专业毕业，又做过编辑，能得孙老师信任，自感不胜荣幸。同时我还有一点小私心：即我一直在中国上学，没有机会接受欧美现代学术训练，对海外的中国学研究甚感隔膜，通过这次系统“细读”孙老师半个世纪以来的学术结晶，可以帮助我了解欧美汉学研究的方法、历史和现状，弥补我这方面的缺憾。经过大约一周的相互磨合、调整，以及工作试样，但最后却因为一点点的技术障碍，没有了那个“特约编辑”的名分，但仍由我为孙老师担任校对（proof-reading）工作[①]。

通过校读作品系列全稿，我当初的那个“私心”之愿实现了。我以孙老师的文章为起点，对海外汉学研究——尤其是新大陆汉学研究——有了一个鸟瞰式的了解。现在就我的校读感想，对孙老师

① 关于我和孙老师一起合作的详细经过，可以参见《从北山楼到潜学斋》卷末附录拙作《校读后记》（台北：秀威资讯科技股份有限公司，2020年版），以及我与孙老师合撰之《避疫书信选：从抱月楼到潜学斋》（台北：秀威资讯科技股份有限公司，2021年版）。

的这部大型作品系列，做一粗略的解读。我的解读是在校读过程中随机而发的，故没有宏观的系统性，对孙老师的研究也没有存全面式解读的宏愿，只是作为一个“细读”者的随感，纯粹是我自己的感想，也许对读者有他山之石的作用。

二、孙康宜教授的古典文学研究

孙老师的研究领域非常之广。1966 年，她毕业于台湾东海大学外文系，本科论文是“The Importance of Herman Melville to Chinese Students with a Comparison between the Ideas of Melville and Prominent Chinese Thinkers”（《赫尔曼·麦尔维尔对中国学生的重要性——兼论麦尔维尔与中国著名思想家的思想比较》）。毕业后，旋考入台大外文研究所，但硕士学位还未念完，就到美国来了。1969 年 1 月，入读美国新泽西州立罗格斯大学（Rutgers, the State University of New Jersey），1971 年，获得图书馆学硕士学位。当时她已进入南达科他州立大学英语系攻读英国文学。1973 年，进入普林斯顿大学东亚系，师从高友工教授攻读中国古典文学，1978 年，以《晚唐迄北宋词体演进与词人风格》一文获得文学博士学位，从此奠定了她此后半个世纪的学术研究大方向。

孙老师是一位高产学者，其文学世界[①]很难用传统的分类法来描述。我在通读其全部作品系列和其他一些作品之后，将她所涉

① 孙老师既是学者，又是作家，同时还扮演着复杂层面的文化角色，所以笔者很难用“研究范围”或者“创作主题”这样相对狭窄的概念来概括其文学，故这里用“文学世界”这个更加宽泛的概念来囊括上述主题。

及的文学世界粗线条地概括如下：(1)中国古典文学研究，包括六朝诗歌研究、唐宋词研究、明清文学研究、中国古典诗歌译介、中国古典文学史编纂；(2)西方文学批评，包括现代欧美作家介绍、书评、电影评论；(3)文学创作，包括传记散文的创作、中西文诗歌创作、学术报告文学创作①、书信创作；(4)横跨古今中外的女性文学研究；(5)多面向的理论尝试与创新，比如"影响的焦虑"、文学的经典化、"面具"理论等。因为学术背景的限制，我无法对孙老师的全部文学世界进行全景式的探索，本文着重就校读其作品系列过程中，对其中国文学研究成就，略谈一谈自己的感想。

1. 有关鲍照和谢朓对律诗的贡献

在《六朝诗歌概论》这本书中，作者在论述鲍照诗歌的"社会现实主义"(social realism)特色时云："鲍照的革新，在于把常规的'闺怨'改造成了男性的口吻。现在，是丈夫而不是妻子在抒发强烈的怀人之情。通过男性主人公的详细描述，诗中的女性成为关注的焦点。"(《千年家国何处是》第116页)也只有女性的敏感，才能从这个角度来探讨鲍诗的个性特色。

我对这本书的兴趣点在于，作者以鲍照的参照系，从技术层面论述律诗结构的内在逻辑云："(1)从非平行的、以时间为主导的不完美世界(第一联)，到平行的、没有时间的完美状态(第二

① 学术报告文学是笔者创造出来的一个不得已的名词，它既不同于传统的学术报告，也与传统的报告文学有异。它包括孙老师对身边的学人的走访记录，与传统的"剧本式"访谈录不一样，既是当代学术史文献的客观真实记录，又有散文创作的随兴和文艺笔调。学术报告文学还包括作者对一些学术会议的记录，这种记录不同于一般的学术秘书做记录的那种公文文体，它既有学术研究的客观严谨，又有游记散文的轻松与洒脱。

联和第三联）;（2）从平行而丰满的世界，回到非平行和不完美的世界（第四联）。通过这样一种圆周运动的形式化结构，唐代诗人们或许会感到他们的诗歌从形式和内容两方面，都抓住了一个自我满足之宇宙的基本特质。”（《千年家国何处是》第150—151页）这正是律诗创作过程中，创作者完整的心理和技术过程的细微描述。律诗的首末两联，经常承担的是一种“附属结构”的功能，一般是首联引起将要进入的诗境缘起，尾联则需有对全诗收束的仪式感。这两联都有赖于中间两联的丰满，方能将全诗“黏”起来，形成一个完整的美学宇宙。中间两联要有一种承继或者平行的关系，又不能反复，还要讲求意蕴的字面的对仗，所以是律诗中特别花费心力的部分。因而作者将第二、第三两联定义为“完美状态”，洵为至论也。而首尾两联的不平行和不完美，常常是对读者的诱惑所在，从诗人角度来讲，又是支撑中间两联“完美”的动力所在。

而谢朓何以能在诗歌形式上突破传统的局限，孙老师从谢氏取景与陶渊明笔下景物之异趣得到灵感：“谢朓与陶渊明还是有区别的。谢朓的山水风光附着于窗户，为窗户所框定。在谢朓那里，有某种内向与退缩，这使他炮制出等值于自然的人造物。”“他用八句诗形式写作的山水诗，可能就是这种欲望——使山水风光附着于结构之框架——的产物。”“他的诗似乎达到不同类别的另一种存在——一个相当于窗户所框定之风景的自我封闭世界。其中有一种新的节制，一种节约的意识，一种退向形式主义的美学。”（《千年家国何处是》第164—165页）这种细腻入理的文本细读和联想体味，在学理上能自圆其说。有关诗体演变的事实，这是一个角度非常新颖的解释。

2.《词与文类研究》的“细读”贡献

撰写《词与文类研究》的起因，孙老师如是说：“20 世纪 70 年代初期乃风格与文体批评盛行之际，我正巧在普林斯顿大学做研究，有幸向许多专家求教，高友工教授所赐者尤多。他以研究中国古典文学闻名学界，精深广博，循循善诱，启发我对文学批评与诗词的兴趣匪浅。我对传统词家的风格特有所好，始于此时，进而有撰写专书以阐明词体演进之念头，希望借此把主观之欣赏化为客观之鉴赏。拙作《晚唐迄北宋词体演进与词人风格》，就是在这种机缘与心态下撰成。”（《北美 20 年来词学研究——兼记缅因州国际词学会议》）

对唐词肇兴的原因分析，孙老师指出唐玄宗的“梨园”设置功不可没，而其作用却并非是皇室本身以词为娱乐形式的正面催化刺激，乃在于安史之乱后，梨园子弟星散民间，使得“伎馆”在原有基础上，补充了大量高素质的专业乐工与歌伎。“中唐以后，教坊颓圮，训练有素的乐伎四出奔亡，直接影响到往后曲词的发展。”（《长亭与短亭》第 25 页）

此外，这本书以公元 850 年（唐宣宗大中四年）为研究的上限时间点，是因为这一年是《花间集》收录的作品可考知的最早年限。除此以外，从文体演进本身的发展进程着眼，“850 年以前的词，大受绝句掣肘，其后的词体才慢慢有了独特的结构原则，不再受绝句的影响”。（《长亭与短亭》第 41 页）“850 年以后的新词，结构与长度都不为绝句所限，反而含括两‘片’等长的单元，虽则其加起来的总字数不超过 58 字。”(《长亭与短亭》第 45 页)“850 年前后，确为词史重要分水岭。原因无他：‘双调’小令适于此时出现，而其美学体式也于此时确立。850 年以前，‘词’还不是独立文体，其后则进入一个崭新的时代，逐渐发展出特有的传统。我们常说温庭筠和韦庄是词史开疆拓土的功臣，原因概如上述。”(《长亭与短亭》第 46 页)

孙老师在文本细读方面的一个显著的特征是，尤其注重词体的本体特征，比如“换头”和“领字”以及“衬字”这些词体特有的文体结构特征：“词体演变史上最重要的新现象乃‘换头’的形成……‘换头’一旦出现，词的读法也有新的转变，较之曩昔体式，可谓角度全非。”(《长亭与短亭》第 45 页)“慢词最大的特征，或许是‘领字’这种手法。其功能在于为词句引路，抒情性甚重。柳永提升此一技巧的地位，使之成为词史的重要分界点……‘领字’是慢词的独特技巧，有助于词句连成一体。”(《长亭与短亭》第 122 页)“这些诗人词客(保阳按：指柳永之前少数创作慢词的唐五代作家)都没有施展‘领字’的手法，而‘领字’正是宋人的慢词之所以为慢词的一种语言技巧。”“柳永首开‘领字’风气，在慢词里大量使用，往后的词人又加以沿用，使之蔚为慢词的传统技巧。”(俱见《长亭与短亭》第 134 页)“‘领字’可使句构富于弹性，这是慢词的另一基本特征，也是柳永的革新何以在词史上深具意义之故。”(《长亭与短亭》第 137 页)此外，孙老师用“衬字”来解释柳永词集中同调作品没有一首相同体式的原因，从而对前代词学家语焉不详的这一现象，予以让人信服的解释：“词学的另一重要关目是词律的体式。柳词让词话家深感困惑者，乃为同词牌的慢词居然没有一首是按同样的词律填的……同词牌而有不同律式，并非因许多词学家所谓的‘体调’变异有以致之，而是由于‘衬字’使然。”（《长亭与短亭》第158—159页）而衬字的熟练使用，乃在于柳永高人一等的音乐素养。基于此，作者对历代墨守成规的词家大不以为然：“他视自己的每首词为独立的个体，即使同词牌者亦然。这表示他极思解放传统，不愿再受制化结构的捆绑。遗憾的是，后世词家仍沿袭一脉相传的‘传统’，以致自缚手脚，发展出‘填词’与‘正体’的观念，以别于所谓‘变体’者。他们步步为营，对正统词家立下的字数与律式的注意，远超过对词乐的正视。这种发展也为词乐分家种下难以拔除的根苗。”（《长亭与短亭》第159页）学术界目前公认慢词成熟并大兴于柳永之手，但多从词学接受史视角进行归纳式论证。作为受过新批评理论影响的孙老师，她通过细读文本，从柳词作品本身出发，以词体有别于其他文体的个性特征来论证柳永对词史的贡献，这个论证策略无疑是相当具有说服力的。另一方面也表现出作者力排众说，不为前人成说所囿的理论勇气。这一点在40年前的海外词学研究领域中，尤其难能可贵。该章第三节《柳永的慢词诗学》前半篇把“领字”和“换头”分析得淋漓尽致，后半篇以刘若愚的“连续镜头”和弗里德曼（Ralph Freedman）的“鉴照”理论为工具分析《夜半乐》和《戚氏》，行文真可谓“峰峦叠嶂，翠墨层绵”，层层递进，如破竹剥笋，让本来纷繁杂沓的意象“纷至沓来，几无止境”，“行文环勾扣结而连场若江河直下”。这些话语虽是作者用来评骘柳词的，但移以表彰该章行文的绵密酣畅，亦恰当合适。

孙老师论述苏轼在词史上的贡献，集中在“最卓越的成就则在拓展词的诗意”“苏轼却是为词特撰长序的第一人”“苏轼另一词技是使用史典”这三个方面。孙老师对苏词这三个方面的总结，直到今天的一些苏词论著中，仍被采纳。孙老师对苏轼词中小序的论述尤其别具手眼。她称苏轼《江城子·梦中了了醉中醒》一词的小序是“自我体现的抒情动作的写实性对应体”，这句读起来有点拗口的中文翻译，可以看作是她对词序这个独立存在的文体下的定义。她对此定义有下面一段解释：“如果词本身所体现的抒情经验是一种‘冻结的’‘非时间’的‘美感瞬间’——因为词的形式本身即象征这种经验，那么‘词序’所指必然是外在的人生现实，而此一现实又恒在时间的律动里前进。[①] 事实上，‘词序’亦具‘传记’向度——这是词本身所难以泄露者，因为词乃一自发而且自成一格的结构体，仅可反映出抒情心灵超越时空的部分。词家尤可借词序与词的结合，绾绞事实与想象为一和谐有序的整体，使得诗、文合璧，再不分离。”（《长亭与短亭》第 173 页）这段文字流转如弹丸，似盐入水，可以看作是以西方文论解释传统诗词的范本，为华语世界本土学者提供了一个思考问题的向度。

另外，孙老师将宋诗倾向于理学哲思的整体风格的形成，与苏轼开拓词的功能联系起来，这个观点亦颇具新意。盖苏轼在词坛的开拓革新，使得早年属于“艳科”“小道”的“末技”，一跃而成为与传统诗歌并驾齐驱的文学体裁，成为“抒情的最佳工具”，于是宋诗只好别寻蹊径，开坛张帜：“近体诗在唐代抬头，变成抒情咏颂的工具，‘词’在宋代也成为纯抒情最佳的媒介。所谓

---

① 孙康宜《词与文学研究》，北京：北京大学出版社，2004 年版，第 125 页。

的‘诗’呢？‘诗’开始跑野马，慢慢从纯抒情的范畴转到其他领域去。宋诗和唐诗有所不同，对哲思慧见兴趣较大。宋人又竞以理性相标榜，养成唯理是尚的作风。因此，随着时间的流逝，‘词’反倒成为‘抒情的最佳工具’，以别于已经转向的‘诗’。这种转变诚然有趣，但若无苏词推波助澜，绝不可能在短时间内成就。”（《长亭与短亭》第 176 页）

3. 回归文本的文学研究

从上文对苏词小序功能的论述，又让我想起另外两篇文章，这些都在在彰显出孙老师对文体的敏感。

如果我们把诗词看作是作者内在情绪的一种抒情文本，那么不管是诗词外的序跋，还是夹杂在诗词字句之间的注释，都是一种外化的说明。孙老师将这种“内在”和“外化”称为 private 和 public，并认为这是龚自珍之所以被称为近代文学开山之祖的文体证明。“龚的自注赋予其诗歌强烈的近代气息。对龚自珍而言，情诗的意义正在于其承担的双重功能——一方面是私人情感交流的媒介，另一方面又将这种私密体验公之于众。事实上，《己亥杂诗》最令人注目的特征之一，就是作者本人的注释散见于行与行之间、诗与诗之间，在阅读龚诗时，读者的注意力经常被导向韵文与散文、内在情感与外在事件之间的交互作用。如果说诗歌本文以情感的浓烈与自我耽溺取胜，诗人的自注则将读者的注意力引向创作这些诗歌的本事，两者合璧，所致意的对象不仅仅是情人本身，也包括广大的读者公众。这些诗歌之所以能深深打动现代读者，奥妙就在于诗人刻意将情爱这一私人（private）体验与表白这一公众（public）行为融为一体。在古典文学中很少会见到这样的作品，因为中国的艳情诗有着悠久的托喻象征传统，而这种特定文化文本的‘编码’与‘译码’有赖于一种模糊的美感，任何指向具体个人或是具体时空的信息都被刻意避免。郁达夫曾指出，苏曼殊等近代作家作品中的‘近代性’（modernity）在很大程度上得益于龚自珍诗歌的启发，或许与此不无相关。”（《写作的焦虑：龚自珍艳情诗中的自注》）

后来当孙老师撰写施蛰存的《浮生杂咏》时，她认为施蛰存的这种自叙传式的诗体创作，有着对龚自珍《己亥杂诗》——尤其是后者文本中的自注这种文体特征——的自觉继承。这种继承在文学史上相互表现为各自的“近代性”与“现代性”的创新。孙老师认为，施蛰存《浮生杂咏》中每首诗采用的注释自有其个性，即龚注本事，让读者穿梭于内在的抒情文本与外在本事之间，彰显出一种文学的“近代性”；而施注则有一点随笔的性质，充满一种趣味或者生活的智慧，这是一种文学的“现代性”：“施蛰存在《引言》中已经说明，他在写《浮生杂咏》诗歌时，‘兴致蓬勃，卮言日出’。因而使他联想到龚定庵的《己亥杂诗》……我想就是这个‘趣’的特质使得施先生的《浮生杂咏》从当初模仿龚自珍，走到超越前人典范的‘自我’文学风格，最明显的一点就是施的诗歌‘自注’已大大不同于龚那种‘散见’于行与行之间、诗与诗之间的注释。施老的‘自注’，与其说是注释，还不如说是一种充满情趣的随笔，而且八十首诗每首都有‘自注’，与诗歌并排，不像龚诗中那种‘偶尔’才出现的本事注解。值得注意的是，施先生的‘自注’经常带给读者一种惊奇感，有时诗中所给的意象会让读者先联想到某些‘古典’的本事，但‘自注’却将读者引向一个特殊的‘现代’情境。”(《施蛰存的诗体回忆:〈浮生杂咏八十首〉》[①])

从上文所引苏轼词的小序，到龚自珍《己亥杂诗》注释，再到施蛰存《浮生杂咏》的注释，在在表现出孙老师对文体的敏感。20世纪70年代末，她撰作《晚唐迄北宋词体演进与词人风格》时，关注的重心即在“genre”（文体，文类），故此书后来中译本干脆名为《词与文类研究》。迨近年来她以学术之笔叙写施蛰存《浮生杂咏》时，仍以文体的不同功能彰显施蛰存的创作特色。孙老师关注的始终是文本自身的特色及其继承性。通过细读，展现文体特征在文学史发展进程中的意义。尤其是龚自珍和施蛰存，他们韵文体诗词和散文体注释的相互出入所形成的美感和张力，是奠定他们文学创作之近代性和现代性的一个不可忽视的因素[②]。从文体互动的角度解释文学史的发展，这种研究向度，给近年愈来愈“历史化”的文学研究，提供了一个成功的范例。这样的研究告诉我们：文学研究，还得回归文学本身。

4.《乐府补题》研究的创新试探

《〈乐府补题〉中的象征与托喻》全文有一个强烈的符号：作者在尽全力尝试对《乐府补题》的解读。这种努力的一个明显的表现是：作者不断在分析咏物词的意象时，揳入对解构框架下理论名词的解释。这是中西文学比较研究无法回避的一个技术问

① 《施蛰存的诗体回忆:〈浮生杂咏八十首〉》发表于《温故》2013年9月号。

② 当然，龚自珍的“近代性”还和他所处的19世纪中国政治及社会变迁有关，施蛰存的现代性与他所处的20世纪中国社会、文化背景，以及他的现代主派小说创作有很大关系。这是值得另外深入研究的主题。

题。因为《乐府补题》自从清初被发现以来，传统的批评家一直在对其进行政治解读，万斯同编纂《南宋六陵遗事》、朱彝尊重刊《乐府补题》都是这一努力的佐证。但是如何避免附会式阅读（allegoresis），就得寻求一种大而化之的理论高度来进行解说，这样可以避免只见一城一池的零碎与不合理。当作者肯定遗民词人“理想的间接表意形式”是咏物词时，她自己也找到了解剖咏物词的理论手段——象征（symbol）和托喻（allegory）。但是这两种方法在西方批评语境中是完全不同的两个事物，“西方批评家在阅读作品时，一般不把这两种手法结合起来”。而作者认为“象征和托喻在中国诗歌中不是互相区别而是互为补充的，而且两者可以并存于同一文本”。这是作者在结合中西文本与批评的操作过程中遇到的第一个挑战。她的处理策略是“专注于讨论《乐府补题》中的象征与托喻是如何与西方概念相似而又（更重要地）相区别的”，为了证明这一策略的“吾道不孤”，作者引用叶嘉莹在其“Wang I-sun and His Yung-Wu Tzú”（《论王沂孙及咏物词》）中对“托喻”符合中国传统的解释为自己佐证。这是中西比较文学实践中的权宜办法，也是作者折中中西文学研究的高明之处：“西方批评仅在开始比较概念时起作用，但在使用它的时候，我们不能为它的独特‘西方’含义所限制。”这还不是西方理论和中国古典诗词结合时的第一次扞格。

另一个表现是，在分析的过程中创造性地综括出一些术语，以方便论述，比如“枢纽意象”“意向型托喻”“托喻词集”等。这些可以视作作者在弥合东西方文学批评时的技术性贡献。

5.《情与忠：陈子龙、柳如是诗词因缘》

孙老师对明末清初文学的描述，从她这本书的章、节题目中即可窥其一斑，如她所谓“情与忠”，这里的情特指的是“艳情”，尤其是男女之间那种无关乎政治托喻的艳情，甚至是和歌伎之间的艳情。作者以西方术语“譬喻”（figura）”作为来宏观视角来综观陈子龙前后两期创作中的“情”与“忠”，实在是一个非常独特的视角。盖“‘譬喻’主要用于《圣经》的诠释，让《旧约》人、事预示《新约》出现的人、事”。“‘情’与‘忠’都是陈子龙切身的经验，故可视为喻词的两极，彼此互相关涉也互相‘实现’。此外，就像譬喻诠释中的两个条件一样，‘情’与‘忠’由于皆具‘时间性’，对陈子龙而言就更加重要：一个代表过去的时间，一个代表目前的生活。‘情’与‘忠’一旦形成譬喻上的结合，词人目前的生活就会摧拉人心似的展现过去的意义——这个‘意义’过去的陈子龙并不知道——而在此同时，目前的生活也会回首从前，从而又扩大目前的意义。从更宽的角度来看，‘情’与‘忠’根本就包容在某‘超越时间’（supratemporal）的整体里：不为时间所羁的真情世界。”“陈子龙另有贡献：他把文化现象转化为新的词学，故而在美学传统里树立起一种重写式的诠释方法。”

孙老师以休厄尔的“悲剧灵视”（tragic vision）来审视陈子龙的诗作，并解释道：“此书所称的‘悲剧灵视’有别于亚里士多德所谓的‘悲剧性’。”此书所指乃贤者遇逢的悲剧性苦难，至于亚氏所指，则需有基本的‘悲剧缺憾’才能成立——至少典型的亚氏‘悲剧’必须如此。休厄尔以约伯的苦难为例来定义‘悲剧缺憾’。他说：‘（约伯）受苦受难并非他犯有死罪。他一再遭受打击……也不是因为过去（作恶多端所致）。'”而陈子龙正是具此“悲剧灵视”的人。“我们在卧子诗中所看到的，是苦难与高贵情操的如影随形。在他的诗中，诗人的悲剧英雄形象被重新定位：悲剧英雄主义已经转化成为美学原则。本章拟举若干陈诗为例，借以检讨诗人的悲剧形象。”（《千年家国何处是》第371页）

6. 明清文学研究

明代文学。关于明代文学研究，2008年孙老师在接受宁一中、段江丽伉俪采访时坦言：“到了80年代末，我回忆自己在普林斯顿所受的明代历史的教育，联想到明代以及清代文学，发现当时在北美，除了《红楼梦》等少数几部小说之外，明清文学几乎被忽略了，尤其是诗歌，1368年以后的诗几乎无人论及。于是我准备关注这一领域，在我的知识储备中只有一些历史知识，于是自己想方设法弥补文学方面的知识。”作者在21世纪初期，先后发表了5篇和明代文学相关的长篇论文[①]，这些论文之间有内在的学理联系，可以视为作者对明代文学研究的一个著作系列。

孙老师对于撰述明代前中期文学史，虽言“填补空白”，但其视角之宏大和实际操作之成功，比之《词与文类研究》，虽在系统性上稍逊，但其撰述视角的宏阔和理论勇气，都超过了《词与文类研究》。若能展开章节，增加篇幅，与《陈子龙柳如是诗词情缘》合璧，可称为一部视角新颖立论别出的明代文学史。

① 它们分别是《重写明初文学：从高压到盛世》（2006）、《台阁体、复古派和苏州文学的关系与比较》（2005）、《中晚明之交文学新探》（2007）、《文章憎命达：再议瞿佑及其〈剪灯新话〉的遭遇》（2007）、《走向边缘的“通变”：杨慎的文学思想初探》（2010）。这5篇文章都已收入《西学东渐与东学西渐》第二辑《由传统到现代》。

《重写明初文学：从高压到盛世》写明初文学。本文最特殊之处乃在于为明初、中文学发展史做出三段划分。《台阁体、复古派和苏州文学的关系与比较》，是最精彩的明代文学研究篇章。《中晚明之交文学新探》探讨贬谪文学、妇女形象（文学）重建，尤其是对妇女文学复兴原因的分析，认为是边缘化社会趋势，导致他们对一直处于社会边缘的妇女地位的认同，这个论点很有见地。本文中论及的小说改编——文言之“剪灯”系列，三大白话小说的改编，其中对《三国演义》在嘉靖年间的改编特色总结得非常有新意。

明清易代之际文学研究。这一时期的研究实际上可以看作是上承明代文学研究而来的自然结果。我之所以将这段时期的文学研究单独列出，乃是鉴于近年来，学术界在文学历史分段方面有一种趋势，即将“明清易代之际”作为一个特殊的文学时间段单列出来[①]，这段时期既不属于明代文学史，也难含括进清代文学史。这一时期独特的社会历史背景，造就了独特的文学面貌，并形成了一种有别于此前文学传统的精神，影响波及后世。这种独特的文学风貌与大时代变局的激荡、新的社会思潮以及社会生活形态的新变息息相关。孙老师的《情与忠：陈子龙、柳如是诗词因缘》一书中，有精彩的论述。我之所以说孙老师的这一段文学史的研究是承其明代文学研究之续余而来，仍见于上引她回答宁一中、段江丽的采访：“正是在这一‘补课’（笔者按：指填补明代文学研究

① 10多年前，笔者在杭州，曾不止一次地听沈松勤教授谈论这段时期文学的特殊性及其研究构想。2018年，沈松勤教授出版《明清之际词坛中兴史论》，是其对这段时期文学特殊性（以词这种特殊问题为代表）研究心得的总结。

之缺失）的过程中，我接触到了陈寅恪先生的《柳如是别传》，这本书对我影响很大。我觉得柳如是很有意思，对她产生了浓厚兴趣，这就是我第三本书《情与忠：陈子龙、柳如是诗词因缘》的写作背景和因缘。”除此以外，属于这段时间范围内的文学研究还有几篇代表性的单篇论文，如《隐情与“面具”——吴梅村诗试说》（1994）、《钱谦益及其历史定位》（2006）等。

清代文学。孙老师的清代文学研究代表性篇章有《典范诗人王士祯》（2001）、《写作的焦虑：龚自珍艳情诗中的自注》（2005）、《金天翮与苏州的诗史传统》（2006）。在清代文学研究中，我印象比较深的是孙老师对“苏州”这个超脱的文学意象的描述。盖“苏州”一词，在中国文学世界里，早已超越了地理和历史概念，成为一个蕴涵十分复杂的意象。如果实在要借用一个不很贴切的意象来进行类比，我想“1949”可以勉强当之。但前者远比后者的文学积累和历史厚重感强得多。孙老师在《金天翮与苏州的诗史传统》开篇，除了给一个文学定义的苏州，即“苏州在世人心目中还代表了一种以诗证史的强烈抒情声音，即以诗歌见证人间苦难和当代重大历史事件”。实际上在我看来，苏州的这个定义不仅仅是苏州的，更可以视作近600年来文学史中的一种“江南精神”。元末顾阿英的自我放逐，明初苏州人高启被朱元璋残杀、明朝中后期的“后七子”，清初金圣叹的哭庙，这些彪炳于文学史上的个体苏州事件周围，还有席卷明末江南地区的东林党人活动，“十郡大社”在苏州附近的嘉兴的雅集，清初江南三大案，甚至越过所谓的“康乾盛世”。200年之后，以苏州为中心而影响了全国乃至海外的南社，都在苏州的文学书写之外，平添了一股纠结于士大夫立身处世和道德操守面向的崇高和凝重。孙老师将之总结为"'苏州精神'：将个人自由看得重于一切"(《台阁体、复古派和苏州文学的关系与比较》)。在我有限的阅读视界中，尚未见如此精准的总结。如果读者参考《长亭与短亭》中收录的另一篇文章《一位美国汉学家的中西建筑史观》，会对孙老师笔下的文学苏州有更加立体的了解。

三、学术报告文学的创作

文学创作是孙老师的文学世界不可忽视的一个部分，其作品大多收入作品系列《西学东渐与东学西渐》和《屐痕处处》。其中传记散文的创作、中西文诗歌创作、书信创作等等，这些作品要么已经有前人进行过研究和评论，比如《走出白色恐怖》，要么因为笔者的学术背景所限无法客观论述，比如西文诗歌创作等等。但在孙老师的所有创作当中，有一类特别的作品，引起了我特别的关注，我姑且将之命名为学术报告文学。这是我创造出来的一个不得已的名词，它既不同于传统的学术报告，也与传统的报告文学有异。它包括作者对一些学术会议的即时记录，这种记录不同于一般的学术秘书做的那种公文文体的会场记录，它既有学术研究的客观严谨，又有游记散文的轻松与洒脱。另外还包括孙老师对她身边的学人的走访记录，与传统的"剧本式"访谈录不一样，它既是当代学术史文献的客观真实记录，又有散文创作的随兴和文艺笔调。

孙老师创作的学术报告文学《20 年后说巴特》报道的是 2001

年初，耶鲁大学惠特尼人文中心为纪念巴特而特别召开了一个盛大的国际会议；《“无何有之乡”：六朝美学会之旅》记录的是2000年秋在伊利诺伊州召开为期两天的六朝美学大会。这些文章都是作者以与会学者的身份，对这些学术会议的讨论主题、每位学者的学术论点进行的详细的记录，并且及时刊发在中文媒体上，一方面向当时的中文学术界及时传达了国际学术发展的动态，以今日眼光视之，则是一个时代学术史的记录。它是当事人的即时记录，其客观真实性自然无疑。加之作者本身又是这一领域的专家，其记录和思考的向度可以为学术史研究提供第一手文献。

除此以外，孙老师对西方文学的研究也倾注了不少精力，如现代西方文学［杜拉斯、贺兰德、库切、希尼等（参看作品系列《西学东渐与东学西渐》《屐痕处处》部分文章）］。其中有好几位研究对象都是其耶鲁的同事，这一类文章有一个非常鲜明的写作结构：以某一小事件为缘起—引入要介绍的学者—对该学者的研究主题进入学理层面的描述和分析—中间甚至会穿插一些学者的成长背景等故事性较强的内容（如《西学东渐和东学西渐》的亚历山大洛夫等），这些灵活跳跃的内容是调节枯燥专业论述的有效手段。比如写研究俄国形式主义文学研究专家维克多·艾里克（Victor Erlich）教授的那篇文章《俄国形式主义专家：艾里克和他的诗学研究》，开篇以轻松明快的笔调，描写了作者沿途所见风光和异样的心理感受，并将这情感投射到艾里克所住房屋——“令人如置身古代隐者的住宅区”，为下文铺设了一个非常自然合宜的叙述环境和心理暗示。这种结构安排的好处是，让读者可以像读龚自珍的《己亥杂诗》那样，不时出入于叙事和学理两个世界，即便面对完全隔行的读者，也不会产生阅读的疲倦和畏惧心理。（龚自珍的诗和注释让读者不时出入于隐晦抒情和诗歌本事之间。这种写作安排如层层剥笋，也有点类似于传统中国话本小说的特殊结构[①]。这种写作艺术得益于孙老师的中国古典文学学养。）作为学者撰写学术文化散文的一种范式，孙老师的这种学术访谈散文模式的创新，有别于刻下流行的“剧本对话”式访谈录文体，为同类型写作提供了一个多样尝试的可能。除了文体上的创新意义外，笔者认为，孙老师撰写的这类学术访谈散文，在一定范围内保留了20世纪最后几十年美国文学研究界的学术史。比如《俄国形式主义专家：艾里克和他的诗学研究》介绍了20世纪20年代前后流行于俄罗斯学术界的“形式主义”批评理论，《掩盖与揭示——克里斯蒂娃论普鲁斯特的心理问题》介绍了20世纪90年代流行于法国的“演进批评”和流行于美国的“新批评”的关系等等。这类文章尤其呈现了西方文学研究理论策源地的耶鲁大学此一时期文学研究的现状，给中文世界的读者解读20世纪后半段日新月异的文学批评新理论，提供了一个比较宏观的学术背景。

四、孙康宜教授的“偶然”

孙老师最惯常的一个用语就是“coincidence”（偶然，巧合）。

孙老师对“偶然”情有独钟。她“每年教‘诗学’的那门课，其中有一个专题叫作‘偶然’，专门欣赏和讨论诗与偶然的关系”。

---

① 比如楔子、开场和收束时的说话人套语。让读者不时出入于故事情节与阅读现实的两个世界。

（《我最难忘的耶鲁学生》）这表现出她对陌生世界那种不期而遇的向往和冲动。正是这种对于扩大自己世界的冲动，支撑着她几十年来一路奋斗，取得了意想不到的成绩。

如1994年在耶鲁庆祝男女合校25周年的会上，建筑设计师兼耶鲁校友林璎正式把她设计的那张“女人桌”献给了母校，并安置在大学图书馆的前面。对那个安置地点，作者就充满了一种怀旧式的偶然情怀，故这篇文章在17年后收入其文集时，还专门在文末做了一个注解：“1990年的一天，我那4岁的女儿Edie突然在耶鲁大学图书馆前面瞥见我，立刻兴奋地跑来和我拥抱，就在那一瞬间，我的先生拍下了一张照片。没想到后来1993年林璎所建的‘女人桌’就在我和女儿曾经‘拥抱’的地方，因此这个巧合顿时成为与‘女人桌’有关的一段佳话。后来我们为了纪念这个冥冥中的巧合，就把那相片取名为‘母与女’。”（《从零开始的“女人桌”》），1968年婚后在耶鲁度蜜月与后半生定居耶鲁的重合（《难忘的耶鲁老校园》），张永安第一次访问其办公室与其好友David次年逝世日期的重合（《耶鲁上海生死交》），20年前她的外套穿在现在学生身上的偶然（《我最难忘的耶鲁学生》），“在编造的故事背后，其实蕴藏着中国人对‘偶然’的重视”（《我最难忘的耶鲁学生》）。“生命本来充满了偶然的色彩，可以说最宝贵的人生经验莫过于某种偶然经验的启发。”（《极短篇七则·六》）“生命中所谓的‘偶然’，似乎充满了一种神秘的‘必然’。”（《耶鲁上海生死交》）孙老师在与耶鲁同事戴维斯的一次聊天中，很认同戴维斯的经验：“其实人生永远充满了偶然性，唯其富有偶然性，生命才有继续开拓、继续阐释的可能。我告诉他，我就是一直用这样的态度来研究历史——历史是一连串的偶然因素的组合，而我们的责任就是要从这些偶然之中设法找到生命的意义。”她在这段话后面有一段发挥：“戴维斯这段有关‘偶然’的话很富启发性。我想起唐代诗人杜牧那首《赤壁》诗的末尾两句——‘东风不与周郎便，铜雀春深锁二乔。’意思是说，如果当年的东风不给吴国的周瑜方便，东吴就会被魏军所败，二乔也就会被曹操掳去，整个三国的命运自然改观，历史也必须重写了。据杜牧看来，历史中有很大程度的偶然性，而东风也就成了这种偶然性的象征。我想戴维斯所谓的‘偶然性’大概就是这个意思。”（《人权的维护者——戴维斯和他的西方奴隶史》）“这世界充满了偶然，却又十分真实。”（《我被挂在耶鲁的墙上》）“我很珍惜自己与施先生之间的忘年之交，觉得如此可贵的神交，看来虽似偶然，实非偶然。”（《施蛰存对付灾难的人生态度》）“就如许多人类的事情一样，‘偶然’常会带来好运，但刻意去求常会适得其反。”（《狗的“人文化”》）“这个巧合，不是一般的巧合，它象征着一种人生哲学。”（《重新发掘施蛰存的世纪人生——〈施蛰存先生编年事录〉序言》）在亚马逊上买到10多年前签赠给友人《情与忠》，“我相信这是冥冥中的一个奇妙安排”“这种‘如往而复’的回应立刻令我联想到《易经》里的‘复’卦。我也同时想起美国诗人朗费罗（Henry Wadsworth Longfellow）所写的一首题为《箭与歌》（The Arrow and the Song）的诗。该诗的大意是：诗人向空中射出一支箭，不知那支箭最终落于何处。接着，诗人又向空中高唱一曲，不知那歌曲有谁会听见。但许久之后，有一天诗人偶然发现那支箭原来附在一棵橡树上，仍完好无缺。至于那首歌，从头到尾都一直存在一个友人的心中。总之，我感到自己的经验也呼应了这种反转复归的人生意蕴。”（《永恒的缘分——记耶鲁同事麦克莱兰（Mc Clellan）》）“确实这世界充满了偶然，却又十分真实”（《我被挂在耶鲁的墙上》）。

这种对“偶然”和“巧合”所渗透出来的好奇心，表现在她的生活中，就是对所有身边的人和事，保持一种旺盛的求知欲。比如她尝试去了解不同专业的人的背景，希望从他们各自独特的经历和专业方面，得到新知识。这种新知识，可以是纯粹满足其好奇心，也可以是建立在学科交叉的专业基础上的丰富背景。她写过的人物及背景，真可谓五花八门，如耶鲁历史系同事、儿童节目主持人、她的家庭医生加里·普赖斯等等，但她的采访大致都会围绕一个中心：即人文精神或者文学话题。而她往往能“慧眼识英雄”，所采访的人，不管其职业多么天差地别，却都具有一颗沉潜内心深处的文学之灵。这大概就是文学让人着迷的地方吧。加里·普赖斯医生说过一句话：“美国可以说是世界上力求最大限度地容忍和接受多元化的国家了。其实，就是这个文化意义上的多元化使我特别喜欢我的职业。我喜欢努力了解不同的文化，也喜欢通过了解来帮助别人。”孙老师自己从这些“跨学科”“跨领域”的拓展中，得到了灵感的激发和灵性的滋养——“这次我真正体会到，希腊神话不仅反映了西方人自古以来对人性本质深切的了解，而其情节之戏剧化也预设了后来西方科学与医学研究多层面的发展……作为一个文学研究的从业者，我对希腊神话的重新领会却得自一个外科手术医师的启示。那种启示是极其偶然的，但也是最宝贵的。”（《一个外科医生的人文精神》）这句话如果挪用过来形容孙老师，如不十分恰当，当亦庶几近之。甚至和人文精神相去甚远的太空科学，她也能津津有味地了解其过程，体味其中的人文意义："在逐渐复杂的今日世界里，真正的成功乃是团体力量的成功，而非少数个人的荣耀。"(《在休斯敦"游"太空》)我们就能理解为什么她会在中国古典文学、西方文艺理论、电影批评甚至人物传记写作等跨领域甚至完全不搭界的领域有诸如作品系列中所呈现出来的多元化成就。

孙老师的这种"巧合"与俄国小说家纳博科夫宿命论下"对富有预言性的日期的巧合(fatidic dates)"有某种近似之处。纳博科夫的这种"日期的巧合"，可以看作是通往他所认知的"彼岸世界"的一种渠道。当人类还无法解释一些宿命论中的现象，这便是一个人拓展未知世界的动力。有"纳博科夫专家"之称的弗拉基米尔·亚历山大洛夫解释说："在纳博科夫的世界里，这一类的巧合确实具有非比寻常的重要性。这就是为什么我要在书中屡次强调彼岸世界的原因。我认为纳博科夫一向对形而上和精神界的事情特别感兴趣，每当他处于时空交错的情况下，他总会把现世和彼岸世界连在一起。"孙老师则说她对"纳博科夫的宿命观，我格外感兴趣"。

之所以如此，是因为"巧合对纳博科夫来说，都是命运的启示。至于命运，那个来自彼岸世界的神秘动力，也正是他所谓的'缪斯'(Muse)"。至此，我们就不难明白，孙老师对于"巧合"这种带有宿命论的信仰般痴迷，盖来自其生命深处对于文学那种至上而赤诚的热爱。如果再往深一点引申，就是孙老师是欣赏纳博科夫那种建立在宿命论基础上的彼岸世界的，而这样的世界，在当代的美国学术界是不为大多数人所接受的，比如美国著名哲学家理查德·罗蒂（Richard Rorty）曾在一篇评论里劝导读者“还是不要去深究神秘主义方面的事情，因为这种考虑是不重要的”。[①]也许正是欧美思维的严谨和实证主义传统，让西方世界对于接近于东方文化的这类模糊世界和模糊文化不能接受，孙老师对纳博科夫的好奇心，可证明她虽然身在美国逾半个世纪，接受西方学术训练，但她身上仍然葆有一种东方文化的底色，这也是她在西方汉学研究界能够出入游刃的个性与特色。

五、结尾

我无意——也没有那样的学术能力——对孙老师的研究做全景式描述，以上仅是通读其作品系列的一些个人体会。有些体会比较深，就多说几句，有些体会不明显但却很重要，比如孙老师文学研究中关于经典化的问题、女性文学研究、电影批评等等，牵涉的中外理论和作品非常复杂，为了避免说外行话，姑且存而不论。另外孙老师先后主持的中国女性诗人作品的翻译工程以及《剑桥中国文学史》，虽然在其学术生涯中占有非常重要的地位，但作品系列中既然鲜有涉及，加之我本人对翻译文学没有任何研究经验，亦避而不谈[②]。类此情形尚多，不能枚举。即便是上面谈到的面向，也仅是个人一得之见，有些地方说了外行话，是在所难免的，希望孙老师和这些领域的方家不要见笑是感。

---

① 以上引文见《纳博科夫专家——亚历山大洛夫和他的新发现》。

② 李怀宇采访孙老师的《重写中国文学史》（2009）和孙老师的《剑桥中国文学史简介》对《剑桥中国文学史》的内容、特色、撰写过程皆有详尽的描述。

犹记八九年前，我在杭州和朋友编辑同人刊物《掌故》，那几年，几乎每年要校读两三本书稿，6年前的冬天，我在杭州城西的山寺校完最后一辑，我们那本刊物就歇止了。此次校读孙老师的书稿，让我再一次回到那几年的校稿情境当中，实在是一种美好的回忆！

2020年5月28日

初稿于思故客河上之抱月楼